中国社会科学院文库
历史考古研究系列
The Selected Works of CASS
History and Archaeology

 中国社会科学院创新工程学术出版资助项目

中国社会科学院文库 · **历史考古研究系列**
The Selected Works of CASS · **History and Archaeology**

辽代五京体制研究

THE RESEARCH ON FIVE-CAPITAL SYSTEM OF LIAO DYNASTY

康 鹏 著

中国社会科学出版社

图书在版编目（CIP）数据

辽代五京体制研究／康鹏著 . —北京：中国社会科学出版社，
2023.3（2023.6 重印）
ISBN 978-7-5227-1445-5

Ⅰ.①辽…　Ⅱ.①康…　Ⅲ.①地方政府—政治制度—
研究—中国—辽代　Ⅳ.①D691.2

中国国家版本馆 CIP 数据核字（2023）第 029430 号

出 版 人　赵剑英
责任编辑　宋燕鹏
责任校对　李　硕
责任印制　李寡寡

出　　　版　中国社会科学出版社
社　　　址　北京鼓楼西大街甲 158 号
邮　　　编　100720
网　　　址　http://www.csspw.cn
发 行 部　010-84083685
门 市 部　010-84029450
经　　　销　新华书店及其他书店

印　　　刷　北京君升印刷有限公司
装　　　订　廊坊市广阳区广增装订厂
版　　　次　2023 年 3 月第 1 版
印　　　次　2023 年 6 月第 2 次印刷

开　　　本　710×1000　1/16
印　　　张　21
字　　　数　307 千字
定　　　价　108.00 元

凡购买中国社会科学出版社图书，如有质量问题请与本社营销中心联系调换
电话：010-84083683

《中国社会科学院文库》出版说明

　　《中国社会科学院文库》（全称为《中国社会科学院重点研究课题成果文库》）是中国社会科学院组织出版的系列学术丛书。组织出版《中国社会科学院文库》，是我院进一步加强课题成果管理和学术成果出版的规范化、制度化建设的重要举措。

　　建院以来，我院广大科研人员坚持以马克思主义为指导，在中国特色社会主义理论和实践的双重探索中做出了重要贡献，在推进马克思主义理论创新、为建设中国特色社会主义提供智力支持和各学科基础建设方面，推出了大量的研究成果，其中每年完成的专著类成果就有三四百种之多。从现在起，我们经过一定的鉴定、结项、评审程序，逐年从中选出一批通过各类别课题研究工作而完成的具有较高学术水平和一定代表性的著作，编入《中国社会科学院文库》集中出版。我们希望这能够从一个侧面展示我院整体科研状况和学术成就，同时为优秀学术成果的面世创造更好的条件。

　　《中国社会科学院文库》分设马克思主义研究、文学语言研究、历史考古研究、哲学宗教研究、经济研究、法学社会学研究、国际问题研究七个系列，选收范围包括专著、研究报告集、学术资料、古籍整理、译著、工具书等。

中国社会科学院科研局

2006 年 11 月

目录 MU LU

绪　　论

契丹王朝在建国之后百余年中，先后建立了东京、上京、南京、中京、西京五个京城。以往人们普遍认为，辽朝在地方上系以五京为中心，将全国划分为五个一级行政区——五京道，五京留守分别是一道的最高军政长官。不过新近的研究表明，作为行政区的五京道很可能是不存在的。这就需要我们进一步思考五京在地方上究竟发挥着什么样的作用，仅仅是区域中心城市？还是各自地区的首府？抑或是该地区的军事或财政中心？

无论是怎样的结果，可以肯定的是，五京是我们理解辽朝地方统治制度的关键所在。在笔者看来，辽朝正是以五京为据点，统治不同的地域和不同的民族，这在汉人以及渤海人聚居的南京、西京、东京地区表现得尤为明显。但辽朝"因俗而治""随宜设官"的地方统治特色，使得五京的机构、职官及其职能都存在着很大的差异。在地方高层政区的架构上，则是诸制杂糅，在层级上也显得较为混乱，并没有像中原王朝那样较为齐整的行政区划。

因此，本书所谓的"五京体制"，主要是指富有辽朝特色的这样一种地方统治制度，在研究范围上将涵盖整个《辽史·地理志》中的五京"道"。笔者拟重点探讨两个层面的问题：一是辽朝究竟是如何统治地方的，是否存在以五京为中心的"道"级政区，辽朝的高层政区究竟是一种什么状态，前后期是否存在统治策略上的变化；二是关于辽朝的"都城"

问题，这牵涉五京的由来、变化以及五京之间的地位，以及辽朝的政治中心究竟是在京城，还是在捺钵（或行朝）。① 从这两个层面来说，辽朝的五京体制是一个值得深入研究的问题。五京并不是五个孤立的京城，而是与辽朝的政治体制息息相关的五京，既牵涉辽朝的中央举措，也牵涉地方层面的组织架构。在博士论文预答辩期间，邓小南老师曾问及"体制"是什么意思，五京体制代表着什么？实际上，当初以"五京体制"命名并没有多少深思熟虑，只是感觉"五京体制研究"要比"五京诸问题研究"更系统一些。十数年来，这个问题如影随形，时时萦绕脑中。随着学界研究的不断深入，愈发觉得归纳、发掘出整齐划一的辽朝高层政区是一件非常困难的事情。或许，辽朝的统治者从来就没有从全局、从整个国家的层面去统一规划地方的统治模式，一切都显得那么的随意、率性。但是，我们又可以确切感受到辽朝的五京明显不同于其他朝代的诸京，五京与州县之间似乎有一根无形的线牵连着。诸京在行政上、军事上未必统辖所有的州县，但诸京无疑是守护地方的重镇，是控驭一方的中心或重心。契丹人更为关注的是统治的实际效果，而不是齐整、分明的科层架构。时至今日，我始终没有找到合适的词汇来统摄全书的内容，姑且仍以"五京体制"为名，盖以"五京"为纲领，尝试探寻辽朝地方统治的模式及其演变的趋势。

自 2007 年完成博士学位论文，至今已延宕十五年，学界已有很多新的观点、新的史料，在地方行政、藩镇体制、节镇体制、五京政务、部族军事等方面皆已出版很好的研究成果，② 很多问题也就此解决。本书在采取诸家之说的基础上，尽量弥缝旧说、再立新说。由于书稿撰写时间跨度较长，在叙述时容有疏漏不周之处，祈请学界同仁海涵。

---

① 相关学术史参见肖爱民《辽朝政治中心研究》，人民出版社 2014 年版，第 4—8 页；戎天佑《辽代政治中心之争的回顾与启示》，《中国史研究动态》2022 年第 4 期，第 40—47 页。

② 余蔚：《中国行政区划通史·辽金卷》，复旦大学出版社 2017 年第 2 版；[日] 高井康典行：《渤海と藩鎮——遼代地方統治の研究》，日本東京：汲古書院 2016 年版；陈俊达：《辽朝节镇体制研究》，上海三联书店 2021 年版；王旭东：《辽代五京地方政务运行研究》，知识产权出版社 2021 年版；武文君：《辽代部族军研究》，黄山书社 2022 年版。

一 学术史回顾

五京体制研究牵涉辽朝地方行政制度的诸多方面。辽朝一代的地方行政制度因其具有鲜明的特色，向来是学界关注较多的问题，然而因为史料过于匮乏，许多问题都存在争议。在开始研究之前，有必要将学界已有的相关研究成果做一番简要的梳理。① 以下分四个部分加以讨论。

（一）五京道制度

学界对于辽代地方行政制度的认识向来模糊不清，很难达成什么共识，但关于五京道制度似乎是一个例外。长期以来，人们基本上接受的是《辽史·地理志》的概念：即五京道是辽代的一级地方行政区，五京为各自区域内的行政中心，作为地方长官的五京留守统领一道的军政大权。例如谭其骧先生认为辽朝"地方行政区划，道以下一般为府州军城与县（城）两级"②，谭先生所编：《中国历史地图集》辽代部分即以五京道为一级政区分别绘图；③《剑桥中国辽西夏金元史》一书谓"1044 年，当云州（今大同）升为西京时，地方行政管理体系通过以五京为中心的道而告完成"④。

然而，近 20 余年来这个常识开始受到挑战，一些学者撰文对《辽史》记载的五京道制度提出了质疑，而另一些学者则坚称辽朝确实存在五京道。辽朝"五京道"的存否就此成为辽史研究中又一个悬而不决的问题。

有些学者对五京道的行政长官提出疑问，认为诸京留守并非五京道的行政长官。周振鹤先生认为，辽朝虽然存在五京道，但其形式比较特

---

① 学术史仅就与本书相关部分作一简要介绍，更为详尽、精彩的学术史可参见余蔚《中国行政区划通史·辽金卷》，第 1—6 页。

② 谭其骧主编：《中国历史地图集》第 6 册《辽北宋时期图组编例》，中国地图出版社 1982 年版。

③ 谭其骧主编：《中国历史地图集》第 6 册《宋辽金时期》，图 3-4、5、6、8-9、10-11。

④ ［德］傅海波、［英］崔瑞德：《剑桥中国辽西夏金元史》，中国社会科学出版社 1998 年版，第 132 页；Franke Herbert and Twitchett Denis Crispin, *The Cambridge History of China. vol. 6: Alien Regimes and Border States*, Cambridge University Press, 1994, p. 117.

殊，道为一级行政区，却并未设置明确的一级地方政府，也没有明确的道一级的行政长官。① 显然，他并不认为诸京留守是五京道的行政长官，但对这个问题却没有表示更明确的意见。台湾地区学者杨树藩先生根据《辽史·百官志》关于三京宰相府的一条记载，推测辽代五京各有一宰相府，为五京道的最高行政机构，其长官为左、右相和左、右平章事；宰相府下设留守司、总管府、警巡院等机构，分别掌管一道的民事、军事、治安、财政等。② 该文观点虽然新颖，然而其立论的依据显得过于单薄，未能得到学界认同。

另有一些学者则主张辽朝根本不存在道一级的行政区划，甚至认为五京道纯属子虚乌有。清人吴廷燮在《辽方镇年表》中已隐约表达出辽朝并不存在五京道的想法，他指出辽代某些节镇与诸京留守府实为平级，相互之间并无隶属关系，这无异于否认了五京道为辽朝一级地方行政区的传统观点。③ 20 世纪 80 年代，李逸友先生首先明确提出辽朝不存在统一的"京道"体制。他认为在汉人聚居的燕云地区，确实存在着管理国家州县的"京道"，但在上京、中京和东京地区，因大多是私属性质的头下军州与隶宫州县，并不隶属于京道，《辽史·地理志》把这些州县列入上京、中京、东京道，"只是表明这些政权机构和城郭所在的区域，并无'道'一级政权"④。李文虽然不同意五京道为全国范围内的一级地方行政区的传统观点，但并未全盘否定辽朝存在京道一级的政区。

此后彻底否定五京道存在的，是张修桂、赖青寿先生的《〈辽史·地理志〉平议》一文。在张、赖两位先生看来，所谓的五京道实际上只是一个地理概念，而非辽朝的一级地方行政区；五京府在地方上的实际地位与

---

① 周振鹤：《中国文化通志》第 4 典《地方行政制度志》，上海人民出版社 1998 年版，第 166 页；又见氏著《中国地方行政制度史》，上海人民出版社 2005 年版，第 165—166 页。

② 杨树藩：《辽金地方政治制度之研究》，《宋史研究集》第 11 辑，台北宋史研究座谈会编，1979 年，第 359—414 页。

③ 吴廷燮：《辽方镇年表》，《二十五史补编》，开明书店 1937 年版，第 6 册，第 8069—8093 页。

④ 李逸友：《辽代城郭营建制度初探》，《辽金史论集》第 3 辑，书目文献出版社 1987 年版，第 50—51 页。

节度、观察等方州及节度使部族相埒；《辽史·地理志》之所以要采取五京道的编排方式，乃是援引两《唐书》《五代史》的惯例，以"京道"为总纲，罗列州县，这样做只是出于谋篇布局的需要而已。① 不过，由于该文并非专门讨论辽朝的五京道制度，所以这一看法并未引起辽史学界的重视。

此后，关树东先生撰文专门讨论了辽朝地方行政制度中的"京道"问题，从而引起学界较为广泛的关注。关文力主辽朝根本不存在所谓的五京道，《辽史·地理志》所记载的五京道乃是出自元代史官之手，并不能反映辽朝的地方行政制度，在辽朝文献及石刻资料中没有依京划道统辖州县的记载；辽朝只有八个财赋路，除此之外没有路一级的行政区；辽朝的地方行政区划基本沿袭唐末五代制度，实行府、节镇州——防御、观察、刺史州——县三级制度，"辽代的府、节镇州始终是真正的高层政区"②。陈俊达、杨军两位先生则从行政、军事、财政等方面论证辽代实行的是中央——节镇——州——县的管理体制，节镇为辽代最高一级地方行政区划，认为这是唐五代节镇体制与辽代地方分权政治相互结合的产物。③ 上述观点的提出，使传统的五京道制度的说法受到了动摇。

关树东先生的说法促使学界更为深入地探讨辽代地方统治的权力结构。傅林祥先生认为辽朝确实没有"五京道"这一地方行政区划，不过五京留守司是中央机构，拥有管辖地方州县的权力，这与元代的中书省辖区、明代的南北直隶区有相似之处。同时傅先生又认为辽朝的州县属南枢密院管辖，分为"节度使辖区——州——县"虚三级制和"府——州——县"三级制以及"府——县""州——县"二级制。④ 余蔚先生认为"辽之五京，除了作为首都、陪都之外，同时也是地区中心"，辽朝的

---

① 张修桂、赖青寿：《〈辽史·地理志〉平议》，《历史地理》第15辑，1999年，第317—347页；又见氏著《辽史地理志汇释》，安徽教育出版社2001年版，第4页。

② 关树东：《辽朝州县制度中的"道""路"问题探研》，《中国史研究》2003年第2期，第129—143页。

③ 陈俊达、杨军：《辽代节镇体制研究》，《古代文明》2018年第2期，第67—78页。

④ 傅林祥：《辽朝州县制度新探》，《历史地理》第22辑，上海人民出版社2007年版，第85—87页。

财赋"路"、军事"路"虽然实际存在，但是道也不是虚指。辽朝"五京道是实际的存在，有其实际的功能"。"'道'与'路'在称法上并无截然区别，'道'是作为财政区划'路'的前身。""辽有三个高层区划体系，财政'路'、军事'路'与民政'道'，'道'的功能最为多样，但最关'行政'之事，然而不能覆盖全境。而财政、军事两种路，又非正式的行政区划。"① 李锡厚先生亦撰文重申五京是各自所在地区的行政中心，五京道是真实存在的，由诸京宰相府及各职能部门统辖诸道。② 何天明先生则认为辽朝行政区分为五京，监察区（准政区）分为五道，"道"是为"特殊政治目的"而设。③ 张韬先生通过梳理文献、石刻中的相关记载，认为辽代先后建有东京、上京、南京、中京、西京五个道级行政区划。④

以上的种种认知，无疑提醒我们，辽代地方的统治结构远比我们想象的要复杂得多，辽朝的高层政区仍是一个需要继续探讨的问题。

（二）地方财政、军事机构

关于辽朝地方财政机构和军事机构，学界也存在着诸多意见分歧。

王民信先生曾撰文考察辽朝南面财赋官制度，他对《辽史·百官志》"南面财赋官"的记载进行了逐一梳理，认为辽朝地方上存在五京诸使司，即燕京（南京）三司使司、西京转运使司、中京度支使司、上京盐铁使司、东京户部使司，分别掌理五京道的财政；在京道之下的一些州则设有"钱帛司""转运司"等财赋机构。⑤

向南、杨若薇也认为辽朝五京道分别有一个掌管财政的使司，"为各

---

① 余蔚：《中国行政区划通史·辽金卷》，第42—44页。

② 此观点首见李锡厚《论辽朝的政治体制》，《历史研究》1988年第3期，第125页；此后李锡厚在《〈辽史·地理志〉辨误》（《隋唐辽宋金元史论丛》第4辑，上海古籍出版社2014年版，第241—244页）一文中再次重申、论述这一观点。

③ 何天明：《辽代五京与道级政区析疑》，《北方文化研究》第6卷，韩国檀国大学北方文化研究所，2015年，第71—75页。

④ 张韬：《辽代道级行政区划研究》，博士学位论文，吉林大学，2016年。

⑤ 王民信：《辽朝的理财机构——五京诸司使及南面财赋官》，《书目季刊》第10卷第2期，1976年，第91—102页。

道汉人的最高财政机构"。五京计司之外,还有长春、辽西、平州三路钱帛司。另外,辽朝还仿效唐宋制度,在奉圣州、蔚州、应州、朔州、保州、南京等地设立了一系列转运使司。由于作者认定辽代存在"五京道",所以在承认"长春、辽西、平州三路地位至为重要,已不同于五京以外的其他地区"的同时,仍主张五京计司为地方最高一级的财政机构。最终得出了一个模棱两可的结论,即"辽朝的五京计司、转运使司、钱帛司分别掌管一道、一路的汉人经济",仿佛辽朝存在"道""路"两种财政区。①

关树东先生否认五京道的存在,认为辽朝只有一种路制,即财赋路,辽朝先后建立了八个财赋路,即五京五计司,外加长春、辽西、平州三路钱帛司。同时指出这种路制"与宋代有所不同,如果说宋代的路堪称诸监司并立的复式政区的话,辽代的路尚难构成一级政区,它始终只是一个财务督理区"②。将长春、辽西、平州三路钱帛司与五京五计司视为平行的财赋路,是关文首先提出来的。

辽朝地方军事机构的状况也是辽史学界很关注的一个问题。林荣贵先生在探讨辽朝北疆的统治方式时,非常强调辽朝"京道"体制的军事职能。他指出,在辽朝中期以后,领大元帅衔者往往兼任诸京留守之职,留守既是本道的行政长官,也是本道的军事长官。③杨树藩先生则认为辽五京道并没有明确的路一级的军事机构,如各节度州的军事即直属中央,而非隶属五京。④

辽朝的西部、北部边疆地区还有两个重要的军事机构,即西北路招讨司和西南面招讨司。陈得芝先生对西北路招讨司的设置、职掌、治所及其属部和辖境进行了探讨。他认为,西北路招讨司是辽代管辖西北边疆地区

---

① 向南、杨若薇:《辽代经济机构试探》,《文史》第17辑,1983年,第107—112页。

② 参见关树东《辽朝州县制度中的"道""路"问题探研》,《中国史研究》2003年第2期,第129—143页。

③ 林荣贵:《辽朝经营与开发北疆》,中国社会科学出版社1995年版,第91—95页。

④ 参见杨树藩《辽金地方政治制度之研究》,《宋史研究集》第11辑,台北宋史研究座谈会编,1979年,第359—414页。

的最高军政机构，其治所在镇州，西北路辖境大致是东起克鲁伦河，西至额尔齐斯河，北至色楞格河下游，南抵沙漠与西南路辖境相接。[1] 日本学者长泽和俊则对辽朝经略西北边疆的过程作了详细探讨，认为西北路招讨司的建立加强了辽朝对漠北地区的控制，保障了辽朝与西域之间贸易的畅通。[2]

王颋先生最早对西南面招讨司进行了初步研究。他认为辽朝的招讨司是为了经略边疆地区而建立的一种军政合一的机构。西南面招讨司除了辖有若干州县之外，还统有乙室、涅剌、迭剌迭达、品达鲁虢、乌古涅剌五个部族。[3] 何天明先生指出，辽朝的招讨司"实际上是在行政区之上又加了一层军事、行政的控制体系"。西南面招讨司对外防御西夏、北宋，对内镇抚境内诸部族。其治所应在丰州，其辖境西南与夏国接壤，北邻西北路招讨司，东北至"黑山，在今大兴安岭南侧"[4]。樊文礼先生则认为黑山并不在大兴安岭南侧，而应在今包头市北部一带，所以西南面招讨司的东北辖境并未达到大兴安岭南部。[5]

（三）州县制度

在辽朝的地方行政制度中，州县制度可以说是独具特色的。日本学者田村实造、岛田正郎先生将辽朝的州县划分为四种类型，即隶宫州县、头下州、奉陵州、南枢密院所属州县。隶宫州县属诸斡鲁朵所有，头下州的主人是头下领主，奉陵州亦归属诸帝斡鲁朵，这三类州县均具有私属性质，只有南枢密院所属州县才归国家所有。同时他们还一致认为，前三类

---

① 陈得芝：《辽代的西北路招讨司》，《元史及北方民族史研究集刊》第 2 期，1978 年，第 7—15 页；收入氏著《蒙元史研究丛稿》，人民出版社 2005 年版，第 25—38 页。

② ［日］长泽和俊：《辽对西北路的经营》（上、下），陈俊谋译，《民族译丛》1984 年第 4、5 期，第 39—45、41—46 页。原文刊于《史學雑誌》第 66 编第 8 號，第 67—83 页。

③ 王颋：《辽的西南面经营及其与西夏的关系》，《元史及北方民族史研究集刊》第 6 期，1982 年 12 月，第 83—90 页。

④ 何天明：《辽代西南面招讨司探讨》，《内蒙古社会科学》1990 年第 6 期，第 66—70 页；收入氏著《辽代政权机构史稿》，内蒙古大学出版社 2004 年版，第 249—259 页。

⑤ 樊文礼：《辽代的丰州、天德军和西南面招讨司》，《内蒙古大学学报》1993 年第 3 期，第 72—77 页。

州县在辽朝中后期有向国家州县过渡的趋势。① 不过，从隶属关系来说，奉陵州实际上也可归属于隶宫州县，似乎没有必要将它单独列为一类。

关于隶宫州县，学界一般认为它具有皇帝私城的性质。② 但李锡厚先生对斡鲁朵有自己独特的理解，他认为斡鲁朵并不等同于宫卫，而仅仅是宫卫的一部分，因此隶宫州县隶属于斡鲁朵的说法是不对的。不过，他仍然赞同隶宫州县具有皇帝私城的性质。③ 杨若薇则认为隶宫州县并非皇帝的私领地，隶宫州县民户也不是皇帝的部曲，除了需要负担斡鲁朵的徭役之外，隶宫州县与国家州县并无本质上的差异。④ 日本学者高井康典行先生认为，隶宫州县在辽朝前期隶属于斡鲁朵，圣宗朝以后则由斡鲁朵和枢密院双重管辖。⑤ 这种说法显然是为了牵合上述两种不同观点的矛盾之处，但恐怕还需要提供更明确的史料支持才能令人信服。林鹄先生则认为"隶宫州县及提辖司户共同构成了斡鲁朵中的汉人渤海宫分户，由诸宫分汉儿渤海都部署管辖"⑥。

关于头下军州，按照学界一般的理解，认为它是王公大臣的私城，头下户是头下领主的部曲，头下主对头下拥有世袭的特权。⑦ 李锡厚先生则

---

① ［日］田村实造：《徙民政策と州縣制の成立》，《中國征服王朝史の研究》（上），日本京都：東洋史研究会，1964 年，第 286—310 页；［日］島田正郎：《遼代社會史研究》，日本東京：嚴南堂書店，1978 年，第 213—252 页。

② ［日］津田左右吉：《遼の制度の二重體系》，《津田左右吉全集》，日本東京：岩波書店1964 年版，第 12 册，第 377—378 页；［日］箭内亘：《元朝斡耳朵考》，《蒙古史研究》，日本東京：刀江書店 1930 年版，第 733—735 页；陈述：《头下考》（上），《"中央"研究院历史语言研究所集刊》八本三分，1939 年，中华书局 1987 年影印本，第 396—397 页；［日］田村实造：《徙民政策と州縣制の成立》，《中國征服王朝史の研究》（上），第 286—310 页；［日］島田正郎：《遼代社會史研究》，第 149—157 页。

③ 李锡厚：《论辽朝的政治体制》，《历史研究》1988 年第 3 期，第 127—130 页；《关于"头下"研究的两个问题》，《中国史研究》2001 年第 2 期，第 83—87 页。

④ 杨若薇：《契丹王朝政治军事制度研究》（修订本），社会科学文献出版社 2022 年版，第33—65 页。

⑤ ［日］高井康典行：《オルド（斡鲁朵）と藩鎮》，《東洋史研究》第 61 卷第 2 號，2002年 9 月，第 60—86 页；［日］高井康典行：《斡鲁朵与藩镇》，尤李译，载《10—13 世纪中国文化的碰撞与融合》，上海人民出版社 2006 年版，第 490—515 页。

⑥ 林鹄：《斡鲁朵横帐补说——兼论辽朝部族制度》，《清华元史》第 2 辑，商务印书馆 2013年版；收入氏著《南望：辽前期政治史》，生活·读书·新知三联书店 2018 年版，第 341 页。

⑦ 费国庆：《辽朝的头下州军》，《曲阜师范学院学报》1963 年第 1 期，第 63—72 页；陈述：《头下考》（上），《"中央"研究院历史语言研究所集刊》八本三分，第 397—398 页。

对头下军州提出了新的定义，他认为凡是由俘户建立的州县都应视为头下军州，"头下军州"的出现，表明辽朝已将头下纳入国家行政体制之中，于是头下军州便成为五京管辖下的一级行政单位。① 刘浦江先生综合利用传世文献和石刻资料等，对头下制和头下军州进行了比较深入的研究。内容涉及头下制的渊源，头下的形态和性质，辽朝头下军州的起源及其演变过程，以及头下军州制度层面的诸问题。②

对于辽代五京州县的官僚体系，辽史及历史地理学者也做过一些初步的探索。周振鹤先生认为，辽朝南面方州官制度是在因袭唐制的基础上加以改造而成的，辽代的节度州可以统辖观察以下各类州，形成以州统州的新制度，此系辽代特有的形态。③ 林荣贵先生主要依据房山石经题记来研究辽朝南面方州官，指出燕云汉地逐渐吸收了宋朝的知州、通判制度。④ 陈俊达先生对辽代节镇体制的渊源、发展历程、类型、职能、官员僚佐、运作模式做了充分的研究。⑤

（四）部族制度

辽朝是一个二元制国家，既有属于汉制的五京州县，也有属于契丹制度的诸部族，因此广义的地方行政制度理论上应该涵盖部族制度。部族制度历来是辽史研究的一个薄弱环节。津田左右吉先生在研究辽代的二元政治时，对此问题进行了初步探索。契丹建国之后，对传统的部族组织加以改造，津田氏指出，辽朝改造部族的根本目的是要把过去以血缘或地缘组织为基础的氏族集团转变为帝国体制下的行政组织和军事组织，这些部族

---

① 李锡厚：《头下与辽金"二税户"》，《文史》第 38 辑，1994 年；收入氏著《临潢集》，河北大学出版社 2001 年版，第 242—271 页。

② 刘浦江：《辽朝的头下制度与头下军州》，《中国史研究》2000 年第 3 期；收入氏著《松漠之间——辽金契丹女真史研究》，中华书局 2008 年版，第 73—97 页。

③ 参见周振鹤《中国地方行政制度史》，第 166—167 页。

④ 林荣贵：《从房山石经题记看辽朝方州官制的沿革》，《世界宗教研究》1982 年第 4 期，第 129—135 页；《关于辽朝州县设置的两个问题——兼与北京等地区出土的辽碑文参证》，载北京辽金城垣博物馆编《北京辽金文物研究》，北京燕山出版社 2005 年版，第 379—383 页。

⑤ 陈俊达：《辽朝节镇体制研究》，上海三联书店 2021 年版。

分别隶属于南北宰相府，各部首长由国家委任。①岛田正郎先生则对太祖
时期的二十部和圣宗时期的三十四部分别进行了细致的梳理，并对诸部族
的行政、军事机构及基层组织作了有益的探讨。②

《辽史·营卫志》曾将辽代的部族制度概括为"族而部""部而族"
"部而不族""族而不部"四种类型，学者们对此有不同的理解。津田左右
吉认为，在这四种部族类型中，只有"部而不族"者符合辽朝部族的实际
情况，其他三者均名不副实。③按张正明先生的理解，所谓"族而部"，是
指以一个氏族为基础组成一个或几个部落；"部而族"则是指一个部落包
含着若干氏族；"部而不族"是指部落内部已经没有明显的氏族界限了；
"族而不部"是指保持着氏族或家族组织的从部落中分化出来的显贵家
族。④刘浦江先生根据他对辽代部族制度的了解，将辽朝的部族组织划分
为三种类型：第一种是部落，包括太祖二十部和圣宗三十四部，即相对于
宫帐而言的狭义的部族，在契丹建国后，部落是作为中央集权下的国家行
政组织而存在的，部落首长节度使是由国家任命的官员；第二种是宫
帐，包括诸斡鲁朵（十二宫一府）、遥辇九帐、横帐三父房、国舅五
房，宫帐与部落的本质区别在于它是由世袭首长统领的氏族组织，这些氏
族首长的身份是头下世袭领主；第三种是部族，特指那些虽以部落的形式
存在，但其中包含有若干帐族的部族组织，包括五院部、六院部及奚王府
等。⑤林鹄先生则认为部为行政组织，族为血缘组织。⑥余蔚先生探讨了斡
鲁朵下属的石烈、抹里、瓦里、闸撒等部落基层组织，认为石烈、抹里管

①　［日］津田左右吉：《遼の制度の二重體系》，《津田左右吉全集》第12册，第322—332页。
②　［日］岛田正郎：《遼代社會史研究》，第149—157页。
③　［日］津田左右吉：《遼の制度の二重體系》，《津田左右吉全集》第12册，第381—382页。
④　张正明：《契丹史略》，中华书局1979年版，第142—143页。
⑤　刘浦江：《辽朝"横帐"考——兼论契丹部族制度》，《北大史学》第8辑，北京大学出版社2001年版，第32—33页。
⑥　林鹄：《斡鲁朵横帐补说——兼论辽朝部族制度》，《清华元史》第2辑，商务印书馆2013年版；收入氏著《南望：辽前期政治史》，第349—353页。

理正户与部分蕃汉转户，瓦里管理另外大部分转户，而闸撒则管理著帐户。^① 张宏利先生对辽代部族制度及发展情况作了详尽的探讨，内容涉及部族居住地、镇戍地，部族行政及军事管理机构、职官，部族与州县、行宫关系。^② 武文君女史则从军事角度对辽朝部族军的征发与分配、管理机构与职官以及部族军的镇戍、行军等方面作了精彩的论述。^③

二 选题意义与研究思路

（一）本书的选题意义

由于史料极度匮乏，今天的历史学家对辽朝一代历史所知甚少，尤其是地方行政制度更是如此。如上所述，目前学界就连辽朝地方行政制度的基本面貌都还弄不清楚，这对其他断代史来说也许是无法想象的。比如辽朝究竟是否存在"五京道"体制，就是一个很有争议的问题。按照《辽史·地理志》的说法，五京道是辽朝的一级地方行政区，但近年来就有不止一位学者对这个常识问题提出挑战，有人认为辽朝并没有统一的"京道"体制，还有学者甚至完全否定五京道的存在。如果辽朝确实不存在道（路）一级的政区，^④ 那么我们对于辽朝五京体制的传统认识就必须推翻重来。但仔细推敲起来，上述看法虽然有其合理的成分，同时也有许多值得商榷的地方，可以肯定的是，这些观点还远远不是定论，这就值得我们去做进一步的深入研究。

如果辽朝没有道（路）一级的行政区，那究竟有没有路级的财政区呢？已有的研究成果对此给予了肯定的回答。但问题在于，不管是王民

---

① 余蔚：《辽代斡鲁朵管理体制研究》，《历史研究》2015 年第 1 期，第 54—69 页。

② 张宏利：《辽朝部族制度研究——以行政区划的部族为中心》，博士学位论文，吉林大学，2015 年。

③ 武文君、杨军：《分镇边圉：辽朝部族军驻防研究》，《中央民族大学学报》2020 年第 4 期，第 92—99 页；武文君：《辽代部族军研究》，黄山书社 2022 年版。

④ 从现有史料来看，"道"或"路"的概念在辽朝似乎是可以相通的，两者经常混用。如《辽史·太宗纪》称"东京路"，《圣宗纪》则称为"东京道"；又如《圣宗纪》中既有"南京路"之称，又有"南京道"的说法。就《辽史》而言，辽朝前期一般是"道""路"并称，后期则多称"路"。因此本书对于"道""路"的用法亦不作严格的区分。

信、向南、杨若薇等人主张的五京计司说，还是关树东主张的八个财赋路之说，都忽略了这样一个事实：辽朝的财政区并不是同时建立的，五京计司或八个财赋路都是从辽朝初年至辽朝中后期陆续建立起来的。因此所谓的五京计司或八个财赋路都只能反映辽朝后期的情况，对辽朝的财政区显然还需要进行更加全面的动态考察。另外，相对于财政区来说，其实在辽朝更值得关注的是军事区。辽朝究竟是否存在统一的路级军事区？迄今为止似乎还很少有人对这个问题进行过认真的思考。这些问题可以说都是辽朝五京体制研究的基本要素。

与五京体制有关的还有辽朝的都城制度问题，从 20 世纪 80 年代以来，这个问题在辽史学界和历史地理学界引起了很大的争议，分歧的焦点是辽朝后期是否由上京迁都于中京，历史地理学家多主张迁都说，而辽史研究者则多持否定态度。这其实不仅仅是一个政治史或历史地理的问题，它关系到应该如何认识辽朝的国家特性的问题。历史学家一般习惯于用看待中原汉式王朝的眼光去看待北方民族王朝，一个国家政权必定要有一国之都，这是我们的一个常识，但用这种固定思维去理解契丹王朝，恐怕不一定合适。要想解决这个问题，还必须对五京的地位和作用，以及辽朝二元政治下的都城制度进行更为深入的研究。

辽朝的二元政治，在中央主要表现为北、南面官僚系统的双轨制，在地方主要表现为州县制度和部族制度的并存。因本书以五京代表的州县制度为中心，故不涉及部族制度。

在中国历代王朝中，辽朝是一个极富特色的北方民族王朝，而它的这些最具特色的东西许多都与地方行政制度有关，本书的研究或许能够在这些方面丰富已有的研究成果，加深我们对辽朝国家特性的理解，这就是本书的选题意义及学术价值所在。

（二）本书的研究思路

首先需要说明的是，笔者并不打算对辽朝地方行政制度进行面面俱到的研究。按照笔者的设想，本书将以五京为中心去探讨辽朝统治和治理地方的方式，贯穿全书的主要有三个基本线索，一是关注五京体制下的地方行政制度的总体结构，二是关注辽朝的政治中心——捺钵与"都城"，三是关注辽朝最具特色的地方统治政策。

说到地方行政制度的总体结构，辽朝是否存在"五京道"体制？这是本书首先需要考虑的一个问题。传统观点囿于《辽史·地理志》的记载，将五京道理解为辽朝的一级地方行政区，现在看来确实是有问题的。元人所修《辽史》，主要取材于耶律俨《皇朝实录》、陈大任《辽史》及题名叶隆礼的《契丹国志》三书。据冯家昇先生的研究，耶律俨《皇朝实录》和陈大任《辽史》均包括纪、志、传三个部分，① 志的部分是否有《地理志》则是一个具有争议的问题。② 元朝史官所修《地理志》的编排方式究竟是有着原始的依据，还是按照自己判断予以编排，是一个值得深入探讨的问题。

辽朝地方统治的模式给世人的感觉是模糊不清，无法找到一个整齐划一的制度架构。这一方面是由于史料记载的混乱所致，辽朝修史者恐已有淆乱，复经耶律固、萧永祺、陈大任之手，其间已有失真、篡改之处。及至元人修史，仓促成书，前后体例不一，相互抵牾之处甚夥。《百官志》几乎全为元人构架而成，影响深远而恶劣。③ 如何从文献上厘清《辽史》的记载是一个需要面对的问题。另一方面，辽朝本身在地方制度上并无清晰的规划，其机构、官职的设立随意性较大，对不同区域治理方式也不尽一致。若以我们设定好的"清晰"的目标去推寻一个原本"混沌"的事物，无异于缘木求鱼、南辕北辙。两种因素相叠加，无疑加大了我们探寻辽朝地方统治方式的难度，在这一过程中，多少会令人产生几近绝望的感觉。历史研究原本最忌讳的是依凭感觉，可是辽朝史的研究偏偏就是这样一种状态，很多事情感觉应该是这样，但是没有任何证据，最终只好作

---

① 冯家昇：《〈辽史〉源流考》，载冯家昇《辽史证误三种》，中华书局 1959 年版，第 25—33 页；亦载冯家昇《冯家昇论著辑粹》，中华书局 1987 年版，第 118—125 页。

② 王颋先生即认为耶律俨与陈大任二书均有《地理志》，参见氏著《辽史地理志资料探源》，《大陆杂志》第 83 卷第 6 期，1991 年 12 月，第 280—286 页；氏著《松漠记地——〈辽史〉〈地理志〉资料源流及评价》，《驾泽抟云——中外关系史地研究》，南方出版社 2003 年版，第 203—219 页。苗润博：《〈辽史〉探源》，中华书局 2020 年版，第 205—243 页。

③ 参见林鹄《辽史百官志考订》，中华书局 2015 年版。

罢。契丹人建立的辽王朝与中原王朝毕竟存在差异，契丹人的思维方式也与中原汉人多有不同，若以某种"成见"去研究其行为，无疑是比较危险的，我们只能尽量以"同情"的角度去解读辽史。本书的一个指导思想就是，不追求整齐划一的模式，不追求所谓的"清晰"的面貌，而是尽量站在契丹统治阶层的角度去解释种种不一、种种混沌乃至在我们看来不可理喻的东西。或许，辽朝地方统治的模式本身就具有模糊性、杂糅性。

具体到《辽史·地理志》的五京道，主要是一个如何理解和解释的问题。将五京道理解为地方政区固然不对，但由此完全否定高层政区的存在恐怕又未免有点矫枉过正了。根据本书对辽朝五京地区所作的分区研究，笔者发现辽朝在部分地区可能存在军事性质的高层区划。其中南京、西京和东京地区的情况比较清楚，南京地区有兵马都总管府，西京、东京地区有兵马都部署司，它们都是该地区的最高军事机构，且长官多由留守兼任。但问题在于，笔者的这一设想在上京和中京地区得不到明确的证据支持，根据现有史料，似乎看不出在上京和中京地区也存在类似的路一级的军事机构。虽然笔者在《辽史》及石刻资料中也找到了有关上京、中京军事机构的零星记载，但由于证据过于单薄，目前仍无法明确判断上京和中京地区是否存在路级的军事机构。鉴于这种情况，本书仅认为辽朝在部分地区存在类似于宋朝那样的复合政区，亦即财赋路与军事路。同时，关于辽朝的政治中心究竟是在捺钵还是在固定的都城，学界也一直存在争议，本书拟从二元政治的角度予以探讨，认为这是辽朝二元制的另一种表现形式。

本书的另一个研究思路，就是关注辽朝最具特色的地方统治政策，《辽史·百官志》把它归纳为"因俗而治"，这是我们理解辽朝地方行政制度的一把钥匙。以往学者在谈及"因俗而治"问题时，通常将其理解为"以国制治契丹，以汉制待汉人"，笔者觉得这样的理解恐怕是过于片面和狭隘了。要知道，"因俗而治"并不仅仅是针对契丹人和汉人而说的，实际上它是辽朝一代总的治国方针和施政策略。在具体实施层面，辽朝初期采取"分国而治"的模式，中后期则转化为"分区而治"的模式。人们认为辽朝存在"道"一级的政区以及"道"级长官似有实无的状态或皆由此而发。早期燕云汉地单独行用"大辽国"国号，后统一国号，对汉人用南面官制、在汉地实行州县制度，对契丹人用北面官制、在契丹旧地实行部族制度。辽朝对渤海人和奚人也有类似的"因俗而治"的统治手段。

太祖灭亡渤海国后，随即建立东丹国，完全用渤海制度来统治渤海遗民。东丹国是一个自治程度很高的半独立国家，不仅有自己的国王，并且东丹王可以拥有"天子冠服"，可以建元、称制。① 综合辽朝、五代十国、高丽、日本各方面的史料来看，东丹国在政治和外交方面都拥有一定程度的独立性和自主性。即使在东丹国被废以后，辽朝仍然在东京地区长期沿用渤海制度，譬如原东丹国中枢机构中台省直到圣宗时仍然存在，直至大延琳叛辽之后，东京地区的渤海因素才渐渐趋于淡化。

奚族的情况与渤海类似。辽朝前期，奚族很像契丹王朝的一个属国，阿保机在征服奚人之后，并没有将其直接纳入契丹的统治之下，而是采取"因俗而治"的政策，"仍立奚人依旧为奚王，命契丹监督兵甲"②，奚人仍旧保留原来的部族组织以及传统领地。可以说，在中京建立之前，辽朝对于奚人的统治方式与东丹国有着颇多相似之处。即便在奚王献出其传统领地，奚王府由原来具有相对独立地位的属国正式纳入辽朝国家的统治体系之后，奚六部仍由奚王府统领，奚王仍具有统领奚人的实际权力。

正是由于辽朝在各民族地区均实行"因俗而治"的统治政策，因此导致五京地区的制度极不统一，从五京官僚机构的设置来看，其随意性、临时性的特征非常明显，《辽史·百官志》把它归纳为"随宜设官"，亦即因地制宜、因时制宜、因事制宜。即便是五京和八个财赋路，也是从辽初到辽朝中后期陆续建立起来的，似乎并没有一个统一的规划，至于其他各种机构就更是如此了。

在各章的写作过程中，笔者始终将辽朝地方行政制度的上述特色作为一条主线来加以把握，希望通过本书的研究，能够比较深入地理解辽朝历史的特性。

---

① 《辽史》卷72《义宗倍传》，中华书局2017年修订本，第5册，第1334页。
② 《资治通鉴》卷269，后梁均王贞明二年十二月，《考异》引《虏廷杂记》，中华书局1956年版，第19册，第8809页。

第一章 辽代燕云地区的统治方式

——以军事职能为中心

　　一般来讲，辽朝的燕云地区是指辽太宗会同元年（938 年）从石晋获得的幽云十六州。[①] 本书为了讨论的方便，将燕云地区的范围扩大至《辽史·地理志》南京道和西京道的范围，具体而言，就是在传统的燕云地区基础上加上东部的平、营、滦三州以及西部的丰州、云内州、东胜州、宁边州、金肃州、河清军六个州军。

　　长久以来，人们普遍认为辽朝对于燕云地区的统治方式就是划分为南京道、西京道两个一级政区，由留守全权处理辖区内的事务。近年来有学者认为，辽朝根本不存在作为京道的一级政区，《辽史·地理志》依京划道的编排方式乃是援引两《唐书》《五代史》的惯例，以"京道"为总纲，即以五京为核心，罗列州县，编纂者这样做的原因只是为了谋篇布局的需要，辽代五京道只是一个地理概念而已。[②] 还有学者指出，辽朝的地方行政区划基本沿袭唐末五代制度，实行府、节镇州（道）——防御、观察、刺史州——县三级制度。辽代府、州之上仅存在八个专门理财的

---

　　① 关于燕云十六州的情况，可参见侯仁之《燕云十六州考》，《禹贡》第 6 卷第 3、4 期合刊，1936 年 10 月 16 日，第 39—45 页。

　　② 张修桂、赖青寿：《〈辽史·地理志〉平议》，第 317—347 页。

路，而且这种"路制与宋代有所不同，如果说宋代的路堪称诸监司并立的复式政区的话，辽代的路尚难构成一级政区，它始终只是一个财务督理区。辽代的府、节镇州始终是真正的高层政区"①。笔者认为，上述看法未免有点矫枉过正了。事实上，辽朝的五京都是依据不同的情势而建立起来的，各有不同的情况，并非如中原王朝那样有着整齐划一的模式。燕云地区不仅有财赋性质的路分，还存在具有军事性质的路分。

第一节　辽朝的"南京道"与南京都总管府

一　南京留守的职能②

辽朝诸京留守均有较强的军事职能，当时的宋人对此已有清醒的认识，元丰四年（辽道宗大康七年，1081年）六月，宋神宗批示："河北诸路牒报，北界帐前指挥七月中会五京留守及南北王府主兵官、诸招讨于中京议事，未知其实，可令雄州及河北缘边安抚司精选可信之人，厚计金帛，速觇以闻。"③河北诸路的谍报虽然最终被证实为误报，但这条材料还是很能说明问题，辽朝南北王府主兵官、诸招讨显然是具有军事性质的官员，故而与之并列的五京留守在宋人眼中自然也是具备军事职能的地方长官。宋人的这种看法并非无所依凭，从现存的资料来看，辽朝诸京留守的确具备军事职能，尤以南京、东京留守的军事职能表现得最为突出。这一方面是由于南京、东京地区的战事较其他诸京要频繁得多，前者需要备御

① 关树东：《辽朝州县制度中的"道""路"问题探研》，《中国史研究》2003年第2期，第129—143页；陈俊达、杨军：《辽代节镇体制与地方监察》，《江西社会科学》2017年第11期，第144—154页；陈俊达、杨军：《辽代节镇建制的发展与演变》，《中央民族大学学报（哲学社会科学版）》2018年第4期，第77—84页。

② 关于南京及其他四京留守的具体职能及政务运作的方式可参见王旭东《辽代五京地方政务运行研究》一书。

③ 《长编》卷313，神宗元丰四年六月丁丑，中华书局2004年版，第13册，第7591页。

宋朝，后者则需应对高丽、女真的威胁；另一方面也是因为南京、东京的相关史料较多，对这一点看得比较清楚。这里先谈谈南京留守（又称燕京留守）的情况。

辽南京留守的军事职能主要是负责宋辽边境的防务，辽穆宗应历八年（958年），"夏四月甲寅，南京留守萧思温攻下沿边州县，遣人劳之"①。后高勋继任萧思温为南京留守，"会宋欲城益津，勋上书请假巡徼以扰之。帝然其奏，宋遂不果城。（应历）十七年，宋略地益津关，勋击败之，知南院枢密事"②。这里需要说明的是，南京留守的军事职能并非只是战争时期的特殊情况，即便在澶渊之盟后，宋辽之间相对和平的时期，辽南京留守仍需负责边境防务。如圣宗太平八年（1028年）二月戊子，"燕京留守萧孝穆乞于拒马河接宋境上置戍长巡察，诏从之"③。类似的事例在《辽史》中并不罕见，恕不一一胪列。据此来看，辽朝南京留守更似戎职。当笔者进一步审核史料时，发现南京留守的军事职能可能并非源于留守这一职务，而是由于留守通常兼领南面行营都统（总管）、兵马都总管或是兵马大元帅等军职的缘故。关于这一点，从下文所列《南京留守年表》中即可窥见一二。

最初，辽南京留守兼任军事职务应是出于战时的需要，以后逐渐成为相对固定的制度。如应历九年（959年）"夏四月丙戌，周来侵。戊戌，以南京留守萧思温为兵马都总管击之"④。南京方面的兵马都总管始见于此。不过辽圣宗以前，南京留守通常兼任的是南面行军都统或南面行营总管。乾亨四年（982年），辽景宗伐宋失利，不久崩于行在，圣宗年幼即位，为了防备宋朝的侵袭，以耶律休哥为南面行军都统。次年，"（正月）

---

① 《辽史》卷6《穆宗纪上》，第1册，第83页。
② 《辽史》卷85《高勋传》，第5册，第1450页。
③ 《辽史》卷17《圣宗纪八》，第1册，第228页。
④ 《辽史》卷6《穆宗纪上》，第1册，第83页。

丙子，以于越休哥为南京留守，仍赐南面行营总管印绶，总边事"①。圣宗以后，宋辽之间长期保持和平，但南京留守仍兼任军事职务，只是所兼任的职务由此前的南面行军都统或南面行营总管改称兵马都总管或兵马大元帅。

据《辽史》卷四六《百官志二》"北面边防官条"记载，"南京都元帅府。本南京兵马都总管府，兴宗重熙四年改。有都元帅、大元帅"。根据这条史料，我们知道南京兵马都总管府应是南京都元帅府的前身，不过实际上二者的区分并不是那么严格，当时人对于前者的长官南京兵马都总管与后者的长官兵马大元帅往往混称。其实早在兴宗重熙四年（1035年）南京兵马都总管府改称都元帅府之前，辽朝已有（南京）兵马大元帅这一称谓了。圣宗统和二十六年（1008年），路振使辽路过燕京，他在介绍当时的南京留守、圣宗同母弟耶律隆庆的情况时说到："燕京留守、兵马大元帅、秦王隆庆……以全燕之地而开府焉。"②刻于重熙三年（1034年）的《秦王发愿纪事碑》，记载南京留守萧孝穆的职任为"燕京留守、兵马大元帅"③。而在重熙四年南京都总管府改称元帅府之后，都总管一名也仍未废止。重熙六年萧孝先出任南京留守，刻于重熙七年的《耶律元妻晋国夫人萧氏墓志》记载孝先的职任为"兵马都总管、燕京留守、晋王"④。不过相比较而言，重熙四年以前称兵马都总管者居多，重熙四年以后称兵马大元帅者居多（参见表1-1）。

与其他诸京留守不同的是，有几位南京留守曾被封为天下兵马大元帅，而南京本身也有一个兵马大元帅，亦即南京元帅府的最高长官。正是由于这个原因，人们往往将二者混为一谈。实际上两者并不是一回事，前者是全国性的名誉军事长官，任职者具有继承辽朝皇位的资格；后者则是

① 《辽史》卷10《圣宗纪一》，第1册，第116页。
② 路振：《乘轺录》，引自贾敬颜《五代宋金元人边疆行记十三种疏证稿》，中华书局2004年版，第43—44页。
③ 《秦王发愿纪事碑》，见向南《辽代石刻文编》，河北教育出版社1995年版，第198—199页。
④ 向南：《辽代石刻文编》，第211—213页。

指南京这一地区的元帅府长官。据蔡美彪先生研究，辽代的天下兵马大元帅实际上就是辽朝皇位的继承人。① 不过在圣宗时，这一情况已开始发生变化。现将圣宗及其之后拜天下兵马大元帅者简要罗列于下：

> 耶律隆庆（圣宗同母弟）：南京留守、（天下）兵马大元帅
>
> 耶律重元（兴宗同母弟）②：南京留守、天下兵马大元帅
>
> 耶律洪基（道宗）：总北南院枢密使事、天下兵马大元帅
>
> 耶律延禧（天祚帝）：总北南院枢密使事、天下兵马大元帅
>
> 耶律和鲁斡（道宗同母弟）③：南京留守、天下兵马大元帅

其中，耶律隆庆、耶律重元、耶律和鲁斡都是在南京留守任上加封为天下兵马大元帅的（隆庆、和鲁斡均终任于南京留守），但最终三人均未继承帝位；耶律洪基（辽道宗）、耶律延禧（天祚帝）除了具有天下兵马大元帅这一封号之外，还总领北南院枢密使事，二人均得以继承皇位。实际上，圣宗之后，只有兼领北南二枢密院者方有资格继承皇位，辽朝中后期兼领北南枢密院者除洪基、延禧外还有耶律宗真、耶律濬，耶律宗真即辽兴宗；耶律濬为道宗长子，天祚帝之父，曾被立为皇太子，后被奸臣所害，才未能继承皇位。因此蔡美彪先生的结论还需要做一些修正，即辽朝早期加封天下兵马大元帅一职者表明其具有皇位继承资格；辽圣宗之后，加封天下兵马大元帅且总领北南枢密院者方有继承皇位的资格。辽朝中后期，兵马大元帅的封号乃是契丹皇帝向传统世选制妥协的结果，其折中的方法即是，对那些最有资格继承皇位或是可能对皇位造成威胁的亲王，命其留守南京，并授予天下兵马大元帅的封号。

---

① 蔡美彪：《论辽朝的天下兵马大元帅与皇位继承》，《中国民族史研究》第4辑，改革出版社1992年版，第23—39页。

② 耶律重元曾于重熙七年（1038年）"判北南枢密使事"，但重熙十二年（1043年）兴宗改由皇子洪基"知北南枢密院事"。

③ 耶律和鲁斡之子耶律淳任南京留守期间，曾拜都元帅，然而此时已是辽朝末年，战乱不已，耶律淳拜都元帅一事已非辽朝正常制度，故不予列入。

表 1-1　　　　　　　　　　　　南京留守年表①

姓名	任期	重要兼职	史料出处
赵思温	天显十一年至十三年	云、应、朔、奉圣等道采访使	《辽史·赵思温传》《旧五代史·契丹传》《赵匡禹墓志》②　《卢龙赵氏家传》③
赵延寿	会同元年至会同中	总山南事、枢密使	《辽史·太宗纪》《赵延寿传》
刘晞	会同中	枢密使	《旧五代史·刘晞传》《新五代史·安重荣传》《资治通鉴》卷286后汉高祖天福十二年正月癸丑
赵延寿	天禄元年至二年	枢密使	《辽史·世宗纪》《赵延寿传》
耶律牒蜡	天禄二年至五年	南面行营都统/南面都统使	《辽史·世宗纪》《耶律牒蜡传》,《李内贞墓志》④《上国都监太傅墓志》⑤
耶律娄国	应历元年		《辽史·耶律娄国传》《故金尚书右丞耶律公神道碑》⑥《中书令耶律公神道碑》⑦
萧海贞	应历二年		《旧五代史·后周太祖纪三》《册府元龟·总录部·忠义三》《资治通鉴》卷290后周太祖广顺二年六月己亥,《契丹国志·穆宗天顺皇帝》《契丹国志·番将除授职名》《宋史·李瀚传》
马廷煦	应历中?		《辽史·马人望传》

---

①　本表参考了吴廷燮《辽方镇年表》(《二十五史补编》第6册，第8069—8093页)、[日]高井康典行《辽の"燕雲十六州"支配と藩镇体制——南京道の兵制を中心として》附表[《早稻田大学大学院文学研究科纪要别册第二一集》(哲学·史学编)，1994年2月，第113—125页]、杨若薇《契丹王朝政治军事制度研究》(修订本)附录《辽五京留守年表》(第259—265页)、王旭东《辽代五京地方政务运行研究》之《南京留守简表》(第134—136页)。在上述论著的基础上，笔者根据文献资料及新出土墓志做了若干修正、补充或删减。

②　向南：《辽代石刻文编》，第299—302页。

③　王恽：《王恽全集汇校》卷48《卢龙赵氏家传》，杨亮、钟彦飞点校，中华书局2013年版，第6册，第2263页。

④　向南：《辽代石刻文编》，第53—55页。

⑤　乌拉熙春、金适：《中央民族大学古文字陈列馆所藏时代最早的契丹大字墓志》，《首都博物馆丛刊》第24辑，2010年9月，第107—108页。

⑥　元好问：《故金尚书右丞耶律公神道碑》，苏天爵编：《元文类》卷57，张金铣校点，安徽大学出版社2020年版，下册，第1156页。

⑦　宋子贞：《中书令耶律公神道碑》，苏天爵编：《元文类》卷57，第1162页。

续表

姓名	任期	重要兼职	史料出处
赵延祚	应历中?		《卢龙赵氏家传》
萧思温	应历七年至十一年	兵马都总管	《辽史·穆宗纪》《萧思温传》《刘景传》
高勋	应历十二年至保宁八年	大丞相、南面行营诸道兵马都总管、南院枢密使、政事令	《辽史·穆宗纪》《高勋传》，《高嵩墓志》《重修范阳白带山云居寺碑》①
韩匡嗣	保宁八年至十一年	南面行营都统、南院枢密使（短期兼任）	《辽史·韩匡嗣传》《刘景传》，《韩匡嗣墓志》②《韩敌烈墓志》③《耶律元佐墓志》④《韩德让墓志》⑤《韩德源嫡妻李氏墓志》⑥
耶律道隐	乾亨元年至五年		《辽史·景宗纪》《圣宗纪》《耶律道隐传》
耶律休哥	乾亨五年至统和十六年	南面行营总管（总南面军务）/南面行营都统	《辽史·圣宗纪》《邢抱朴传》，《耶律元妻晋国夫人萧氏墓志》
耶律隆庆	统和十六年至开泰五年	兵马大元帅	《辽史·圣宗纪》《皇子表》，《乘轺录》《契丹国志·孝文皇太弟传》《盘山甘泉寺新创净光佛塔记》⑦《秦晋国妃墓志》⑧
耶律吴哥	开泰中		《辽史·皇子表》
韩制心	开泰九年至太平三年	兵马都总管	《辽史·圣宗纪》《耶律制心传》，《耿知新墓志》⑨

---

① 向南：《辽代石刻文编》，第 32—37 页。

② 盖之庸：《内蒙古辽代石刻文研究》（增订本），内蒙古大学出版社 2007 年版，第 79 页。

③ 唐彩兰、刘凤翥、康立君：《契丹小字〈韩敌烈墓志铭〉考释》，《民族语文》2002 年第6 期，第 29—38 页。

④ 盖之庸：《内蒙古辽代石刻文研究》（增订本），第 170 页。

⑤ 司伟伟、万雄飞、刘昌、崔蕾、于九江：《辽宁北镇市辽代韩德让墓的发掘》，《考古》2020 年第 4 期，第 70 页；万雄飞、司伟伟：《辽代韩德让墓志考释》，《考古》2020 年第 5 期，第111—112 页。

⑥ 张力：《辽〈韩德源嫡妻李氏墓志〉考释》，《北方文化研究》第 5 卷，韩国檀国大学北方文化研究所，2014 年。

⑦ 向南：《辽代石刻文编》，第 119—120 页。

⑧ 向南：《辽代石刻文编》，第 340—343 页。

⑨ 向南：《辽代石刻文编》，第 184—186 页。

续表

姓名	任期	重要兼职	史料出处
萧孝穆	太平三年至九年、重熙初至重熙六年	兵马都总管（兵马大元帅）	《辽史·圣宗纪》《萧孝穆传》，《秦王发愿纪事碑》①
萧孝先	重熙六年至重熙中	兵马都总管	《辽史·兴宗纪》《萧孝先传》，《耶律元妻晋国夫人萧氏墓志》《萧和妻秦国太妃墓志》②
耶律重元	重熙中至清宁初	天下兵马大元帅（知元帅府事）	《辽史·道宗纪》《皇子表》《耶律重元传》
耶律宗范	清宁中？		《契丹国志·耶律隆运传》
耶律明	清宁中至清宁九年		《契丹国志·道宗天福皇帝纪》《长编》卷199仁宗嘉祐八年七月戊辰
萧惟信	清宁九年至咸雍元年		《辽史·道宗纪》《萧惟信传》
耶律仁先	咸雍元年至五年	*南京兵马大元帅③	《辽史·道宗纪》《属国表》《耶律仁先传》，《耶律仁先墓志》④
耶律和鲁斡（洪道）	咸雍六年至乾统十年	天下兵马大元帅	《辽史·天祚皇帝纪》《皇子表》，《契丹国志·燕王洪道传》
耶律淳	乾统十年至保大二年	都元帅（判留守诸路兵马都元帅府事）	《辽史·天祚皇帝纪》《大辽燕京天王寺建舍利塔记》⑤

二 从南京都总管府的军事辖区看"南京道"

辽代以五京为中心，依京划道，建立了五个一级行政区——五京道，诸京的长官留守掌领一道的军政大权，这是长期以来辽史学界的一个常识。然而实际情况并非如此。周振鹤先生在谈到辽代地方行政制度时对

---

① 向南：《辽代石刻文编》，第198—199页。
② 万雄飞：《辽秦国太妃晋国王妃墓志考》，《文物》2005年第1期，第88—96页。
③ 耶律仁先任同知南京留守时，曾任南京兵马副元帅，笔者推测其为南京留守时，所任当南京兵马大元帅。
④ 向南：《辽代石刻文编》，第352—357页。
⑤ 梅宁华主编：《北京辽金史迹图志》（下），北京燕山出版社2004年版，第25—26页。

此感到疑惑不解："辽代地方官制比较模糊，例如道为一级行政区划，但却并未设置明确的一级地方政府，亦无明确的道一级的地方行政长官。同时府州一级政府组织也混淆不清。这一方面是辽代行政制度本身的混合性质所引起，另一方面则是文献记载的不足而造成。"① 这样的说法令读者无所适从，但说明周先生已意识到辽朝"道"制的复杂性。近年关树东先生发表《辽朝州县制度中的"道""路"问题探研》一文，力证辽代并不存在所谓的"五京道"，认为"辽朝州县行政区划基本因袭唐末五代制度，实行府、节镇州（道）——（防御使、观察使、刺史）州——县三级行政制度"，而根本就没有什么统辖各类州县的五京道。至于所谓的"道"或"路"，是因为辽朝踵唐、五代惯例，以"道"或"路"指称节度使辖区。元代史官修《辽史·地理志》时，以五京为中心，依京划道，排列州县，导致人们误认为辽代存在统领一方的"京道"。关文认为，辽朝虽然不存在五京道，但在府、州之上存在八个专门理财的路，即南京三司使司、东京户部使司、西京转运使司、上京盐铁使司、中京度支使司，以及长春、辽西、平州三路钱帛司。而且这种路制"与宋代有所不同，如果说宋代的路堪称诸监司并立的复式政区的话，辽代的路尚难构成一级政区，它始终只是一个财务督理区。辽代的府、节镇州始终是真正的高层政区"②。

　　关文虽然在一定程度上纠正了《辽史·地理志》带给人们的错误认识，但不免矫枉过正，未能完全揭示辽代地方统治制度的真相。事实上，辽代的地方统治系统中，除了八个财赋性质的路之外，还有军事性质的路。人们在关注辽朝财赋路的时候，恰恰忽视了辽朝最为重要的军事路。辽朝以武得国，对于军事的重视非同一般。辽朝五京大体反映了不同民族的聚居之所，南京乃是汉人聚居之处，便于控制汉人，防御北宋；东

---

① 周振鹤：《中国地方行政制度史》，第110、165—166页。
② 关树东：《辽朝州县制度中的"道"、"路"问题探研》，《中国史研究》2003年第2期，第129—143页。

京的建立是为了更有效地统治渤海；中京的建立则是为了控制奚王所献之地；西京的建立是为了备御北宋、西夏。五京在建置上多与军事有着直接关系。在笔者看来，对于南京、西京地区而言，路级军事区的存在是确凿无疑的。

　　上文指出，南京留守通常兼任南京兵马都总管，那么，南京兵马都总管府的军事辖区究竟包括哪些区域呢？为了弄清这个问题，我们先简要介绍一下南京地区的情况。《辽史·地理志》所记载的"南京道"，共包括析津府、涿、易、檀、景、顺、蓟、平、营、滦十个府州，其中析津府辖涿、易、檀、景、顺、蓟六刺史州，平州为节度州，辖营、滦二刺史州。从财赋路的辖区来说，析津府下诸州和平、营、滦三州是分属于南京三司使司和平州钱帛司的。就军事辖区而言，从现有资料看，南京兵马都总管府（都元帅府）辖有析津府诸州是很清楚的，问题在于平、营、滦三州是否也归兵马都总管府节制？如上文所述，南京兵马都总管府的军事职能是为了备御宋朝，总山前之事。广义而言，平州地区亦属山前，对于防御宋朝也起到至关重要的作用。统和四年（986年），宋军大举攻辽时，耶律化哥"擒谍者，知敌由海路来袭，即先据平州要地"①，同年三月圣宗"诏林牙（萧）勤德以兵守平州之海岸以备宋"②。可见平州在军事上负有防备宋人经海路来袭的使命。此外，《辽史·百官志》"北面边防官"条在南京兵马都总管府所辖诸司中列有一个"管押平州甲马司"，从中亦可看出平州在军事上应归南京总管府节制。这样一来，南京兵马都总管府所辖区域就与《辽史·地理志》所载"南京道"的辖区完全吻合了。

　　综上所述，辽朝南京地区存在军事性质的路分，即兵马都总管府路，在辖区上包括南京三司使司、平州钱帛司两个财赋路。

---

① 《辽史》卷94《耶律化哥传》，第5册，第1519页。
② 《辽史》卷11《圣宗纪二》，第1册，第128页。

第二节 辽朝的"西京道"

一 西京建立以前山后诸州的状况①

辽西京大同府，初为云州大同军，兴宗重熙十三年（1044 年）升为西京，府曰大同。据《辽史·地理志》载，云、蔚、应、朔、奉圣五节度州的军务归西京兵马都部署司管辖；西京地区的其他州、军则归西南面招讨司管辖。云、蔚、应、朔、奉圣五节度州即是后晋献给契丹十六州中的云、应、朔、寰、蔚、武、儒、妫、新九州。辽太宗在得到这九州后，改新州为奉圣州，武州为归化州，妫州为可汗州。② 九州之中，可汗、归化、儒三州为刺史州，并隶属奉圣州；③ 寰州亦为刺史州，原属应州，统和四年（986 年）废。故云、蔚、应、朔、奉圣五节度州实际上就是石晋所割的山后九州。④

据武文君女史研究，山西诸州在辽穆宗至辽圣宗前期，辽朝以南、北院大王兼领山西诸州的军事。⑤ 穆宗应历五年（955 年），耶律屋质以北院大王总山西事，直至保宁五年（973 年）五月薨逝。保宁元年（宋开宝二

① 辽代及金初"山西"与"西京"往往混称，有时亦称"山后"，参看安介生《"山西"源流新探——兼考辽金时期山西路》，载《晋阳学刊》1997 年第 2 期，第 96—100 页。

② 《辽史》卷 1《太祖纪上》载：神册元年十一月，太祖"攻蔚、新、武、妫、儒五州……遂改武州为归化州，妫州为可汗州"（第 1 册，第 11 页）。辽太祖得蔚、新五州后，旋即失去，武州、妫州正式改名应在石晋赂地之后，太宗所改州名实乃因袭太祖之故号，参见钱大昕《廿二史考异》卷 83（方诗铭、周殿杰点校，上海古籍出版社 2004 年版，第 1133—1134 页）、陈汉章《辽史索隐》卷 1"太祖纪"条（《二十五史三编》，岳麓书社 1994 年版，第 8 册，第 160 页上栏—下栏）。

③ 《旧五代史》卷 32《后唐庄宗纪》载，同光二年（924 年）七月庚申，"升新州为威塞军节度使，以妫、儒、武等州为属郡"（中华书局 2015 年修订本，第 1 册，第 501 页）。可知此时可汗（妫）、归化（武）、儒三州已隶属奉圣（新）州，辽朝应是承袭了后唐的制度。

④ 统和四年，降蔚州为刺史州，属奉圣州；开泰元年三月，升蔚州为观察州，不再隶属奉圣州。参见《辽史》卷 41《地理志五》"蔚州"条，第 2 册，第 584 页；卷 15《圣宗纪六》，第 1 册，第 186 页。

⑤ 武文君、杨军：《辽代山西诸州的一体化》，《古代文明》2019 年第 2 期，第 87—89 页。

年，969 年），宋太祖率兵围困太原，屋质即率兵往援北汉，盖以山西地近太原故也。保宁四年（北汉天会十六年，972 年），汉主刘继元遣使至辽，专门"致币于屋质，屋质以闻，帝命受之"①。镇守山西诸州的屋质对于北汉的重要性由此可见。与北院大王屋质共同护佑北汉的还有南院大王耶律挞烈。应历二年（952 年），挞烈出任南院大王，后兼任西南面招讨，屡次出兵援汉。② 保宁元年（969 年），挞烈致仕。穆宗中后期至景宗初，当以北院大王总山西军政，以南院大王总西南路军政。

在西京建立之前，山后九州应当受南京方面的节制（详见本书第六章第一节）。西京建立后，五节度州正式转归西京管辖。

然而，由南京方面节制幽、云地区这一东西狭长的地带，难免有些首尾难顾、捉襟见肘，在宋辽交战时期，这种不便表现得尤为明显。正因如此，山西地区早在西京建立之前就已显现出成为相对独立区域的迹象。

辽景宗乾亨元年（979 年），处于辽宋西部疆界之间的北汉政权被宋太宗攻灭，辽之山西地区遂直接与宋朝接壤，这一变化对其后辽朝燕云地区的行政区划产生了较为久远的影响。正是在北汉灭亡的这一年，辽朝兵分东西两路以应对宋朝的进攻，景宗命"韩匡嗣与耶律沙将兵由东路进，（耶律）善补以南京统军使由西路进"③。此时，辽朝对于单独划分山西诸州的意图似乎还不是非常强烈。

乾亨四年（982 年）四月，景宗自将南伐，失利满城，九月，景宗崩于行宫，年幼的圣宗即位，南院大王耶律勃古哲上疏议军国便宜数事，"称旨，即日兼领山西路诸州事"④。我们已无从得知勃古哲所陈"便宜数事"具体内容为何，但从当时宋辽之间的战争态势，以及勃古哲上陈数事

---

① 《辽史》卷 77 《耶律屋质传》，第 5 册，第 1388 页。
② 挞烈之事详见下节"辽代的西南面招讨使司"。
③ 《辽史》卷 84 《耶律善补传》，第 5 册，第 1310 页；卷 9 《景宗纪下》，第 1 册，第 1442 页。
④ 《辽史》卷 82 《耶律勃古哲传》，第 5 册，第 1425 页；卷 10 《圣宗纪一》，第 1 册，第 116 页。

后即兼领山西路诸州来看，勃古哲所建言的事项或许与将山西划为独立区域，加强山西诸州军事防御有关。①

及至统和四年（986 年），山西地区独立于"南京道"的趋势愈发明显。这一年，宋军兵分东、西两路分别进攻辽朝的燕、云地区。辽承天太后亲自率师援救燕京，以北院枢密使耶律斜轸为山西路兵马都统，负责云中地区的防务。②待宋军被击溃之后，山西地区的奉圣、蔚、云、应、朔五节度州进一步被视为一个整体。是年八月丁酉朔，辽朝"以北大王蒲奴宁为山后五州都管"。十一月辛巳，"诏以北大王蒲奴宁居奉圣州，山西五州公事，并听与节度使蒲打里共裁决之"③。蒲奴宁即前文所述的耶律勃古哲，《辽史》称耶律勃古哲的第二名为蒲奴隐，蒲奴宁为蒲奴隐之异译。④《耶律勃古哲传》云："统和四年，宋将曹彬等侵燕，勃古哲击之甚力，赐输忠保节致主功臣，总知山西五州。"⑤勃古哲所统五州实际上就是山西的五节度州，但是他必须与节度使蒲打里共同裁决山西的事务。关于蒲打里的具体生平，我们已无法考知，只知道此时他所任的节度使为奉圣州节度使。统和四年十月，"政事令室昉奏山西四州自宋兵后，人民转徙，盗贼充斥，乞下有司禁止。命新州（即奉圣州）节度使蒲打里选人分道巡检"⑥。蒲打里以奉圣州节度使身份负责选派官员巡检山西诸节镇，故勃古哲总山西五州公事时，须与蒲打里共同裁决事务。从中也可看出，圣宗初期山西五州的重心在奉圣州而非云州，这或许与辽帝经常于奉圣州捺钵有

①　与此同时，西南路招讨专门负责西夏及党项等北方部族事务，不再负责防御北宋，详见下节"辽代的西南面招讨使司"。

②　《辽史》卷 11《圣宗纪二》，第 1 册，第 128 页；卷 83《耶律斜轸传》，第 5 册，第 1434 页。

③　《辽史》卷 11《圣宗纪二》，第 1 册，第 132、134 页。

④　勃古哲在乾亨四年（982 年）十月上疏之后当改任北院大王，兼领山西诸州事。《辽史·圣宗纪》载统和元年（983 年）五月北王府耶律蒲奴宁（即勃古哲）以敌毕、迭烈二部兵援助西南面招讨路（第 1 册，第 118 页），可佐证勃古哲已改任北院大王。

⑤　《辽史》卷 82《耶律勃古哲传》，第 5 册，第 1425 页。参见马赫《耶律蒲奴宁辨》，《辽金契丹女真史研究》1988 年第 1 期，第 18—20 页。

⑥　《辽史》卷 11《圣宗纪二》，第 1 册，第 133 页。

关。① 辽圣宗中后期，山西五州的军事重心有可能一度转移至应州。太平元年（1021 年），耶律弘古以彰国军（即应州）节度使兼山北道兵马都部署。② 余蔚先生认为此处的山北道兵马都部署即西京道兵马都部署之前身，负责山西五州军事。③

与其他诸京不同的是，山西五州正式成为相对独立的财政区要早于西京的建立。《辽史·圣宗纪》载，圣宗开泰三年（1014 年）三月"戊申，南京、奉圣、平、蔚、云、应、朔等州置转运使"④。按照这个说法，圣宗于山西地区的五节度州每州均置一转运使，这一举措不免令人感到诧异。有些学者对此的解释是：这五州濒临宋朝边境，应与当时的榷场需要，以及战争军需有关；同时也是辽代经济发展，调剂南京与山西米粮供需的结果。⑤ 这种解释很难让人信服。首先，山西五州之中仅蔚、应、朔三州与宋朝接壤，云州、奉圣州并不与宋相邻，可见五州置转运使与榷场或宋辽边境的战事并没有什么直接的关系；其次，认为山西五个转运司的设立是为了调剂燕、云二地乃至全国的粮食供需，更是无法让人理解，山西诸州的粮食产量不至于高到需要每州均置一转运使的地步。细细审读《辽史》以及相关的资料，笔者认为《圣宗纪》的这段记载出现了错乱，实际的情况应当是：圣宗于奉圣、蔚、云、应、朔五州置一转运司，南京置一转运司（原三司使司），平州置一转运司（即钱帛司）。因此时西京尚未建立，以南京为中心管辖燕云十六州这一辽阔的地区，难免有不逮之处，故而需在山西五州置一转运司，便于处理云中地区的财政事务，若是五州各置转运司，显然是没有必要的。

---

① 西京建立之前，辽帝在山西的捺钵地集中于奉圣州地界。

② 《辽史》卷 95《耶律弘古传》，第 5 册，第 1527 页。

③ 余蔚：《中国行政区划通史·辽金卷》，第 53—57 页。

④ 《辽史》卷 15《圣宗纪六》，第 1 册，第 191 页。又《辽史》卷 48《百官志四》"南面财赋官"条载开泰三年置奉圣州、蔚州、应州、朔州、保州等转运司（第 3 册，第 917 页），比《本纪》缺少南京、平州、云州，多出保州。按《辽史·百官志》大都抄自纪、传部分，讹错之处颇多，所以这里笔者采纳《圣宗纪》的说法，《百官志》的记载则有待进一步考实。

⑤ 向南、杨若薇：《辽代经济机构试探》，《文史》第 17 辑，1983 年，第 107—112 页。

笔者的这一推论可以得到宋人记载的证实。曾于辽兴宗重熙十二年至十四年（宋仁宗庆历三年至五年，1043—1045 年）三使辽廷的余靖，记述辽朝财赋路情况说：

> 胡人司会之官，虽于燕京置三司使，唯掌燕、蓟、涿、易、檀、顺等州钱帛耳；又于平州置钱帛司，营、滦等州属焉；中京置度支使，宜、霸等州隶焉；东京置户部使，辽西、川、锦等州隶焉；上京置盐铁使，饶、泽等州隶焉；山后置转运使，云、应等州属焉。置使虽殊，其实各分方域，董其出纳也。[①]

余靖记上京、燕京等处皆称"京"，记西京则称山后，并称"云、应等州属焉"。西京升为京府事在辽重熙十三年（1044 年），从余靖所述来看，他尚未得知云州已升为西京，所以他在同一段史料中记述辽朝地方军事区划时说："大抵契丹以（燕京）元帅府守山前……以乙室王府（守）山后，又有云、应、蔚、朔、奉圣等五节度营兵，逐州又置乡兵。"众所周知，西京建立后，云、应、蔚、朔、奉圣等五节度州军事上均划归西京都部署司管辖，余氏丝毫不提西京都部署司之事，而是分述云、应等五节度，进一步证实其并不清楚西京成立之事。与此相反，辽朝末年史愿撰写的《亡辽录》中则明确提及了西京转运司、西京都部署司，不再分述云、应等州之事。因此，余靖所称"山后置转运使，云、应等州属焉"云云，显然是西京建立之前的事情，这可以证实笔者的上述推测：早在西京建立之前，山西地区已形成一个独立的财政区，由山后（山西）转运司节制。

经过上述分析，我们可以看出辽代前中期的山西地区不仅仅是一个地域概念，在军事、财政乃至行政上都已表现出作为一个独立区域的趋势。重熙十三年辽朝建立西京实在是一件水到渠成的事情。

---

① 余靖：《武溪集》卷 18《契丹官仪》，《北京图书馆古籍珍本丛刊》影明成化九年刊本，书目文献出版社 1998 年版，第 85 册，第 175 页下栏。

二 西京的建立及其军事职能

重熙十三年（1044 年）十一月丁卯，辽兴宗于征夏班师后的第三天，下令升云州为西京，府曰大同。杨若薇据此认为，辽朝建立西京是为了加强对当地部族的控制，"以临近西夏的西京为据点，加强对西夏的战争态势，以图征服和控制西夏的土地和人民"[1]。辽末士人史愿所撰《亡辽录》也有类似看法，他在介绍云中地区的军事状况时说道："云中路则置西南面都招讨府，西京兵马都部署司，金肃、河清军、五花城、南北大王府、乙室王府，山金司，控制夏国。"[2]

在探讨西京建立的背景之前，有必要先了解一下西京的地理情况。据《辽史·地理志》所载，辽西京的最高军事机构西京都部署司辖有云、蔚、应、朔、奉圣五节度州，这五州均不与西夏接壤，相反，五州中的蔚、应、朔三州则与宋境毗连。考虑到这样一个基本事实，我们不禁会对西京建立的真实目的，以及建立之后的军事职能产生疑问。若是结合重熙间辽、宋、西夏三方之间的关系来考虑，我们发现西京建立的背景并非如此简单。

辽重熙十年（宋庆历元年，1041 年），宋军在好水川惨败于西夏。不久，辽兴宗即借口宋于双方边境地带"设关河，治壕堑，恐为边患，与南、北枢密吴国王萧孝穆、赵国王萧贯宁谋取宋旧割关南十县地"[3]。次年正月，辽兴宗会诸军于燕京，命萧惠与皇太弟耶律重元率大军压临宋境，声言南下。此时宋廷因疲于应对西夏，闻知此事之后，惊惶失措，遂遣富弼使辽求和。同年九月，辽宋双方重订盟书，辽未费一兵一卒，每年从宋方多得绢十万匹、银十万两。

事隔两年之后，辽夏之间关系恶化，宋夏之间则达成和议，给辽朝带

---

① 参见杨若薇《契丹王朝政治军事制度研究》（修订本），第 165 页。

② 《三朝北盟会编》卷 21 引《亡辽录》，上海古籍出版社 1987 年影印许刻本，上册，第 152 页下栏—153 页上栏；曹流：《〈亡辽录〉辑释与研究》，巴蜀书社 2022 年版，第 205 页。

③ 《辽史》卷 19《兴宗纪二》，第 1 册，第 259 页。

来了潜在的威胁。重熙十三年（1044 年）四月，原属辽朝的党项部落归附西夏，五月，辽西南面招讨都监罗汉奴"所发部兵与党项战不利，招讨使萧普达、四捷军详稳张佛奴殁于阵。李元昊来援叛党"[①]。九月，辽兴宗决意调遣大军，征讨西夏。同月，西夏方面为了避免两线作战，遣使赴宋议和，十月宋夏达成和议。十一月，辽军大败于河曲，"蹂践而死者不可胜计"[②]，辽兴宗不得不班师回朝。在这样一种情势下，辽朝不得不考虑如何应对宋朝的反应，若是宋朝趁机进攻辽朝或是提出领土要求，辽朝的西南地区将直接面临西夏与北宋两方面的军事压力。因此，与其说辽朝建立西京是为了备御西夏，毋宁说西京都部署司建立的主要目的是针对宋朝的。

关于此点，当时的宋人已有较为清醒的认识。西京建立之后的第二年，宋朝遣包拯出使契丹，回朝后上奏云："臣昨奉命出境，虏中情伪颇甚谙悉，自创云州作西京以来，不辍添置营寨，招集军马，兵粮积聚不少，但以西讨为名，其意殊不可测。缘云州至并、代州甚近，从代州至应州，城壁相望，只数十里，地绝坦平，此汉与胡古今所共出入之路也。自失山后五镇，此路尤难控扼，万一侵轶，则河东深可忧也，不可信其虚声，驰其实备。"[③] 包拯的忧虑并非毫无道理，从后来宋辽之间关于河东代北的地界之争，便可以看出西京对宋朝的压力。例如大安二年（宋哲宗元祐元年，1086 年）二月，宋河东路经略安抚使司言："火山军今月九日，北界西京留守等大小官十有余人，引马来界壕上，相度垒起石城处地界，及朔州人马见在东偏头村存泊。本司已牒缘边安抚司，依先降朝旨，候北人退散，审度间便前去毁拆。"[④] 从中可以看出西京留守有划定辽宋疆界之责。

---

① 《辽史》卷 19《兴宗纪二》，第 1 册，第 262—263 页。

② 《辽史》卷 93《萧惠传》，第 1 册，第 1513 页。

③ （宋）张田编：《包拯集》卷 9《论契丹事宜二》，中华书局 1963 年版，第 119—120 页；又见《长编》卷 157，仁宗庆历五年八月甲子，第 7 册，第 3797 页，引文与《包拯集》略有出入。

④ 《长编》卷 366，哲宗元祐元年二月辛巳，第 15 册，第 8800 页。

若是结合前文所述山西五节度州在宋朝的军事压力下逐渐形成为独立的军事区域，我们就不难理解辽建西京以备御宋朝的事实。更为重要的是，西京都部署司所辖的云、蔚、应、朔、奉圣五州均不与西夏接壤，而西京建立后，也不见西京方面与西夏发生战事或是军事摩擦的任何记载。实际上，辽朝真正用于防御西夏的主要军事机构是西南面招讨司，而西京都部署司则是针对北宋的。

西京除了设留守一职外，作为西京地区的最高军事长官是西京兵马都部署，然而，现存的文献中竟然找不到一条任职西京都部署的实例。笔者认为这应当是因为西京留守兼任西京都部署一职的缘故。同南京留守的情况一样，《辽史》中没有关于西京留守是否兼任军事长官的明确记载。不过，辽代石刻及辽末金初的资料中透露出一些这方面的信息。咸雍元年（1065 年），耶律祁"出为西京留守、兼山西兵马都部署"①，明确称西京留守兼山西兵马都部署（即西京兵马都部署）。金太宗天会七年（1129年），辽朝甫亡不久，韩企先卸任西京留守，通事高庆裔继任为西京留守、"大同尹、山西兵马都部署"②。次年，金太宗吴乞买遣高庆裔策命刘豫为帝，此时高庆裔的职衔是"西京留守……大同尹兼山西兵马都部署"③。《三朝北盟会编》卷一六六所引《金虏节要》载高庆裔官职亦是"山西路兵马都部署、留守、大同府尹"。因金朝初年通常沿袭辽代制度，所以据此推断，辽朝的西京留守也应兼任西京兵马都部署一职。可能正是因为这个原因，辽代史料中往往仅提及西京留守这一名号而忽略了其兼任的西京兵马都部署。

---

① 《耶律祁墓志》，拓本照片见陶建英、李俊义编《石墨芳华——刘凤翥李春敏收藏辽金碑刻拓本集》，文物出版社 2021 年版，第 193 页。

② （宋）李心传：《建炎以来系年要录》卷 28，建炎三年九月乙亥，胡坤点校，中华书局 2013 年版，第 2 册，第 654 页。此处山西兵马都部署即西京兵马都部署，参看安介生《"山西"源流新探——兼考辽金时期山西路》，《晋阳学刊》1997 年第 2 期，第 96—100 页。

③ （宋）李心传：《建炎以来系年要录》卷 35，建炎四年七月丁卯，第 2 册，第 803 页。

表 1-2 　　　　　西京兵马都部署司、西南面招讨司统属表①

西京都部署司	西京大同府	大同、云中、天成、长青、奉义、怀仁、怀安县	
		弘州	永宁、顺圣县
		德州	宣德县
	奉圣州	永兴、矾山、龙门县	
		归化州	文德县
		可汗州	怀来县
		儒州	缙山县
	蔚州	灵仙、安定、飞狐、灵丘、广陵县	
	应州	金城、浑源、河阴县	
	朔州	鄯阳、宁远、马邑县	
		武州	神武县
西南面招讨司	丰州	富民、振武县	
	云内州	柔服、宁人县	
	东胜州	榆林、河滨县	
	宁边州		
	金肃州		
	河清军		

第三节　辽代的西南面招讨使司

一　西南面招讨使司的军事职能及其与西京计司的关系

辽朝西南地区诸州，除去西京都部署司所辖的云、蔚、应、朔、奉圣等五节度州外，还有隶属于西南面招讨使司的丰州、云内州、东胜州、宁边州、金肃州、河清军等六个州军。如上所述，西京都部署司的主要职责

————————

① 此表据《辽史》卷41《地理志五》编排而成。另，《地理志》"天德军"条为"丰州"之重出，故不列入（参见李逸友《〈辽史〉丰州天德军条证误》，《内蒙古文物考古》1995年第1期，第37—40页）。

是备御宋朝，西南面招讨司的主要职责则是防御西夏。西南面招讨使司所辖的六个州军中有三个与西夏接壤，即云内州、金肃州、河清军，其中金肃州、河清军设于重熙十二年（1043 年），应是为了征伐西夏所置。①

西南面招讨司早在契丹建国之初就已建立。神册元年（916 年）七月，太祖西征"突厥、吐浑、党项、小蕃、沙陀诸部，皆平之"；十一月，又攻蔚、新等州，于是"自代北至河曲逾阴山，尽有其地。……置西南面招讨司，选有功者领之"②。由此可知，西南面招讨司应建于神册元年十一月。目前可考的最早一任西南面招讨使是阿保机的侄子耶律鲁不古。会同元年（938 年）夏四月"己亥，西南边大详稳耶律鲁不古奏党项捷"③。此处的西南面大详稳乃是西南面招讨使的另一种称呼。

辽西南面招讨使司，又称西南面招讨司、西南面都招讨司、西南面都招讨府、西南路招讨司、西南面大详稳司等等。④ 造成名目如此纷繁的原因，一是辽人本身对于西南面招讨司的称呼比较随意；二是《辽史》编纂者处理史料过于随意，将纪、传中的资料随意胪列，造成了不必要的混乱。《辽史》卷四六《百官志二》"北面边防官条"载有控御西夏的诸多机构，除西南面都招讨司（亦曰西南路招讨司）之外，还胪列了十余个机构及职官。其中西南面大详稳司、西南路详稳司、西南面五押招讨司均为西南面招讨司的重出；此外西南面安抚使司、西南面巡检司等名目则是负责处理宋辽边境事务的军事机构，与控御西夏毫无关系。

学者们在研究西南面招讨司时，多关注其与河西党项之间的关系，往往忽略辽朝前期西南面招讨司与河东地区的关系。实际上，辽太宗至圣宗时期，西南面招讨司不仅负责河西地区的党项问题，也兼顾山西地区的防

---

① 此据《辽史》卷 41《地理志五》所载，辽伐西夏事在重熙十三年，笔者怀疑《地理志》中的重熙十二年应为重熙十三年之讹。

② 《辽史》卷 1《太祖纪上》，第 1 册，第 11 页。

③ 《辽史》卷 4《太宗纪下》，第 1 册，第 48 页。

④ 王颋：《辽的西南面经营及其与西夏的关系》，《元史及北方民族史研究集刊》第 6 期，1982 年 12 月，第 83—90 页。何天明：《辽代西南面招讨司探讨》，《内蒙古社会科学》1990 年第 6 期，第 66—70 页；收入氏著《辽代政权机构史稿》，第 249—259 页。

务。圣宗以后，西南面招讨司主要负责与党项、西夏的事务，几乎不再过问山西地区的军务。

天显十一年（936 年）七月，后唐河东节度使石敬瑭为争夺天下，遣赵莹向西南路招讨耶律鲁不古求援，"鲁不古导送于朝，如其请"①。天禄五年（951 年），北汉建国之后，辽朝的西南面招讨司负有保障北汉安全的重要使命。是年正月，辽世宗闻知北汉主自立，遣西南面招讨使潘聿捻"遗其子刘承钧书"。汉主刘旻使承钧复书，言"本朝沦亡，欲循晋室故事求援"②。此后，北汉遇有强敌侵扰时，辽朝通常会派兵予以援助，在这一过程中西南面招讨司大都发挥着重要的作用。

穆宗应历四年（954 年）二月，后周进攻北汉，辽廷遣政事令耶律敌禄援救北汉。五月乙亥，北汉的忻、代二州叛乱，辽朝以南院大王耶律挞烈都统西南面军队，援助敌禄。挞烈旋即败周将符彦卿于忻口，收复周所陷城邑，"汉主诣挞烈谢"③。应历十四年（964 年）正月，北汉"以宋将来袭"，遣使请援。二月，辽西南面招讨使耶律挞烈进兵援汉。④应历十八年（968 年）九月，辽朝"知宋欲袭河东，谕西南面都统（即西南面招讨使）、南院大王挞烈豫为之备"⑤。十月，"宋围太原，诏挞烈为兵马总管，发诸道兵救之"⑥。所以，史臣在为耶律挞烈作传时，特别指出"河东单弱，不为周、宋所并者，挞烈有力焉"⑦。

乾亨元年（979 年），宋太宗率军亲征北汉，北汉主刘继元被迫出降，北汉王朝灭亡，辽与北宋地区的缓冲地带不复存在。在宋辽战争中，山西地区已逐渐成为一个独立的军事区，在一定程度上替代了西南面

---

① 《辽史》卷 76《耶律鲁不古传》，第 5 册，第 1375 页。

② 《契丹国志》卷 4《世宗天授皇帝纪》，贾敬颜、林荣贵点校，中华书局 2014 年版，第 55 页。

③ 《辽史》卷 77《耶律挞烈传》，第 5 册，第 1393 页；卷 6《穆宗纪上》，第 1 册，第 80 页。

④ 《辽史》卷 7《穆宗纪下》，第 1 册，第 89 页。

⑤ 《辽史》卷 7《穆宗纪下》，第 1 册，第 94 页。

⑥ 《辽史》卷 7《穆宗纪下》，第 1 册，第 94 页。

⑦ 《辽史》卷 77《耶律挞烈传》，第 5 册，第 1393 页。

招讨司对宋朝的军事作用。更为重要的是，澶渊之盟后，宋辽关系走向和平，山西地区已无大的战事，西南面招讨司也随之专职河西地区的防务，不再参与山西地区的军事行动。

西南面招讨使司的另一项军事职能就是控御党项、西夏。统和元年（983年）正月，党项十五部侵边，西南面招讨使韩德威以兵击破之。① 统和九年，党项首领李继迁"潜附于宋"，辽朝遣西南面招讨使韩德威持诏前往抚谕。然而李继迁竟"托故不出"，韩德威为此纵兵俘掠灵州而还。② 兴宗时，辽夏关系一度恶化，西南面招讨使司在对夏战争中始终发挥着重要的作用。重熙十三年（1044年），"山西部族节度使屈烈以五部叛入西夏"，西南面招讨使司发兵征讨叛乱诸部，李元昊则趁机援助叛党，西南面招讨使萧普达、四捷军详稳张佛奴殁于阵。此次平叛失利，导致兴宗决意大举伐夏，"诏征诸道兵会西南边以讨元昊"③。重熙十六年，辽朝再次出征西夏，西南面招讨使萧蒲奴"悬兵深入，大掠而还"④。重熙十九年三月，辽朝又"命西南招讨使萧蒲奴、北院大王宜新、林牙萧撒抹等帅师伐夏"⑤。次年，辽夏关系趋于缓和，西夏依旧对辽称臣。

从现有资料来看，辽西南面招讨司与西京都部署司应为同级机构，二者并无隶属关系。不过，西南面招讨司所辖的地区在财政上可能隶属于西京转运使司。《辽史》卷六〇《食货志下》有这样一段话："一时产盐之地如渤海、镇城、海阳、丰州、阳洛城、广济湖等处，五京计司各以其地领之。"这里提到的几处产盐之地，只有丰州位于西南路招讨司境内。辽朝共有三个丰州，一是上京道丰州，为宣徽使耶律阿没里的头下州；⑥ 二是

---

① 《辽史》卷10《圣宗纪一》，第1册，第117页。

② 《辽史》卷115《西夏传》，第5册，第1677页。

③ 《辽史》卷19《兴宗纪二》，第1册，第263页。

④ 《辽史》卷87《萧蒲奴传》，第5册，第1470页。

⑤ 《辽史》卷20《兴宗纪二》，第1册，第275页。

⑥ 《辽史》卷37《地理志一》，第2册，第508页；卷79《耶律阿没里传》，第5册，第1405页；卷13《圣宗纪四》，第1册，第158页。

东京道丰州，为渤海盘安郡故地；① 三是西京道丰州，为西南路招讨司的驻所。② 在这三个丰州之中，只有西京道丰州是产盐之地，《辽史》卷四一《地理志·西京道》"丰州"条谓其地有大盐泺。从《食货志》的那条记载来看，在军事上归属西南面招讨司的丰州，在财政上应是隶属于西京转运使司的。这或许是因为辽朝西南面招讨司辖区内多是部族之民，经济并不发达，并无类似汉地的税收问题，无需专门设立财政机构，故而以西京转运使司兼领之。

二 "五押"与西南面招讨使

在西南面招讨司的众多名目中，西南面五押招讨司是学界争论较多的一个职名。首先可以确定的是，西南面五押招讨司与西南面招讨司是同一个机构，因为有许多证据表明，西南面五押招讨使与西南面招讨使是同一个职位。从内蒙古巴林左旗白音乌拉乡白音罕山的韩匡嗣家族墓地出土的一系列墓志可以看出，西南面五押招讨使乃是西南面招讨使兼五押的另一种称呼。据《辽史·圣宗纪》记载，韩德威在圣宗时曾任西南面招讨使，然而韩氏家族墓志记载德威的职名却略有不同，兹列于下：

《韩匡嗣墓志》：西南面招讨使兼五押；③

《秦国太夫人墓志》：西南面招讨使兼五押；④

《韩德威墓志》：西南面五押招讨大将军；⑤

《耶律遂正墓志》：五押招讨；⑥

---

① 《辽史》卷38《地理志二》，第2册，第525页。

② 《辽史》卷41《地埋志五》，第2册，第580页。

③ 刘凤翥、金永田：《辽代韩匡嗣与其家人三墓志铭考释》，《中国文化研究所学报》新9期，2000年，第215—236页；盖之庸：《内蒙古辽代石刻文研究》（增订本），第79页。

④ 刘凤翥、金永田：《辽代韩匡嗣与其家人三墓志铭考释》，《中国文化研究所学报》新9期，2000年，第215—236页；盖之庸：《内蒙古辽代石刻文研究》（增订本），第79页。

⑤ 盖之庸：《内蒙古辽代石刻文研究》（增订本），第118页。

⑥ 刘凤翥、唐彩兰、高娃：《辽代萧乌卢本等三人的墓志铭考释》，《文史》2004年第2辑，第99—118页。

《耶律元佐墓志》：西南面五押招讨使。[1]

由此可以看出，西南面五押招讨司实际上就是指西南面招讨司，所不同的是，韩德威在担任西南面招讨司的长官招讨使时兼任了"五押"一职。那么，五押究竟所司何职，它与西南面招讨使又有何联系呢？

《辽史》中除去《百官志》中提到五押的那条史料外，《兵卫志》"大首领部族军"条也曾提及"五押军"一名。据邓广铭先生考订，《辽史·兵卫志》"大首领部族军"条有关五押军的记载，其史源出自《契丹国志》，而《契丹国志》则抄自《长编》所引宋琪的《平燕蓟十策》。[2]《平燕蓟十策》的原文是这样的："其（契丹）诸大首领太子、伟王、永康、南北王、于越、麻荅、五押等，大者千余骑，次者数百人，皆私甲也。"[3] 邓文认为，宋琪《平燕蓟十策》一文虽写于986年，但所记述的却是辽太宗时期的情况。这说明辽朝前期就有"五押"。另据契丹小字《耶律迪烈墓志》第八行记载：

仐本	屮刈	仐各		仜屮						兮屮		仐各	业反
亚出	夂	火		几有	尢夹	朴朱	小	十	无	亥玓	丞	火	用屮关
撒懒·鲁不古详稳			太宗	初	时	南	西	五	押	大	详稳	成为[4]	

意即太宗早期，撒懒·鲁不古被任命为西南面五押大详稳。鲁不古为耶律迪烈的六世祖，很有可能就是《辽史》中亦于太宗前期任西南面招讨使的耶律鲁不古。这也进一步证明早在辽初即已有五押一职。

由于《辽史》中有关五押的记载过于简单，迄今学界对于"五押"一词的涵义仍然莫衷一是，归纳起来大致有三种意见。

---

① 盖之庸：《内蒙古辽代石刻文研究》（增订本），第170页。
② 邓广铭（署名邓又铭）：《〈辽史·兵卫志〉"御帐亲军"、"大首领部族军"两事目考源辨误》，《北京大学学报》1956年第2期，第69—80页。
③ 《长编》卷27，太宗雍熙三年正月戊寅，第2册，第605页。
④ 卢迎红、周峰：《契丹小字〈耶律迪烈墓志铭〉考释》，《民族语文》2000年第1期，第48页；刘凤翥：《契丹文字研究类编》，中华书局2014年版，第3册，第785页。

（一）人名说

有些学者依据上文《平燕蓟十策》的那句话，认为既然五押与麻荅等人名并列，① 故五押也应为人名。如天放先生即认为五押指韩五押，即韩德威；② 李锡厚先生则认为"五押"可能是指《契丹国志》卷一七所记的耶律郎五。③ 前一种观点在宋代资料中似乎可以得到印证，《宋会要辑稿》蕃夷一之二三载，至道二年（996年）"六月，仡党族首领迎罗佶及长嗟、黄屯三人诣府州内附，云春初契丹将韩五押领兵来剽略"。是时任西南面五押招讨使者正是韩德威，故针对《宋会要》这条史料而言，韩五押即韩德威应无问题。至于五押为耶律郎五的假说，李锡厚先生可能是依据《契丹国志》卷一七《耶律郎五传》中郎五与麻荅并列，而《平燕蓟十策》中将五押与麻荅并列，从而做出的一种推测。根据上文述及的数方韩氏家族墓志记载，五押是西南面招讨使经常兼理的一种职任（参见表1-3），殆无疑义。五押为人名说只是在特定语境中以职名指代其人的特例。

（二）官名说

邓广铭先生认为五押是官名而非人名，但出于谨慎，并没有做出进一步的推测。④ 李桂芝教授认为"五押"当即"五院"，韩德威以西南面招讨使兼五押，当系以西南面招讨使兼五院大王（即北院大王）。⑤ 学界对此假说颇有质疑。⑥ 因为在韩德威兼领五押期间，北院大王另有其人，即耶律普奴宁（统和初）和耶律磨鲁古（统和八年至二十三年），⑦ 可见"五

---

① 麻荅即《辽史》中的耶律解里（拔里得），参见邓广铭（署名邝又铭）《〈辽史·兵卫志〉"御帐亲军"、"大首领部族军"两事目考源辨误》，第78—79页。

② 天放：《辽代"西南面五押招讨司"辨》，《东北地方史研究》1991年第4期，第38页。

③ 参见李锡厚《头下与辽金"二税户"》，第251页。

④ 参见邓广铭（署名邝又铭）《〈辽史·兵卫志〉"御帐亲军"、"大首领部族军"两事目考源辨误》，第79页。

⑤ 白寿彝总主编，陈振主编：《中国通史》第7卷"韩知古"条，上海人民出版社1999年版，第1288页。

⑥ 刘国生、王玉亭：《辽"五院"与"五押"问题分析》，《赤峰学院学报》2006年第1期，第7—10页。

⑦ 《辽史·圣宗纪》，第1册，第116、152、174页。

押"与"五院"是没有关系的。杨浣先生则认为"五押"可能是"西南面行军都统"的雅称,同时认为辽代"五押"有可能源自唐代的"六押"制度。① 然而这种推测恐怕很难令人信服。唐代的"六押"是由"中书舍人代表皇帝、协助宰相批刬百司奏抄表章的制度"②,我们很难想象这与"五押"有什么关系。至于"西南面行军都统",笔者认为应当是西南面招讨使在战争时期的称呼,与"五押"也毫无关系。

(三) 军名说

还有一些学者认为,五押应为"五押军"或是"押领五军"之义。其依据是《韩橁墓志》中有"假公押领控鹤、义勇、护圣、虎翼四军"的记载,故五押应是在控鹤、义勇、护圣、虎翼四军之外再加一军。③ 然而,韩橁押领控鹤等四军应是临时差遣。因为据墓志记载,太平八年(1028 年)因渤海大延琳叛乱,朝廷命韩橁押领控鹤等四军,"充攻城副部署";大延琳叛乱被平息后,韩橁"拜永清军节度,易、博、冀等州观察处置,管押义勇军,驻泊于辽东"④。由控鹤、护圣等军名看,这些军种应属于禁卫军系统,《辽史·百官志》"南面军官"条亦载有侍卫控鹤兵马都指挥使司,而且我们从韩橁的履历中,丝毫看不出控鹤等军与西南面招讨司有什么关联。刘国生、王玉亭两位先生则认为"五押军"应是由西南面五押招讨司统辖的一支边境戍兵,⑤ 但却没有解释为何叫"五押"。

笔者认为,若是单纯从辽代制度中去寻找五押的线索,恐怕很难找到一个明确的答案。然而,当我们追溯唐朝对于这一地区的统治方式时,就会发现辽朝的"五押"很可能源自唐代的"押蕃落使"。

辽朝西南路招讨司的辖区大体上相当于唐朝的丰州、天德军、东受降

---

① 杨浣:《辽代"五押"考释》,《中国史研究》2007 年第 3 期,第 59—67 页。
② 参见袁刚《唐代的五花判事和六押制度》,《安徽史学》1996 年第 4 期,第 16 页。
③ 金永田:《韩德威和耶律元佐墓志铭考释》,《文物》1998 年第 7 期,第 73—78 页;盖之庸:《内蒙古辽代石刻文研究》(增订本),第 125 页。
④ 向南:《辽代石刻文编》,第 206 页。
⑤ 刘国生、王玉亭:《辽"五院"与"五押"问题分析》,《赤峰学院学报》2006 年第 1 期,第 7—10 页。

城、中受降城、西受降城等地区。自唐以来，该地区一直是突厥、沙陀、吐浑等胡族聚居之所。唐朝对这一区域的统治方式虽时有变动，但是值得本书关注的则是其押蕃落使的设置，① 唐代史料中有许多记载：

唐德宗贞元十一年（795 年）五月，"以朔方留后李栾为灵州大都督府长史、朔方灵盐丰夏四州受降定远城天德军节度副大使、知节度事、管内度支营田观察押蕃落等使"②。

宪宗元和九年（814 年）六月，"以左龙武将军燕重旰为丰州刺史、天德军、丰州、西城、中城都防御押蕃落等使"③。

武宗会昌三年（843 年）二月，"以麟州刺史、天德行营副使石雄为银青光禄大夫、检校左散骑常侍、丰州刺史、御史大夫，充丰州西城中城都防御、本管押蕃落等使"④。

僖宗乾符二年（875 年）十月，"以前大同军及云朔都防御营田供军等使李珰检校左散骑常侍、丰州刺史，充天德军、丰州西城、中城都防御使、本管押蕃落等使"⑤。

由此可知，唐朝有时以当地的军政长官兼押蕃落使来统领该地区较难控制的胡族。契丹族对于这一制度应当比较熟悉，因为唐朝不仅在朔方地区设有押蕃落使，在其沿边的契丹族聚居之所也设有此职。如贞元元年（785 年）九月辛巳，唐德宗"以权知幽州卢龙军府事刘济为幽州长史、兼御史大夫、幽州卢龙节度观察、押奚契丹两蕃等使"⑥。长庆元年（821年）三月癸丑，唐穆宗"以幽州卢龙军节度副大使、知节度事、押奚契丹

---

① 唐朝"押蕃落使"全称应为"押诸蕃部落使"，如《旧唐书》卷 122《路嗣恭传》载其"知朔方节度营田押诸蕃部落等使"（中华书局 1975 年版，第 11 册，第 3500 页）；《新唐书》卷 64《方镇表一》载开元二十年（732 年）"朔方节度增领押诸蕃部落使及闲厩宫苑监牧使"（中华书局 1975 年版，第 6 册，第 1763 页）。

② 《旧唐书》卷 13《德宗纪下》，第 2 册，第 381 页。

③ 《旧唐书》卷 15《宪宗纪下》，第 2 册，第 450 页。

④ 《旧唐书》卷 18 上《武宗纪上》，第 2 册，第 595 页。

⑤ 《旧唐书》卷 19 下《僖宗纪》，第 3 册，第 695 页。

⑥ 《旧唐书》卷 12《德宗纪上》，第 2 册，第 351 页。

两蕃经略等使"刘总为检校司徒。① "押蕃落使"一职一直延续到了五代、北宋时期，如后唐明宗天成元年（926年）十一月，诏曰："雄武军节度使官衔内，宜兼押蕃落使。"② 宋景德三年（1006年）九月，"鄜延副都部署石普言，夏州请盟，朝廷加以恩制，望不授押蕃落使。上曰：'是蕃部旧职，不可去也。然普意亦有可采，宜令止兼管内押蕃落使。'"③

总之，押蕃落使是唐、五代以来用于控驭边地少数民族的一种比较常见的职官，契丹对此应当是很熟悉的。辽朝在其西南面的天德军一带，仿效唐制设置押五蕃落使，管理聚居于此且又叛服无常的胡族部落，实属正常。④ 故西南面招讨使兼领的五押应是押五蕃落之意，意即管押在此地域内的五个蕃族部落。

至于五押究竟管押哪五个蕃落，由于史料太过匮乏，我们已很难知晓，笔者对此试作一大胆推测。据《辽史·太祖纪》记载，神册元年（916年）七月壬申，辽太祖阿保机"亲征突厥、吐浑、党项、小蕃、沙陀诸部，皆平之"。随即举兵东向，于十一月攻下"蔚、新、武、妫、儒五州……自代北至河曲阴山，尽有其地。……置西南面招讨司，选有功者领之"⑤。阿保机西征河曲阴山的诸部恰为五个蕃落（即突厥、吐浑、党项、小蕃、沙陀），而西南面招讨司的设置亦在阿保机征服诸部后不久，这使得我们有理由相信，五押很可能是指管押突厥、吐浑、党项、小蕃、沙陀五蕃。⑥ 那么所谓的西南面五押招讨使，可能就是指西南面招讨使兼管押突厥、吐浑、党项、小蕃、沙陀五蕃落使。

---

① 《旧唐书》卷16《穆宗纪》，第2册，第487页。
② 《旧五代史》卷149《职官志》，第6册，第2327页。
③ 《长编》卷64，真宗景德三年九月癸卯，第3册，第1425页。
④ 辽朝在西北路设有西北路管押详稳，据陈得芝先生考证，西北路管押详稳即西北路管押阻卜九部都详稳的简称（见《辽代的西北路招讨司》，《蒙元史研究丛稿》，第27—28页）。这也可以从一个侧面佐证"五押"为管押五蕃落之义。
⑤ 《辽史》卷1《太祖纪上》，第1册，第11页；又见《辽史》卷34《兵卫志·序》，第2册，第450页。
⑥ 此处的小蕃应当是指党项以外的羌人，参见韩荫晟《"小蕃"释义——读史杂谈》，《宁夏社会科学》1987年第1期，第94—95、100页。

表 1-3 西南面招讨使年表

姓名	任职时间	任职名称	史料出处
耶律鲁不古①	天显中至会同五年二月	西南路招讨使、西南边大详稳、西南五押大详稳	《辽史·太宗纪》《属国表》《耶律鲁不古传》,《耶律迪烈墓志》
耶律安端②	会同五年以后	西南路招讨使、西南面大详稳	《辽史·太宗纪》《耶律察割传》
耶律刘哥	天禄初	西南边大详稳	《辽史·世宗纪》《耶律刘哥传》
潘聿撚	天禄中	西南面招讨使	《资治通鉴》卷290后周太祖广顺元年正月己卯,《契丹国志·世宗天授皇帝纪》
耶律挞烈	应历十九年以前	西南面招讨使、西南面都统	《辽史·穆宗纪》《耶律挞烈传》
耶律斜轸	保宁元年至八年	西南面招讨使	《辽史·景宗纪》《耶律斜轸传》
耶律喜隐	保宁九年至乾亨二年	西南面招讨使	《辽史·景宗纪》《耶律喜隐传》
韩匡嗣	乾亨三年至四年	西南面招讨使	《辽史·景宗纪》《圣宗纪》《韩匡嗣传》,《韩匡嗣墓志》,《秦国太夫人墓志》
韩德威	乾亨四年至统和十四年	西南面招讨使、西南面招讨使兼五押、西南面五押招讨使	《辽史·圣宗纪》《部族表》《属国表》《韩德威传》,《韩匡嗣墓志》,《秦国太夫人墓志》,《韩德威墓志》,《耶律遂正墓志》,《耶律元佐墓志》
耶律隆祐③	统和十八年至二十二年	西南面招讨使、西南面五押大将军	《辽史·韩德凝传》,《耶律(韩)隆祐墓志》

---

① 耶律鲁不古,字信宁,即《辽史·太宗纪下》中的西南路招讨使信恩。

② 耶律安端,字猥隐,即《辽史·太宗纪下》中的西南路招讨使隈恩。

③ 据《韩匡嗣墓志》及《耶律隆祐墓志》可知耶律隆祐、韩德凝、韩德颙为一人。参见刘凤翥、唐彩兰、高娃、李建奎《辽代〈耶律隆祐墓志铭〉和〈耶律贵墓志铭〉考释》,《文史》2006年第4辑,第117—142页;刘凤翥、金永田《辽代韩匡嗣与其家人三墓志铭考释》,《中国文化研究所学报》新9期,2000年,第215—236页。

续表

姓名	任职时间	任职名称	史料出处
耶律隆裕①	统和中	遥授西南面招讨使	《辽史·圣宗纪》,《契丹国志·齐国王隆裕传》
萧排押②	开泰二年以后	西南面招讨使	《辽史·萧排押传》
萧塔列葛	开泰中	西南面招讨使	《辽史·萧塔列葛传》
萧解里	开泰八年至太平初	西南面招讨使	《辽史·圣宗纪》
萧排押	太平三年	西南面都招讨使	《辽史·圣宗纪》
耶律欧里思	太平中	西南面招讨使	《辽史·耶律欧里思传》
耶律忠	圣宗时	西南面都招讨使	《耶律元妻晋国夫人萧氏墓志》,《秦国太妃晋国王妃墓志》
萧惠	重熙初至重熙六年	西南面招讨使	《辽史·萧惠传》
耶律信宁	重熙六年至重熙中	西南路招讨使	《辽史·兴宗纪》
萧普达	重熙十三年以前	西南面招讨使	《辽史·兴宗纪》《萧普达传》
萧蒲奴	重熙十五年至十九年	西南面招讨使	《辽史·兴宗纪》《萧蒲奴传》《西夏传》
萧迭里得	重熙末	西南面招讨使	《辽史·萧迭里得传》
萧撒抹	清宁初	西南面招讨使	《辽史·萧夺剌传》
耶律撒剌	清宁中	西南面招讨使	《辽史·耶律撒剌传》

---

① 耶律隆裕,《辽史》皆记为耶律隆祐。《契丹国志》卷14《齐国王隆裕传》(第174页)、《长编》卷23太宗太平兴国七年闰十二月条(第1册,第533页)、(清)徐松辑《宋会要辑稿》蕃夷一之二六(刘琳、刁忠民、舒大刚、尹波等校点,上海古籍出版社2014年版,第16册,第9727页)、(宋)王称《东都事略》卷123《契丹传》(清振鹭堂影宋刻本,第2页 b、5页 b)、(宋)李攸《宋朝事实》卷20"经略幽燕"门(清武英殿聚珍本,第11页 a)、《秦晋国大长公主墓志》(向南:《辽代石刻文编》,第248—252页)均记为"隆裕",故《辽史》记载有误,"隆祐"应为"隆裕"。

② 《辽史·圣宗纪六》载:开泰二年七月"乙未,西南招讨使、政事令斜轸"奏党项事云云(第1册,第189页)。按:耶律斜轸卒于统和十七年;另据《辽史·萧排押传》,开泰二年,萧排押"以宰相知西南面招讨使"(第5册,第1476页),且耶律斜轸与萧排押均字韩隐,均曾任西南面招讨使,故疑《圣宗纪》开泰二年之"斜轸"应为"萧排押"之讹。参见《辽史·圣宗纪六》校勘记〔二二〕,第1册,第200页。

续表

姓名	任职时间	任职名称	史料出处
萧韩家奴	咸雍二年以后	西南面（路）招讨使	《辽史·萧韩家奴传》，《萧福延墓志》①
拾得奴	咸雍七年以前	西南面招讨使	《辽史·道宗纪》
耶律赵三	咸雍末	西南面招讨使	《辽史·耶律那也传》
耶律铎鲁斡	大康初	西南面招讨使	《辽史·耶律铎鲁斡传》
萧韩家奴	大康四年以后	西南面（路）招讨使	《辽史·萧韩家奴传》，《萧福延墓志》
萧得里特	大康中	西南招讨使	《辽史·萧得里特传》
萧陶隗	大康九年以后	西南面招讨使	《辽史·萧陶隗传》
耶律庆嗣	大安八年——九年	西南面（路）招讨使	《辽史·耶律挞不也传》，《耶律庆嗣墓志》②
毛撒宁	乾统六年	西南面招讨使	乾统七年《梁国太妃墓志》
萧乐古	天庆三年以前	西南面招讨使	《辽史·天祚皇帝纪》
耶律大悲奴	天庆中	西南面招讨使	《辽史·耶律大悲奴传》
萧奉先	天庆五年至八年	西南面招讨使	《辽史·天祚皇帝纪》《萧得里底传》，《契丹国志·天祚皇帝纪》
耶律佛顶	保大二年以前	西南面招讨使	《辽史·天祚皇帝纪》，《金史·太祖纪》
萧乙薛	保大二年	西南面招讨使	《辽史·萧乙薛传》
小斛禄	保大五年	西南面招讨使	《辽史·天祚皇帝纪》

第四节 辽代的西南面安抚使司

辽朝的西南面安抚使司是专门负责处理辽宋边境事务的军事机构，其性质相当于宋朝的缘边安抚使司。但是由于《辽史》记载的舛误以及史料的匮乏，人们对于这一机构的认识几乎是一片空白。本节拟对西南面安抚

① 张守义：《平泉县马架子发现的辽代墓志》，《文物春秋》2006年第3期，第61—64页。
② 向南：《辽代石刻文编》，第456—459页。

使司作初步的探讨。

一 西南面安抚使司之始末

《辽史·百官志二》"北面边防官"条依次列有西南面安抚使司与西南面都招讨司两个机构，仿佛两者是管理辽朝同一地域的不同机构。实际上，二者有着极大的差别。

众所周知，西南面都招讨司，又称西南面招讨（使）司、西南路招讨司、西南面招讨府，是负责经略辽朝西南边疆的一种军政合一的机构。其治所在丰州，辖丰州、云内州、东胜州、宁边州、金肃州、河清军六个州军以及涅剌、迭剌迭达等部族。①

西南面安抚使司则是契丹在易州、蔚州等辽宋边境地带设置的一个处理边境事宜的机构，理应列于《辽史·百官志》"南面边防官"条之下。由于《辽史》记载的混乱，人们往往将其与西南面招讨使司混为一谈，②导致西南面安抚使司长久为人们所忽视。

辽西南面安抚使司又称易州飞狐安抚使司，圣宗统和二十三年（1005年）以前称作西南面招安使司（或称易州飞狐招安使司）。《辽史·百官志四》"南面边防官"条将西南面招安使司与易州飞狐招安使司分列两处，实际上两者是同一个机构。据《耿延毅墓志》记载，"统和十五年，国家方问罪赵宋氏，乃改授（耿延毅）西南面招安使，旧以飞狐为理所，其副居灵丘。公以并、代、中山之界，寔曰寇庭，莫不威信卒夫，谨

---

① 王颋：《辽的西南面经营及其与西夏的关系》，《元史及北方民族史研究集刊》第 6 期，1982 年 12 月，第 83—90 页。何天明：《辽代西南面招讨司探讨》，《内蒙古社会科学》1990 年第 6 期；收入氏著《辽代政权机构史稿》，第 249—259 页。

② 《辽史》卷 46《百官志二》将"西南面安抚使司"与"西南面都招讨司""西南面五押招讨司"等机构并列，并谓"已上西京诸司，控制西夏"，显然未能厘清"西南面安抚使司"与"西南面都招讨司"在职能、辖境上的区别（第 3 册，第 837—838 页）。这对后人也产生了不小的影响，例如（明）王圻《续文献通考》卷 97《职官考·安抚使》谓"辽北面边防官控制西夏者有西南面安抚使司，官曰西南面安抚使"（明万历三十年松江府刻本，第 19 页 a），盖即因袭《辽史》之讹。

严烽堠，夙夜不惰。周历四霜，乃至贼虐之师，无敢北顾"①。据此可知，在圣宗统和十五年（997 年）之前，西南面招安使曾以飞狐为治所，副使以灵丘为治所，但没有说明圣宗以后招安使司的治所所在。据《王悦墓志》记载，圣宗时，王悦曾出任飞狐招安副使，② 说明这一时期西南面安抚副使的治所应当由灵丘改至飞狐。又据《辽史》记载，道宗寿昌末，萧文曾"知易州，兼西南面安抚使"③，可以推断辽朝中后期西南面安抚使司的治所当在易州。④ 正是因为易州和飞狐是西南面安抚（招安）使司正副长官治所之所在，故西南面招安使司又可称为"易州飞狐招安使司"。

统和二十三年（1005 年）二月，辽改易州飞狐招安使（即西南面招安使）为安抚使。⑤ 这从宋人的记载中也可得到印证。宋雍熙三年（辽统和四年，986 年），宋太宗率师北上，力图克复燕云十六州，宋将田重进至飞狐北界时，辽朝率兵赴援者即为西南面招安使大鹏翼。⑥ 及至宋真宗景德二年（辽统和二十三年，1005 年）五月，"（宋）定州军城寨言，得契丹西南面飞狐安抚使牒，请谕采木民无越疆境"⑦。由此可知，宋代文献所记西南面安抚使名称的变化与《辽史》相吻合，而且宋称契丹西南面安抚使为"西南面飞狐安抚使"，这也进一步印证了西南面安抚使与易州飞狐安抚使名异而实同。值得注意的是，辽朝改"招安"为"安抚"，正好是在澶渊之盟的次年，显然是因为辽宋双方达成和议，不再相互以敌国视之，故有改名之举。

---

① 向南：《辽代石刻文编》，第 160 页。
② 《王悦墓志》，向南：《辽代石刻文编》，第 113 页。
③ 《辽史》卷 105《萧文传》，第 5 册，第 1609 页。
④ 因辽西南面招安使司与宋缘边安抚使的职能相当（详下），而宋缘边安抚使通常兼本州知州，故笔者推测辽西南面招安使也应兼任本州知州。至于西南面招安使司治所究竟何时设置易州，因史料缺乏，已无从考证。据《辽史·圣宗纪》《地理志》载，统和七年，圣宗重新获取易州，故西南面招安使司治所迁至易州应在统和七年至十五年之间。
⑤ 《辽史》卷 14《圣宗纪五》，第 1 册，第 175 页。
⑥ 《长编》卷 27，太宗雍熙三年三月辛巳，第 2 册，第 608 页。
⑦ 《长编》卷 60，真宗景德二年六月丙申，第 3 册，第 1347 页。

目前史料中可考的最早的西南面招安使为耶律琮（合住）。《辽史·耶律合住传》载，保宁初，"以宋师屡梗南边，拜涿州刺史、西南兵马都监、招安、巡检等使"①。《耶律琮神道碑》也说他保宁间任"西南面招安、巡检使"②。此后直至辽朝末年，都可以看到有关西南面招安（安抚）使的记载。今涞源阁院寺辽天庆四年（1114 年）铁钟上即铭有"西南面安抚使耶律善"等字③。这是截至目前可以看到的有关西南面安抚使司的最晚记载。此外，宋代文献中也时常有与辽西南面安抚使司有关的记载，如上文所引契丹西南面安抚使牒定州军城寨事。又如宋神宗熙宁十年（辽大康三年，1077 年）十一月，契丹西南面安抚使移牒代州，交涉宋军擅入契丹境内之事④。总之，辽朝的西南面安抚使司应是辽朝的常设机构，而并非临时性质的机构。至于该机构隶属何处，目前尚难以断定，余蔚先生推测该司应是南京元帅府的下辖机构，或近事实⑤。

二　西南面安抚使司的职能

关于西南面安抚使司的职能，在辽朝方面文献中看不到明确的记载。从诸多相关史料来分析，可以大体确定其主要职责是处理辽宋边境事务。如宋神宗元丰六年（辽大康九年，1083 年）六月，宋广信军与契丹西南面安抚使司相互移牒讨论边界教场事宜，⑥广信军与辽易州接壤。上文说到统和二十三年（1005 年）宋定州军城寨与契丹西南面安抚使交涉居民越境

---

① 耶律琮以涿州刺史兼任西南面招安使，似乎说明西南面招安使司的治所在保宁初及其以前有可能在涿州。

② 向南、张国庆、李宇峰：《辽代石刻文续编》，辽宁人民出版社 2010 年版，第 342 页。统和二十二年《清河张公德政记（碑）》亦称张昭莹"超授司徒知易州刺史、西南面招安巡检使事"，西南面招安使似乎亦常常兼巡检使一职，参见郝红霞《〈清河公到任记〉相关问题考辨》，《中国典籍与文化》2012 年第 2 期，第 51 页。

③ 《涞源阁院寺辽代铁钟铭文》，据周峰先生提供的录文及方诚峰先生拍摄的钟铭照片。钟铭考释参见梁松涛、王路璐《河北涞源阁院寺辽代"飞狐大钟"铭文考》，《北方文物》2015 年第 1 期，第 86—90 页。

④ 《长编》卷 285，神宗熙宁十年十一月己未，第 12 册，第 6989 页。

⑤ 余蔚：《中国行政区划通史·辽金卷》，第 53 页。

⑥ 《长编》卷 335，神宗元丰六年六月丙辰，第 13 册，第 8080—8081 页。此条史料亦见于《宋会要辑稿》蕃夷二之二八（第 16 册，第 9755 页）。

采伐事宜，军城寨与辽蔚州接壤。又宋神宗熙宁十年（辽大康三年，1077年）十一月，契丹西南面安抚使司因宋军擅入辽蔚州与宋真定府交界之地，烧毁民宅，专门致牒宋朝，希望宋方能够约束士兵，赔偿损失。①

西南面安抚使司负责的防线，应当有一个不断扩展的过程。北汉灭亡之前，辽朝西京地区的边防压力相对较轻，仅蔚州与后周、北宋接壤。此时安抚使司长官当由涿州刺史兼领，其防线主要集中于涿州——飞狐——灵丘一线，以期对易州形成包围之势。②北汉灭亡之后，辽朝西京地区的军事压力凸显，尤其是宋太宗雍熙三年（辽统和四年，986 年），北宋兵分三路攻辽，中、西两路虽非主力，但皆指向辽之西京地区。宋中路军田重进至飞狐北界时，"西南面招安使大鹏翼等率众来援"③。很可能在这一时期，西南面招安使司的理所固定于飞狐，副使居于灵丘，以加强西京方面的防御力量。统和七年（989 年）辽朝收复易州之后，西南面招安使司的治所转至易州，④而以飞狐为副。统和二十二年（1004 年），宋辽实现和平，双方相安无事，西南面安抚使的活动也趋于平静，几不见于史籍。及至道宗咸雍、大康年间，辽宋双方因重新划定辽朝西京地区蔚、应、朔三州与宋朝接壤的地界，纷争再起。从下文西南面安抚使屡与宋之代州、河东缘边安抚司交涉来看，此时西南面安抚使的事务重心已转移至西京地区，防线范围也明确扩展至应州、朔州。要言之，西南面安抚使的防务范围，应当存在着这样一个变化过程：涿州——蔚州（飞狐、灵丘）；易州——蔚州（飞狐、灵丘）；易州——蔚州——应州——朔州。从军事辖区来说，涿州、易州属南京总管府，蔚州、应州、朔州属西京都部署司辖制，说明西南面安抚使司的管辖范围跨越燕云两地。

从上文也可以看出，西南面安抚使司和西南面招讨司虽然都以"西南面"为名，但两者的含义是不同的：后者因其辖境处于辽朝的西南方而得

① 《长编》卷 285，神宗熙宁十年十一月己未，第 12 册，第 6989 页。

② 参见余蔚《中国行政区划通史·辽金卷》，第 52—53 页。

③ 《长编》卷 27，太宗雍熙三年三月辛巳，第 2 册，第 608 页。

④ 西南面安抚使司治所具体迁移时间不详，但必定在统和七年至十五年之间。

名，前者因其辖境处于燕京的西南方而得名，实际上应当称作燕京西南面安抚使司。①

关于西南面安抚使司的具体职责，在辽代史料中几乎找不到什么有用的信息，赵为干曾担任西南面安抚副使，其墓志提到此事时只是说："地连边徼，俗在抚绥。克运权谋，共裨忧恤。"② 这条史料只告诉我们西南面安抚使司的职责是抚绥边境。结合宋朝方面的文献记载，可将辽代西南面安抚使司的职责概括为以下三点：

（一）维护边境正常秩序。如宋真宗景德二年（辽统和二十三年，1005 年）五月，西南面安抚使牒宋定州军城寨，言宋朝居民越境采伐。③宋神宗元丰元年（辽大康四年，1078 年）五月辛丑，宋管勾河东缘边安抚司刘舜卿言："北界西南面安抚司，自去秋因移文索奸细人李福寿等，妄指占瓶形寨地，至今春以来，渐以人马并边出入。"④

（二）保障边境居民权益。当辽方边境居民遭受宋军侵扰时，西南面安抚使司负责出面交涉。如宋神宗熙宁十年（辽大康三年，1077 年）十一月，西南面安抚使移牒宋代州，称去年九月宋军擅入契丹境内，烧毁居民刘满儿等屋舍，请宋朝方面严行诫约并为刘满儿等追讨赔偿。⑤

（三）监视边境军事动向。当宋朝边境有任何军事动向时，西南面安抚使司会严密监视其一举一动，以确保国家安全。宋神宗元丰四年（辽大康七年，1081 年）十月，因西夏内乱，党项部落侵犯边城，需调派军队前往镇抚。为避免契丹疑虑，宋朝河东缘边安抚司专门移牒辽朝西南面安抚司，"使谕朝廷之意"，以免发生误会。⑥ 神宗元丰六年（辽大康九年，1083 年）六月，宋朝方面在边境地区设立教场，练习军伍，西南面安抚使

---

① 上文的《王悦墓志》记载王悦曾出任燕京西南面巡检使一职，也可以从旁证明笔者的这一推论。

② 《赵为干墓志》，向南：《辽代石刻文编》，第 219—220 页。

③ 《长编》卷 60，真宗景德二年五月丙申，第 3 册，第 1347 页。

④ 《长编》卷 289，神宗元丰元年五月辛丑，第 12 册，第 7081 页。

⑤ 《长编》卷 285，神宗熙宁十年十一月己未，第 12 册，第 6989 页。

⑥ 《长编》卷 317，神宗元丰四年十月丁巳，第 13 册，第 7657 页。

司移牒责询此事，并要求宋朝迅速毁废教场，"责问生事官吏，重加诫断"①。

三　辽西南面安抚使司与宋缘边安抚使司之关系

宋缘边安抚使司的主要职责是解决边境纠纷，负责国境安全。通过上文的研究，可以看出辽朝的西南面安抚使司与宋代的缘边安抚使司在职能上较为接近。从两者的情况来看，笔者认为宋缘边安抚使司很有可能是模仿辽制的结果。一般而言，辽制多是模仿唐宋制度，宋制取法辽制的例证并不多见，但这可能是一个例外。宋真宗景德三年（辽统和二十四年，1006 年）四月，置河北缘边安抚使司，治雄州。② 这是宋朝最早设立的缘边安抚使司。该机构设立于澶渊之盟订立之后的第二年，而且正好是在辽改西南面招安使司为安抚使司的次年。这不得不令我们怀疑宋代缘边安抚使司乃是模仿辽朝的西南面安抚使司设立的。此外，从缘边安抚使司最初的设置情况来看，也有助于支持笔者的这一判断。宋朝在辽宋边境共设有两个缘边安抚使司，即河北缘边安抚使司和河东缘边安抚使司。其中河东缘边安抚使司始置于大中祥符元年（1008 年），由河北缘边安抚副使、都监一员主管河东安抚司事，后改由代州知州兼任河东缘边安抚使，才与河北缘边安抚使司分离。③ 河东缘边安抚使司初期由河北缘边安抚副使主管的情况，与辽朝西南面安抚使司以使、副分居两地，分管燕、云缘边地区的情况也非常相似。

正是由于上述原因，我们从宋代缘边安抚使司也可以推知辽朝西南面安抚使司的某些情况。学界已有的研究成果表明，宋朝缘边安抚使司具有一定独立性，其辖区不受路的区划的影响。路级安抚使与缘边安抚使之间并无明显的隶属关系，但由于缘边安抚使通常兼本州知州，故路级安抚使

---

① 《长编》卷335，神宗元丰六年六月丙辰，第 13 册，第 8080—8081 页。又见于《宋会要辑稿》蕃夷二之二八（第 16 册，第 9755 页）。

② 《长编》卷62，真宗景德三年四月乙酉，第 3 册，第 1394 页。

③ 《长编》卷69，真宗大中祥符元年八月庚子，第 3 册，第 1555 页。

可通过按劾知州的方式来控制缘边安抚使；此外，缘边安抚使司若需动用军队则需向路级安抚使请示。①

辽朝西南面安抚使司的辖区也存在地跨燕、云两地的情况，但西南面安抚使司与南京总管府、西京都部署司在军事上究竟是什么关系，囿于史料限制，我们已很难考证，或许它们之间的关系与宋朝缘边安抚使司与路级安抚使司的关系有着某些相似之处。

本章结语

辽朝的燕云地区包括南京兵马都总管府、西京兵马都部署司、西南面招讨司三个军事性质的路分。

从燕云地区的情况来看，辽朝应当存在军事性质的区划。"南京道"不仅有南京三司使司、平州钱帛司两个财赋路，还有南京兵马都总管府这一军事路分。有迹象表明，两个财赋路在军事上都隶属于南京兵马都总管府。都总管府的长官通常由南京留守兼领。圣宗以后，为了向旧有的世选制传统妥协，辽帝通常任命那些有资格继承皇位者为南京留守，并加封天下兵马大元帅。

"西京道"的情况与"南京道"类似，也是一种军事区划，即由西京兵马都部署司统领。西京军区是在对宋战争中逐渐形成的，辽朝建立西京的主要目的是备御宋朝，而非针对西夏。由于史料匮乏，有关西京兵马都部署使的情况已无法详考，估计也例由西京留守兼任的。

西南面招讨司也是一个军事性质的路分，但比起"南京道"和"西京道"来，其性质更为单一，军事目的更为明显。在辽朝早期，西南面招讨司主要负责山西地区的防务；澶渊之盟订立之后，其主要职能是控御西夏。由于其辖境内分布着许多蕃部，故西南面招讨使有时会兼领五押一

---

① 李立：《河北缘边安抚使研究》，《宋史研究论文集——国际宋史研讨会暨中国宋史研究会第九届年会编刊》，河北大学出版社 2002 年版，第 95—110 页。

职，负责管押境内的胡族。

辽朝的西南面安抚使司与西南面招讨使司毫无关系，它是辽朝在辽宋缘边地带设置的一个处理边境事务的机构，但《辽史》却将两者混为一谈，这个错误至今尚未得到纠正，故本章附带解决这个问题。

第二章　东京的建立及其军事、外交职能

　　东京是辽朝"五京道"之中变化最大的一个地区：从太祖时的东丹国，到太宗时的"东京道"，再至圣宗时期的诸司林立。这些复杂多端的变化导致东京地区的许多问题始终处于晦暗不明的状态之中，学界对于"东京道"的认识大都只有一个静态的、笼统的印象，对于"东京道"的变化过程以及内部的军事区划则不甚了了。

　　目前为止，关于"东京道"的研究仅有两篇论文发表。一篇是高井康典行先生的《东丹国与东京道》，该文重点讨论了东丹国的职官制度及其灭亡时间、契丹统治渤海遗民的方式以及东京道残余的渤海旧制。① 另一篇是王民信先生的《辽"东京"与"东京道"》，王文也探讨了东丹国的亡国时间，同时依据《辽史·百官志》、吴廷燮《辽方镇年表》等，指出东京留守在辽朝具有极为特殊的地位。② 本章拟从东丹国的存亡、圣宗时期东京军事机构的建立以及东京与高丽间的关系等几个方面入手，探讨"东京道"的动态演变过程。

---

　　① ［日］高井康典行：《東丹国と東京道》，《史滴》第 18 號，1996 年 12 月，第 26—42 頁。

　　② 王民信：《辽"东京"与"东京道"》，收入杨家骆、赵振绩编《辽史长笺》卷 38 "附录"，台湾新文丰出版公司 2006 年版，第 5 册，第 1—37 页。

第一节 从东丹国到"东京道"

一 东丹国之建立

天赞四年（925 年）十二月，太祖阿保机借助渤海国内部分崩离析的有利时机，率兵亲征，仅仅费时二十余天即攻灭了延续二百余年的渤海国。太祖采取"因俗而治"的政策，在保留渤海旧有制度的基础上，建立了一个附属国——东丹国，对渤海遗民实施间接的统治。天显元年（926年）二月，太祖下诏改渤海国为东丹国（意为"东契丹国"），"忽汗城为天福，册皇太子倍为人皇王以主之"①，赐耶律倍"天子冠服，建元甘露，称制"②。命皇弟迭剌为东丹国左大相，原渤海老相为右大相，原渤海司徒大素贤为左次相，皇族耶律羽之为右次相，耶律觌烈为大内相。规定"凡渤海左右平章事、大内相已下官，皆其国自除授，岁贡契丹国细布五万疋、麤布十万疋、马一千匹"③。同时，太祖迁徙部分渤海民众于临潢府附近，渤海众多京、府、州也随之而废。

天显二年（927 年），辽太宗耶律德光正式登上皇位，为了防止争位失利的长兄耶律倍利用东丹国的力量发动叛乱，太宗将耶律倍羁留于身边，不令其返归东丹国。这一时期实际掌理东丹国者为业已升任中台省左大相的耶律羽之，他在太宗登基之后不久，即上书云：

> 渤海昔畏南朝，阻险自卫，居忽汗城。今去上京辽邈，既不为用，又不罢戍，果何为哉？先帝因彼离心，乘衅而动，故不战而克。天授人与，彼一时也。遗种浸以蕃息，今居远境，恐为后患。梁水之

---

① 《辽史》卷 2 《太祖纪下》，第 1 册，第 24 页。
② 《辽史》卷 72 《义宗倍传》，第 5 册，第 1334 页。
③ 《契丹国志》卷 14 《东丹王传》，第 171 页。

地乃其故乡，地衍土沃，有木铁盐鱼之利。乘其微弱，徙还其民，万世长策也。[1]

简而言之，耶律羽之建议太宗将东丹国的统治中心由原先的忽汗城（即渤海上京龙泉府，今黑龙江省宁安市）迁至辽东，——梁水是辽东平郡附近的一条河（今辽宁省辽阳北之太子河），"梁水之地"即指辽阳一带。天显三年（928年）十二月，太宗下诏"遣耶律羽之迁东丹民以实东平。……升东平郡为南京"[2]。其实，早在太祖征服渤海之前，辽阳一带已经纳入辽朝的版图。如神册三年（918年），太祖"幸辽阳故城"[3]；四年二月，"修辽阳故城，以汉民、渤海户实之，改为东平郡，置防御使"[4]；六年十二月，"徙檀、顺民于东平、沈州"[5]。辽太宗将东丹国统治中心迁至太祖时即已归化的东平郡，正是看中了东平郡在控御东部诸族上具有地理、历史上的优势。会同元年（938年）十一月，太宗在获得燕云十六州之后，将南京东平郡改为东京辽阳府，至此，辽朝"东京道"的雏形大体形成。

二 有关东丹国存亡时间的争议

上述关于东丹国的建国历程以及东京的确立，学界并无太多争议，问题在于东丹国究竟何时灭亡，迄今为止并无明确的答案。首先，关于东丹国的存亡标准，学界的意见就很有分歧。

第一种观点以东丹王的有无为标志。辽朝历史上仅有两人担任过东丹国王，即耶律倍和耶律安端。辽太祖建立东丹国后，册人皇王耶律倍为东丹国王。天显五年（930年），东丹王耶律倍因太宗的猜忌，由海路逃奔后唐，十一年薨于后唐。天禄元年（947年），辽世宗即位后，命耶律安端为

---

[1] 《辽史》卷75《耶律羽之传》，第5册，第1366页。
[2] 《辽史》卷3《太宗纪上》，第1册，第32页。
[3] 《辽史》卷1《太祖纪上》，第1册，第13页。
[4] 《辽史》卷2《太祖纪下》，第1册，第17页。
[5] 《辽史》卷2《太祖纪下》，第1册，第19页。

东丹王，安端卒于穆宗应历二年（952 年）。张正明先生据此提出："天显五年，耶律倍越海奔后唐，东丹国名存实亡。……天禄元年，辽世宗复建东丹国，封耶律安端为明王，主东丹国事。应历二年十二月，耶律安端死，东丹国名实俱亡。"[①]

第二种观点认为应以南京中台省的建立作为东丹国废止的标志。蔡美彪先生说："天显三年（928 年），辽太宗迁渤海居民于东平郡，升号南京。六年，废东丹国，于南京设中台省。"[②] 蔡先生并未直接指出太宗于天显六年（931 年）废东丹国的原因，揆其文意，当是以南京中台省的设立作为东丹国的废止标志。然而，据陆游《南唐书》卷一八《契丹传》的记载，南唐烈祖昇元二年（辽太宗天显十三年，938 年），东丹国尚遣使入贡羊马，说明直至 938 年东丹国仍然存在，蔡美彪先生的观点恐怕难以成立。金毓黻先生认为太宗此举盖改建中台省，只置左右二相。[③]

但上述两种观点在学界很少有人认同，目前多数学者认为，判断东丹国的存亡，理应以中台省的存废为标准。金毓黻先生据《辽史·圣宗纪》乾亨四年（982 年）十二月庚辰"省置中台省官"的记载，推断此年"辽罢东京中台省，东丹国除"[④]。长久以来，学界普遍认同金毓黻先生这一论断。1996 年，日本学者高井康典行撰文指出，不应忽略《圣宗纪》"省置中台省官"一语中的"官"字，其实乾亨四年圣宗仅仅裁减了中台省的官员，而并未废除中台省。因为就在乾亨四年之后，《辽史·圣宗纪》中仍有两条关于中台省官员的记载，即统和二年（984 年）大仁靖出任"东京中台省右平章事"[⑤]，统和十六年（998 年）"以监门卫上将军耶律喜罗为中台省左相"[⑥]，可见中台省在乾亨四年之后仍然存在。高井先生进而推测

---

① 《中国大百科全书·中国历史·辽宋西夏金史》"东丹国"条，中国大百科全书出版社 1988 年版，第 171 页。

② 《中国大百科全书·中国历史·辽宋西夏金史》"辽五京"条，第 239 页。

③ 金毓黻：《渤海国志长编》卷 19《丛考》，辽阳金氏千华山馆 1934 年刊本，第 45 页 a。

④ 金毓黻：《渤海国志长编》卷 4《后纪第二》，第 5 页 b。

⑤ 《辽史》卷 10《圣宗纪一》，第 1 册，第 122 页。

⑥ 《辽史》卷 14《圣宗纪五》，第 1 册，第 167 页。

东丹国及中台省的正式废止应在太平九年（1029 年）大延琳叛乱之后，其理由是：大延琳乱后，辽朝加强了对渤海人的控制，且在此之后，出使高丽的东京使臣均为采用中原官僚体系的官员，中台省官僚系统的官员不再见诸史籍。① 刘浦江先生亦认为乾亨四年只是省置了中台省的官员，中台省并未废止，由于《辽史》中关于中台省官员最晚的记载见于圣宗统和十六年（998 年），故东丹国及中台省罢废的时间应在统和十六年之后，至于具体时间尚需进一步考证。②

需要说明的是，金毓黻先生也曾注意到统和二年大仁靖出任中台省右平章这条史料，不过，他认为大仁靖所官者，并非东丹国之右平章，而是东京宰相府的右平章。他是这么解释的：

> 《辽史》百官志四：圣宗统和元年，诏置三京左右相、左右平章，于是有三京宰相府。

> 三京者，东京、中京、南京也。乾亨四年，省置中台省官，即东丹国除于是时也。翌年为统和元年，即置三京宰相府。然则大仁靖所官者，东京宰相府之右平章事，非东丹国之右平章事也。此云中台省者，盖东京宰相府之误记耳。③

金渭显、杨雨舒、王民信等先生均持有类似的看法。④ 但金毓黻先生所引《辽史·百官志》与其原意是有所出入的，原文谓"圣宗统和元年，诏三京左右相、左右平章事"云云，并未记载是年置三京左右相、左

---

① ［日］高井康典行：《東丹国と東京道》，第 26—42 页。

② 参见刘浦江《试论辽朝的民族政策》，收入氏著《辽金史论》，中华书局 2019 年版，第 41—42 页；《辽代的渤海遗民——以东丹国和定安国为中心》，《文史》2003 年第 1 辑，第 179—192 页；《辽〈耶律元宁墓志铭〉考释》，《考古》2006 年第 1 期，第 73—78 页。

③ 《渤海国志长编》卷 19《丛考》，第 45 页 a—b。

④ ［韩］金渭显：《东丹国变迁考》，《宋史研究论丛》第 5 辑，河北大学出版社 2003 年版，第 20—21 页；杨雨舒：《辽代东丹国废除问题辨析》，《东北史研究》2004 年第 2 期，第 26—29 页；王民信：《辽"东京"与"东京道"》，收入杨家骆、赵振绩编《辽史长笺》卷 38 "附录"，第 5 册，第 16—17 页。

右平章之事。其实,《百官志》中的这句话乃是元代史官从《辽史·圣宗纪》下面这段记载里抄来的:统和元年(983年)十一月"庚辰,上与皇太后祭乾陵,下诏谕三京左右相、左右平章事、副留守判官、诸道节度使判官、诸军事判官、录事参军等:当执公方,毋得阿顺"。清人对此的解释是:"据《本纪》此文,则辽东京、中京、南京亦曾置宰相及平章之官,疑即如元代之行中书省,并非正员。"① 清人将辽朝三京宰相比附于元代行中书省,虽有合理之处,但《辽史》关于"三京左右相、左右平章事"的记载仅此一条,若辽朝果有类似元代的行中书省,文献中不可能毫无其他相关资料,此一说法不能不令人生疑。

笔者认为《辽史·圣宗纪》的"三京"实为"东京"之误。检诸《辽史》及石刻资料,可以发现左相、右相、左平章事、右平章事皆为东京中台省长官,② 契丹腹地、燕云汉地皆无此四相。结合圣宗在东京地区祭拜乾陵的同日诏谕"左右相、左右平章事",可以推知圣宗仅是劝谕东京地方官员公正不阿而已。《辽史·圣宗纪》原本应为统和元年十一月"庚辰,上与皇太后祭乾陵,下诏谕东京左右相、左右平章事、副留守判官、诸道节度使判官、诸军事判官、录事参军等:当执公方,毋得阿顺"。元朝史官不审此误,在编纂《百官志》时,复又衍生出"三京宰相府""南京宰相府""中京宰相府"之类的谬说。此外,早在会同三年(940年),时任东京中台省左相的耶律羽之即被称为东京宰相,③ 所谓的东京宰相,不过是东京中台省诸相的另一种称呼而已,事实上并不存在东京宰相府这层机构。是故,辽朝既不存在三京宰相府,也不存在东京宰相府。

近年,杨雨舒先生又提出了一个较为新颖的观点,他认为会同元年(938年)辽朝将南京东平郡改为东京辽阳府之后,东丹国便成为东京道的一部分,东丹国的官吏成为东京道的官吏,作为政治实体的东丹国实际上

---

① 纪昀等撰:《历代职官表》,上海古籍出版社1989年版,上册,第75页。

② 统和二十三年(1005年)《王悦墓志》谓其祖曾任"明殿左相",此"左相"为陵寝之官,与宰相无涉。参见向南《辽代石刻文编》,第112、114页。

③ 《辽史》卷4《太宗纪下》,第1册,第52页。

已名存实亡。不过杨文依然认为辽朝最终是通过中台省来统治东丹国，中台省的存在是东丹国尚未名实俱亡的重要标志。乾亨四年（982年），辽朝"省置中台省官"，原中台省左、右相纳入东京宰相府的行政体系，东丹国才名实俱亡。① 杨文以东京的建立作为东丹国名存实亡的标志，的确是独树一帜，然而其最终结论却不免有牴牾之处：既云东丹国自会同元年以后已名存实亡，那么辽朝则无需通过中台省来统治已经名存实亡的东丹国；若是东丹国内部仍存在中台省等实体机构，则不应目之为名存实亡。

三 "东京道"之取代东丹国

笔者部分赞成杨文的观点，即以中台省的归属来判断东丹国的存亡，不过最终得出的结论却并不相同。我认为，自会同元年起，东丹国的中央机构中台省已转化为东京地区的一个地方行政机构，太宗不再借助东丹国对渤海旧地进行间接统治，于是东丹国便完成了它的历史使命，东京成为辽廷控制东部地区的中心。笔者注意到，太宗在会同元年对辽朝的官僚、行政制度等进行了一系列的改革，东丹国或许正是在这次变革中被架空的。

天显十三年（938年）十一月，石晋正式割让燕云十六州与契丹，辽太宗遂宣布改元会同，建"大辽"国号。此时，辽太宗对于汉地制度有了初步的了解，他参照中原制度，对中央及地方的官僚制度进行一系列变革：

> 以皇都为上京，府曰临潢。升幽州为南京，南京为东京。改新州为奉圣州，武州为归化州。升北、南二院及乙室夷离堇为王，以主簿为令，令为刺史，刺史为节度使，二部梯里已为司徒，达剌干为副使，麻都不为县令，县达剌干为马步。置宣徽、阁门使，控鹤、客省、御史大夫、中丞、侍御、判官、文班牙署、诸宫院世烛，马群、

① 参见杨雨舒《辽代东丹国废除问题辨析》，《东北史研究》2004年第2期，第26—29页。

遥辇世烛，南北府、国舅帐郎君官为敞史，诸部宰相、节度使帐为司空，二室韦阅林为仆射，鹰坊、监冶等局官长为详稳。①

太宗的这次改制，从表面上看，似乎仅仅是一些名称上的变化，然而从中可以看出太宗采取汉地官僚制度的种种努力。在这样一种情势下，太宗改变对渤海遗民的统治方式是完全可能的，况且此时东丹国名义上的元首东丹王耶律倍已于两年前故去，太宗已无任何顾虑。是年，太宗下令改东丹国南京为辽东京，可能就在这个时候，将东丹国中台省划归东京，亦即将中台省由东丹国的中央机构变为辽东京的地方机构，这意味着东丹国已无任何政治权力，处于一种名存实亡的状态。

笔者之所以会得出这一结论，主要是因为发现了一个值得注意的现象：在文献、石刻资料中，再也看不到会同元年之后东丹国中台省某官或东丹国某官的记载，而只有东京中台省某官、东京某官或中台省某官的说法。如《辽史》谓会同三年"六月乙未朔，东京宰相耶律羽之言渤海相大素贤不法，诏僚佐部民举有才德者代之"②。此时，耶律羽之任东京中台省左相，东京宰相即东京中台省左相的俗称。刻于会同五年的《耶律羽之墓志》，志首题"大契丹国东京太傅相公墓志铭"，"相公"指羽之曾任中台省左大相而言，③ 这里也是称"东京"而不称"东丹国"。又耶律羽之子耶律甘露官至东京中台省右相。耶律甘露子耶律元宁墓志、孙耶律道清墓志均云甘露任"东京中台省右相"④。耶律羽之长兄曷鲁之孙元宁在圣宗时也曾出任过中台省官员，其墓志称元宁"迁东京中台省左平章事"⑤。已有学者指出，此处之耶律元宁即《辽史》中的耶律喜罗，《辽史·圣宗纪》

① 《辽史》卷4《太宗纪下》，第1册，第49页。
② 《辽史》卷4《太宗纪下》，第1册，第52页。
③ 《耶律羽之墓志》，载盖之庸《内蒙古辽代石刻文研究》（增订本），第3页。耶律羽之墓出土的银盆底部也刻有"左相公"三字，见盖之庸《探寻逝去的王朝——辽耶律羽之墓》，内蒙古大学出版社2004年版，第71页。
④ 盖之庸：《内蒙古辽代石刻文研究》（增订本），第28、37页。
⑤ 盖之庸：《内蒙古辽代石刻文研究》（增订本），第198页。

统和十六年（998 年）二月，"以监门卫上将军耶律喜罗为中台省左相"，元宁乃喜罗之汉名。①《辽史》又称圣宗统和二年十二月，大仁靖任"东京中台省右平章事"②。总之，辽代史料在提及会同元年之后的中台省时，一律称为东京中台省，或径称中台省，而绝不言及东丹国。若此时东丹国仍然存在，且中台省仍为东丹国的中枢机构，这种现象就很难解释。

与此相反，当辽人记述或追述会同元年以前的情况时，则多称东丹国某官。如《耶律羽之墓志》叙述其仲兄觌烈任职情况时，称"前北大王，东丹国大内相"，耶律觌烈卒于天显十年（935 年），其任东丹国大内相自然是在会同元年之前。《耶律琼神道碑》追述其祖父匀赌衮时，称太祖"封建兄弟，赏异众臣，……拜（匀赌衮）为东丹国左宰相"③。耶律琼为耶律合住的汉名，其祖父匀赌衮即耶律迭剌，《辽史·皇子表》载"迭剌，字云独昆……天显元年为中台省左大相"，云独昆即匀赌衮之异译，"左宰相"即"左大相"。迭剌上任后，不逾月而薨，其任中台省左大相亦在会同元年之前。如上所述，会同元年之前均称东丹国某相或东丹国中台省某相，会同元年之后则称中台省某相或东京中台省某相，甚或径称东京某相，其间的区别是很明显的。

这里需要附带说明的是，天显三年（928 年）所建之南京乃是东丹国之南京，而非契丹国之南京，耶律倍命人新建的《大东丹国新建南京碑铭》可以证明这一点。④ 而当会同元年南京改称东京后，东京遂成为契丹国之东京，故而在辽代所有史料中均称为辽东京或大契丹国东京。

东京地区的这一变化从当时的外交史料中也可以反映出一些讯息。会同元年之前，东丹国频繁地活跃于当时的外交舞台；会同元年之后，再无东丹国与他国通使的记载，而东京与高丽通使的记载则频频见诸史籍。

---

① 参见刘浦江《辽〈耶律元宁墓志铭〉考释》，《考古》2006 年第 1 期，第 77 页。
② 《辽史》卷 10《圣宗纪一》，第 1 册，第 122 页。
③ 向南：《辽代石刻文编》，第 57 页。
④ 《辽史》卷 38《地理志二》，第 2 册，第 518 页。东丹国之南京乃是相对于原渤海上京龙泉府而言，从东平郡所处的地理位置来看，将其称为东丹国的南京是恰如其分的，而若是作为契丹国的南京来理解则名实不副。

目前，有关东丹国使臣的记载，均在会同元年（938 年）十一月东京建立之前。东丹国建立后，曾向日本派遣使节，醍醐天皇延长八年（辽天显五年，930 年）四月，裴璆等出使至日本国，"称东丹国使，来丹后，天皇遣使问曰：'本是渤海，何称东丹国使乎？'璆等对曰：'渤海为契丹破灭，改名东丹，臣等今降为东丹之臣'"①。此后，日本史料中不复见东丹使节踪影。

东丹国还曾与后唐以及南唐有过往来。据后唐方面的资料记载，长兴二年（辽天显六年，931 年）"五月癸亥，青州上言'有百姓过海北樵采，附得东丹王堂兄京尹污整书，问慕华行止，欲修贡也。'闰五月，青州进呈东丹国首领耶律羽之书二封"②。"慕华"即耶律倍，污整即时任东丹国南京留守的耶律觌烈。此条史料明确将"京尹"与"东丹国首领"分列，说明后唐方面知道东丹国并未因东丹王奔唐而废止，是时东丹国仍然具有独立的行政、外交主权。另据南唐方面史料记载，烈祖昇元二年（辽天显十三年，十一月改元会同，938 年），"契丹主耶律德光及其弟东丹王各遣使以羊马入贡，别持羊三万口、马二百匹来鬻，以其价市罗纨、茶、药，烈祖从之。于是翰林院进《二丹入贡图》，诏中书舍人江文蔚作赞，其词曰：'皇帝建西都之岁，神功迈于三古，皇风格于四裔，华夷咸若，骏奔结轨。粤六月，契丹使梅里捺卢古、东丹使兵器寺少令高徒焕奉书致贡，咸集都邑。'"③南唐烈祖昇元二年即辽太宗会同元年，耶律倍在此之前已薨于后唐，此条史料中的东丹王应是指当时东丹国的实际主政者耶律羽之。④ 从江文蔚的赞文可知，东丹使节到达南唐的时间是天显十三年

---

①　[日] 林罗山、林鵞峰：《本朝通鉴》卷25，延长八年四月条，日本东京大槻东阳明治八年刊本，第 51 页 a—52 页 b。

②　《册府元龟》卷980《外臣部·通好》，凤凰出版社 2006 年版，第 11 册，第 11352 页。这条史料当是出自后唐实录。

③　陆游：《南唐书》卷18《契丹传》，李建国校点，傅璇琮、徐海军、徐吉军主编《五代史书汇编》，杭州出版社 2004 年版，第 9 册，第 5605—5606 页。

④　参见陈述《辽史补注》卷4《太宗纪下》注释四，中华书局 2018 年版，第 1 册，第 152 页。

六月，而辽朝改东丹国南京为辽东京则是这年十一月的事情。

如上所述，自会同元年十一月东京建立之后，其中枢机构中台省便成为东京的地方行政机构，东丹国也不再具备外交主权，作为国中之国的东丹国事实上已不复存在了。问题在于，名义上东丹国究竟终止于何时，就目前的资料来看，还很难做出准确的结论。

会同元年之后，作为象征意义上的东丹国在《辽史》中还出现过两次。一次是会同三年"八月己亥，诏东丹吏民为其王倍妃萧氏服"①。东丹王耶律倍奔唐后，其妃萧氏成为东丹国的象征性元首，如天显六年三月，太宗如南京，"人皇王倍妃率其国僚属来见"②。萧氏薨后，太宗令东京居民以东丹国遗民的身份为其守丧，当是出于礼仪上的考虑。另一次是天禄元年（947年）九月，东丹王耶律倍长子耶律阮即位后，立即追尊其父为让国皇帝，"以安端主东丹国，封明王"③。世宗选择安端"主东丹国"，除去奖励安端辅立之功这一因素外，还有出于缅怀先父，为其正名的考虑。然而世宗所立的东丹国仅仅是政治上的象征符号而已，并没有任何实际意义。对于安端而言，"东丹国王"更像是一个封号，在时人心目中，"东丹王"只有一个，那就是耶律倍，而安端的称号应为"东明王"。刻于天禄三年（949年）的《葬舍利石匣记》，"记后有千人邑三字，具列大辽皇帝、皇后、东明王夫人……"，朱彝尊认为"东明王者，疑是明王安端，即察割之父，以功王东丹国，故曰东明王"④。朱氏的推断颇有道理，在辽代相关文献中，"东丹王"均是特指耶律倍而言。再说，安端在世宗朝的实际职任很可能是西南面大详稳，《辽史·耶律察割传》载世宗登基后，"会安端为西南面大详稳，察割佯为父恶，阴遣人白于帝"云云，此后世宗对于安端一直充满疑惧，所谓的"主东丹国"自然更不会有

---

① 《辽史》卷4《太宗纪下》，第1册，第52页。
② 《辽史》卷3《太宗纪上》，第1册，第35页。
③ 《辽史》卷5《世宗纪》，第1册，第72页。
④ 向南：《辽代石刻文编》，第4—5页；朱彝尊：《曝书亭集》卷51《辽释志愿葬舍利石匣记跋》，商务印书馆1935年版，第606页。

什么实际意义了。天禄五年（951年）九月，"察割弑逆被诛，穆宗赦（安端）通谋罪，放归田里"①。次年十二月，"明王安端薨"②。随着安端的死去，东丹国的名号或许也随之最终消亡。

关于东丹国的记载中，还有一条被误载的史料。《辽史·食货志》记载了咸雍五年（1069年）东丹国上贡一事，马群太保萧陶隗上书言"'群牧名存实亡，上下相欺，宜括实数以为定籍。'厥后东丹国岁贡千疋，女直万疋"③。中华书局的校勘记称"此处叙事时序淆乱"，"东丹岁贡马千匹，见卷七二《义宗倍传》"，并谓"然道宗时东丹国早已不存，下文越里笃等诸部岁贡马三百匹句误同"④。陈述先生则指出"咸雍五年以下三十四字为错简"，谓其当在"自太祖及兴宗垂二百年，群牧之盛如一日"之下，"世宗天禄元年以安端主东丹国，已是仅存空名。此叙道宗时东丹贡马，前后混淆"⑤。陈述先生错简说，堪称允当。

综上所述，笔者的结论是：会同元年十一月，辽太宗在获取燕云十六州之后，对辽朝的统治方式进行了一系列改革，其中东部地区由过去通过东丹国间接治理变为通过地方政府直接治理，于是改东丹国之南京为辽朝之东京，原东丹国中台省也改隶于东京，至此东丹国实际上已被废去。至于此后出现的东丹国名号，都是出于某种政治需要的特例，并不具有什么实际意义。

第二节　再谈中台省之变迁及其相关问题

2016年，日本学者高井康典行先生出版了《渤海と藩鎮——遼代地方統治の研究》一书，书中专门辟出一节与笔者商榷东丹国的存亡问题，对

---

① 《辽史》卷64《皇子表》，第4册，第1072页。
② 《辽史》卷6《穆宗纪上》，第1册，第79页。
③ 《辽史》卷60《食货志下》，第3册，第1034页。
④ 《辽史》卷60《食货志下》校勘记〔六〕，第3册，第1036页。
⑤ 参见陈述《辽史补注》卷60《食货志下》，第7册，第2491页。

笔者的说法逐一辩驳。① 高井先生的文章提出了一些新的证据以及新的阐释视角，这些均促使笔者进一步思考中台省归属及东丹国存亡问题。

高井先生的主要观点是：会同元年（938 年）之后中台省仍属东丹国中枢机构；渤海亡国后，文献中出现的某些"渤海"指的就是东丹国；圣宗朝及之前的东丹国相当于耶律倍一系、六院夷离堇房、横帐季父房的封地。笔者对于这三个观点有着不同的看法，试辨析如下。

一　东丹国中台省改隶契丹国东京之时间

关于中台省归属东京的时间，笔者认为会同元年（938 年）辽太宗在将东丹国南京改为契丹国东京之时，东丹国的中央机构中台省也随之划入东京，成为一个地方行政机构。在厘清这一问题之前，我们先略微梳理一下东丹国中台省建立的大致过程。

天显元年（926 年）二月，辽太祖灭渤海国，建东丹国，"册皇太子倍为人皇王以主之，以皇弟迭剌为左大相，渤海老相为右大相，渤海司徒大素贤为左次相，耶律羽之为右次相"②，同时以耶律觌烈为东丹国大内相。③ 史称"凡渤海左右平章事、大内相已下官，皆其国自除授"④。比较蹊跷的是，无论是《辽史》还是《契丹国志》抑或是契丹文、汉文石刻资料，都没有提及是年建立中台省的事情。据《新唐书》记载，渤海国"官有宣诏省，左相、左平章事、侍中、左常侍、谏议居之。中台省，右相、

---

① ［日］高井康典行：《渤海と藩鎮——遼代地方統治の研究》第一章《補說一：東京と中台省——"東丹國と東京道"再考察》，日本東京：汲古書院 2016 年版，第 49—69 頁。高井先生主要针对的是笔者《东丹国废罢时间新探》（《北方文物》2010 年第 2 期，第 73—77 页）一文。高井先生在新著出版后，第一时间惠赠大作，尽显学人的坦荡与真诚，在此谨向高井先生表示诚挚的谢意！

② 《辽史》卷 2《太祖纪下》，第 1 册，第 24 页。

③ 参见《耶律羽之墓志》，盖之庸《内蒙古辽代石刻文研究》（增订本），第 3 页；乌拉熙春、金适：《中央民族大学古文字陈列馆所藏时代最早的契丹大字墓志》，《首都博物馆丛刊 2010 年》总第 24 辑，北京燕山出版社 2010 年版，第 107—108 页。

④ 《契丹国志》卷 14《东丹王传》，第 171 页。

右平章事、内史、诏诰舍人居之。政堂省，大内相一人，居左右相上”①。据此可知，渤海国宰执及班次如下：政堂省大内相、宣诏省左相、中台省右相、宣诏省左平章事、中台省右平章事。如果这些机构直至渤海亡国前夕始终未变，而东丹国在建国之初又承袭这一职官制度，那么《辽史·太祖纪》中迭剌所任的左大相当为宣诏省左相，渤海老相之右大相当为中台省右相，大素贤之左次相当为宣诏省左平章事，耶律羽之右次相当为中台省右平章事。《耶律羽之墓志》称“比及大圣大明升天皇帝收伏渤海，革号东丹，册皇太子为人皇王，乃授公中台右平章事。虽居四辅之末班，独承一人之顾命”。此句之“四辅”当指大内相之外的四相，② 说明中台省右平章事确实位列诸相之末班。但是东丹国究竟有没有设立政堂省、宣诏省，史无明载。据现有的材料可知，左相、右相、左平章、右平章皆为中台省职官（参见表2-1）。故东丹国初期中枢机构至少存在两种可能性，一种是甫立之时完全承袭渤海旧制，不久废政堂、宣诏二省，其职官皆并入中台省；另一种可能是建国伊始即实行一省制，废弃政堂、宣诏二省。从《辽史·皇子表》谓“天显元年，（迭剌）为中台省左大相”以及《耶律羽之传》称天显中羽之“迁中台省左相”来看，第二种的可能性似乎要更大一些。③

最初的中台省置于渤海旧地忽汗城，直至天显六年（931年）四月复“置中台省于南京”④，实际上应是将中台省正式迁至南京（治辽阳）。此一变化，与东丹国迁都过程有着密切关联。

天显元年（926年）东丹立国后不久，太祖薨逝于扶余府。天显二年

---

① 《新唐书》卷219《北狄·渤海传》，第20册，第6183页。
② 大内相一职似乎更近虚职，没有多少实权，详见下文。
③ 《五代会要》卷30《渤海》载清泰三年（辽天显十一年，936年）二月，后唐“以入朝使南海府都督列周道为检校工部尚书，政堂省工部卿乌济显试光禄卿”（上海古籍出版社2006年版，第475页）。从“南海府都督”这一官职来看，列周道、乌济显当为渤海遗民政权的官员而非东丹国的使臣。参见［日］和田清《定安国に就いて》，《東洋學報》6卷1號，1916年2月，第114—141页。
④ 《辽史》卷3《太宗纪上》，第1册，第35页。

十一月，人皇王争夺皇位失利，胞弟耶律德光位登大宝。此后辽太宗对于自己的长兄人皇王耶律倍始终心存疑虑，对于耶律倍所主之东丹国亦设法加强控制。① 其间重要的措施有：天显三年（928 年）升东平郡为南京，下令迁东丹之民至东平；② 频繁巡幸南京；天显五年（930 年）以三弟李胡为皇太子兼天下兵马大元帅，③ 实际上是以李胡为皇储，此举致使耶律倍去国奔唐；天显六年（931 年）置中台省于南京。在此之后数年，德光不再巡幸南京。直至会同元年（938 年），德光因怀念一年多前被唐杀死的耶律倍，④ 方才复至南京。⑤ 同年十一月，太宗"升幽州为南京，南京为东京"⑥，东丹国之南京自此消亡。自天显三年升东平为南京，至会同元年改南京为东京，一件极为重要的事件就是天显六年于南京置中台省。但是耶律德光为何不选择天显三年置省于南京呢？这或许与彼时东丹移民计划尚未完结有关，据孙炜冉先生研究，此次移民牵涉原渤海国二十九州、三十九县，约二十五万余渤海户南迁，⑦ 如此巨大的迁移工作，不太可能在朝夕之内完成。故而有的学者认为此一工作完成的时间不早于天显五年。⑧ 从诸多时间点来看，与天显六年迁中台省至南京的相关事件有二：一是东丹国移民工作完成，中央相关机构僚属也全部移至南京；二是东丹王浮海奔唐，太宗无需再时时巡幸南京，安心由中台省掌控

---

① 相关探讨可参阅耿涛《东丹国南迁缘由初探》，《佳木斯大学社会科学学报》2015 年第 6 期，第 153—155 页。

② 《辽史·太宗纪》《地理志》皆言天显三年，迁东丹国民居东平，升为南京。然《耶律羽之墓志》称天显四年始下诏移民，故学界具体时间仍有争议。今取《辽史》之说。相关的争议、研究可参阅耿涛《东丹国南迁时间新探》，《中国边疆民族研究》第 10 辑，中央民族大学出版社 2016 年版，第 16—20 页。

③ 学界关于李胡为皇太子还是皇太弟尚有争议，今取皇太子说，参见邱靖嘉《辽太宗朝的"皇太子"名号问题——兼论辽代政治文化的特征》，《历史研究》2010 年第 6 期，第 177—187 页。

④ 耶律倍之死期，参见《资治通鉴》卷 280，后晋高祖天福元年闰十一月己丑，第 19 册，第 9162 页。

⑤ 《辽史》卷 4《太宗纪下》，第 1 册，第 47 页。

⑥ 《辽史》卷 4《太宗纪下》，第 1 册，第 47 页。

⑦ 孙炜冉：《辽对渤海人的移民及其安置》，《博物馆研究》2015 年第 1 期，第 45—53 页。

⑧ 刘浦江：《辽代的渤海遗民——以东丹国和定安国为中心》，原载《文史》2003 年第 1 期，收入氏著《松漠之间：辽金契丹女真史研究》，中华书局 2008 年版，第 373 页；耿涛《东丹国南迁时间新探》，《中国边疆民族研究》第 10 辑，第 17 页。

东丹国。比较有意思的是，迁都工作完成一月之后，后唐"青州上言'有百姓过海北樵采，附得东丹王堂兄京尹污整书，问慕华行止，欲修贡也。'闰五月，青州进呈东丹国首领耶律羽之书二封"①。"慕华"即耶律倍，污整即时任东丹国南京留守的耶律觌烈（字兀里轸，亦作汗里整）。② 三封书信的具体内容虽不得而知，致信之举或与中台省迁至南京有关。

及至会同元年（938 年），因燕云十六州划入辽朝版图，太宗旋即对中央、地方各机构进行了一番改革。在地方的一个重要举措就是，将皇都改为上京，升幽州为南京，改东丹国之南京为契丹国之东京。三京的建立，反映出太宗划区而治的统治意图，同时东京名称的变化，标志着东丹国已被架空。作为东丹国中央机构的中台省成为契丹国东京的中台省，变为契丹国下的一个地方行政机构。关于中台省隶属关系的变化，文献以及石刻资料中有着明确的踪迹可循，笔者特列一中台省历任长官表，以便于读者诸君分析判断。

表 2-1　　　　　　　　　　　中台省长官年表

姓名	卒年	家族出身	*任职时间③	任职名称	史料出处
耶律迭剌（云独昆、匀睹衮）	天显元年七月庚午卒	太祖三弟；横帐季父房	天显元年二月丙午	左大相	《辽史·太祖纪下》
			天显元年七月庚午	东丹国左大相	《辽史·太祖纪下》
			天显元年	左大相	《辽史·耶律羽之传》
			天显元年	中台省左大相	《辽史·皇子表》
			不详	左大相	《辽史·皇族表》
			太祖时	东丹国左宰相	保宁十一年《耶律琮神道碑》

---

① 《册府元龟》卷 980《外臣部·通好》，第 11 册，第 11352 页。

② 根据《耶律羽之墓志》及《痕得隐太傅墓志》，觌烈还曾出任东丹国大内相，不过这一官职更有可能是一虚职，没有多少实权。故而后唐方面仅称其为"京尹"而称其弟羽之为"东丹国首领"，《辽史》本传亦仅载其为南京留守。

③ 因史料有限，所谓任职时间非指任期，而是指相关史料明确提及的具体日期。

续表

姓名	卒年	家族出身	*任职时间	任职名称	史料出处
耶律觌烈（兀里轸、汙里整）	天显十年卒	敌辇·涹里思次子；六院夷离堇房	太祖时	前北大王、东丹国大内相	会同五年《耶律羽之墓志》
			太祖时	丹国之大内相	应历十年契丹大字《上国都监太傅墓志》
耶律牒蜡（述兰、率剌）	天禄五年卒	敌辇·涹里思之孙；兀里轸、觌烈之子；六院夷离堇房	天显中	中台省右相	《辽史·耶律牒蜡传》本传
			大同元年（此系年疑有误，详下）	东国宰相	应历十年汉字《上国都监太傅墓志》
渤海老相（姓名不详）	不详	渤海人	天显元年二月丙午	右大相	《辽史·太祖纪下》
大素贤	不详	渤海人	天显元年二月丙午	左次相	《辽史·太祖纪下》
			会同初	左次相	《辽史·耶律羽之传》
耶律羽之（寅底哂·兀里只）	会同四年	敌辇·涹里思四子；六院夷离堇房	天显元年二月丙午	右次相	《辽史·太祖纪下》
			天显元年	中台省右次相	《辽史·耶律羽之传》
			天显元年	中台右平章事	会同五年《耶律羽之墓志》
			天显二年	左相	会同五年《耶律羽之墓志》
			太祖时	丹国之宰相	大康十年契丹大字《夺里本郎君墓志》
			天显中	中台省左相	《辽史·耶律羽之传》
			太宗会同三年六月乙未	东京宰相	《辽史·太宗纪下》
			会同五年	大契丹国东京太傅相公	会同五年《耶律羽之墓志》

续表

姓名	卒年	家族出身	*任职时间	任职名称	史料出处
耶律羽之（寅底哂·兀里只）	会同四年	敌辇·沤里思四子；六院夷离堇房	会同年间	左相公	耶律羽之墓出土银盆①
			不详	丹国之左院大宰相	应历十年契丹大字《痕得隐太傅墓志》
耶律甘露（迪列）	不详	敌辇·沤里思之孙；寅底哂·兀里只之子；六院夷离堇房	不详（会同四年之后）	东京中台省右相	开泰四年《耶律元宁墓志》
			不详（会同四年之后）	东京中台省右相	太平三年《耶律道清墓志》
高模翰	应历九年	渤海人	应历初	中台省右相	《辽史·高模翰传》
			应历二年六月壬寅	中台省右相	《辽史·穆宗纪上》
			应历九年正月	左相	《辽史·高模翰传》
耶律斜里底	不详	不详	保宁五年秋七月庚辰	中台省左相	《辽史·景宗纪上》
大仁靖	不详	渤海人	统和二年十二月辛丑	东京中台省右平章事	《辽史·圣宗纪一》
耶律元宁（喜罗）	统和二十六年六月二十九日	敌辇·沤里思曾孙；兀里轸·觌烈之孙；述兰·牒蜡之子；六院夷离堇房	统和十六年二月丙午	中台省左相	《辽史·圣宗纪五》
			统和二十六年	东京中台省左平章事	统和二十六年《耶律元宁墓志》

通过上表，可以看出记述或追述会同元年之前事，均称东丹国某相或东丹国中台省某相（仅有一例例外，详下），叙述会同元年之后事，则称中台省某相或东京中台省某相，甚或径称东京宰相，其间的区别是很明显的。

---

① "相公"指羽之曾任中台省左相而言，耶律羽之墓出土的银盆底部也刻有"左相公"三字，见盖之庸《探寻逝去的王朝——辽耶律羽之墓》，第71页。

在这些例证中，有一例例外，即刻于应历十年（960年）的汉字《痕得隐太傅墓志》（又称《上国都监太傅墓志》，以下简称《痕志》）。高井先生依据此方墓志，认为东丹国在应历年间仍然具有实权。《痕志》第24—25行称"丁未岁（947年）……太傅堂兄东国宰相率剌押奚王等十万众取西南，往河阳路，直入洛京，镇抚关西，回军至国，遂加南面都统使、燕京留守，封燕王"①。据乌拉熙春考证，率剌，即《辽史》有传之耶律牒蜡（"蜡"，亦作"蠟"），"字述兰，六院夷离堇蒲古只之后"，"率剌"即"述兰"之同名异译。牒蜡本传称"天显中，为中台省右相"，"大同元年（947年），平相州之叛，斩首数万级。世宗即位，遣使驰报，仍命牒蜡执偏将尤者以来。其使误入尤者营，尤者得诏，反诱牒蜡，执送太后。牒蜡亡归世宗。和约既成，封燕王，为南京留守"②。《辽史·世宗纪》则谓天禄二年（948年）"冬十月壬午，南京留守魏王赵延寿薨，以中台省右相牒蠟为南京留守，封燕王"③。《痕志》所载虽与《辽史》在细节上略有差异，但事迹大体相合。所谓"东国"盖即"东丹国"，"宰相"即"中台省右相"。据《痕志》及《辽史》，耶律牒蜡于天显中为中台省右相，④ 天禄二年接替赵延寿为南京留守，封燕王。应历十年的汉字《痕志》实际上是在追叙947—948年的事情，且早在天禄五年（951年）牒蜡已卒于察割之乱，故此条史料并不能证明辽世宗尤其是穆宗时期中台省隶属于东丹，最多只能说明大同元年（947年）的时候，耶律牒蜡或以"东国宰相"的身份领兵出征。依据《痕志》推导出辽朝应历十

---

① 此据中央民族大学民族博物馆藏拓片录文，该拓本照片初见于《北京德宝2008年春季艺术品拍卖会·古籍文献暨书画版画专场图录》（北京德宝国际拍卖有限公司，2008年4月27日，第250页）。考释文章可参见乌拉熙春、金适《中央民族大学古文字陈列馆所藏时代最早的契丹大字墓志》，《首都博物馆丛刊2010年》总第24辑，北京燕山出版社2010年版，第107—108页；乌拉熙春：《中央民族大学古文字陈列馆所藏时代最早的契丹大字〈痕得隐太傅墓志〉》，黄建明、聂鸿音、马兰主编《首届中国少数民族古籍文献国际学术研讨会论文集》，民族出版社2012年版，第182—183页；愛新覺羅·烏拉熙春、［日］吉本道雅：《韓半島から眺めた契丹·女真》，日本京都：京都大学学術出版会2011年版，第21页。

② 《辽史》卷113《耶律牒蜡传》，第5册，第1656页。

③ 《辽史》卷5《世宗纪》，第1册，第72页。

④ 据《耶律羽之墓志》，羽之于天显元年拜中台省右平章（即右相），天显二年升中台省左相，故耶律牒蜡出任中台省右相的时间很可能是天显二年。

年（960年）中台省仍属东丹国，恐怕还缺乏坚实的证据。

　　笔者认为《痕志》的记载很可能并未准确地反映出会同元年（938年）东京建立前后的变化。耶律牒蜡在天显中出任东丹国中台省右相，但是在会同元年东京建立后，此一职位应改为东京中台省右相，墓志撰者在追述大同元年事时，仍旧沿用了东丹国宰相（中台省右相）这一旧称。笔者这一推测并非毫无根由，汉字《痕志》在记述上屡有重大讹误。据《痕志》，痕得隐太傅一生大致如下："甲戌年（914年）十二月二十六日生，幼而有礼，长乃无争。忠于国，孝于家。事君能尽其心，理民各得其所。三十官至司徒（943年），充北大王副使。三十五（948年）补充燕京南面副都统使。改授西南路兵马都监。时己亥岁（939年），河东归顺北朝，太傅奉宣命充都监，统十万众，与涅拽侍中同救援河东，于忻口唐林大获胜捷。四十六（959年），于己未岁二月内，又奉圣旨统押皇帝旗鼓。去当年（959年）五月内，南军侵轶燕京，太傅寻统领全师直底燕京南故〔固〕安县交战，煞回贼军柴家……太傅即于己未岁（959年）五月内寝疾，至十月一日癸酉，薨于云州天成军，享年四十六，寻扶护入国。至庚申岁（960年）五月二十八日丙寅，葬于内恩军北高神山。"其中的己亥岁记事，颇令人费解。因太傅生于甲戌岁（914年），卒于应历九年己未岁（959年），享年46岁，故《痕志》中的己亥岁，应为939年，即会同二年，时痕得隐26岁。然而此句之前叙述太傅30、35岁事，突然插入26岁事，其后复又接续46岁事，其间当有舛误。

　　我们再看此句叙述之事，"河东归顺北朝，太傅奉宣命充都监，统十万众，与涅拽侍中同救援河东，于忻口唐林大获胜捷"。河东当指北汉政权，此事当系穆宗应历四年（954年，甲寅年）事，是年"二月丙午朔，周攻汉，命政事令耶律敌禄援之。……夏五月乙亥，忻、代二州叛汉，遣南院大王挞烈助敌禄讨之。丁酉，挞烈败周将符彦卿于忻口"[①]。挞烈即《痕志》之涅拽侍中，"忻口唐林大获胜捷"即败符彦卿事。此时痕

――――――
① 《辽史》卷6《穆宗纪上》，第1册，第80页。

得隐太傅 41 岁，与志文前后时序相合。故此处之己亥岁，实为甲寅岁之误。

《痕志》在叙述自己堂兄何鲁保功绩时称"丙午岁（946 年）正月一日大唐天子与百寮蹈舞，呼万岁，朝见嗣圣皇帝。是丙午岁十二月十八日收下中国，丁未岁（947 年）正月一日坐朝，得神器与金箱、玉印兼明堂俱来入上国"。其中"丙午岁（946 年）正月一日大唐天子与百寮蹈舞，呼万岁，朝见嗣圣皇帝"显然有误。首先，946 年距后唐灭亡已有十年，不可能有"大唐天子"朝见太宗事，"大唐"当为"大晋"之误；其次，此处"丙午岁"当为"丁未岁"，盖因丙午岁岁初契丹尚未灭晋，正月一日不可能有后晋皇帝率群臣朝见之事，史籍亦从未载有此事；最后，据史料记载，丁未岁正月一日，仅百官拜太宗于城外，晋帝并未参与，志文载"大唐天子与百寮蹈舞"有所不确。① 《痕志》记载混乱由此可见一斑，汉字《痕志》在记述牒蜡事迹时，应当也是犯了类似的讹误，从而造成此一追叙文字与其他诸多材料抵牾的局面。

不唯如此，契丹大字《痕志》亦有明显错乱之处。志文第 10—11 行在记述牒蜡父亲觌烈·兀里轸的事迹时，称兀里轸"迁渤海国建东京，任丹国之大内相"②。这一描述很容易让人认为在东京建立之时，觌烈出任东丹国大内相。然而据上文叙述，东丹大规模移民（即此处之"迁渤海国"）发生在天显年间，所建京城实为南京而非东京。更为重要的是，觌烈·兀里轸早在天显十年（935 年）即已亡逝，而东京建立则是三年以后才发生的事情。所以，契丹大字《痕志》的记载显然是误将"迁渤海国建南京"记作"迁渤海国建东京"。契丹大字《痕志》在追叙其曾祖沤思诸子时，称沤思第四子耶律羽之为"丹国之左院大宰相"，仿佛羽之最终的

① 《旧五代史》卷 85《晋书·少帝纪》称"明年（947 年）正月朔，契丹主次东京城北，百官列班，遥辞帝于寺，诣北郊以迎契丹主。帝举族出封丘门，肩舆于野，契丹主不与之见，遣泊封禅寺。文武百官素服纱帽，迎谒契丹主于郊次，俯伏俟毕，契丹主命起之，亲自慰抚"（第 4 册，第 1308 页）。
② 乌拉熙春、金适：《中央民族大学古文字陈列馆所藏时代最早的契丹大字墓志》，《首都博物馆丛刊 2010 年》总第 24 辑，第 107 页；愛新覺羅·烏拉熙春、［日］吉本道雅：《韓半島から眺めた契丹·女真》，第 14 页。

官职为东丹国左相，而这与耶律羽之本人的墓志以及《辽史》的相关记载明显不符（参见表2-1）。刻于大康七年（1081年）的契丹大字《多罗里本郎君墓志》在追叙祖先时，则要严谨得多，该志称"寅底晒·兀里只宰相（按：即耶律羽之），天皇帝之时任丹国之宰相"，并谓"天显初，东丹国"云云，重要时点清晰明确，名称上毫无淆乱之处。反观《痕志》，对于制度之变更，粗率无忌，从而造成不必要的混乱。

基于《痕志》系年、记事多有紊乱，[①] 故笔者仍取会同元年（938年）中台省改隶东京之说。如果日后出现新的资料，明确记载某人在会同元年之后方才出任"东丹国中台省"某相，笔者将自动放弃此说。[②]

二　渤海国、渤海族与东丹国

高井先生在论述"东丹国"亡国时间时，认为有些史籍中记载的"渤海"实际上指的就是"东丹国"。这是因为在契丹语文材料中，"丹国"同时指称东丹国与渤海国，意谓在契丹人的意识中两者并无分别，亦即渤海国可以等同于东丹国。实际上，高井先生做出这种判断的直接证据仅有一条。即刻于重熙二十二年（1053年）的《耶律宗教墓志》，该志的汉文版称宗教"母曰萧氏，故渤海圣王孙女，迟女娘子也"。而契丹文版则称：

迷里吉氏 迟女 娘子　丹国之　圣 汗 乌鲁古之　后裔[③]

---

① 刘凤翥先生认为《痕志》疑点重重，当为赝品，参见刘凤翥、张少珊、李春敏《契丹言语字辨伪录》（北京燕山出版社2022年版，第156—172页）。如果《痕志》确为赝品，笔者会同元年中台省改隶东京之说，在史料上无一例反证。

② 《辽史·仪卫志四》"渤海仗"条，称"乾亨五年，圣宗东巡，东京留守具仪卫迎车驾。此故渤海仪卫也"，如果此时东丹国仍存，且辖有中台省，具有实权，那么在圣宗东巡时，似乎以渤海仪仗迎接圣驾的更应当是东丹国中台省长官。这从侧面印证了彼时中台省应已划归东京管辖。

③ 参见爱新觉罗·乌拉熙春《爱新觉罗乌拉熙春女真契丹学研究》，日本京都：松香堂2009年版，第164页；爱新觉罗·乌拉熙春、［日］吉本道雅《韩半岛から眺めた契丹·女真》，第93页。

迷里吉氏即渤海之大氏，乌鲁古即大諲譔，[1] 天显元年（926 年）灭渤海国后不久，太祖“赐諲譔名曰乌鲁古”[2]。此处之“丹国之圣汗”可以确定就是指渤海国末代王大諲譔。汉字“渤海圣王”，对应的契丹文部分为“丹国之圣汗”，所以“渤海=丹国（东丹）”。

汉文《耶律宗教墓志》称大諲譔为“渤海圣王”的说法是较为准确的。据《新唐书》记载，渤海“俗谓王曰‘可毒夫’，曰‘圣王’，曰‘基下’”[3]。“圣王”显然是渤海国王的一个专有称号。但是契丹小字的墓志在表述上可能并不严谨，因为在契丹文中，丹国和渤海实际上是两个不同的词汇。高井先生似乎忽略了一个重要证据，即刻于应历十年的契丹大字《痕志》中不仅出现了“丹国”，也出现了“渤海国”，该志第 10—11 行称：

丂㓝国乍皀币奀皀京寸乃先云打手国沓太伦允㭊㔾佰用之

渤海国　迁　东京　建　丹国之 大内相　任[4]

意即“迁渤海国，建东京，任丹国大内相”。此处东京当为南京之误，上文已有讨论。这里的渤海国盖是指渤海遗民或渤海旧国，而丹国则是指新成立的东丹国。这说明在契丹人心目中，渤海、丹国（东丹）是两个不同的概念。所以，契丹小字《耶律宗教墓志》的表述显然出现了偏差，因为大諲譔从未成为也不可能成为东丹国的国王，墓志中的“丹国”应当是“渤海国”之误。

---

① 参见愛新覺羅・烏拉熙春《愛新覺羅烏拉熙春女真契丹学研究》，第 164—165 頁；愛新覺羅・烏拉熙春、［日］吉本道雅《韓半島から眺めた契丹・女真》，第 93—94 頁。

② 《辽史》卷 2《太祖纪下》，第 1 册，第 25 页。

③ 《新唐书》卷 219《北狄・渤海传》，第 20 册，第 6183 页。

④ 相关考释参见乌拉熙春、金适《中央民族大学古文字陈列馆所藏时代最早的契丹大字墓志》，《首都博物馆丛刊 2010 年》总第 24 辑，第 107 页；乌拉熙春：《中央民族大学古文字陈列馆所藏时代最早的契丹大字〈痕得隐太傅墓志〉》，黄建明、聂鸿音、马兰主编《首届中国少数民族古籍文献国际学术研讨会论文集》，第 182 页；愛新覺羅・烏拉熙春、［日］吉本道雅：《韓半島から眺めた契丹・女真》，第 14 頁。

不仅如此，在汉文石刻中，这两者的区别也是非常明显的。例如会同四年（941 年）《耶律羽之墓志》称："比及大圣大明升天皇帝收伏渤海，革号东丹，册皇太子为人皇王，乃授公中台右平章事。"铭文部分称"吾皇应运，君临东丹"。应历五年（955 年）《陈万墓志》称陈万于天显元年（926 年）"从皇帝东□渤海国，当年收下"。

另外，有一种情况可能会让人产生某些混淆。东丹仅指称国家，东丹国、东丹某相、东丹吏民等等，皆指东丹国而言；但是渤海一词，不仅仅指称渤海国，也指称渤海这一种族。这样一来，就需要我们去辨别渤海是指国家还是族属。

高井先生曾找到一条相关史料，认为渤海宰相等同于东丹国宰相。太平八年（1028 年）"九月壬辰朔，以渤海宰相罗汉奴东京统军使"①。林鹄先生称"所谓'渤海宰相'，渤海系其所出，宰相当指东京中台省相"②。高井先生采纳了林氏关于渤海宰相当指中台省宰相的判断，且将林文"东京中台省宰相"改成"东丹国中台省宰相"，从而推导出中台省仍然隶属于东丹国，东丹国仍然具有实际的政治权力。

不过，林文之"渤海系其所出"，盖谓渤海系罗汉之族属。高井先生对于这样的可能性，并未予以理会。但是在《辽史》等相关资料中，还没有明确的资料能够证明会同元年之后的"渤海"可以确指"东丹国"。相反，从诸多用例而言，上文的"渤海"指称族属的可能性显然要更大一些。例如会同三年（940 年）"六月乙未朔，东京宰相耶律羽之言渤海相大素贤不法，诏僚佐部民举有才德者代之"③。结合天显元年二月丙午"渤海司徒大素贤为左次相"的记载，④ 以及称耶律羽之为"东京宰相"（时任中台省左相），此处渤海当指族属，而非东丹国。又如开泰八年（1019 年）三月"己卯，诏加征高丽有功渤海将校官……丙戌，置东京渤海承奉

---

① 《辽史》卷 17《圣宗纪八》，第 1 册，第 228 页。
② 林鹄：《辽史百官志考订》，中华书局 2015 年版，第 74 页。
③ 《辽史》卷 4《太宗纪下》，第 1 册，第 52 页。
④ 《辽史》卷 2《太祖纪下》，第 24 页。

官都知押班"①，这两处"渤海"显然也是指族属，尤其是后一处"渤海"，显然不可能是指东丹国。至于《辽史》及石刻资料中经常出现的某某宫汉儿、渤海都部署等官称，将汉儿与渤海对举，显然都是指族属。

渤海遗民在追叙自己先祖时，也都是用"渤海国"这一旧称，而不是用"东丹国"这一新名。这或许是由于"渤海国"既可以代指业已亡国的渤海国，也可以指自己的族属为渤海。例如乾统十年（1110 年）《高为裘墓志》称"公讳为裘，其先渤海国扶余府鱼谷县乌悉里人也"；同年的《高泽墓志》亦称"公讳泽，其先渤海国扶余府鱼谷县乌悉里人"②。二人的祖先为高模翰，《辽史》本传称"高模翰，一名松，渤海人"。这亦从侧面证明东丹不可以代指族属。

是故，渤海很难等同于东丹，我们也很难找到"渤海"指代"东丹国"的确证。无论如何，中台省已经成为东京辖下的一个地方机构，应该是一个不争的事实。会同元年（938 年）之后，中台省已然不是东丹国的机构，这个时候东丹国至多是一个象征性的、名义上的存在，实在是无足轻重，故而《辽史》以及其他文献，不再记载这样一个"属国"。

总而言之，实际意义上的东丹国在会同元年（938 年）已经不存在了。至于名义上的东丹国，当在乾亨四年（982 年）被圣宗正式废止（详见本书第六章第一节）。

三　东京地界的分封、世选问题

高井先生在文章中，还提及东京地区应当是耶律倍一族、六院夷离堇房、横帐季父房三家的分封地。但是我们从中很难看出这样的分封关系。高井先生的依据是中台省官员、东京统军使、东京留守等官员都有出自这三个家族的人员。

首先，很难说耶律倍一族与东京地区存在这样的关系，耶律倍主东丹

---

① 《辽史》卷 16《圣宗纪七》，第 1 册，第 207—208 页。
② 向南：《辽代石刻文编》，第 609、611 页。

国，这一点当然没有疑异。但是对于其后人的安排，似乎很难体现出这样一种分封意图。耶律倍长子耶律阮（兀欲），为辽世宗；次子娄国，穆宗时为南京留守；[①] 三子稍，圣宗时为上京留守；[②] 四子隆先，景宗时曾留守东京；五子道隐，景宗时留守上京，后迁守南京。[③] 从中很难看出耶律倍一支与东京有着什么强烈的关系。而且耶律倍子孙中，除了耶律隆先、耶律隆裕曾出任东京留守一职，再也无人担任东京留守，所以东京地区当与耶律倍一族没有太多的分封关系。

其次，所谓的六院夷离堇房，范围似乎太为宽泛。准确地说，应是六院夷离堇房中耶律泅思这一支与东京地区存在关联（参见表2-1）。是故，刘浦江先生认为这一家族可以"世选"东京的高层职官，[④] 都兴智先生则指出"耶律羽之家族成员（笔者按：即泅思后人）从太祖建东丹国开始，至圣宗统治时期，其兄弟子孙多出任东丹国及东京辽阳府的军政要职，这个显赫的家族长期把持着东丹及东京辽阳府的权力，揭示了封建家族式统治的特点"[⑤]。我想用世选或"封建家族式统治"概括耶律泅思家族与东京之关系，恐怕要比"分封"这一描述要更为恰当。

最后，关于横帐季父房的例证恐怕要更少。横帐季父房的概念本身就比较宽泛，实际上耶律倍这一支也属于横帐季父房。最新出土的《耶律弘礼墓志》称"国姓耶律氏有三大横帐：一大父、二仲父、三小父。小父者，德祖皇帝，而太祖大圣天皇帝之父也，其子孙世为天子，出于其帐者，号为贵族"[⑥]，小父即季父，为德祖后裔，故其范围是相当广泛的。高井先生所举的两例例证，皆为太祖异母弟耶律苏的后人，一为耶律奴瓜、

---

① 《辽史》卷112《耶律娄国传》，第5册，第1651页。

② 《辽史》卷10《圣宗纪一》，第1册，第120页。

③ 《辽史》卷72《耶律隆先传》《耶律道隐传》，第5册，第1336页。

④ 刘浦江：《辽〈耶律元宁墓志铭〉考释》，《考古》2006年第1期，第73—78页。

⑤ 都兴智：《试论耶律羽之家族与东丹国》，《辽宁工程技术大学学报（社会科学版）》2008年第6期，第619页。

⑥ 拓本照片见辽宁省文物考古研究所、锦州市文物考古研究所北镇市文物处《辽宁北镇市辽代耶律弘礼墓发掘简报》，《考古》2018年第4期，第56页（志盖）、57页（志石）；考释文章见万雄飞、司伟伟《辽代耶律弘礼墓志考释》，《考古》2018年第6期，第115—120页。

一为耶律蒲古，二者皆曾出任东京统军使。但是，这恐怕只是职官迁转中的一个巧合，或是世选的一个例证，很难说明东京为耶律苏后人的一个分封地，更不可以说是横帐季父房的封地。

谈及此处，还有一个问题需要厘清，辽朝的世选制度，与中原王朝的分封、世官制度还是有着明显的差别的。辽朝的世选制度，是在某一家族内部，选贤与能，担任某官。这一职官既可以在甲家族中选择，也可以在乙家族中产生，还可以从非世选家族中产生，具有很大的开放性。同时具有世选某官权力的家族，家族内某人担任这一职官后，仍然可以出任其他职务，具有很强的流动性。反观分封制，是指某一家族的某一支固定在一个土地上，世代食邑于此，相对固定，其他家族很难染指。世官制度则是世世代代出任固定的官职，开放性、流动性皆远远不如世选制度。

高井先生提及的耶律奴瓜，系耶律苏之孙，统和四年（986年）为"黄皮室糺都监"，因为军功"迁黄皮室详稳"。六年"为东京统军使"，统和十九年"拜南府宰相"，二十六年"为辽兴军节度使，寻复为南府宰相。开泰初，加尚父，卒"①。"东京统军使"仅为其迁转中一环，而且奴瓜出任南府宰相，或许与其祖父曾任南府宰相有关，即这一家族可能是世选南府宰相的家族。《辽史·太祖纪》称神册六年（921年）"春正月丙午，以皇弟苏为南府宰相……宗室为南府宰相自此始"。知耶律苏为宗室中第一位出任南府宰相者，其后人有世选南府宰相之资格亦不足为怪。故而从奴瓜的履历中恐难以确认其家族与东京的分封关系，反倒是可以大致窥见辽代世选之一斑。

高井先生列举的另一人耶律蒲古系耶律苏的四世孙，统和初为"涿州刺史"，"开泰末，为上京内客省副使"，太平五年（1025年），"改广德军节度使，寻迁东京统军使"，太平九年，因平定大延琳之乱，"以功拜惕隐"②。"东京统军使"也是蒲古为官履历中的一个环节，若是以此推定东京为其家族分封地，恐怕还需要更多的证据。

---

① 《辽史》卷86《耶律奴瓜传》，第5册，第1448页。
② 《辽史》卷87《耶律蒲古传》，第5册，第1470页。

第三节 经略女真：辽阳迤北诸军事机构的建立

一 辽代女真诸部的形势

东京建立之初，其统治区域大体与东丹国相当，据津田左右吉先生研究，东丹国的实际统治区仅据有渤海国的西半部，"东半部则无昔日之繁荣，亦无统一的政治，而仅为独立小部族之割据而已"①。这种情况一直持续到圣宗时期才发生了显著的变化，契丹对辽东地区大力开发，向北攻讨女真，向南征伐高丽，辽东京的领域也随之扩大。②

随着地域的不断扩张，东京在军事上逐渐分成辽阳、长春两大区域，分别备御高丽、女真。据史愿《亡辽录》说：

> 辽阳路则东京兵马都部署司、契丹奚汉渤海四军都指挥使司、保州都统军司、汤河详稳司、金吾营、杓窊司，控扼高丽；上京长春路则黄龙府兵马都部署司、咸州兵马详稳司、东北路都统军司，镇抚女真、室韦诸部。③

需要说明的是，所谓的辽阳、长春两路仅是地理上的概念，实际上的军事区并不存在，因为这两路既无路一级的军事机构，也无路一级的军事长官。本节将重点探讨东京究竟是如何从政治和军事上控驭女真诸部的。

东京境内的女真诸部大体分为熟女真、生女真以及介于生、熟之间的回跋女真三种。熟女真即曷苏馆（又作合苏款）女真，太祖灭亡渤海之

---

① 参见［日］津田左右吉《渤海史考》，陈清泉译，商务印书馆1940年版，第50页。
② ［韩］金渭显：《契丹的东北政策——契丹与高丽女真关系之研究》，台湾华世出版社1981年版，第63—124页。
③ 《三朝北盟会编》卷21引《亡辽录》，上册，第153页上栏；曹流：《〈亡辽录〉辑释与研究》，第205页。

后，为防止女真为患，迁其强宗大姓数千户至辽阳以南，系辽籍，是为熟女真。生女真则是指居于混同江以北和宁江州之东北者，这部分女真不系辽籍，"散居山谷间，依旧界外野处，自推雄豪为酋长，小者千户，大者数千户"①，故称生女真。回跋女真居住在咸州东北至混同江之间，虽亦入辽籍，但辽朝对他们的控制不像对熟女真那么严格。

军事上，熟女真应归南女真汤河司（一作汤河详稳司）节制，负责备御高丽，下一节将讨论这个问题，此处暂且从略。回跋女真所处的地域则由黄龙府兵马都部署司、咸州兵马详稳司两个军事机构分别统帅。生女真诸部则主要由东北路（都）统军司负责镇抚。

二 控驭女真的军事机构

黄龙府兵马都部署司始置于何时，已无法考证。据《辽史·地理志》记载，保宁七年（975 年），因渤海人燕颇叛乱，黄龙府被废；开泰九年（1020 年），圣宗以宗州、檀州汉户一千复置。故黄龙府置兵马都部署最早应在开泰九年以后。又，太平六年（1026 年）二月，圣宗委任"黄翩为兵马都部署，达骨只副之，赫石为都监，引军城混同江、疎木河之间。黄龙府请建堡障三、烽台十，诏以农隙筑之"②。黄翩所任的兵马都部署很有可能就是黄龙府兵马都部署，因为黄龙府的地理位置恰恰就在混同江、疎木河（又作粟沫河）之间，而且太平九年大延琳叛乱时，曾专门遣使招降"黄龙府黄翩"③。据笔者推测，黄龙府兵马都部署司的设置大概就在圣宗太平年间。黄龙府兵马都部署司在军事上辖有信、宾、龙、益、安远、威、清、雍、祥诸州，同时领有隗衍突厥部、奥衍突厥部、北唐古部、五国部等诸部族。

咸州兵马详稳司（又作咸州汤河兵马详稳司）的建置时间亦不详。据

① 《三朝北盟会编》卷 3，上册，第 16 页下栏。
② 《辽史》卷 17《圣宗纪八》，第 1 册，第 225 页。
③ 《辽史》卷 17《圣宗纪八》，第 1 册，第 230 页。

《辽史·圣宗纪》记载，开泰八年（1019 年）十月"甲辰，改东路耗里太保城为咸州，建节以领之"。据此可知，咸州始建于开泰八年，则咸州兵马详稳司的建立理应在此之后。实际上，咸州兵马详稳司可能还有另外一个名称，即北女真兵马司。据《辽史·地理志》，北女真兵马司统有辽、祺、韩、双、银、同、咸、肃、安、郢诸州的军事，咸州亦在其中。据笔者判断，北女真兵马司的驻所当在咸州，故亦称咸州兵马详稳司。关于这一点，不妨参考一下金代的情况。金朝初期曾设有咸州路都统司，其后又改升为咸平路总管府，军事上辖有咸平府（辽咸州）、铜山县（辽同州）、新兴县（辽银州）、庆云县（辽祺州）、清安县（辽肃州）、荣安县、归仁县、玉山县和韩州。① 金代咸州路的辖区与辽朝的北女真兵马司大体相当，其治所即在咸州。由此看来，辽朝北女真兵马司应即咸州兵马详稳司。又余靖《武溪集·契丹官仪》谓辽"正东则有注展（原注：蕃语注展即女真也）相公掌女真等边事"云云，注展相公也许就是指北女真兵马司的长官。

东北路统军司即东北路（兵马）详稳司。从现有资料来看，东北路详稳司大概创置于圣宗时期。《辽史·圣宗纪》开泰八年七月"庚申，以东北路详稳耶律独迭为北院大王"，这是目前所能见到的有关东北路详稳司最早的一条记载，考虑到圣宗时才致力于经略东部地区，以及上文所述东京地区各军事机构的始建时间，我们有理由相信东北路详稳司的建立大约就在圣宗开泰年间。

东北路详稳司又名东北路挞领详稳司。宋人余靖的《契丹官仪》曾提及挞领相公一职，谓契丹"东北则有挞领相公（原注：国人呼挞字如吞字入声，领音近廪），掌黑水等边事"。这里所说的挞领相公就是指东北路挞领详稳。② "挞领"一词语义不详，《辽史·国语解》云："挞林，官名。后二室韦部改为仆射，又名司空。"挞领即挞林，但亦未得其确解，说明

---

① 《金史》卷 24《地理志上》，第 2 册，第 593—594 页。
② 陈得芝先生认为挞领相公应即铁骊部详稳，可备一说（参见陈得芝《辽代的西北路招讨司》，《蒙元史研究丛稿》，第 26 页）。

元朝史官已不知其确切含义。"相公"当是"详稳"的音讹，辽代文献中的详稳、相温、详衮等均为汉语借词将军的音译。这在辽代石刻中也有相关记载，据《耶律宗教墓志》，宗教重熙十年（1041 年）曾任东北路挞领将军，"达领"当为"挞领"的异译，达领将军即挞领详稳。① 近年出土的《耶律宗福墓志》称墓主曾任东北路挞领详稳。② 宗福即韩德威孙涤鲁，《辽史·韩涤鲁传》谓其重熙年间曾任东北路详稳，这说明东北路挞领详稳确实就是东北路详稳。

《辽史》中东北路详稳司与东北路统军司重出，从文献记载来看，道宗大康之前一般称为东北路详稳司或挞领详稳司；大康后则多称为东北路统军司。惟有《辽史·耶律铎轸传》谓铎轸兴宗重熙间曾任东北路统军使，这很可能是史臣事后追述，当时应称为东北路详稳。

东北路统军司主要掌管宁江州、泰州、长春州三州的军事事务，从地域上来说，地跨东京、上京两个区域，同时兼治乌隗、突吕不室韦、乙室奥隗、图鲁、术哲达鲁虢、河西、伯斯鼻骨德、达马鼻骨德诸部族军。其职责是镇抚生女真诸部。天庆初，东北路统军使萧兀纳上书曰："臣治与女直接境，观其所为，其志非小。宜先其未发，举兵图之。"③ 故辽末生女真完颜部起兵时，东北路统军司首当其冲。天庆四年（1114 年），阿骨打起兵叛辽，"首犯混同江之宁江州。东北路统军司遽具状以闻"④。不久，统军使"（萧）兀纳退走入城。留官属守御，自以三百骑渡混同江而西，城遂陷"⑤。天庆十年六月乙酉，"以北府宰相萧乙薛为上京留守、知盐铁内省两司、东北统军司事"⑥。实际上，由于东北路统军司诸地已陷

---

① 向南：《辽代石刻文编》，第 750—753 页。
② 王青煜：《耶律宗福墓志浅探》，收入王玉亭主编《辽上京研究论文选》，政协巴林左旗委员会 2006 年刊行，第 421—445 页。
③ 《辽史》卷 98《萧兀纳传》，第 5 册，第 1556 页。
④ 《三朝北盟会编》卷 21 引《亡辽录》，上册，第 150 页上栏；曹流：《〈亡辽录〉辑释与研究》，第 109 页。
⑤ 《辽史》卷 98《萧兀纳传》，第 5 册，第 1556 页。
⑥ 《辽史》卷 28《天祚皇帝纪二》，第 1 册，第 379 页。

落，萧乙薛盖以上京留守、知上京盐铁内省两司等职，遥领东北统军司事，意欲收复失地而已。此后在辽朝与女真的战斗中，再也不见东北路统军司的踪影。

综上所述，圣宗中后期辽朝在东京辽阳府以北先后建立了三个军事机构，即东北路统军司、黄龙府兵马都部署司、咸州兵马详稳司。这三个机构是辽朝控驭东京北部地区女真各部的主要军事力量。

第四节 控扼高丽的枢纽：东京

一 辽丽和战与东京的重要性

早在辽太祖时期，契丹、高丽间已有使臣往来。会同五年（942年），高丽以契丹攻灭渤海为由，终止了两国间的交往。此后四十余年，两国之间即不再有外交关系。辽圣宗时，契丹锐意拓展东部疆域，与高丽的往来也渐趋活跃。

辽丽关系中，双方共发生了三次大规模的战争。统和十年（992年）十二月，辽朝为了应对北宋联丽制辽的策略，第一次出兵攻打高丽。次年，高丽奉表请罪。十二年（994年），高丽奉辽正朔，行统和年号，正式成为辽朝的藩属之国。统和二十八年（1010年）五月，"高丽西京留守康肇弑其主诵，擅立诵从兄询"①，圣宗亲率大军第二次征讨高丽。次年正月，攻陷高丽都城开京后退兵，两国之间的关系暂趋缓和。开泰元年（1012年），辽圣宗诏高丽国王王询亲朝，高丽王以生病为由加以拒绝，圣宗大怒，遂命人索回曾赠予高丽的六座城池。②此后，双方围绕这六座城池时有摩擦。开泰七年（1018年），辽朝征集大军，第三次大规模征讨高

① 《辽史》卷15《圣宗纪六》，第1册，第184页。
② 《辽史》卷15《圣宗纪六》，第1册，第187页；《高丽史》卷4《显宗世家一》，万历四十一年朝鲜太白山史库钞本，第13页a。

丽，结果惨败而归。次年，高丽上表称臣如故，此后两国关系开始走向正常化。

在辽朝对高丽的征战中，东京留守大多发挥着重要的作用。如统和元年（983年）十月，圣宗亲阅"东京留守耶律末只所总兵马"，准备征讨高丽。① 由于种种原因，这次东征未能成行。在以后的辽丽战争中，东京留守在军事上都起着举足轻重的作用。如统和十年（992年）十二月，圣宗"以东京留守萧恒德等伐高丽"②。开泰三年（1014年）夏，"诏国舅详稳萧敌烈、东京留守耶律团石等讨高丽，造浮梁于鸭渌江，城保、宣义、定远等州"。次年正月，"东京留守善宁、平章涅里衮奏，已总大军及女直诸部兵分道进讨（高丽）"③。开泰七年（1018年）十月，"诏以东平郡王萧排押为都统，殿前都点检萧虚列为副统，东京留守耶律八哥为都监伐高丽"④。据以上史料可知，在辽朝与高丽的几次战争中，东京留守都是辽朝方面的主要军事长官。

在两国相对和平时期，辽朝备御高丽的最高军事长官是东京留守（应兼任东京都部署，详下）。东京留守属下的东京都部署司、东京统军司、南女真汤河司（亦曰汤河详稳司）三个军事机构，主要就是针对高丽而设置的。东京都部署司统辖辽西、显、康、嘉、乾、海北、贵德、沈、岩、海等州以及乙室奥隗、楮特奥隗、耨盌爪、稍瓦、曷朮等部族的军事，负责辽阳府西面及北面的防务；⑤ 东京统军司统辖开、保、盐、穆、贺、宣、宁、湖、渤、衍、连等州及怀化军、来远城、顺化城等军城的军事，负责辽阳府东南面的防务；南女真汤河司统辖辰、卢、归、苏、复、镇海等府州的军事，负责辽阳府南面的防务。

---

① 《辽史》卷10《圣宗纪一》，第1册，第120页。
② 《辽史》卷13《圣宗纪四》，第1册，第155页。
③ 《辽史》卷15《圣宗纪六》，第1册，第191、192页。
④ 《辽史》卷16《圣宗纪七》，第1册，第206页。
⑤ 有关东京都部署司的材料很少，从辽朝后期的情况来看，东京都部署司似乎是东京地区的最高军事机构。

二　东京留守在辽丽关系中的作用

辽丽和平时期，东京留守在两国外交关系中起着一种枢纽的作用，主要负责处理契丹与高丽之间的日常事务。辽朝在解决双方边界纠纷时，通常都是通过东京留守与高丽进行交涉。[①] 如高丽成宗十三年（辽统和十二年，994 年）二月，高丽国王要求在鸭绿江附近新建五座城池，东京留守萧恒德奉朝廷旨意，致书高丽云："伏请大王预先指挥，从安北府至鸭江东，计二百八十里，踏行稳便田地，酌量地理远近，并令筑城。发遣役夫，同时下手。其合筑城数，早与回报。"[②] 又如高丽文宗九年（辽道宗清宁元年，1055 年）七月，"都兵马使奏：'契丹前太后、皇帝诏赐鸭江以东为我国封境，然或置城桥，或置弓口栏子，渐踰旧限，是谓不厌。今又创立邮亭，蚕食我疆……宜送国书于东京留守，陈其不可，若其不听，遣使告奏。'于是致书东京留守曰：'……伏冀大王亲邻轸念，怀远宣慈，善奏黈聪，还前赐地，其城桥弓栏亭舍，悉令毁罢。'"[③] 此外，辽朝重要国事需通报高丽者，一般也通过东京留守转达。如高丽文宗十九年（辽道宗咸雍元年，1065 年）三月，"契丹东京留守牒报，册上皇太后尊号慈懿仁和文惠孝敬显圣昭德广爱宗天皇太后，加上皇帝尊号圣文神武全功大略聪仁睿孝天祐皇帝"[④]。

咸雍以后，情况似乎有所变化，从高丽方面的文献来看，担当辽朝与高丽之间沟通者的角色似乎不再是东京留守，而是东京兵马都部署。高丽文宗二十九年（辽道宗大康元年，1075 年）七月乙丑，"辽东京兵马都部

---

① 杨军认为辽丽关系在制度上还不够完善，故双方很多外交活动在东京举行。参见杨军《东亚封贡体系确立的时间——以辽金与高丽的关系为中心》，《贵州社会科学》2008 年第 5 期，第 121 页。陈俊达将辽丽使臣往来划分为平等往来往期、非制度化遣使期、制度化遣使期、衰落消亡期，认为重熙七年（1038 年）高丽行契丹年号是东亚封贡体系正式形成的标志，参见陈俊达《辽朝与高丽使者往来分期探赜——兼论东亚封贡体系确立的时间》，《西北民族大学学报》（哲学社会科学版）2017 年第 4 期，第 99—107 页。

② 《高丽史》卷 3《成宗世家》，第 27 页 a。

③ 《高丽史》卷 7《文宗世家一》，第 33 页 b—34 页 a。

④ 《高丽史》卷 8《文宗世家二》，第 24 页 a。

署牒告：改咸雍十一年为大康元年"；癸酉，"辽东京兵马都部署奉枢密院
劄子移牒：请治鸭江以东疆域"①。高丽肃宗二年（辽道宗寿昌三年，1097
年）三月，高丽前国王王昱薨，高丽移牒辽东京兵马都部署云："前王自
退去别邸以来，……于闰月十九日薨逝，今已葬讫。……肆尊前王遗
命，不敢遣使告哀。"② 高丽肃宗六年（辽天祚帝乾统元年，1101 年）八
月乙巳，"都兵马使奏：今辽东京兵马都部署移文，请罢静州关内军营"③。
高丽睿宗九年（辽天祚帝天庆四年，1114 年）十月，阿骨打举兵叛辽，东
京兵马都部署司移牒高丽，令其"于女真边界道路，深入攻讨"云云。④

　　上述史料是否意味着东京兵马都部署已取代东京留守，成为处理辽丽
事务的东京最高长官呢？事实恐怕并非如此。实际上，在咸雍以后的辽丽
邦交中，仍可看出东京留守作为东京最高长官的地位。高丽献宗元年（辽
道宗寿昌元年，1095 年）五月癸丑，"辽东京回礼使高遂来，……王御乾
德殿引见，命近臣问留守安否"⑤。可见在高丽国王心目中，留守仍是东京
的最高长官。又如高丽睿宗十一年（辽天祚帝天庆六年，1116 年），高丽
使臣郑良稷出使东京，适逢渤海人高永昌僭号自立，良稷遂"上表称
臣，以国家所遗留守土物赠永昌"⑥。这说明高丽与东京通使时，通常是向
东京留守而不是东京兵马都部署馈送礼物。那么，为何道宗以后高丽往往
是与东京兵马都部署打交道呢？笔者推测，东京兵马都部署司可能是辽朝
后期东京地区的最高军事机构，考虑到南京、西京留守均兼任军事长官的
情况，东京留守也极有可能兼领兵马都部署一职。道宗咸雍年间，耶律祁
即曾"同判东京留守、兼兵马都部署"⑦。

---

① 《高丽史》卷 9《文宗世家三》，第 12 页 b。
② 《高丽史》卷 11《肃宗世家一》，第 10 页 a—b。
③ 《高丽史》卷 11《肃宗世家一》，第 30 页 a。
④ 《高丽史》卷 13《睿宗世家二》，第 25 页 a—b。
⑤ 《高丽史》卷 10《献宗世家》，第 36 页 a。
⑥ 《高丽史》卷 14《睿宗世家三》，第 9 页 b。
⑦ 拓本照片见陶建英、李俊义编《石墨芳华——刘凤翥李春敏收藏辽金碑刻拓本集》，第
193 页。

在辽朝与高丽的外交关系中，东京具有非常特殊的地位，而作为东京
地区的最高军事长官，东京留守具有与高丽国王对等的地位。笔者注意
到，从圣宗以后，辽朝与高丽两国礼节性的交聘往来主要发生在东京留守
与高丽国王之间，聘使往来的具体情况可参见下面所列《东京与高丽交聘
表》。① 在辽朝五京中，只有东京才具备这种外交职能，其他四京均无与他
国通使的情况。② 东京留守在两国关系中的特殊地位，从下面两件事中看
得很清楚。其一，东京留守与高丽国王通常以"大王"互称。如上文所述
成宗十三年及文宗九年双方处理边境问题的事例中，东京留守与高丽国王
互致国书时均称对方为"大王"；又如《高丽史·肃宗世家》也称当时的
东京留守为"东京大王"。其二，统和十四年（996）三月，高丽国王王治
向辽朝请求和亲，圣宗不是将自己的女儿下嫁王治，而是"许以东京留
守、驸马萧恒德女嫁之"③。东京留守之所以具有与高丽国王对等的外交地
位，是由辽丽两国之间的宗属关系决定的。与北宋、西夏相比，高丽是辽
朝名副其实的藩属国，所以东京留守与高丽国王之间的这种关系也就比较
容易理解了。

表 2-2　　　　　　　　　　　　东京与高丽交聘表

年代	使节往来	史料出处④
辽圣宗统和二十八年、高丽显宗元年	九月，高丽遣左司郎中王佐暹、将作丞白日昇如契丹东京修好。	《显宗世家一》

---

①　根据表中所列情况来看，东京派出的使臣当以渤海人居多。洪皓《松漠记闻》谓"（渤
海）王旧以大为姓，右姓曰高、张、杨、窦、乌、李，不过数种"，而表中所列使臣多为高、乌、
大、张等姓。又，辽廷与高丽之间虽也有聘使往来，但远不如东京与高丽间聘使之频繁。

②　河上洋先生认为辽朝五京均有外交职能，此说恐不确。参见［日］河上洋《遼五京の外
交の機能》，《東洋史研究》第 52 卷第 2 號，1993 年 9 月，第 52—74 頁。［日］河上洋《辽五京
的外交机能》，高福顺译，《博物馆研究》1997 年第 4 期，第 99—108、51 页；收入姜维公、高福
顺编《中朝关系史译文集》，吉林文史出版社 2001 年版，第 321—327 页。

③　《辽史》卷 13《圣宗纪四》，第 1 册，第 160 页。

④　本表史料均出自《高丽史》，故只出篇名而不出书名。

续表

年代	使节往来	史料出处
圣宗开泰八年、显宗十年	五月戊辰，契丹东京文籍院少监乌长公至高丽。	《显宗世家一》
	八月辛卯，契丹东京使工部少卿高应寿至高丽。	
	八月乙未，高丽遣考功员外郎李仁泽如契丹东京。	
开泰九年、显宗十一年	六月癸巳，高丽遣持书使借司宰少卿卢执中如契丹东京。	《显宗世家一》
圣宗太平元年、显宗十二年	正月己丑，契丹东京使左常侍王道冲至高丽告其主将受册礼。	《显宗世家一》
	三月乙未，契丹东京使检校散骑常侍张澄岳至高丽。	
太平二年、显宗十三年	八月庚子，契丹东京持礼使李克方至高丽。	《显宗世家一》
	九月丙子，契丹东京使王守荣至高丽。	
	十一月乙酉，契丹东京使高张胤至高丽。	
太平三年、显宗十四年	五月丙寅，契丹东京持书使卢知祥至高丽。	《显宗世家二》
	九月壬寅，契丹东京使高仁寿至高丽。	
太平七年、显宗十八年	八月戊辰朔，契丹东京使高延至高丽。	《显宗世家二》
太平八年、显宗十九年	二月甲戌，高丽遣礼部员外郎金哿如契丹东京。	《显宗世家二》
兴宗重熙七年、靖宗四年	八月丁卯，高丽遣持礼使阁门祗候金华彦如契丹东京。	《靖宗世家》
	十一月乙卯，契丹东京回礼使义勇军都指挥康德宁至高丽。	
重熙八年、靖宗五年	闰十二月丁亥朔，契丹东京回礼使大坚济等九人至高丽。	《靖宗世家》
重熙九年、靖宗六年	九月庚申，契丹东京回礼使都指挥使高维翰至高丽。	《靖宗世家》
重熙十二年、靖宗九年	十一月戊寅，东京回礼使检校左仆射张昌龄至高丽。	《靖宗世家》
重熙十七年、文宗二年	十一月辛酉，契丹东京回礼使棣州刺史高庆善至高丽。	《文宗世家一》
重熙十九年、文宗四年	九月丁亥，契丹东京回礼使忠勇军都指挥使高长安至高丽。	《文宗世家一》
重熙二十年、文宗五年	十月丁未，契丹东京回礼使检校工部尚书耶律守行至高丽。	《文宗世家一》

续表

年代	使节往来	史料出处
道宗清宁元年、文宗九年	十一月乙丑，契丹东京回礼使检校工部尚书耶律道至高丽。	《文宗世家一》
清宁三年、文宗十一年	六月丁未，契丹东京持礼回谢使检校工部尚书耶律可行至高丽。	《文宗世家二》
清宁四年、文宗十二年	九月乙亥，契丹东京回礼使检校左散骑常侍耶律延宁至高丽。	《文宗世家二》
清宁五年、文宗十三年	九月丙申，契丹东京回谢使检校右散骑常侍耶律延宁至高丽。	《文宗世家二》
清宁七年、文宗十五年	四月丙辰，契丹东京回礼使检校工部尚书萧噭思至高丽。	《文宗世家二》
清宁八年、文宗十六年	正月壬戌，东京回礼使检校尚书右仆射耶律章至高丽。	《文宗世家二》
道宗咸雍五年、文宗二十三年	十二月癸亥朔，辽东京回礼使检校右仆射耶律极里哥至高丽。	《文宗世家二》
道宗大安四年、宣宗五年	五月己未，辽东京回礼使检校右散骑常侍高德信至高丽。	《宣宗世家》
大安七年、宣宗八年	二月癸丑，辽东京持礼回谢使礼宾副使乌耶吕至高丽。	《宣宗世家》
大安八年、宣宗九年	四月戊辰，辽东京持礼使高良庆至高丽。	《宣宗世家》
道宗寿昌元年、献宗元年	五月癸丑，辽东京回礼使高遂至高丽，王御乾德殿引见，命近臣问留守安否。	《献宗世家》
寿昌二年、肃宗元年	三月己酉，高丽遣持礼使高民翼如辽东京。	《肃宗世家一》
	五月戊午，辽东京持礼使礼宾副使高良定至高丽。	
寿昌五年、肃宗四年	九月乙巳，高丽持礼使邵师奭如辽东京。	《肃宗世家一》
	十二月辛亥，辽东京持礼回谢使大义至高丽。	
天祚帝乾统元年、肃宗六年	正月丙子，辽东京持礼使礼宾副使高克少至高丽。	《肃宗世家一》
乾统三年、肃宗八年	十月庚申，辽东京回礼使礼宾副使高维玉等来。	《肃宗世家二》
乾统四年、肃宗九年	十月庚午，辽东京大王耶律淳遣使至高丽。	《肃宗世家二》

续表

年代	使节往来	史料出处
天祚帝天庆二年、睿宗七年	十一月辛巳，辽东京回谢持礼使礼宾副使谢善至高丽。	《睿宗世家二》
天庆五年、睿宗十年	十二月壬寅，辽东京留守遣回谢持礼使礼宾副使高孝顺至高丽。	《睿宗世家三》
天庆六年、睿宗十一年	闰正月庚戌，高丽遣秘书校书郎郑良稷称为安北都护府衙前，持牒如辽东京。	《睿宗世家三》

本章结语

辽朝"因俗而治"的治国之策，在东京地区表现得非常典型，尤其是辽朝前期。在契丹建国之前，东京地区主要是渤海人和女真人的势力范围。辽太祖灭掉渤海国后，马上建立起一个东丹国，对渤海遗民进行间接的统治。从种种迹象来看，东丹国在政治、外交方面都具有很强的独立性和自主性。太宗时，在建立东京的同时，可能就已架空了东丹国，而将东京地区直接纳入辽朝的统治之下，但同时仍保留了大量渤海旧制，原东丹国中台省也被全盘继承下来。直至大延琳叛辽之后，东京地区的渤海因素才渐渐趋于淡化。

除了渤海之外，东京地区所面临的问题还有女真和高丽。辽朝先后在东京地区设置了东京兵马都部署司、东京统军司、东北路统军司、黄龙府兵马都部署司、咸州兵马详稳司、南女真汤河司等诸多军事机构，用以控驭渤海、女真和高丽。其中最值得我们注意的是东京兵马都部署司，由于史料极度匮乏，有关这个机构的情况目前所知甚少，甚至连它始建于何时也不知道，有关它的记载主要见于辽朝中后期。关于东京兵马都部署的职能及任职情况也缺乏记载，估计与南京、西京的情况类似，是由东京留守兼领东京兵马都部署一职。从辽朝后期的情况来看，东京兵马都部署司似乎是东京地区的最高军事机构。如果这个推论能够成立的话，那么辽朝东京地区虽然没有一级行政区，但应该存在一个军事区划。

与其他诸京所不同的是，东京留守还具有独特的外交职能。在辽朝与高丽的外交事务中，通常是由东京留守代表朝廷与高丽打交道。这一方面与高丽藩属之国的地位有关，另一方面则是因为辽朝"因俗而治"的基本国策决定了其中央集权程度不高，五京留守均有较大的独立性和自主权，所以一个东京留守居然可以全权处理与高丽的外交事务，在这里我们又一次看到了辽朝地方统治的鲜明特色。

第三章　上京、中京地区的多元化统治方式

　　上京地区是契丹勃兴之地，契丹族聚居之所。上京临潢府是辽朝名义上的国都，"神册三年（918 年）城之，名曰皇都"①。太宗会同元年（938年），后晋以幽、云十六州图籍来献，太宗"诏以皇都为上京，府曰临潢"②。

　　中京地区则是奚族的传统聚居地。辽圣宗以前，奚族一直拥有自己的传统领地，具有相当的独立性，实际上是一个奚族自治区。圣宗时，奚王献地于朝廷，统和二十五年（1007 年），圣宗于奚王牙帐地建中京，实以汉户，府曰大定。中京的建立强化了契丹对奚族的统治，此后又迁入汉、渤海等俘户，中京地区遂成为各族杂居之地。

　　上京、中京地区与燕云汉地及东京渤海旧地有一个很大的不同，即该地区是以头下军州、隶宫州县以及部族组织为主，隶属于国家的州县仅仅是少数。根据这种情况，辽朝对于这一地区采取多元化的统治方式，承认头下军州和隶宫州县的私有属性，保留部族组织的传统领地，仅将上京临潢府和中京大定府纳入国家的直接统治之下。但圣宗以后，头下军州、隶宫州县等私有性质的州县有逐渐向国家州县转化的趋势，朝廷对于这一地区的统治得以加强。

---

　　① 《辽史》卷 37《地理志一》，第 2 册，第 497 页。
　　② 《辽史》卷 4《太宗纪下》，第 1 册，第 49 页。

第一节　辽朝对奚族统治方式的变化与中京的建立

中京地区本是奚人的传统聚居地，辽朝前期，这一区域仍是奚人的自治领地，并未直接纳入契丹国家的行政体系。①

奚族本与契丹"异种同类"②，契丹勃兴之后，逐渐为契丹吞并。太祖五年（911 年），"上亲征西部奚。……是役所向辄下，遂分兵讨东部奚，亦平之。于是尽有奚、霫之地"③。阿保机在征服奚人之后，并没有将其直接纳入契丹的统治之下，而是采取"因俗而治"的政策，"仍立奚人依旧为奚王，命契丹监督兵甲"④，奚人仍旧保留原来的部族组织以及传统领地。辽朝前期，奚族更像是契丹王朝的一个属国，如会同三年（940 年）"二月己亥，奚王劳骨宁率六节度使朝贡"⑤。可以说，在中京建立之前，辽朝对于奚人的统治方式与东丹国有着类似之处。

辽朝初年，奚人仍旧分为遥里、伯德、奥里、梅只、楚里等五部，"号五部奚"。天赞二年（923 年），太祖新置堕瑰部，"遂号六部奚"⑥。圣宗时，又将奥里、梅只、堕瑰三部合并为一，另置南剋、北剋两部，仍为六部，统归奚王府管辖。⑦ 有辽一代，奚王府始终具有较高的地位，"拟于国族"，与南、北大王府及乙室王府并称为四大王府。⑧ 在奚王府之下又有二宰相、二常衮等职，分别负责辅佐奚王及总知奚王族帐等事务。⑨

---

① 中京建立之前，该地区虽已建立部分州县，不过大都是隶宫州县，而且均处于中京地区的缘边地带。

② 《魏书》卷 100《契丹传》，中华书局 2017 年修订本，第 6 册，第 2408 页。

③ 《辽史》卷 1《太祖纪上》，第 1 册，第 4—5 页。

④ 《资治通鉴》卷 269，后梁均王贞明二年十二月，《考异》引《虏廷杂记》，第 19 册，第 8809 页。

⑤ 《辽史》卷 4《太宗纪下》，第 1 册，第 51 页。

⑥ 奚族最初的五部又称五帐，加上堕瑰部，号五帐六部，仍由奚王统领。

⑦ 《辽史》卷 33《营卫志下》，第 2 册，第 439 页。

⑧ 《辽史》卷 45《百官志一》，第 3 册，第 799 页；卷 45《百官志二》，第 3 册，第 816 页。

⑨ 《辽史》卷 85《奚和朔奴传》，第 5 册，第 1450—1451 页。

奚王府这种相对独立的状况在圣宗时发生了显著的变化。据《辽史·营卫志》，"奚王和朔奴讨兀惹，败绩，籍六部隶北府"。和朔奴受命征讨兀惹是在统和十三年（995 年）七月，次年四月，"奚王和朔奴、东京留守萧恒德等五人以讨兀惹不克，削官"①。故奚六部改隶契丹北宰相府应是统和十四年的事情。《营卫志》的这则史料难免会让人产生这样的认识，即奚六部直属北府后，不再由奚王府统辖，奚王府已是有名无实了。②笔者认为这恐怕是一种误解。实际上此处"奚六部"应是"奚王府"的代称，统和十四年，圣宗将奚王府归隶北府，但奚六部仍由奚王府统领，此后契丹对于奚人的统治层级应是北宰相府——奚王府——奚六部，这意味着奚王府由原来具有相对独立地位的属国正式纳入辽朝国家的统治体系之中。③

笔者之所以得出上述结论，是因为种种迹象表明，此后的奚王或奚王府仍具有统领奚人的实际权力。首先，辽朝仍旧任命奚六部大王（或称六部奚王），如统和十九年（1001 年），以"观音为奚六部大王"④；兴宗重熙十五年（1046 年），以"萧高六为奚六部大王"⑤；道宗咸雍七年（1071 年），以"拾得奴为奚六部大王"⑥；天祚帝乾统六年（1106 年），以"马奴为奚六部大王"⑦。这至少说明六部并未离散，而是作为一个整体存在的；⑧ 六部有一个共同的首领，即奚六部大王。

其次，辽朝仍旧任命奚王府都监（监军），以控制监督奚人。如统和二十一年（1003 年），以"奚王府监军耶律室鲁为南院大王"⑨；太平十年

---

① 《辽史》卷 13《圣宗纪四》，第 1 册，第 159、160 页。
② 参见杨若薇《契丹王朝政治军事制度研究》（修订本），第 162 页。
③ 王曾瑜先生推测"籍六部隶北府"是一时权宜，而非定制，其后六部仍复隶奚王府，可备一说。见氏著《试论辽朝军队的征集和编组系统》，《中华文史论丛》1986 年第 4 辑，第 148 页。
④ 《辽史》卷 14《圣宗纪五》，第 1 册，第 170 页。
⑤ 《辽史》卷 19《兴宗纪二》，第 1 册，第 265 页。
⑥ 《辽史》卷 22《道宗纪二》，第 1 册，第 306—307 页。
⑦ 《辽史》卷 27《天祚皇帝纪一》，第 1 册，第 361 页。
⑧ 《辽史·营卫志》在列举太祖二十部时，即将奚六部视为一个部族。
⑨ 《辽史》卷 14《圣宗纪五》，第 1 册，第 172 页。

（1030 年），以奚王府都监萧阿古轸为东京统军使；[①] 重熙八年（1039 年），"耶律庶几任奚王监军"[②]；天祚末年，萧习泥烈亦曾任"奚王府监军"[③]。如果奚王府已是有名无实的机构，辽朝完全没有必要再派遣都监（监军）去防备奚王。

最后，奚王府仍应继续统帅六部。如统和末年，"奚王府五帐六节度献七金山土河川地"[④]，这已是统和十四年奚王府改隶契丹北宰相府之后的事情。又《辽史·兵卫志》记载北宰相府所统诸部时，首列奚王府部。

实际上，辽朝通过北府统治奚王府的做法并不让人感到奇怪，与奚王府并列的南、北大王府（五院部、六院部）即隶属于北府，乙室王府则隶属于南府。辽朝将奚王府及其下辖的六部划归北府，事实上标志着奚部半独立的属国时代的结束，直接归属于契丹王朝，而非代表奚王的权力被剥夺了。奚王府仍旧有名有实，只是地位比此前大为降低了。

奚王府纳入北府管辖之后，圣宗又采取了一个更为重要的举措，即夺取奚王的领地。据称圣宗经过奚王牙帐所在地时，"南望云气，有郛郭楼阙之状，因议建都"。奚王在此情势下，不得已献出了"七金山土河川地"，圣宗遂于统和二十五年在此建立中京，府曰大定。[⑤] 中京建立之后，奚王的地位似乎与中京留守相埒。据余靖《契丹官仪》说："奚王府，掌奚兵，在中京之南，与留守相见则用客礼。"这里说的是兴宗时的情况。

在此之后，辽朝不断向这一地区移民，中京地区遂成为奚、汉、渤

---

①　《辽史》卷 17《圣宗纪八》，第 1 册，第 232 页。

②　《耶律庶几墓志》，向南：《辽代石刻文编》，第 295 页。

③　《三朝北盟会编》卷 3，上册，第 22 页下栏。

④　《辽史》卷 14《圣宗纪五》，第 1 册，第 172 页。

⑤　《辽史》卷 39《地理志三》，第 2 册，第 546 页。关于奚王献地的时间，《圣宗纪》系于统和二十年，《地理志》则记为统和二十四年。另，《辽史·兵卫志下》"五京乡丁"条谓"统和二十三年，城七金山，建大定府，号中京"（第 2 册，第 484 页），而《地理志》则记为统和二十五年建中京。又据《辽史》卷 14《圣宗纪五》，统和"二十五年春正月，建中京……冬十月丙申，驻跸中京"，二十六年五月"己巳，（高丽）遣使贺中京成"（第 1 册，第 163 页）。知中京建成时间当在统和二十五年，今从《地理志》。

海、契丹诸族杂处之地。宋绶于宋真宗天禧四年（辽开泰九年，1020 年）出使辽朝，在他写给朝廷的语录中谈到中京地区的情况："由古北口北至中京北，皆奚境。奚本与契丹等，后为契丹所并。所在分奚、契丹、汉人、渤海杂处之。奚有六节度、都省统领。"[①] 道宗时，欲将中京地区的部分汉民外迁，枢密副使贾师训不以为然，上言曰："自松亭已北距潢河，其间泽、利、潭、榆、松山、北安数州千里之地，皆雷壤也。汉民杂居者半，今一部之民可徙，则数州之人尽可徙矣。"[②] 这说明中京地区的民族分布状况应是以奚、汉族为主，杂以渤海和契丹。即便如此，奚人的部落组织似乎仍然保存了下来，形成部族与州县交织在一起的状态，如《萧孝忠墓志》提及墓主籍贯时称"大辽国锦州界内胡僧山西廿里之撒里比部落奚王府东太师所管"云云。[③]

第二节　从隶属关系看上京、中京地区
诸州县的性质

一　关于辽朝的"隶宫州县"

日本学者田村实造曾根据辽朝州县建立的不同情况将其划分为四种类型，即头下州、隶宫州县、奉陵州、南枢密院所属州县。[④] 但奉陵州全都隶属于斡鲁朵，是隶宫州县的一部分，似乎没有必要单列为一类。本书为了讨论的方便，主要根据隶属关系的不同，将辽朝的州县分为国家州县、隶宫州县、头下州、边防城四种类型。

对于研究辽朝的五京体制来说，上京、中京地区是最为棘手的，一方面固然是因为资料太少，另一方面则是因为这一地区的情况非常复杂，除

---

① 宋绶：《契丹风俗》，贾敬颜：《五代辽宋金元人边疆行记十三种疏证稿》，第 112 页。
② 《贾师训墓志》，向南：《辽代石刻文编》，第 479 页。
③ 《萧孝忠墓志》拓本照片，载《考古通讯》1956 年第 2 期，图版二十之二。
④ ［日］田村实造：《徙民政策と州縣制の成立》，《中國征服王朝史の研究》（上），第 286—310 頁。

了隶属于国家的州县之外，还存在着大量的头下军州和隶宫州县。

所谓头下军州，"皆诸王、外戚、大臣及诸部从征俘掠，或置生口，各团集建州县以居之"①，为王公贵族之私城。关于这一点，学界并无疑义，本书不打算讨论这个问题。然而，关于隶宫州县的性质，学界却存在着很大的分歧。

辽朝每位皇帝在即位之后，都会建立自己的宫卫（斡鲁朵），同时"分州县，析部族，设官府，籍户口，备兵马"②。据《辽史·营卫志》《地理志》记载，辽朝诸帝的斡鲁朵均有其专属的州县，人们一般称其为隶宫州县。津田左右吉先生认为，既然外戚大臣拥有自己的私城、私部曲，皇帝也应具有同样的私城、私部曲，而隶宫州县就是皇帝的私城，隶宫州县民户就是皇帝的私部曲。③ 此说提出之后，逐渐成为学界的一种共识。④

对于上述传统观点，杨若薇不以为然。她认为所谓的"隶宫州县"并非皇帝的私城，隶宫州县民户也不是隶属于斡鲁朵的私部曲，只有隶宫籍并随皇帝四时捺钵的宫分户才是皇帝的私有民户；隶宫州县民户是国家的编户齐民，与斡鲁朵之间并没有行政隶属关系，他们仅仅负有为斡鲁朵提供徭役的义务，并且这些徭役也需由国家统一调拨。⑤ 这一观点对过去的传统认识构成了挑战，但因为无法解释某些相互矛盾的史料，似乎还缺乏足够的说服力。

由于有关隶宫州县的史料非常欠缺，有些学者提出的某些推断性结论，对于我们认识隶宫州县的性质也有帮助。韩国学者崔益柱假定斡鲁朵

---

① 《辽史》卷37《地理志一》，第2册，第506页。

② 《辽史》卷31《营卫志上》，第2册，第410页。

③ ［日］津田左右吉：《遼の制度の二重體系》，《津田左右吉全集》第12册，第377—378页。

④ ［日］箭内亘：《元朝斡耳朵考》，《蒙古史研究》，第733—735页；［日］田村实造：《徙民政策と州縣制の成立》，《中國征服王朝史の研究》（上），第286—310页；［日］岛田正郎：《遼代社會史研究》，第213—252页；陈述：《头下考上》，第396—397页。李锡厚先生认为，斡鲁朵与宫卫不能划等号，它仅仅是宫卫的一部分，不过他仍然承认隶属宫卫的州县其性质是皇帝的头下州（李锡厚《论辽朝的政治体制》，《历史研究》1988年第3期，第127—130页）。

⑤ 参见杨若薇《契丹王朝政治军事制度研究》（修订本），第33—65页。

的行政系统是：某宫使司——某宫汉人都部署——隶宫州县。① 然而崔氏
并没有说明这种假说的依据。《韩橁墓志》谓韩橁任彰愍宫都部署时，负
有"掌缩版图，抚绥生齿，陪四朝之羽卫，覆数郡之刑名"的职责，武玉
环教授据此得出诸宫卫都部署职掌隶宫州县刑法的结论。② 显然，他们的
观点都是建立在隶宫州县为皇帝私城的前提之下的。

　　近年，高井康典行先生从人事、行政、军事、财政各方面对隶宫州县
性质进行了细致的探讨。他认为隶宫州县的隶属关系应有一个变化过
程，在辽朝前半期确实隶属于斡鲁朵，但圣宗以后受斡鲁朵和枢密院双重
统辖。③ 这一结论与辽朝中后期头下军州逐渐向国家州县制过渡的趋势相
吻合，值得我们认真思考。④ 看得出来，高井氏力图调和两种对立的观
点，试图对它们之间的牴牾之处给出一个合理的解释。

　　有关隶宫州县的性质问题，目前还很难得出一个确信无疑的结论，矛
盾的焦点在于隶宫州县的性质究竟是国有还是私有？由于辽朝统治者对于
"家""国"的区分非常模糊，从某种程度上来说，皇帝的私城与国家的州
县都可视为皇帝所有，因此我们在探寻隶宫州县性质时，经常会发现既有
支持"私城"的例证，又有支持"国有"的例证。甚至对于同一条材
料，也可以作出完全不同的解释。如《辽史》中有这样一个故事：兴宗曾
与皇太弟重元双陆，"赌以居民城邑，帝屡不竞，前后已偿数城"⑤。如果
将兴宗用以赌博的城邑理解为隶属于斡鲁朵的皇帝私城，似可支持隶宫州
县为皇帝私有的观点；但如果将它解释为皇帝统治下的国家州县，也是完
全可能的，要知道，辽朝皇帝在公主出嫁时，是可以随意将隶属于国家的
州县赐给公主作为头下军州的。正是因为这个原因，使得隶宫州县的性质

---

　　① ［韩］崔益柱：《遼代의宫户》，《歷史學報》第 57 辑，1973 年 3 月，第 123—124 页。
　　② 武玉环：《辽代斡鲁朵探析》，《历史研究》2000 年第 2 期，第 62 页。
　　③ 参见高井康典行《斡鲁朵与藩镇》，《10—13 世纪中国文化的碰撞与融合》，第 490—
515 页。
　　④ 参见刘浦江《辽朝的头下制度与头下军州》，《松漠之间——辽金契丹女真史研究》，第
88—97 页。
　　⑤ 《辽史》卷 109《罗衣轻传》，第 5 册，第 1630 页。

更加难以判断。

尽管目前学界对于隶宫州县的性质还没有明确的认识，但从《辽史》中可以看出，在隶宫州县与国家州县之间，确实存在着一条明确的界限。如《圣宗纪》统和十六年"夏四月癸卯，振崇德宫所隶州县民之被水者"。又据《辽史·地理志》载，恩州"初隶永兴宫，后属中京"；利州阜俗县"初隶彰愍宫，更隶中京，后置州，仍属中京"；南京行唐县"隶彰愍宫"①。这些记载都将隶宫州县与国家州县分得清清楚楚。

二　上京、中京地区诸州县的隶属关系

按照国家州县、隶宫州县、头下州、边防城四种类型来看，可将上京、中京地区诸州县依其隶属关系的不同划分为以下四种模式：

（1）皇帝——南枢密院——京府——州、县；

（2）皇帝——斡鲁朵——隶宫州县；

（3）皇帝——王公大臣——头下州、军；

（4）皇帝——北枢密院——招讨司、统军司——边防城。②

上京、中京地区存在着大量的隶宫州县和头下州。李逸友先生在探讨辽代城郭制度时曾指出："在契丹本土和部族地区的政权管理办法，则是由皇帝、诸王、国戚直接管理。归皇帝管理的包括朝廷直辖和宫分地两种形式。诸王、公主、国舅所筑的私城，是为头下州，大多在上京道内，东京道和中京道也有。因此《辽史·地理志》将辽国的京、府、州、县、军划分为五个'道'，只是表明这些政权机构和城郭所在的区域。"③ 这种看法对于我们理解隶宫州县和头下州的属地问题很有启发意义。如《辽史·地理志》在奉圣州下列有望云县："望云县。本望云川地，景宗于此建潜邸，因而成井肆。穆宗崩，景宗入绍国统，号御庄。后置望云县，直

---

① 余靖《契丹官仪》也说"檀州有彰愍宫，行唐县属焉"（《北京图书馆古籍珍本丛刊》第85册，第176页上栏）。

② 从现存史料来看，上京地区的边防城与当地的军事机构联系更为紧密，而与上京之间似无直接的隶属关系。详见下文。

③ 参见李逸友《辽代城郭营建制度初探》，第50—51页。

隶彰愍宫，附庸于此。"由此可以看出，史官编纂《地理志》时，非常清楚隶宫州县与国家州县的区别，为了便于编排，才将隶属彰愍宫的望云县附于奉圣州之下。

如果我们将上京、中京地区的隶宫州县、头下州以及特殊的边防州城与隶属于南枢密院的普通州县区别开来，就会对该地区的行政区域有一个比较清晰的认识。我们发现，上京地区仅有临潢府下辖的五县为国家州县，中京地区仅有大定府下属的九县十州为国家州县（参见表3-1）。这就是说，所谓的上京道和中京道，其直辖的区域仅限于其所在的京府而已。

表3-1　　　　　　　　上京、中京地区诸州县隶属关系简表①

上京地区	临潢府	临潢、长泰、迁辽、渤海、兴仁县②
	隶宫州县	祖、怀、庆、泰、长春、乌、永、仪坤、龙化、降圣、饶州，定霸、保和、潞、宣化县
	头下州	徽、成、懿、渭、壕、原、福、横、凤、遂、丰、顺、闾、松山、豫、宁州
	边防城	静、镇、维、防、招州，河董、静边、皮被河、塔懒主城
中京地区	大定府	恩、惠、高、武安、利、榆、泽、北安、潭、松山州，大定、长兴、富庶、劝农、文定、升平、归化、神水、金源县
	隶宫州县	霸、安德、黔、锦、岩、来、隰、迁、润、宜、川、建州
	头下州	成州

① 本表据《辽史·地理志》整理。辽朝的头下军州的实际数量要多于《地理志》所载，此外在考古调查中也发现不少新的州、城，然而，由于我们并不清楚这些州、军、城的隶属关系及其性质，所以暂不列入本表。参见刘浦江：《辽朝的头下制度与头下军州》，《松漠之间——辽金契丹女真史研究》，第91—94页；冯永谦：《辽史地理志考补——上京道、东京道失载之州军》，《社会科学战线》1998年第4期，第191—198页；冯永谦：《辽史地理志考补——中京道、南京道、西京道失载之州军》，《北方文物》1998年第3期，第69—72页。

② 《辽史·地理志》列在临潢府下的定霸、保和、潞、宣化四县为隶宫县，故列入下一栏的隶宫州县。

随着隶宫州县、头下州逐渐向国家州县过渡，上表反映的上京、中京地区隶属关系在辽朝中后期发生了若干变化。据关树东先生研究，圣宗时因上京、中京地区的社会经济得到较快发展，农耕定居人口持续增加，新置了一些州县；辽朝八个财赋路中，上京盐铁司路、中京度支司路都应是在中京建立之后设置的。^① 这两个财赋路设置后，头下军州、隶宫州县的部分财政似乎也归属上京、中京管辖。如头下军州的税收一般归各个头下主，但是酒税则"课纳上京盐铁司"^②。另据余靖《契丹官仪》载："胡人司会之官，……中京置度支使，宜、霸等州隶焉；……上京置盐铁使，饶、泽等州隶焉。"其中宜州属世宗积庆宫，霸州属圣宗兴圣宫，饶州属兴宗延庆宫；而泽州则属中京大定府，余氏谓隶上京盐铁司，当是误记。余靖曾于重熙十二至十四年（1043—1045 年）三使辽廷，故《契丹官仪》中所述内容应是重熙年间的情况。从中可以看出，上京、中京的财赋机构对于隶宫州县应有一定的统辖权。然而由于史料的匮乏，我们很难了解其详情，或许与头下州的情况相似，一部分归于皇帝的私藏，一部分税收（如酒税）上交国家的财政机构。

在军事上，隶宫州县也有纳入国家统治系统的趋势。如隶属延庆宫的泰州、长春州，其兵事皆"隶东北统军司"^③。不过这种情况一般仅限于辽朝战事频仍的地区，上京、中京地区的绝大部分隶宫州县，似乎并没有归属于高一级的军事机构。史愿《亡辽录》记载辽朝后期的军事机构，称"中、上京路则有诸军都虞候司，奚王府大详稳司，大国舅司，大常衮司，五院、六院沓温司"^④。据此可知，该地区的奚人兵马隶属于奚王府，契丹兵马则由五院、六院等部族统领。至于诸军都虞候司，很可能是统领上京、中京汉人禁军的军事机构。就现有资料而言，担任中京诸军都虞候

---

① 参见关树东《辽朝州县制度中的"道"、"路"问题探研》，第129—143 页。
② 《辽史》卷37《地理志一》，第2 册，第507 页。
③ 《辽史》卷37《地理志一》，第2 册，第503 页。
④ 《三朝北盟会编》卷21 引《亡辽录》，上册，第153 页上栏；曹流：《〈亡辽录〉辑释与研究》，第205 页。

者皆为汉人，如道宗时期的王冃节、石瀚，① 天祚时期的马处温、崔公义。②

上京、中京地区军事机构的多头并存，一方面是由于该地区的军马主要是部族军；另一方面则是由于该地区地处辽朝腹地，周边没有强敌，似无需建立统一的军事机构进行管理。这与北宋安抚使司的设置情况有某些相似之处，北宋的安抚使司主要设于边防要地，在相对安宁的地区并不设置路级军事机构。

第三节　辽朝西北边疆的统治机构

一　西北路招讨司

西北路招讨司是辽朝西北边疆最为重要的军事机构，主要负责镇抚阻卜诸部。③ 辽朝前期，西北路招讨使又称为西北路兵马都部署、西北路管押详稳、九部都详稳、阻卜都详稳，④ 圣宗以后则统称为西北路招讨使。

需要指出的是，招讨司实为契丹王朝首创的一种地方军政机构，此后为南宋、金、元等王朝所沿用。辽代招讨司源于唐朝的招讨使一职，乃由临时性的职官衍生为固定的地方军政机构。如《旧唐书》卷四四《职官三》谓招讨使"随用兵权置，兵罢则停"⑤。及至辽太祖神册元年

---

① 大安五年《梁颖墓志铭》，拓本照片见陶建英、李俊义编《石墨芳华——刘凤翥李春敏收藏辽金碑刻拓本集》，第 231 页；寿昌五年《尚暐墓志》，《辽代石刻文编》，第 499 页。

② 天庆元年《为先内翰侍郎太夫人特建尊胜陀罗尼经幢记》，陈述：《全辽文》，中华书局 1982 年版，第 314 页；《三朝北盟会编》卷 21 引《亡辽录》，第 150 页下栏；曹流：《〈亡辽录〉辑释与研究》，第 116 页。

③ 辽金时代的"阻卜"大体与鞑靼相当，该词源自契丹语，应当是契丹人对室韦系蒙古语族诸部落的他称。参见刘浦江：《再论阻卜与鞑靼》，《历史研究》2005 年第 2 期，第 28—41 页。

④ 参见陈得芝《辽代的西北路招讨司》，《蒙元史研究丛稿》，第 25—26 页。

⑤ 有唐一代，既有随宜权设的招讨使，也有地方机构中常设的招讨使。鉴于常设之招讨使主要集中于唐朝岭南的五管地区，不太可能为北部的契丹所熟知、沿用，故本书认为契丹的招讨司应当源于随宜权设的招讨使。关于唐朝招讨使的情况，可参见宁志新《两唐书职官志"招讨使"考》（《历史研究》1996 年第 2 期，第 168—171 页）。

（916 年）十一月，"置西南面招讨司，选有功者领之"①，在招讨使的基础之衍生出固定的地方军政机构——招讨司。

目前学界仅有两篇专论辽代西北路的文章，一篇为陈得芝先生的《辽代的西北路招讨司》，② 另一篇为日本学者长泽和俊的《辽对西北路的经营》。③ 陈文对西北路招讨司的设置、职掌、治所及其属部和辖境进行了探讨。他认为，西北路招讨司是辽代管辖西北边疆地区的最高军政机构，其治所在镇州（今蒙古国布尔根省青托罗盖古城），西北路辖境大致是东起克鲁伦河，西至额尔齐斯河，北至色楞格河下游，南抵沙漠与西南路辖境相接。长泽和俊先生则对辽朝经略西北边疆的过程作了详细探讨，认为西北路招讨司的建立加强了辽朝对漠北地区的控制，保障了辽朝与西域之间贸易的畅通。

西北路招讨司最初的辖境仅限于胪朐河（今克鲁伦河）流域。太祖曾对西北诸部族用兵，天赞三年（924 年），阿保机举兵西征，九月"次古回鹘城，勒石纪功"；十月"遣兵踰流沙，拔浮图城，尽取西鄙诸部"④。然而太祖的这次征讨似乎并未能有效地建立起对西北诸族的控制。⑤ 圣宗时期，致力于开拓西北疆域，逐步形成对西北边疆地区相对有效的控制，辽朝辖境也随之向西扩展。统和十二年（994 年）八月，"诏皇太妃领西北路乌古等部兵及永兴宫分军，抚定西边；以萧挞凛督其军事"⑥。统和二十二年（1004 年），皇太妃奏置镇州（即可敦城）、维州、防州三州。⑦ 这里所说的皇太妃即承天太后的姐姐，据逃至宋朝的原契丹供奉官李信云："萧氏（即承天后）有姊二人，长适齐王，王死，自称齐妃，领

---

① 《辽史》卷 1《太祖纪上》，第 1 册，第 11 页。

② 参见陈得芝《辽代的西北路招讨司》，《蒙元史研究丛稿》，第 25—38 页。

③ ［日］长泽和俊：《辽对西北路的经营》（上、下），陈俊谋译，《民族译丛》1984 年第 4、5 期，第 39—45 页，第 41—46 页。

④ 《辽史》卷 2《太祖纪下》，第 1 册，第 22 页。

⑤ 参见［日］长泽和俊《辽对西北路的经营》（上），《民族译丛》1984 年第 4 期，第 39—42 页。

⑥ 《辽史》卷 13《圣宗纪四》，第 1 册，第 157 页。

⑦ 《辽史》卷 37《地理志一》，第 2 册，第 509 页。

兵三万屯西鄙驴驹儿河。……使西捍达妲, 尽降之。"① 即指此事。

兴宗重熙年间, 萧韩家奴对辽朝经略西北边疆的过程做了一个简要的概括:

> 曩时北至胪朐河, 南至边境, 人多散居, 无所统一, 惟往来抄掠。及太祖西征, 至于流沙, 阻卜望风悉降, 西域诸国皆愿入贡。因迁种落, 内置三部, 以益吾国, 不营城邑, 不置戍兵, 阻卜累世不敢为寇。统和间, 皇太妃出师西域, 拓土既远, 降附亦众。自后一部或叛, 邻部讨之, 使同力相制, 正得驭远人之道。及城可敦, 开境数千里, 西北之民, 徭役日增, 生业日殚。警急既不能救, 叛服亦复不恒。空有广地之名, 而无得地之实。②

这里说的"开境数千里", 就是指圣宗时在胪朐河以西的广阔疆域上建立了节度州——镇州 (下隶维、防二刺史州), "选诸部族二万余骑充屯军", 又迁"渤海、女直、汉人配流之家七百余户, 分居镇、防、维三州"③。此后, 西北路招讨司的治所也由胪朐河流域移至镇州。开泰三年 (1014年), 又于镇州之西以女真户置招州, 进一步加强对于这一地区的控制。

据陈得芝先生推断, 镇、防、维、招四州的军、民之事皆由西北路招讨司统辖。④ 实际上, 镇、防诸州乃是"因屯戍而立, 务据形胜, 不资丁赋"⑤, 其主要人口就是当地的驻军。显然这四州是具有很强的军事性质的边防城, 与内地设置的州县有着很大的不同。正是出于军事上的考虑, 辽朝以当地最高的军事机构——西北路招讨司节制这四个屯兵的军事据点, 力图达到镇抚阻卜诸部的目的。

然而, 正如萧韩家奴所言, 辽朝经略西北边疆的结果, 虽然取得了对

① 《长编》卷55, 真宗咸平六年七月己酉, 第3册, 第1207页。
② 《辽史》卷103《萧韩家奴传》, 第5册, 第1595页。
③ 《辽史》卷37《地理志一》, 第2册, 第509页。
④ 参见陈得芝《辽代的西北路招讨司》, 《蒙元史研究丛稿》, 第30—33页。
⑤ 《辽史》卷37《地理志一》, 第2册, 第509页。

该地区的控制权，但"空有广地之名，而无得地之实"。辽朝仅仅依靠数
个军事据点，而无大量的移民进行开发，显然无法真正统治这一新开发的
广阔疆域。西北路招讨司境内的阻卜叛服无常，耗费了辽朝大量的人力物
力。如开泰元年（1012年）十一月，"西北招讨使萧图玉奏七部太师阿里
底因其部民之怨，杀本部节度使霸暗并屠其家以叛，阻卜执阿里底以
献，而沿边诸部皆叛"①。太平六年（1026年）八月，西北路招讨使萧惠
攻打甘州回鹘失利，导致"阻卜诸部皆叛，辽军与战，皆为所败，监军涅
里姑、国舅帐太保曷不吕死之。诏遣惕隐耶律洪古、林牙化哥等将兵讨
之"②。咸雍五年（1069年）三月，"阻卜叛，以晋王仁先为西北路招讨
使，领禁军讨之"③。大安八年（1089年），西北路招讨使耶律何鲁扫古征
讨耶睹刮等部，误击北阻卜酋豪磨古斯，"北阻卜由是叛命"④。磨古斯的
叛乱延续了相当长的时间，直至寿昌六年（1100年）正月，西北路招讨使
耶律斡特剌方"执磨古斯来献"，此次叛乱才被平息。⑤

　　西北路招讨司治所距离上京等地有数千里之遥，辽朝不得不耗费大量
的国力，遣人远戍西部边陲。由于阻卜诸部屡屡为患，更使得西北边疆的
战事成为辽朝的沉重负担。所以萧韩家奴直言"方今最重之役，无过西
戍。如无西戍，虽遇凶年，困弊不至于此"⑥。甚至有人主张放弃西北边
地，重熙四年（1035年），耶律唐古上疏曰："自建可敦城以来，西蕃数
为边患，每烦远戍。岁月既久，国力耗竭。不若复守故疆，省罢戍役。"⑦

　　至于萧韩家奴所说的"西北之民，徭役日增，生业日殚。"实际上应
当是指镇、防、维、招等边防州、城附近的屯田之户，而非阻卜等游牧部
族。圣宗时流放西北地区的耶律昭曾说："夫西北诸部，每当农时，一夫
为侦候，一夫治公田，二年给纠官之役，大率四丁无一室处。刍牧之

---

① 《辽史》卷15《圣宗纪六》，第1册，第188页。
② 《辽史》卷17《圣宗纪八》，第1册，第226页。
③ 《辽史》卷22《道宗纪二》，第1册，第304页。
④ 《辽史》卷94《耶律何鲁扫古传》，第5册，第1523页。
⑤ 《辽史》卷26《道宗纪六》，第1册，第351页。
⑥ 《辽史》卷103《萧韩家奴传》，第5册，第1595页。
⑦ 《辽史》卷91《耶律唐古传》，第5册，第1500—1501页。

事，仰给妻孥。一遭寇掠，贫穷立至。春夏赈恤，吏多杂以糠秕，重以掊克，不过数月，又复告困"。① 从中可以看出，西北地区的赋役主要是针对农耕之民，亦即屯田之民。

辽朝自始至终与阻卜等北方部族保持着朝贡关系，而无明确的徭役负担，即便建立了镇、防诸州之后，亦是如此。如圣宗开泰八年七月癸亥，"诏阻卜依旧岁贡马千七百，驼四百四十，貂鼠皮万、青鼠皮二万五千"②。重熙十七年六月庚辰，"阻卜献马、驼二万"③。此外，辽朝有时也可调动阻卜诸部的军队，进行征讨。如重熙十八年十月，"北道行军都统耶律敌鲁古率阻卜诸军至贺兰山，获李元昊妻及其官僚家属"④。不过，辽朝是否可以调动阻卜等属国军主要取决于诸部的叛、服情况，有辽一代，阻卜诸军助辽征讨的记载少之又少。《辽史》卷三六《兵卫志》"属国军"条的序言部分恰如其分地描述了这一境况，其文云："辽属国可纪者五十有九，朝贡无常。有事则遣使征兵，或下诏专征；不从者讨之。助军众寡，各从其便，无常额。"实际上，辽朝从阻卜获得的军力、贡品远远不及耗费在征讨阻卜上的军力、民力。

整体而言，辽朝的西北路招讨司对于阻卜的控制力度较为有限，对于西北如此广大的地域，其军力实有不逮，只能依靠以镇州为中心的几个军事据点进行控制。对于西北地区诸部而言，西北路招讨司主要体现的是一种威慑力而非真正的控制力。诚如萧韩家奴所言，辽朝拓疆西北"空有广地之名，而无得地之实"。

西北路招讨司一个比较重要但却意外的收效是为西辽王朝的建立提供了坚实的基础。众所周知，耶律大石与天祚帝决裂后，仅率两百余骑出奔。大石逃至白达达部时，仅获得马四百、驼二十、羊若干的物质支援。⑤然而，当大石逃至西北路招讨司的驻所可敦城时，情况发生了极大的变

---

① 《辽史》卷104《耶律昭传》，第5册，第1602页。
② 《辽史》卷16《圣宗纪七》，第1册，第208页。
③ 《辽史》卷20《兴宗纪三》，第1册，第273页。
④ 《辽史》卷20《兴宗纪三》，第1册，第275页。
⑤ 《辽史》卷30《天祚皇帝纪四》附《耶律大石传》，第1册，第401页。

化。据《辽史·地理志》记载，镇州屯军约二万骑，而且"凡有征讨，不得抽移"。《耶律宗福墓志》亦载西北路有"勇士余二万众"[①]。辽朝西北路招讨司兵力不得随意调遣的初衷是为了加强对阻卜等北方部族的防范，孰料竟为耶律大石西迁提供了最为重要的军力支持。大石此时的兵力应从原先的二百余骑一跃而为约二万骑。这也从辽朝降将的奏报得到了佐证，辽详稳挞不野向金朝西南、西北两路权都统斡鲁进言，称大石有"战马万匹"[②]。正是以镇州的军力为基点，大石才得以召集十八部王众，号令周边部族，[③] 进而西征，建立西辽王朝。

西北路招讨司是辽朝经略西北边疆最重要的军事机构，因而历任西北路招讨使的任职年代遂成为我们研究西北民族史的一个重要的时间坐标。笔者在陈得芝先生《辽西北路招讨使年表》的基础上，[④] 主要利用石刻资料对其进行了若干修订和增补，制成《西北路招讨使年表》。关于人员构成的具体分析，可参见本书第六章第三节。

表 3-2　　　　　　　　　西北路招讨使年表

姓名	任职时间	史料出处
耶律贤适	保宁三年	《辽史·景宗纪》《耶律贤适传》
耶律速撒	保宁三年——统和九年	《辽史·圣宗纪》《耶律题子传》《耶律速撒传》
萧挞凛[⑤]	统和十二年——十九年	《辽史·萧挞凛传》《耶律昭传》

① 拓本照片见陶建英、李俊义编《石墨芳华——刘凤翥李春敏收藏辽金碑刻拓本集》，第191 页。

② 《金史》卷3《太宗纪》，第1 册，第57 页；卷121《粘割韩奴传》，第5 册，第2780 页。

③ 《辽史》卷30《天祚皇帝纪四》附《耶律大石传》认为大石是在召集十八部之后才获得万余精兵，恐非事实（第1 册，第402 页）。

④ 参见陈得芝《辽代的西北路招讨司》，《蒙元史研究丛稿》，第37—38 页。

⑤ 需要说明的是，蔡美彪先生谓萧挞凛一系（包括挞凛、排押、恒德、惠）并非阿古只后裔，认为《辽史》的记载有误（见《辽史外戚表新编》，《社会科学战线》1994 年第2 期，第199 页；《辽代后族与辽季后妃三案》，《历史研究》1994 年第2 期，第45 页）。根据最新的研究成果，萧挞凛确非出自阿古只一支，而是出自应天太后母前夫一族，是应天太后同母异父的兄长萧敌鲁的后人，但萧排押、萧恒德、萧惠等人则非萧挞凛的子孙，他们实为应天太后胞弟阿古只的后裔。参见爱新觉罗·乌拉熙春《国舅夷離畢帳と耶律玦家族》，《立命館文學》第621 號，2011 年3 月，第29—58 页；康鹏《萧挞凛家族世系考》，《新亚洲论坛》第4 辑，韩国：首尔出版社，2011 年8 月，第373—383 页；爱新觉罗·乌拉熙春、［日］吉本道雅：《韓半島から眺めた契丹·女真》，第30—36 页；爱新觉罗·乌拉熙春：《萧挞凛与国舅夷离毕帐》，辽金历史与考古国际学术研讨会会议论文，2011 年9 月，第439—451 页。

续表

姓名	任职时间	史料出处
萧图玉	统和十九年——开泰二年	《辽史·圣宗纪》《属国表》《萧图玉传》
*萧孝穆①	开泰二年——三年	《辽史·兴宗纪》《萧孝穆传》
耶律古昱	开泰中	《辽史·耶律古昱传》
*萧惠	开泰末——太平七年	《辽史·圣宗纪》《属国表》《萧惠传》
萧敌禄②	太平末	《辽史·耶律挞不也传》
*萧孝友	重熙元年——重熙中	《辽史·萧孝友传》《耶律元妻晋国夫人萧氏墓志》
萧塔烈葛	重熙中	《辽史·兴宗纪》
韩涤鲁③	重熙十二年——十五年、重熙中——重熙十九年	《辽史·兴宗纪》《韩涤鲁传》《萧慈氏奴传》《西夏传》，《耶律宗福墓志》
*萧阿剌	重熙二十一年——二十四年	《辽史·兴宗纪》《萧阿剌传》
*萧撒八④	重熙二十四年——清宁初	《辽史·萧撒八传》《萧德温墓志》
萧撒抹	清宁初	《辽史·萧夺剌传》
*萧尤哲⑤	清宁二年——四年	《辽史·道宗纪》《萧尤哲传》，契丹小字《梁国王墓志》⑥
*萧胡覩	清宁四年——清宁中	《辽史·萧胡覩传》
*萧尤哲	清宁九年——咸雍二年	《辽史·道宗纪》《萧尤哲传》，契丹小字《梁国王墓志》
耶律仁先	咸雍五年——八年	《辽史·道宗纪》《属国表》《耶律仁先传》，《耶律仁先墓志》⑦

① 本表中加＊号者均出自萧阿古只一系。

② 《耶律挞不也传》载："自萧敌禄为招讨之后，朝廷务姑息，多择柔愿者用之，诸部渐至跋扈。"另据《萧孝友传》，"重熙元年，累迁西北路招讨使……。先是，萧惠为招讨使，专以威制西羌，诸夷多叛。孝友下车，厚加绥抚，每入贡，辄增其赐物，羌人以安。久之，成姑息，诸夷桀鹜之风遂炽，议者讥其过中。"则萧敌禄似又可能为萧孝友，然孝友契丹名为"挞不衍·陈留"，与"敌禄"不合，姑且存疑。

③ 韩涤鲁，本为玉田韩氏，赐姓耶律，故又名耶律敌鲁古、耶律宗福，参见王青煜《耶律宗福墓志浅探》，王玉亭主编：《辽上京研究论文选》，第421—445页。陈得芝先生将韩涤鲁和耶律敌鲁古认作二人，误。

④ 萧撒八，汉名萧无曲，见《萧德温墓志》，向南：《辽代石刻文编》，第371—374页。

⑤ 《辽史·道宗纪》作"萧尤者"。尤哲汉名为萧知微，见韩世明、吉本智慧子《梁国王墓志铭文初释》，《民族研究》2007年第2期，第85—89页。

⑥ 参见万雄飞、韩世明、刘凤翥《契丹小字〈梁国王墓志铭〉考释》，《燕京学报》新25期，北京大学出版社2008年版，第123—159页。

⑦ 向南：《辽代石刻文编》，第352—357页。

续表

姓名	任职时间	史料出处
*萧余里也①	大康元年——三年、大康五年——大康中	《辽史·道宗纪》《萧余里也传》,《萧德温墓志》
耶律赵三	大康中	《辽史·萧迂鲁传》《耶律那也传》
耶律挞不也②	大康六年——大安初、大安九年	《辽史·道宗纪》《属国表》《耶律挞不也传》,《耶律庆嗣墓志》
萧兴言	大安二年——三年	《萧兴言墓志》③
耶律何鲁扫古④	大安中——大安九年	《辽史·道宗纪》《属国表》《耶律何鲁扫古传》
萧阿鲁带	寿昌元年	《辽史·萧阿鲁带传》
耶律斡特剌	寿昌元年——三年、寿昌五年——乾统元年	《辽史·道宗纪》《天祚皇帝纪》《耶律斡特剌传》,契丹小字《许王墓志》⑤
萧夺剌	寿昌四年——五年、乾统元年——三年	《辽史·萧夺剌传》
*萧得里底	乾统三年——四年	《辽史·天祚皇帝纪》《耶律棠古传》《萧得里底传》
萧敌里	乾统四年——乾统末	《辽史·天祚皇帝纪》
耶律塔不也	天庆元年——天庆中	《辽史·皇族表》《耶律塔不也传》
耶律斡里朵	天庆中——天庆九年	《辽史·天祚皇帝纪》
萧乣里	天庆末——保大三年	《辽史·天祚皇帝纪》
耶律遥设	保大三年——四年	《辽史·天祚皇帝纪》

二 乌古敌烈统军司等军事机构

辽朝后期,随着阻卜叛乱的日渐加剧,北方其他部族也闻风而动,加

---

① 萧余里也,汉名萧德良,见《萧德温墓志》。

② 耶律挞不也,汉名耶律庆嗣,见《耶律庆嗣墓志》,向南:《辽代石刻文编》,第456—459页。

③ 盖之庸:《内蒙古辽代石刻文研究》(增订本),第455页。

④ 何鲁扫古,《辽史·道宗纪》《属国表》作"阿鲁扫古"。

⑤ 据长田夏树考证,《许王墓志》墓主即耶律斡特剌。参见［日］长田夏樹《契丹語解読方法論序說》,《内陆アジア言語の研究Ⅰ》,神户市外国語大学外国学研究所,1984年;收入氏著《長田夏樹論述集——漢字文化圏と比較言語学》(下),ナカニシヤ出版2001年版,第676—680頁。

入反叛行列，以镇州为中心的西北路招讨司应接乏力，不得不建立乌古敌烈（西北路）统军司及倒塌岭统军司以减轻招讨司的军事压力。

辽朝西北边疆地区比较重要的还有乌古、敌烈等部族，因这两部主要分布于胪朐河流域，彼此相邻，故《辽史》经常将两者并称。乌古、敌烈部在汉文文献中存在许多异译，很容易造成混乱。乌古又称乌骨里、乌虎里、于骨里、于厥里、姐厥律、于厥、羽厥等，敌烈又称敌烈得、敌烈德、迪烈得、迭烈德、迪烈底、迪烈等。①

圣宗之前，乌古、敌烈部分别设置详稳、节度等职官，各不相属。大约在圣宗中后期，新设乌古敌烈部都详稳一职，统一管辖两部。如统和二十九年（1011 年），耶律的琭"为北院大王。出为乌古敌烈部都详稳"②；开泰三年（1014 年），耶律韩留"迁乌古敌烈部都监，俄知详稳事"③。又道宗咸雍四年（1068 年）"秋七月壬申，置乌古敌烈部都统军司"④。有的学者据此认为，辽朝又新建立了一个与乌古敌烈都详稳司平行的机构乌古敌烈部都统军司，二者共同管理乌古、敌烈的事务。⑤ 这恐怕是一种误解。笔者认为，咸雍四年的政令应当是改乌古敌烈都详稳司为统军司。按《萧兴言墓志》谓道宗时"改详稳司为统军司"⑥，可能与《辽史》所谓咸雍四年"置乌古敌烈部都统军司"是一回事。从《辽史》来看，在咸雍四年改名之后，仅咸雍八年有关于乌古敌烈都详稳的记载，⑦ 此后都详稳（司）不再见诸史籍；咸雍八年的记载可能是因改名时间不久，因仍旧称所致。

---

① ［日］津田左右吉：《辽代乌古敌烈考》，《津田左右吉全集》第 12 册，第 104—113 页。

② 《辽史》卷 88《耶律的琭传》，第 5 册，第 1481 页。

③ 《辽史》卷 89《耶律韩留传》，第 5 册，第 1488 页。

④ 《辽史》卷 22《道宗纪二》，第 1 册，第 304 页。

⑤ 程妮娜：《辽朝乌古敌烈地区属国、属部研究》，《中国史研究》2007 年第 2 期，第 94—97 页。

⑥ 刘凤翥：《辽〈萧兴言墓志〉和〈永宁郡公主墓志〉考释》，《燕京学报》新 14 期，北京大学出版社 2003 年版，第 71—93 页。

⑦ 《辽史》卷 23《道宗纪三》，第 1 册，第 311 页。

道宗末年，又改乌古敌烈统军司为西北路统军司。大安十年（1094年）五月，"西北路招讨司奏敌烈等部来侵，统军司出兵与战，不利，招讨司以兵击破之，敦睦宫太师耶律爱奴及其子死之"。此处的统军司应即乌古敌烈统军司。是年六月，"乌古敌烈统军使朽哥有罪，除名"。大概就是因为此次战败的缘故，此后再未出现关于乌古敌烈统军司的记载，而是代之以西北路统军司。同年十月，"西北路统军司获阻卜长拍撒葛、蒲鲁等来献"；十二月，"西北路统军司奏讨磨古斯捷"①。

总而言之，乌古敌烈都详稳司、乌古敌烈都统军司、西北路统军司应是同一机构在不同时期的不同称呼。此外，史愿《亡辽录》中有"卢沟河统军司"（《契丹国志》卷二二作"驴驹河统军司"），"卢沟河"、"驴驹河"即胪朐河，考虑到乌古、敌烈部主要活动区域就在胪朐河附近，所以胪朐河统军司很有可能也是乌古敌烈统军司的另一种称呼。

辽朝在胪朐河流域还建有若干个边防州城，如河董城、静边城、皮被河城、塔懒主城等，其中塔懒主城建于大康九年（1083年），② 其余三城建于何时则没有明确记载。据《辽史·萧挞凛传》，统和中，西北路招讨使萧挞凛"以诸部叛服不常，上表乞建三城以绝边患，从之"。一些学者据此推测萧挞凛奏建的三城是镇、维、防三州，③ 有的学者则认为应是河董、静边、皮被河三城。④ 由于资料的匮乏，双方都没有说明各自的依据。不过，从现有的史料看，后一种说法似乎更为可信。这是因为，《辽史·地理志》谓镇、维、防三州置于统和二十二年（1004年），⑤《圣宗纪》也有是年六月"以可敦城为镇州，军曰建安"的记载；而萧挞凛早在统和二十年之前已转任南京统军使，故由他提出而兴建的三城应是河董、

---

① 以上见《辽史》卷25《道宗纪五》，第1册，第341—342页。

② 《辽史》卷37《地理志一》，第2册，第510页。

③ 参见陈得芝《辽代的西北路招讨司》，《蒙元史研究丛稿》，第31页；［日］长泽和俊《辽对西北路的经营》（上），《民族译丛》1984年第4期，第44、41—46页。

④ 程妮娜：《辽朝乌古敌烈地区属国、部族研究》，《中国史研究》2007年第2期，第96页。

⑤ 《辽史》卷37《地理志一》，第2册，第509—510页。

静边、皮被河三城，建城时间应在统和二十年之前。考虑到河董诸城也是出于军事目的建立的边防城，且均分布在胪朐河流域，笔者推测这些边防城应当归属当地的乌古敌烈统军司管辖。至于乌古敌烈统军司的驻所，文献中没有留下任何记载，《中国历史地图集》第6分册将乌古敌烈统军司的治所标注于河董城，可惜没有说明如此标注的依据。

乌古敌烈统军司的主要职能是镇抚、征讨北边诸族。如重熙初，萧普达"改乌古敌烈部都详稳，讨诸蕃有功"①；咸雍九年（1073年）七月，"乌古敌烈统军言，八石烈敌烈人杀其节度使以叛"②；大安九年（1093年）十月，"乌古敌烈统军使萧朽哥奏讨阻卜等部捷"③；寿昌三年（1097年）十一月，"西北路统军司奏讨梅里急捷"④。种种迹象表明，乌古敌烈统军司的重要性远不如西北路招讨司，其长官统军使的品级似乎也略低于招讨使。如萧夺剌"为乌古敌烈统军使，克敌有功，加龙虎卫上将军，授西北路招讨使"⑤，就很清楚地表明了这一点。

兴宗时期，辽朝在西北路招讨司与西南路招讨司之间还设置了倒蹋岭都监。道宗清宁三年（1057年）正月，又置倒塌岭节度使。⑥笔者推测辽朝设置倒塌岭衙署的主要目的是为了镇抚拔思母、达里底等部。这是因为重熙十九年（1050年）五月己亥远夷拔思母部首次遣使来贡，次月丙辰朔日即置倒塌岭都监；⑦此后又见拔思母、达里底等部并寇倒塌岭的记载。⑧正是由于倒塌岭地处西南、西北两招讨司之间，其所设衙署成为连接两个军区的重要节点。⑨如大安九年十月庚戌，倒塌岭附近的拔思母等部叛乱

---

① 《辽史》卷92《萧普达传》，第5册，第1506页。
② 《辽史》卷23《道宗纪三》，第1册，第313页。
③ 《辽史》卷25《道宗纪五》，第1册，第340页。
④ 《辽史》卷26《道宗纪六》，第1册，第349页。
⑤ 《辽史》卷92《萧夺剌传》，第5册，第1505页。
⑥ 《辽史》卷21《道宗纪一》，第1册，第289页。
⑦ 《辽史》卷20《兴宗纪三》，第1册，第276页。
⑧ 《辽史》卷25《道宗纪五》，第1册，第340页。
⑨ 《三朝北盟会编》卷21引《亡辽录》将倒塌岭衙署称作"倒挞岭部衙"，上册，第152页下栏。

时，西南面招讨司亦出兵征讨，二者遥相呼应。[①] 寿昌时，西北路招讨使萧夺剌甚至建议以"本路诸部与倒塌岭统军司连兵屯戍"[②]。据关树东先生考证，倒塌岭统军司盖由倒塌岭节度使司升置而成，时间当在道宗末年，驻所在塔布河、金元净州一带。在倒塌岭统军司建立之前，阻击阴山以北拔思母、达里底等部南下的工作主要由西南面招讨司的分司机构西南面副部署司（山北路副部署司）负责，倒塌岭节司亦受其节制。倒塌岭统军司建立后，西南面副部署司被裁撤，西南面招讨司专一负责西部、南部防务，不再负责阴山以北地区。[③] 道宗时期，阻卜的叛乱引发了周边部族的连锁反应，乌古、敌烈、达里底、拔思母等部群起响应。这样仅仅依靠以镇州为中心的几个军事据点，显然已无法镇抚这些叛乱。在此情形之下，乌古敌烈详稳的地位逐渐上升，最终成立乌古敌烈统军司（西北路统军司）；倒塌岭地区亦是如此，并最终设立了倒塌岭统军司。这样就构成了以西北路招讨司为核心，西北路统军司、倒塌岭统军司协防的北疆防御体系。

综上所述，辽朝的西北疆域直到圣宗时才得到初步开发，然而由于阻卜诸部的桀骜不驯，西北路招讨司的设置并未达到应有的效果，反而成为辽朝沉重的戍役负担，损耗了大量的国力。辽朝西北路招讨使的人选具有极为明显的世选因素，这在萧和家族中表现得最为明显。

此外，辽朝还在这一地区设立了乌古敌烈统军司（西北路统军司）、倒塌岭统军司，负责镇抚阻卜、乌古、敌烈、拔思母、达里底等部族，以减轻西北路招讨司的压力，与招讨司共同构筑了辽朝西北边疆的防御体系。

---

① 《辽史》卷 25 《道宗纪五》，第 1 册，第 340 页。
② 《辽史》卷 92 《萧夺剌传》，第 5 册，第 1505—1506 页。
③ 关树东：《辽朝乌隗乌古部与倒塌岭统军司考述》，《中国边疆史地研究》2021 年第 4 期，第 72—78 页。

本章结语

以五京为中心，对不同地区不同民族采取"因俗而治"的政策，是辽朝的基本治国之道。其中，以上京为中心的区域主要是契丹族聚居之地，故沿袭契丹人的传统，诸州县大都被划归为皇帝和王公大臣的私人领地，这就是上京地区多是隶宫州县以及头下军州的原因；以中京为中心的区域主要是奚人聚居之地，辽朝前期，该地基本上是奚王府的自治区，中京建立之后，才转归朝廷统辖。

辽朝前期，上京、中京地区存在着三套不同的行政系统，即皇帝——隶宫州县、王公大臣——头下军州、皇帝——南枢密院——州（府）县。辽朝中后期，前两种系统逐渐向后一种转化，这在辽朝的财政税收上表现得尤为明显。圣宗以后，上京盐铁使司、中京度支使司对于辖境内的隶宫州县、头下军州有了一定的税收权限，这标志着国家的税收系统已经触及皇室及王公大臣的私城。

中京的建立与奚王府独立地位的改变有直接关系，经过奚王府归隶北府及奚王献地的事件之后，中京才得以正式建立。此后，中京地区成为奚、汉、渤海、契丹诸族杂处之地。

前两章在研究南京、西京及东京地区时，笔者发现在那些地区似乎都存在军事性质的路分。南京有南京兵马都总管府，西京有西京兵马都部署司，东京有东京兵马都部署司。但上京和中京地区的情况似乎有所不同，根据现有史料，我们看不出在上京和中京地区也存在类似的路一级的军事机构。推想其原因，也许是有关上京和中京地区的史料尤为稀少，记载缺失的缘故；也许是因为上京和中京地区地处契丹腹部，战事不多的缘故；也许是因为上京和中京地区大部分是不归国家统辖的隶宫州县、头下军州的缘故。如果是后两种原因的话，那可能就没有必要建立路一级的军事机构。但有一条史料值得我们注意：据《王悦墓志》说，王悦统和中曾

"受命为上京兵马部署，遂押军戎"①。从南京、西京和东京地区的情况来看，诸京都总管府或兵马都部署司应该是路一级的最高军事机构。但因为材料过于单薄，我们还很难说上京和中京地区存在路级的军事机构。

辽朝的西北疆域直到圣宗时才得到初步开发，然而由于阻卜诸部的桀骜不驯，西北路招讨司的设置并未达到应有的效果，反而成为辽朝沉重的戍役负担，损耗了大量的国力。辽朝还在这一地区设立了乌古敌烈统军司（西北路统军司）、倒塌岭统军司，负责镇抚阻卜、乌古、敌烈、拔思母、达里底等部族，以减轻西北路招讨司的压力。

---

① 向南：《辽代石刻文编》，第 113 页。

第四章　从文献看辽朝的"五京道"

学界关于辽朝五京道存否的讨论，一个颇具争议的焦点就是《辽史·地理志》的编排方式究竟是依据辽朝真实的情况而来，还是后世史官为了便于编次虚构而来。以前的研究者大多聚焦于辽朝是否存在"五京道"这一事实的讨论，对于文献、文本本身的分析，多少显得有些不足。同时，学界对于《辽史·地理志》史源的研究大多关注耶律俨《实录》、陈大任《辽史》以及新旧《唐书》之类较为传统的史书，对地理总志之类的书籍则缺少必要的关注。

实际上，通过诸多相关文献的记载，从文本记录的角度而言，五代、辽、北宋时期撰成的文献之中，没有任何直接的记述能够证明辽朝存在"京道"。《辽史·地理志》排列方式应当主要参考了《太平寰宇记》。此外，《辽史》等文献以及石刻史料中出现的"京道"或"京路"一词，皆无法与作为一级行政区划的"道"制相对应。

第一节　《辽史·地理志》依京划道的编排方式

张修桂、赖青寿两位先生在探讨《辽史·地理志》的时候，认为《辽史·地理志》五京道的编排方式乃是援引两《唐书》《五代史》的惯例,以"京道"为总纲,即以五京为核心,罗列州县,编纂者这样做的原因只是为了谋篇布局的需要,故而辽代五京道只是一个地理概念而已。① 学界对此说有着不同的认知,一些学者认为元朝史官不可能凭空臆造出五京道的布局,这种依京划道的方式应当源自耶律俨和陈大任的《辽史》。由于这一问题牵涉到辽朝"五京道"之有无,笔者试从文献方面略作探讨,以求教于海内外方家。

一 《辽史·地理志》史源、断限研究概述

关于《辽史》的编纂过程,学界已有研究,无需赘言。② 概而言之,元人修《辽史》最为重要的资料是耶律俨《皇朝实录》和陈大任《辽史》,新近的研究表明,元人修史很可能是以陈大任《辽史》为蓝本,而参以耶律俨《皇朝实录》。③ 关于《辽史·地理志》的史源或断限,因资料匮乏,学界尚无定说。王颋先生认为耶律俨与陈大任都曾编纂有《地理志》,前者的时间断限在重熙二十一年(1052 年),后者则没有明确的时间断限。④

李锡厚先生亦认为《辽史》来源于耶律俨《实录》和陈大任的《辽史》,由于《地理志》关于五京、祖州、庆州等处的诸多记载,皆不见于《辽史》纪、传,故《地理志》的史源是一定有旧稿的,元代史官以五京为核心的谋篇布局有其渊源,不可能凭空杜撰而来。⑤ 有鉴于此,李锡厚

---

① 张修桂、赖青寿:《〈辽史·地理志〉平议》,《辽史地理志汇释》,第 4 页。

② 详情请见苗润博《〈辽史〉探源》一书。

③ 参见邱靖嘉《辽道宗"寿隆"年号探源——金代避讳之新证》,《中华文史论丛》2014 年第 4 期,第 211—228 页;刘浦江《中华书局点校本〈辽史〉修订前言》,包伟民、刘后滨主编《唐宋历史评论》第 1 辑,社会科学文献出版社 2015 年版,第 158—163 页,亦见《辽史》,第 1 册,第 2—8 页。

④ 王颋:《辽史地理志资料探源》,《大陆杂志》第 83 卷第 6 期,1991 年 12 月;氏著《松漠记地——〈辽史〉〈地理志〉资料源流及评价》,《驾泽抟云——中外关系史地研究》,第 203—219 页。

⑤ 李锡厚:《〈辽史·地理志〉辨误》,《隋唐辽宋金元史论丛》第 4 辑,上海古籍出版社 2014 年版,第 243 页。

先生再次重申五京是各自所在地区的行政中心，五京道是真实存在的，并称辽廷由诸京宰相府及各职能部门统辖诸道。[①] 这里需要澄清的一点是，诸京宰相府盖由史官误记所致，辽朝并没有诸京宰相府这一机构。（详见本书第二章第一节）。

曹流先生通过对比《亡辽录》与《辽史·地理志》所载节镇州的设置情况，认为"《辽史·地理志》源于耶律俨《实录》和陈大任《辽史》，前者著录的是重熙中节镇州，后者记载的是清宁七年（1061 年）以后的节镇州"[②]。陈俊达、孙国军两位先生则通过比对《辽史·地理志》所载节度州的建州时间、州号与军号合一时间，认为《辽史·地理志》关于节度州记载的史源分为两个部分：一为重熙十四年成书的《实录》，一为大安元年成书的《实录》，并认为辽代的节镇体制在重熙十四年已基本定型。[③] 苗润博先生经过系统比对、研究，指出元修《辽史·地理志》的诸京总序、前代沿革、本朝建置、山川风物等主体部分应当源自陈大任之《辽史·地理志》。[④]

二 从《辽史》所收行记看《地理志》之编排方式

《辽史·地理志》在取材上有一个较为特殊的情况，就是引用了中原人士的行记，这或许与辽史史料过于匮乏有关。在引用的内容上，则与《辽史》纂修者以"京府"为中心的编排方式有着密切的联系。《辽

---

① 此观点首见李锡厚《论辽朝的政治体制》，《历史研究》1988 年第 3 期，第 125 页；此后李锡厚在《〈辽史·地理志〉辨误》（《隋唐辽宋金元史论丛》第 4 辑，第 243 页）一文中再次重申、论述这一观点。

② 曹流：《〈亡辽录〉与〈辽史地理志〉所载节镇州比较研究》，《北大史学》第 14 辑，北京大学出版社 2009 年版；收入氏著《〈亡辽录〉辑释与研究》，第 35—37 页。

③ 陈俊达、孙国军：《〈辽史·地理志〉载节度州考（上）》，《赤峰学院学报（汉文哲学社会科学版）》2017 年第 11 期，第 1—6 页；陈俊达、孙国军：《〈辽史·地理志〉载节度州考（下）》，《赤峰学院学报（汉文哲学社会科学版）》2017 年第 12 期，第 1—5 页。

④ 苗润博：《〈辽史〉探源》，第 205—243 页。

史·地理志》引用的行记有胡峤《陷虏记》、薛映《虏中境界》、王曾《上契丹事》三种，皆附于某京首府之后。

《辽史·地理志》"上京道·临潢府"条，在胪列完临潢府所属十县之后，复又介绍上京之规模、布局，其下引胡峤《陷虏记》称："周广顺中，胡峤《记》曰：上京西楼，有邑屋市肆，交易无钱而用布。有绫锦诸工作、宦者、翰林、伎术、教坊、角抵、儒、僧尼、道士。中国人并、汾、幽、蓟为多。"《辽史》编者大概是觉得胡峤所记之上京过于简略，复又引薛映《虏中境界》云："宋大中祥符九年，薛映《记》曰：上京者，中京正北八十里至松山馆……又四十里至临潢府……入西门，门曰金德，内有临潢馆。子城东门曰顺阳。北行至景福门，又至承天门，内有昭德、宣政二殿与毡庐，皆东向。临潢西北二百余里号凉淀，在馒头山南，避暑之处。多丰草，掘地丈余即有坚冰。"简要介绍了中京至上京的里程，以及上京城城门、宫殿情况。至于凉淀之介绍，置于此处显然有乖体例。《辽史》编者在引用行记时，丝毫不在意涉及正统的年号问题，径称"周广顺中""宋大中祥符九年"，而未使用相应的辽朝帝王纪年。从这一点而言，两段文字当出自陈大任或元人之手。从改"秀才"为"儒"的手法而言，更有可能是元人手笔。

王曾《上契丹事》的内容，则被史臣分成两处，附在中京、南京之下。《辽史·地理志》"中京道·大定府"条，在叙述完大定府及其所属九县十州后，引"宋王曾《上契丹事》曰：出燕京北门，至望京馆。五十里至顺州。七十里至檀州，渐入山。……二十里至中京大定府。城垣卑小，方圆才四里许。门但重屋，无筑阇之制。南门曰朱夏，门内通步廊，多坊门。……自过古北口，居人草庵板屋，耕种，但无桑柘；所种皆从垄上，虞吹沙所壅。山中长松郁然，深谷中时见畜牧牛马橐驼，多青（盐）〔羊〕黄豕"。记述燕京到中京里程，以及中京城形制、沿途风物。《辽史·地理志》"南京道·析津府"条，在介绍完析津府直属的十一县之后，于属州之前引"宋王曾《上契丹事》曰：自雄州白沟驿度河，四十里至新城县……六十里至幽州，号燕京。子城就罗郭西南为之。正南曰启夏门，内有元和殿，东门曰宣和"云云。介绍雄州至燕京里程，以及燕京形制。在行记的位置安排上，或附在首府属州之后，或附在首府属州之前，毫无定法，且史文截取、年号使用亦多乖体例，可谓粗疏至极。辽五京之中，上、中、南三京皆附有行记，东、西二京因无使臣抵达，史官无从取材，只能付之阙如。

那么史官利用之行记，又出自何处呢？胡峤《陷虏记》原本当有三卷，然诸家所引皆源自欧阳修《新五代史·四夷附录》，其原本大概很早就已亡佚了。① 《辽史·地理志》亦当引自欧公之书，② 唯个别字句略有改动（详见表4-1），盖系元代史官删改所致。

表4-1 胡峤《陷虏记》诸本差异表③

《辽史》	《新五代史》	《契丹国志》	《文献通考》
上京西楼，有邑屋市肆，交易无钱而用布。	又行三日，遂至上京，所谓西楼也。西楼有邑屋市肆，交易无钱而用布。	又行三日，遂至上京，所谓西楼也。西楼有邑屋市肆，交易无钱而用布。	又行三日，遂至上京，所谓西楼也。西楼有邑屋市肆，交易无钱而用布。
有绫锦诸工作、宦者、翰林、伎术、教坊、角抵、儒、僧尼、道士。	有绫锦诸工作、宦者、翰林、伎术、教坊、角抵、秀才、僧尼、道士等。	有绫锦诸工作、（官）〔宦〕者、翰林、伎术、教坊、角抵、秀才、僧尼、道士等。	有绫锦诸工作、（官）〔宦〕者、翰林、伎术、教坊、角抵、秀才、僧尼、道士等。

① 参见贾敬颜《胡峤〈陷辽记〉疏证稿》，收入氏著《五代宋金元人边疆行记十三种疏证稿》，第38页；李德辉辑校：《晋唐两宋行记辑校·陷虏记》，辽海出版社2009年版，第179页。

② 参见康鹏《从文献看〈辽史·地理志〉依京划道的编排方式》，辽金暨契丹女真史学会、大同市博物馆主办"2019首届辽五京历史文化国际学术研讨会"会议论文，2019年7月27日；苗润博：《〈辽史〉探源》，第244页。

③ 《辽史》卷37《地理志一》，第2册，第499页；《新五代史》卷73《四夷附录二》，中华书局2016年修订本，第3册，第1024页；《契丹国志》卷25《胡峤陷北记》，第266页；《文献通考》卷345《四裔考》二二"契丹上"引欧阳氏《五代史记》，上海师范大学古籍研究所、华东师范大学古籍研究所点校，中华书局2011年版，第14册，第9583页。

续表

《辽史》	《新五代史》	《契丹国志》	《文献通考》
中国人并、汾、幽、蓟为多。	皆中国人，而并、汾、幽、蓟之人尤多。	皆中国人，而并、汾、幽、蓟之人尤多。	皆中国人，而并、汾、幽、蓟之人尤多。

那么，金元史官有没有可能抄撮《契丹国志》，而非《新五代史》呢，毕竟《契丹国志》卷二四、二五集中收录了中原人士的行记、诗作，抄撮起来会更为方便。然而无论是从题名还是内容，《辽史·地理志》所引行记都不太可能抄自《契丹国志》，这一部分的史源要比我们想象的更为复杂，元代史官应当参考了更为原始的史料。

首先，《辽史·地理志》引薛映《虏中境界》之名为"薛映《记》"，《契丹国志》则直接将此行记误为富弼所作，题为《富郑公行程录》；《辽史·地理志》载王曾之行程录为"王曾上契丹事"，《契丹国志》则题作《王沂公行程录》。故《辽史·地理志》所引行记不可能取自《契丹国志》。

其次，比照薛映《虏中境界》诸本之内容，可以看出史官在引用之时做了删减（参见表4-2）。根据《长编》《文献通考》《契丹国志》的记载，"中京正北八十里至临都馆，又四十里至官窑馆，又七十里至松山馆"，《辽史·地理志》则记作"中京正北八十里至松山馆"，脱临都馆、官窑馆两程，《宋会要辑稿》则脱漏官窑馆一程。《辽史·地理志》在引长泰馆一程时，除了将"佛寺、民舍/社"改为"佛社、民居"，复删去祖州下"亦有祖山，山中有阿保机庙，所服靴尚在，长四五尺许"记载。与上文遗漏之里程不同，失载祖山及阿保机庙盖系史臣主动为之。《辽史·地理志》"祖州"条紧承上京临潢府，此条谓祖州"有祖山，山有太祖天皇帝庙，御靴尚存"，此句当即脱胎于薛映之行记。史臣在抄撮之时，发现祖山之记载与上京城关系不是非常紧密，故将此句删润之后，附于相邻的祖州之下。所谓太祖御靴尚存，反映的是辽圣宗开泰五年（宋真宗大中祥符九年，1016 年）薛映使辽时的情况，而不是两三百年后《辽史》成书时的状况。实际上，祖山之庙宇早在天庆十年（1120）五月的时候，就被金人付炬焚毁。① 就薛映记而言，《辽史·地理志》所载与诸本之差异，大多是史臣编纂时有意为之，偶有删节失当之处。苗润博先生通过"上京者""度黑水河"等关键字句，指出《辽史》的文本更接近《宋会要》。②

表 4-2　　　　　　　　薛映《虏中境界》诸本差异表③

《辽史》	《宋会要辑稿》	《长编》	《契丹国志》	《文献通考》
宋大中祥符九年，薛映记曰……	（大中祥符）九年枢密直学士薛映直昭文馆张士逊充使至上京及还上《虏中境界》。	（大中祥符九年九月）己酉，命枢密直学士、工部侍郎薛映为契丹国主生辰使……寿春郡王友、户部郎中、直昭文馆张士逊为正旦使……映、士逊始至上京。	富郑公行程录（实即薛映行程录）	无人名、题名
上京者，中京正北八十里至松山馆。	上京者，自中京正北八十里至临都馆又四十里至松山馆。	自中京正北八十里至临都馆，又四十里至官窑馆，又七十里至松山馆。	自中京正北八十里至临都馆，又四十里至官窑馆，又七十里至松山馆。	自中京（至）〔正〕北八十里至临都馆，又四十里至〔官〕窑馆，又七十里至松山馆。
唐于契丹尝置饶乐〔州〕	盖唐朝尝于契丹置饶乐州也	唐于契丹尝置饶乐州	盖唐朝尝于契丹置饶乐州也	盖唐朝尝于契丹置饶乐州也
五十里保和馆，度黑水河。	五十里保和馆，度黑水河。	又五十里至保和馆。度黑河。	又五十里至保和馆。度黑河。	又五十里至保和馆。度黑河。

① 参见董新林、康鹏、汪盈：《辽太祖纪功碑初步整理与研究》，《隋唐辽宋金元史论丛》第12 辑，上海古籍出版社 2022 年版，第78—79 页。

② 苗润博：《〈辽史〉探源》，第 247 页。

③ 《辽史》卷 37《地理志一》，第 2 册，第 500 页；《宋会要辑稿》蕃夷二之八至九，第 16 册，第 9742 页；《长编》卷 88，真宗大中祥符九年九月己酉，第 4 册，第 2015 页；《契丹国志》卷 24《富郑公行程录》，第 259—260 页；《文献通考》卷 346《四裔考》二三"契丹中"，第 14 册，第 9600 页。

续表

《辽史》	《宋会要辑稿》	《长编》	《契丹国志》	《文献通考》
五十里长泰馆。馆西二十里有佛舍、民居,即祖州。	又五十里至长泰馆。馆西二十里许有佛寺、民舍,云即祖州,亦有祖山,山中有阿保机庙,所服靴尚在,长四五尺许。	又五十里至长泰馆,西二十里许有佛寺、民舍,云即祖州,亦有祖山,山中有阿保机庙,所服靴尚在,长四五尺许。	又五十里至长泰馆,西二十里许有佛寺、民社,云即祖州,亦有祖山,山中有阿保机庙。	又五十里至长〔泰〕馆,馆西二十里许有佛寺、民舍,云即祖州,亦有祖山,山中有阿保机庙,所服鞾尚在,长四五尺许。
又至承天门,内有昭德、宣政二殿与毡庐,皆东向。	又至承天门,内有昭德、宣政二殿,皆东向。其毡庐亦皆东向。	又至承天门,内有昭德、宣政二殿,皆东向,其毡庐亦皆东向。	又至承天门,内有昭德、宣政二殿,皆东向,其毡庐亦皆东向。	又至承天门,内有昭德、宣政二殿,皆东向,其毡庐亦皆东向。
又四十里至临潢府	又四十里至临潢府	又四十里至上京临潢府	又四十里至上京临潢府	又四十里至上京临潢府

最后,最能说明《辽史·地理志》行记源头的是王曾的《上契丹事》。中京大定府、南京析津府下皆引有王曾之行程录,现将两处记载合为一处,并与诸本比较,从中可以发现,除去抄写时的笔误,《辽史·地理志》的内容与《宋会要辑稿》最为接近(参见表4-3)。① 例如《辽史》与《宋会要辑稿》皆有"上契丹事"四字,其它诸本皆无此四字;"但以马行记日约其里数"句,"记日",《辽史》与《宋会要辑稿》同,其它诸本则作"记日景";"城西内西南隅冈上有寺"句,"城西内西南",《辽史》与《宋会要辑稿》同,其它诸本作"城内西南";"多青盐黄豕"句,"青盐",《辽史》与《宋会要辑稿》同,其它诸本则作"青羊";"南门外有于越王廨"句,"南门外",《辽史》与《宋会要辑稿》《契丹国志》同,其它诸本作"南门内"。以上诸处,皆可看出《辽史》之行记与《宋

---

① 史臣为节省篇幅,将王曾注释性语句删除殆尽。

会要辑稿》有高度的相似性。又,"北渡范水、刘李河"句,《辽史》漏
"涿水",《宋会要辑稿》则将作"涿水"误作"涿州",大概是由于此句
前有"又七十里至涿州"的字样,《辽史》编者认为"涿州"重复,故删
之。总而言之,《辽史》与《宋会要辑稿》之间应当存在着某种关联,但
是我们尚不能就此判定《辽史》之行记抄自《宋会要》。这是因为两者之
间还存在着一个明显的差异,"度卢沟河"句,《辽史》与《契丹国志》
同,宋版《长编》以及《宋会要辑稿》《文献通考》则作"度卢孤河"。
这一差异实为元人修改所致,"卢沟"之名在金元时代已为常识,《辽史》
与《契丹国志》作者当出于相同的原因,改"卢孤"为"卢沟"。宋版
《长编》"卢孤"在后世即被改为"卢沟"。从文献传播的角度,"卢孤"
"卢沟"的差异与史源无涉。正是由于《辽史》与《宋会要》之间的高度
相似性,故苗润博先生指出《辽史》行记出自《宋会要》的"辽"门。①

综合而言,《辽史》《宋会要》当属一个体系;《文献通考》专采《三
朝国史·契丹传》,为"国史"体系,《长编》则兼采《三朝国史·契丹
传》《宋会要》,② 盖以"国史"为主,"会要"为辅。从《宋会要》《文
献通考》相关内容看,二者当有一共同的源头(或为《真宗实录·契丹
传》),后产生分化。《辽史》行记的来源或许要更为复杂。

会要和国史两个系统的文本,将王曾、晁迥、薛映、宋绶四人的行程
录汇集一处,在王氏行记篇首称"初,奉使者止达幽州,后至中京,又至
上京,或西凉淀、北安州、炭山、长泊"。傅乐焕先生认为这句话是史官
的总括之语,非王氏语录原文。此外,傅先生还指出语录"孙侯馆"下的
"后望京馆"四字,乃是史臣的小注。实际上,王氏行记中类似小注的语
句远不止此,有些注文恐非王氏原文,而是史臣手笔(参表4-3)。史官

---

① 苗润博:《〈辽史〉探源》,第247页。
② 参见傅乐焕《宋人使辽语录行程考》,收入氏著《辽史丛考》,中华书局1984年版,第
11—17页。

之所以在王曾《上契丹事》上大做文章，盖因此录居于诸行程录之首，且涉南京、中京两地，重要性自不待言。是故，史臣在王氏行程录下加一总括性语句，并详注诸地风土、名物。

今存之王曾行程录，有一处记载颇为可疑。王曾在叙述完幽州城后，称"出北门，过古长城、延芳淀，四十里至孙侯馆，后改为望京馆"。贾敬颜先生敏锐指出"齐长城在燕京北，而延芳淀在燕京南，实属风马牛"。他引据《武经总要》"过古长城至望京四十里"以及《辽史》径称"至望京馆"，认为"延芳淀"三字当为错简或衍文。[①] 不过，《宋会要辑稿》《文献通考》以及《长编》《契丹国志》皆明确载有"延芳淀"，这表明诸家的祖本已然如此，且更为原始的文本中当有关于延芳淀的记载，后人在抄录时有所遗失、错乱。

上文已指出，《辽史》所收行记在编排方式上是以"京府"为中心的，行记皆系于诸京首府之下。史官在采择行记时，与"京"有关者予以收录，无关者则不予收录，故在某州或某地之下，即便行记所载与之高度相关，使臣也会弃之不用。不过，《辽史·地理志》中有两处例外。一处是前文提及之"祖山"。另一处是南京析津府潞阴县下的"延芳淀"，其文曰："潞阴县。本汉泉山之霍村镇。辽每季春，弋猎于延芳淀，居民成邑，就城故潞阴镇，后改为县。在京东南九十里。延芳淀方数百里，春时鹅鹜所聚，夏秋多菱芡。国主春猎，卫士皆衣墨绿，各持连锤、鹰食、刺鹅锥，列水次，相去五七步。上风击鼓，惊鹅稍离水面。国主亲放海东青鹘擒之。鹅坠，恐鹘力不胜，在列者以佩锥刺鹅，急取其脑饲鹘。得头鹅者，例赏银绢。国主、皇族、群臣各有分地。户五千。"《辽史·地理志》在每县末尾一般会写明至首州的里程和县之户数。例如同属析津府的"玉河县"，在叙述完沿革之后，称"在京西四十里。户一千"；"香河县"文

---

① 贾敬颜《王曾〈上契丹事〉疏证稿》，收入氏著《五代宋金元人边疆行记十三种疏证稿》，第 89 页。

末称"在京东南一百二十里。户七千"。① 此为《辽史》常例，恕不一一枚举。"漷阴县"条在"里程"和"户数"之间插入延芳淀及辽帝捺钵的记载，明显异于常例。笔者认为里程及户数当出自陈大任《辽史》，二者本前后相连，后被元人分作两处，中间插入"延芳淀方数百里"等百余字。揆此数句语气，颇似小注之文，或许这些文字就是被会要和国史系统遗失的更为原始的文本。这段文字还存一个问题，即首末两句当合为一处，即"延芳淀方数百里，春时鹅鹜所聚，夏秋多菱芡"之后当紧接"国主、皇族、群臣各有分地"，如此文气方才晓畅。两句中间所述国主春猎事，当另有来源，苗润博先生推测其出自《国史·契丹传》中的宋人语录。②

那么，元人为何将这些文字抄在此处呢？笔者认为这或许与上文"祖山"的情况类似。元人在京府之下增补行程录时，发现薛映行记祖山的记载与紧承临潢府的祖州高度相关，遂截取薛文，附入祖州，并隐去出处。漷阴县延芳淀的手法与之类似，漷阴县的排序居于析津府属县最末，其下即王曾上契丹事。元代史臣在抄录行记时，发现延芳淀的内容与漷阴县更为紧密，遂将相关文字摘出插入。由于延芳淀的记载并不见于今存的会要和国史系统，故笔者认为《辽史·地理志》行程录部分的史源恐更为复杂。但可以肯定的是，行程录是元人依据宋人文献，以"京府"为核心展开修纂工作的。那么，以"京府"为核心的编排方式是元人的创举吗？答案是否定的，请看下文。

---

① 《辽史》卷40《地理志四》，第2册，第563—564页。
② 苗润博：《〈辽史〉探源》，第248页。

表4-3

王曾"上契丹事"诸本差异表①

《辽史》	《宋会要辑稿》	宋版《长编》	《契丹国志》	《文献通考》
宋王曾上契丹事……	（大中祥符）六年，知制诰王曾充使仍还，上契丹事，曾上七事……	（大中祥符五年十月）己酉，以客省使、知制诰王曾为契丹国主生辰使……使还，言……曾……	王沂公行程录	无使臣名
无	初，奉使者止达幽州，后〔置〕〔至〕中京，又至〔上〕京，或西京，凉淀、北安州、炭山、屯泊。	初，奉使者止达幽州，后至中京，又至上京，或西京，凉淀、北安州、炭山、长泊。	初，奉使者止达幽州，后至中京，又至上京，或西京，凉淀、北安州、炭山、长泊。	初，奉使者止达幽州，后（置）〔至〕中京，又（置）〔至〕上京，或西京，凉淀、北安山、炭山、长泊。
又七十里至涿州		又七十里至涿州	又十里至涿州	又七十里至涿州
北渡范水、刘李河		北度涿水、范水、刘李河	北度涿水、范水、刘李河	北度涿水、范水、刘李河
度卢沟河		度卢孤河	度卢沟河	度卢亚河
为号燕京		伪号燕京	号燕京	伪号燕京
内有元和殿、洪政殿		内有元和殿、洪政殿	内有元和殿、洪政殿	内有元和殿、洪政殿

① 《辽史》卷39《地理志三》、卷40《地理志四》，第7695页上栏—7696页上栏；《宋会要辑稿》蕃夷二之六至八，中华书局影印大东书局本，第8册，真宗大中祥符五年十月己酉，第1794—1796页；《契丹地西，中华全国图书馆文献缩微复制中心1995年版，第3册，第226—229页；《长编》卷79，真宗大中祥符五年十月己酉，第1794—1796页；《契丹国志》卷24《王沂公行程录》，第257—259页；《文献通考》卷346《四裔考》二三"契丹中"，第14册，第9598—9600页，又《武经总要·北蕃地理》"燕京州军"下所记"东北至中京""南至雄州"两段里程以及所收《宋朝事实》卷20"经略幽燕"，亦源自王曾《上契丹事》，惟删节过甚，难以与上诸本比对，故不取。

续表

《辽史》	《宋会要辑稿》	宋版《长编》	《契丹国志》	《文献通考》
城中坊间皆有楼	城中（防）〔坊〕门皆有楼	城中坊门皆有楼	城中坊门皆有楼	城中坊门皆有楼
魏王耶律汉宁造	魏王耶律汉宁造建	魏王耶律汉宁造	魏王耶律汉宁造	魏王耶律汉宁造
皆遣朝使游观	皆遣朝使游观	皆遣朝使游观	皆遣朝士游观	皆遣朝使游观
南门外有于越王廨	城南门有于越王廨	城南门内有于越王廨	城南门外有于越王廨	南门内有于越王廨
谓和后易之	谓和后易之	谓和后易之	谓和后易之	谓和后易之
出燕京北门	出北门	出北门	出北门	出北门
至望温京馆	过古长城、延芳淀，四十里至孙侯馆，后改为望京馆，稍移故处。望楮谷山，五龙池，过温余河、大夏城坡，西北即西京，避暑之地。	过长城、延芳淀，四十里至孙侯馆，后改为望京馆，稍移故处。望楮谷山，五龙池，过温余河、大夏城坡，坡西北即凉京即凉京，避暑之地。	过长城、延芳淀，四十里至孙侯馆，改为望京馆，稍移故处。望楮谷山，五龙池，过温余河、大夏城坡，坡西北即凉京淀，避暑之地。	过古长城、延芳淀，四十里至孙侯馆，后改为望京馆，稍移故处。望楮谷山，五龙池，过温余河、大夏坡，避暑之地。坡西北即西京，避暑之地。
五十里至顺州	五十里至顺州。东北过白屿河，北望银冶山，又有黄罗、螺盘、牛阑山。	五十里至顺州。东北过白屿河，北望银冶山，又有黄罗、螺盘、牛阑山。	五十里至顺州。东北过白屿河，又有黄罗、螺盘、牛阑山。	五十里至顺州。北望银冶山，北望黄罗、螺盘、牛阑山。东北过白屿河。
七十里至檀州	数十里至檀州	七十里至檀州	七十里至檀州	七十里至檀州
渐入山	自（北）〔此〕渐入山	自（北）〔此〕渐入山	自（北）〔此〕渐入山	自（北）〔此〕渐入山

续表

《辽史》	《宋会要辑稿》	宋版《长编》	《契丹国志》	《文献通考》
川原平旷，谓之金沟淀	川原平亡，谓之金沟淀，国主尝于此过冬。	川原平亡，谓之金沟淀，国主尝于此过冬。	川原平亡，谓之金沟淀，国主尝于此过冬。	川原平亡，谓之金沟淀，国主尝于此过冬。
但以马行记日约计其里数	但以马行记日而约计其里数。过朝鲤河，亦名七度河。	但以马行记日景而约计其里数。过朝鲤河，亦名七度河。	但以马行记日景而约计其里数。过朝鲤河，亦名七度河。	但以马行记日景而约计其里数。过朝鲤河，亦名七度河。
两傍峻崖，仅容车轨。	两傍峻崖，中有路，仅容车轨；口北有铺，敦弓连绳，本范阳防扼奚、契丹之所，最为隘束。然幽州东趣营、平州，路甚平坦，多由斯出。	两傍峻崖，中有路，仅容车轨；口北有铺，敦弓连绳，本范阳防扼奚、契丹之所，最为隘束。然幽州东趣营、平州，路甚平坦，多由斯出。	两傍峻崖，中有路，仅容车轨；口北有铺，敦弓连绳，本范阳防扼奚、契丹之所，最为隘束。然幽州东趣营、平州，甚平坦，多由斯出。	两傍峻崖，中有路，仅容车轨；口北有铺，敦弓连绳，本范阳防扼奚、契丹之所，最为隘束。然幽州东趣营、平州，路甚平坦，自顷犯边，多由斯出。
四十里卧如来馆	四十里至卧如来馆，盖山中有卧佛像故也。	四十里至卧如来馆，盖山中有卧佛像故也。	四十里至卧如来馆，盖山中有卧佛像故也。	四十里卧如来馆，盖山中有卧佛像故也。
过乌滦河	过乌滦河	过乌滦河	过乌滦河	过乌滦河
东有滦州	东有滦州，因河为名。	东有滦州，因河为名。	东有滦州，因河为名。	东有滦州，因河为名。
又过墨斗岭，度云岭	又过墨斗岭，亦名度云岭，长二十里许。	又过墨斗岭，亦名渡云岭，长二十里许。	又过墨斗岭，亦名渡云岭，长二十里许。	又过墨斗岭，亦名度云岭，长二十里许。
芹菜岭	又过芹菜岭	又过芹菜岭	又过芹菜岭	又过芹菜岭

续表

《辽史》	《宋会要辑稿》	宋版《长编》	《契丹国志》	《文献通考》
七十里至柳河馆。松亭岭甚险峻	七十里至柳河馆。河在馆旁，西北有铁冶，多渤海得铁。就河滩沙石炼得铁。渤海俗，每岁时聚会作乐，先命善歌舞者数辈前行，土女相随，更相唱和，号曰"踏锤"；所居屋室，皆就山墙开门。过松亭岭，甚险峻。	七十里至柳河馆。河在馆旁，西北有铁冶，多渤海得铁。就河滩沙石时聚会作乐，渤海俗，每岁时聚会作乐，先命善歌舞者数辈更相唱和，号曰"踏锤"；所居屋室，皆就山墙开门。过松亭岭，甚险峻。	七十里至柳河馆。河在馆旁，西北有铁冶，多渤海人所居，就河滩沙石炼成铁，渤海俗，每岁时聚会作乐，先命善歌舞者数辈前行，土女相随，更相唱和，号曰"踏锤"；所居屋室，皆就山墙开门。过松亭岭，甚险峻。	七十里至柳河馆。河在馆旁，西北有沙石炼得铁冶，多渤海人所居，每岁时聚会作乐，先命善歌舞者数辈前行，土女相随，更相唱和，号曰"踏锤"；所居屋室，回旋宛转，皆就山墙开门。过松亭岭，甚险（峻）。
七十里至打造部落	七十里至打造部落馆，有番户百余，编荆篱为兵器。	七十里至打造部落馆，有番户百余，编荆篱为兵器，铁为兵器。	七十里至打造部落馆，惟有番户百余，编荆为篱，锻铁为兵器。	七十里至打造部落馆，有番户百余，编荆为篱，锻铁为兵器。
自此渐出山	自此渐出山	自〔北〕〔此〕渐入山	自〔北〕〔此〕渐入山	自〔北〕〔此〕渐出山
七十里至富谷馆	七十里至富谷馆，居民多造车者，云渤海人。正东望马云山，山多乌兽，林木，国主多于此打围。	七十里至富谷馆，居民多造车者，云渤海人。正东望马云山，山多乌兽，林木，国主多于此打围。	七十里至富谷馆，居民多造车者，云渤海人。正东望马〔云〕山，山多乌兽，林木，国主多于此打围。	七十里至富谷馆，居民多造车者，云渤海人。正东望马云山，山多乌兽，林木，国主多于此打围。
南门曰朱夏，门内通步廊	南门曰朱夏，门内通步廊	南门曰朱夏，门内夹道步廊	南门曰朱夏，门内夹道步廊	南门曰朱夏，门内夹道步廊

续表

《辽史》	《宋会要辑稿》	宋版《长编》	《契丹国志》	《文献通考》
其门正北曰阴德，阓阛。	其北正北门曰阴德，阓阛。	又曰阴德，阓阛。①	又曰阴德，阓阛。	其北正门曰阴德，阓阛。
城西内内西南隅冈上有寺	城西内内西南隅冈上有寺	城内西南隅冈上有寺	城内西南隅冈上有寺	城内西西南隅冈上有寺
自过北口	自过古北口，即蕃境。	自过古北口，即蕃境。	自过古北口，即蕃境。	自过古〔北〕口，即蕃境。
耕种	亦耕种	亦务耕种	亦务耕种	亦务耕种
虞吹沙所壅	盖虞吹沙所壅	盖虞吹沙所壅	盖虞吹沙所壅	盖虞吹沙所壅
深谷中时见畜牧牛马橐驼，	深谷中多烧炭为业，时见畜牧牛马橐驼	深谷中多烧炭为业，时见畜牧牛马橐驼	深谷中多烧炭为业，时见畜牧牛马橐驼	深谷中多烧炭为业，时见畜牧牛马橐驼
多青盐黄禾	尤多青盐黄禾。亦有挈车帐，逐水草射猎。食止麇粥、炒糖。	尤多青盐黄禾。亦有挈车帐，逐水草射猎。食止麇粥、炒糖。	尤多青盐黄禾。亦有挈车帐，逐水草射猎。食止麇粥、炒糖。	尤多青盐黄禾。亦有挈车帐，逐水草射猎。食止麇粥、炒糖。

① 中华书局点校本作"其北门曰阴德，阓阛"。

三 再谈《辽史·地理志》依"京"划"道"的编纂方式

关于《辽史》的编纂体例，冯家昇先生认为虽然元人修史凡例称"三国各史书法，准《史记》《西汉书》《新唐书》"，但他认为《辽史》《宋史》《金史》之目录实取法《新唐书》。① 王颋先生亦认为《辽史·地理志》正文的写作体例，"与《新唐书》卷三七至四三下《地理志》仿佛。其立'篇'之'纲'，分别作'上京道''头下军州''边防城''东京道''中京道''南京道'和'西京道'。其立'条'之'目'和'次目'，并是行政系统的建置名号"②。从谋篇布局的角度而言，因欧阳修《五代史·职方考》及薛居正《五代史·地理志》（一作"《郡县志》"③）皆不涉及辽境地土，故史官不太可能以之为样板。就体例而言，冯、王两位先生皆认为《辽史·地理志》当取法《新唐书》。

据冯家昇先生研究，《辽史》在内容上，当取用过两《唐书》、两《五代史》。④ 不过从《地理志》的角度而言，《辽史》最主要的择取对象当为《太平寰宇记》，而非《新唐书》。这一点在《辽史·地理志》南京、西京两"道"的沿革部分表现得最为明显。笔者通过对比《辽史·地理志》与两《唐书·地理志》《太平寰宇记》《元和郡县图志》《大明清类天文分野之书》（简称"《分野之书》"）以及其他相关地志的内容，确信《辽史·地理志》当系统择取了《太平寰宇记》。例如《辽史·地理志》之《南京道》"析津府·昌平县"条，称"昌平县本汉军都县"。检《辽史》成书前史籍，唯《太平寰宇记》卷六九《河北道》一八"幽州·昌

① 参见冯家昇《〈辽史〉源流考》，氏著《辽史证误三种》，第67—69页；亦载氏著《冯家昇论著辑粹》，第157—159页。

② 王颋：《松漠记地——〈辽史〉〈地理志〉资料源流及评价》，《鴐泽抟云——中外关系史地研究》，第203—204页。

③ 《旧五代史》卷150《郡县志》校勘记〔一〕，第6册，第2351页。

④ 参见冯家昇《〈辽史〉源流考》，氏著《辽史证误三种》，第67—69页；亦载氏著《冯家昇论著辑粹》，第157—159页。

平县"条谓"本汉军都县",张修桂、赖青寿两位先生据此认定《辽史·地理志》此条当出自《太平寰宇记》。① 实际上,此类证据并不止此一条,同卷"武清县"条引《水经注》称"雍奴者,薮泽之名,四面有水曰雍,不流曰奴"。而今本《水经注》并无此文,《太平寰宇记》卷六九《河北道》一八"幽州·武清县"条引《水经注》云:"雍奴,薮泽之名,四面有水曰雍,水不流曰奴。"《辽史·地理志》所引即本于此。

由于《太平寰宇记》的内容多源自《元和郡县图志》,那么《辽史·地理志》有没有可能采自后者呢?今存《元和郡县图志》幽州部分早已亡佚,故上述幽州"昌平县""武清县"两条并不能解决这一疑问。我们再看《辽史·地理志》"蔚州·飞狐县"条,其下"后周大象二年(580年)置广昌县于五龙城,即此"与"相传有狐于紫荆岭食五粒松子,成飞仙,故云"句,仅可从《太平寰宇记》中找到相近的记载,《元和郡县图志》"飞狐县"下则无此二句(参见表4-4)。又如"朔州"条谓"元魏孝文帝始置朔州,在今州北三百八十里定襄故城。葛荣乱,废。高齐天保六年复置,在今州南四十七里新城。八年徙马邑,即今城"。诸多史志中,仅《太平寰宇记》载有定襄故城及新城至朔州的道里数。若是一一比对《辽史·地理志》南京、西京地区建置沿革与他书的相关记载,就会发现《辽史·地理志》主抄《太平寰宇记》这一事实。除南京、西京外,东京辽阳府以及中京兴中府沿革也部分抄撮自《太平寰宇记》(参表4-4)。

更能说明《辽史·地理志》文本传递轨迹的事例是"易州·涞水县"条。该条在追述涞水县沿革时,称"周大象十八年,改涞水县","大象"年号仅行用二年,此一史文明显截取失当,故点校本依据他书及文意补作"周大象〔二年省,隋开皇〕十八年改涞水县"。② 据《太平寰宇记》,此句原本应为"后周大象二年省入涿县。隋初自伏图城移范阳名于此;六年

① 张修桂、赖青寿:《辽史地理志汇释》,第164页。
② 《辽史》卷40《地理志四》校勘记〔二五〕,第2册,第574页。

又改为故安县；九年又移故安于涿县东界，今涿州故安也；十年又于此置永阳县；十八年改为涞水县"。① 《元和郡县图志》则称"后周省入涿县"云云，并未提及"大象"年号。相较之下，《辽史·地理志》的文字当出自《太平寰宇记》。

那么《辽史·地理志》史文截取失当，是金人还是元人造成的呢？通过《分野之书》这一中间文本可以推知，此句金人讹误在先，元人失误在后，二者共同造成此误。据苗润博先生研究，《分野之书》一个重要源头就是陈大任《辽史·地理志》（简称"《陈志》"），其传承顺序当为《陈志》→《元一统志》→《分野之书》。② 是故，《分野之书》可视为《陈志》与元修《辽史·地理志》之间的一个中间文本。《分野之书》载涞水县沿革为"后周大象二年省入涿郡；十年于此置永阳县；十八年改为涞水县"，③ 这说明《陈志》已将开皇年间"置永阳县""改涞水县"二事误置于后周大象年号之下。及至元人修史，未审原委，将《陈志》"后周大象二年省入涿郡；十年于此置永阳县；十八年改为涞水县"省称为"周大象十八年，改涞水县"。

综合各方记载，可以推知《陈志》最直接、最主要的采择对象为《太平寰宇记》，④《辽史·地理志》前代沿革主体部分的文本传承次序当为：《太平寰宇记》→《陈志》→《辽史·地理志》。陈大任在编排《地理志》时，应当借用了《太平寰宇记》以"道"为纲的排列方式，同时参酌金代总管府路的区划，依"京"划"道"，编排"五京道"的属州属县。

———————————

① 《太平寰宇记》卷 67《河北道》一六，中华书局 2007 年版，第 1362 页。

② 苗润博：《〈辽史〉探源》，第 211—237 页。

③ 此句之下复又称"隋开皇元年于此置范阳县；六年改为故安，九年又移故安于涿郡东界，今涿州固安是也；十年又于此置永阳县；十八年更为涞水"，修史者不仅将大象和开皇年间事混合为一，且重复行文而不自知。

④ 《辽史·地理志》"潞县""檀州"将唐之"玄州"改为"元州"，盖避宋讳，元人不察，未能回改。又，《辽史·地理志》有少量超出《太平寰宇记》述记范围者，如"营州"条"元魏立营州，领昌黎、建德、辽东、乐浪、冀阳、营丘六郡""圣历二年侨治渔阳"句，"朔州·鄯阳县"条"本汉定襄县地。建安中置新兴郡。元魏置桑干郡"句，当为陈大任或元人修志时，另取他书修润所致。

表4-4　　　　　《辽史·地理志》沿革部分史源对照示例表①

《辽史·地理志》	《太平寰宇记》	《元和郡县图志》	两《唐书·地理志》	《舆地广记》	《分野之书》《陈志》
辽阳府					
本朝鲜之地。周武王释箕子之囚,去之朝鲜,因以封之。作八条之教,尚礼义,富农桑。外户不闭,人不为盗。传四十余世。燕属真番、朝鲜,始置吏,筑障。秦属辽东外徼。汉初,燕人卫满王故空地,定朝鲜为真番、朝鲜、临屯、乐浪四郡。	朝鲜……昔武王释箕子之囚,箕子不忍周之释,走之朝鲜,武王闻之,因以朝鲜封之。见《尚书·大传》。箕子教以礼义、田畴,作八条之教,无门户之闭而人不为盗。其后四十余代,至战国时,朝鲜侯亦僭称王。……燕人卫满时略属焉,为置吏筑鄣卑。……居秦故空地上下鄣,稍役属真番、朝鲜诸夷及故燕,齐亡命者王之,都王险。……武帝元封三年朝鲜……武帝降,遂定其地,玄菟四郡。 …… 四至:秦灭燕,属辽东外徼。	无	无	无	【上阙】下。朝鲜畏秦,袭【中阙】服属辽东郡外焉。秦以属辽东郡外徼。秦末,燕人卫满略真番、置吏筑鄣塞。……武帝置真番。……临屯、乐浪,玄菟四郡。

① 《辽史》卷39《地理志三》,卷40《地理志四》,第2册,第809—810页;《太平寰宇记》卷39《关西道一五·丰州》,第2册,第826、828—829页;卷67《河北道一○·营州·废涞水县》,第3册,第1431—1432页;卷71《河北道三·易州》,中华书局1983年版,第3册,第109—113页;《旧唐书》卷38《地理志一·关内道·丰州》,卷39《地理志三·河东道·营州》,卷39《地理志三·河北道·易州·涞水县》,第6册,第1484、1487、1513、1516、1517、1520—1521页;《新唐书》卷37《地理志一·关内道·胜州》《天德军》,第1007、1020、1023页;欧阳忞《舆地广记》卷12《河北路化外州·胜州》,四川大学出版社2003年版,上册,第327、328、330—331、337—338页;刘基(明)《大明清类天文分野之书》卷11《赵分野》,第102页下栏—103页上栏,104页上栏,105页上栏—下栏;卷24《兴中府》,第306页下栏,308页上栏,315页上栏,331页下栏—332页上栏。

《太平寰宇记》卷38《关西道一四·胜州》,第2册,第517、550、562、563、567、569—570、580、581、584、586页;《河东道一·蔚州》《朔州·飞狐县》《蔚州·灵丘县》,第1361、1362页;卷69《河北道一八·幽州·武清县·昌平县》,第3册;《元和郡县图志》,第4《关内道·易州》,第3297—3298页;《四夷一·东夷一·飞狐县》《朔州》,第8册,第172页;卷14《河东道三·蔚州》,第1417、1419页;卷18《河北道三·河间县》《飞狐县》《朔州·河东道·朔州》,第406、407、408页;卷23《易州·涞水县》,第129页下栏,331页下栏—332页上栏;《新唐书》卷37《地理志一·关内道·胜州》《天德军》;《河东道·关内道·胜州》《天德军》;《河东路化外州·蔚州》《营州·广昌县》;卷19《河东路化外州·蔚州》《云内州》,《续修四库全书》2002年版,第586册,第129页下栏—332页上栏。

续表

	《辽史·地理志》	《太平寰宇记》	《元和郡县图志》	两《唐书·地理志》	《舆地广记》	《分野之书》《陈志》
兴中府	古孤竹国。汉柳城县地。慕容皝以柳城之北，龙山之南，福德之地，乃筑龙城，构宫庙，改柳城为龙城县，遂迁都，号曰和龙宫。慕容垂复居焉，后为冯跋所灭。元魏取为辽西郡。隋平高保宁，置营州。炀帝废州置辽西郡。唐武德初，改为营州。万岁通天中，为契丹李万荣所陷。神龙初，移幽州界柳城，仍领渔阳，玉田二县。开元四年复治渔阳，八年还柳城。十年还就渔阳。后为奚所据。	营州……殷时为孤竹国……秦并天下，置辽西郡。两汉因之。……《十六国春秋·慕容皝传》云："柳城之北，龙山之南，所谓福德之地，可营制规模，筑龙城，构宫庙，改柳城县为龙城县。九年，遂迁都龙城，入新宫。"……后燕慕容垂又居焉，至冯弘太兴元年，省营州入辽西郡。元魏界立辽西郡，平州界齐，中平讨平齐，其地犹为高宝宁所据。开皇三年讨平之，复置营州。炀帝废州置辽西郡，武德初年改为营州总管府，寻为都督府，万岁通天中，为契丹李万荣所陷。神龙元年移府于幽州界，仍领渔阳，玉田二县。开元四年复还柳城，八年又还就渔阳。十一年复还柳城西。……柳城县，四乡。汉柳城县地，属辽西郡。	原缺	《旧唐书》：营州……隋营州城郡。武德元年，改为营州总管府……万岁通天元年，为契丹李万荣所陷。神龙元年，移府于幽州界幽州界，仍领渔阳，玉田二县。开元四年，又往就渔阳，复还柳城。八年，又还柳城旧治。《新唐书》：营州……本辽西郡，万岁通天元年为契丹所陷。开元五年为营州，万岁通天元年为契丹所陷。开元五年又徙治渔阳，天宝元年更名。	商时孤竹国地……秦属辽西郡。二汉及晋因之。前燕慕容皝自徒河之青山徙都于此，北燕冯跋亦都焉。元魏立营州，领昌黎、建德、辽东、乐浪、营丘六郡。北齐废昌黎、乐浪、营丘，并入齐，其地为高句丽所据。隋开皇初，立辽西郡。大业初州废，立辽西郡。唐武德初，立营州，万岁通天元年为契丹所陷，至万岁通天元年为契丹所陷。开元五年侨治渔阳，天宝元年又迁治柳城。历五年又还治柳城郡。	商时孤竹国。……秦为辽西郡地。汉辽西郡，柳城即此地也。……晋为慕容皝所据，改柳城为龙城，后北燕冯跋以柳城为龙城，后魏灭之，复于平州界立辽西郡，平州界立评平于讨平宁，及以其地属平州，隋开平州，炀帝初，置营州；又置柳城郡，唐武德元年改营州为都督府，天宝元年更名柳城郡，乾元间复为营州。

续表

	《辽史·地理志》	《太平寰宇记》	《元和郡县图志》	两《唐书·地理志》	《舆地广记》	《分野之书》《陈志》
析津府昌平县	本汉军都县，后汉属广阳郡，晋属燕国，元魏置东燕州，晋昌平郡及平昌郡，县隶幽州。	本汉军都县……后汉改属广阳郡。《晋·太康地记》云："平昌县属燕国。"后魏……置东燕州及平昌郡，昌平县，县隶幽州。后郡废而县录幽州。	原缺	《旧唐书》：后汉县，属广阳，故城在今县东南，隋属涿郡。《新唐书》：无沿革。	汉属上谷郡，晋属燕国。元魏省。后置东燕州及平昌郡，后又置平昌县，后周州郡皆废。隋开皇初郡废，属涿郡。隋因之。唐因之。	汉军都县……东汉属广阳郡，元魏而县委。后周州县皆要，又置平昌郡。隋开皇初郡委，昌平县。地属涿郡，属涿唐大历十四年为望县。五代唐同光二年改燕平县。石晋复昌平旧名，割地略辽，而昌平亦随地隶之。
析津府武清县	前汉雍奴县，属渔阳郡。《水经注》：雍奴者，薮泽之名，四面有水曰雍，不流曰奴。唐天宝初改武清县。	本汉雍奴县也。《水经注》云："雍奴，薮泽之名，四面有水曰雍，不流曰奴。"《汉书·地理志》……唐天宝初改为武清县。	原缺	《旧唐书》：后汉雍奴县，历代不改，天宝元年，改为武清。《新唐书》：本雍奴，天宝元年更名。	本雍奴，二汉属渔阳郡。晋属燕国，隋属涿郡。唐属幽州，天宝元年更名。	本雍奴县，地属渔阳郡。……二汉属渔阳，晋属燕国，隋属涿郡，唐属幽州，天宝初改为武清县。

续表

	《辽史·地理志》	《太平寰宇记》	《元和郡县图志》	两《唐书·地理志》	《舆地广记》	《分野之书》《陈志》
易州涞水县	本汉道县，今县北一里故道城是也。元魏移于故城南，即今县。隋大业二年置此，徙都于此。元魏建德、辽东、营丘六郡，周建德、营丘六郡，隋开皇立辽西，大业改辽西郡，万岁通天元年始入契丹。神龙元年移治渔阳，仍领渔阳，玉田二县，八年又移还柳城，天宝元年改为柳城郡。后唐复治渔阳。	废涞水县……本汉道县，后汉徙遒城是也。即今涞南一里故城。后汉移于故城南，隋开皇二年省入涿县；六年又于伏图城改范阳名此，故安于涿州界东，今涿州故安也；十年又于涿州置永阳县，今易县，属幽州，十八年改属易州，六年改为涞水县，以近涞水县为名。	本汉道县，属涿郡。后汉属范阳郡。隋开皇元年，又于此置范阳县，隋属上谷郡。遒取汉范阳为名，十年又改为永阳县，六年又改为安，今易州，十八年改属涿州，六年改为涞水县，以重名改涞水县，近涞水名。	《旧唐书》：汉道县，隋属上谷郡。《新唐书》无治革。	本二汉道县，属涿郡。晋属范阳国。隋开皇省之。属易州，八年省；十年又于此置永阳县，日范阳县。唐因之。	本汉道县，地属涿阳国。晋属范阳郡，移于县南，后汉置大象二年此置大象二年，十年又改为涞阳县；开皇元年又改为故安，九年又置范阳县，今涿州固安县；十八年又置涞水，因涞水为名。
营州	本商孤竹国，秦属辽西郡。前燕慕容徙都于此。元魏建德、辽东、乐浪、襄阳、昌丘六郡，隋开皇中建德、辽东、营州，大业改辽西郡，万岁通天元年始入契丹。神龙元年始治渔阳，仍领渔阳，玉田二县，八年又移还柳城，天宝元年改为柳城郡，后唐复治渔阳。	殷时为孤竹国地……秦并天下，置辽西郡。两汉因之。《十六国春秋·慕容皝传》云："……九年，遂徙都龙城，入朝于新宫。"……十二年号新宫曰和龙宫。……至冯弘灭元，弘为建德郡，后建德郡，周平州界置，其地犹为龙城所据，北齐废，隋开皇立辽西，大业改为营州，万岁通天元年移治于幽州界，神龙元年移治渔阳，仍领渔阳，玉田二县，开元五年又还治柳城，十一年又柳城改为柳城郡，乾元元年复为营州。	原缺	《旧唐书》：隋柳城郡，改为营州总管府，万岁通天二年，为契丹李万荣所陷，神龙元年，仍领渔阳一县，开元五年，又移还柳城，复为营州，乾元元年复为营州。《新唐书》：万岁通天元年为契丹所陷，圣历二年侨治渔阳，圣历二年侨治柳城，天宝元年又还治柳城，天宝五年更名。	商孤竹国地，春秋时属山戎，战国属燕。秦为辽西郡地。汉及晋因之。前燕慕容皝都于此，后燕慕容宝北燕冯跋，元魏又立六郡，北齐废，并入建德，襄阳二郡，后周属齐，其地为高宝宁所据。隋开皇立辽西，大业初废，唐武德初兖之，万岁通天二年侨治于营州所陷，开元五年复治柳城，天宝元年曰柳城郡。	商孤竹国，周春秋时入于山戎。汉为辽西郡地，汉东为乌桓。东汉为辽西郡柳城即此地也，而慕容皝所据，改柳城为龙城，后燕慕容宝，元魏灭之，复于平州界立辽西，宝宁又置平州，隋开皇立营州，唐武德为都督府，天宝元年改营州，以柳城为名，乾元元年复为营州。

续表

	《辽史·地理志》	《太平寰宇记》	《元和郡县图志》	两《唐书·地理志》	《舆地广记》	《分野之书》《陈志》
丰州	秦为上郡北境，汉属五原郡。地碛卤，少田畴。自晋永嘉之乱，属赫连勃勃。后周置永丰镇，属五原郡。大业七年废。又宁州唐张遂改永丰县。太守元复为五原郡。隋开皇五年置丰州。改为丰州，又于永丰县置丰州，仍置五原郡。六年省，此地复废。唐武德六年改为丰州总管府，分灵州之境，领蕃户，乾元初改九原郡，天德军复为丰州。	秦并天下，为上郡之北境，汉属五原郡。……至后周保定三年置永丰镇，……隋开皇五年置丰州，以为五原郡……大业七年置丰州，太守改置以郡，复为丰州。唐武德元年改为五原郡，遂废。贞观元年于今庆州白马县，此地塞。贞观四年改为五原省，又于永丰县置丰州都督府，领蕃户，乾元初改为九原郡，天德军改为丰州。风俗碛卤，田畴每岁三易。	秦上郡之北境，秦末次胡……开置永丰镇方……后汉因之……赫连勃勃地属勃勃，单于，统万城地属勃勃。永丰镇，隋置勃方自今永丰县置丰州，贞观四年，唐武帝于今永丰县置丰州都督府，领蕃户……天宝元年，改为九原郡，乾元元年，复为丰州。	《旧唐书》：隋文帝置，后废。贞观四年，以突厥都督府附，省丰州县，唯领蕃户……二十一年，又改为丰州，地入灵州。九原郡。天宝元年，乾元元年复。《新唐书》：突厥户置，贞观四年以降户附，不领县，地入灵州。二十一年三州复置。	春秋为戎狄。战国属赵。秦属九原郡。汉属五原郡之。东汉因之。隋置丰州后为匈奴。帝置。隋废。炀帝废。唐帝置。五原郡。正观四年以突厥都督府立。不领县，地入灵州。十一年州复。二十三年曰九原郡。天宝元年复。	周春秋入北界。战国属赵。秦属上郡北境。晋属新兴郡，后周置永丰镇，隋开皇三年改永丰县，大业七年复为五原郡；唐武德元年置顺郡，复为丰州；六年省。分灵州之境置灵州都督府，分灵州之境置灵州。口四十一年又置，二十年复。贞观元年又置。贞观十三年复改为九原郡，口四十一年改为九原郡；天宝元年复为丰州。
天德军	唐开元中废横塞军，置天安军于大同川西，乾元中改天德军，移大济栅，今治天德军大同川西是也。	景龙二年又移理西受降城。天宝元年，张齐丘又于可敦城置横塞军。十二载，张齐丘又于大同川西安思顺奏废横塞军。安思顺奏置天德军。请于大同川西安乐戍置天德军。十四载，玄宗赐名曰天德军，移天安军理焉。缘居人稀少，权居永清栅。	开元十年，又移理中受降城。天宝八年，张齐丘又于可敦城移理横塞军，又自中受降城移理横塞军。十二载，安思顺奏废横塞军。请于大同川西筑城置天德军。十四载，玄宗赐名曰大德军，筑城功毕，乾元后改为天德军理焉。缘居人稀少，权移西南三里，又移理西受降城。	《旧唐书》：无沿革。《新唐书》：天德军，乾元后徙也永济栅。	无	云内州：乾元初改为天德，徙居永济栅。

续表

	《辽史·地理志》	《太平寰宇记》	《元和郡县图志》	两《唐书·地理志》	《舆地广记》	《分野之书》《陈志》
朔州	本汉马邑县地。元魏孝文帝始置朔州，在今州北三百八十里定襄故城，废。葛荣之乱，高齐天保六年复置，在今州南四十七里新城，八年徙马邑，即今理。周武帝置朔州总管府。隋大业三年改为马邑郡，唐武德四年复置朔州，辽因之。	秦为雁门郡，在汉即雁门郡之马邑县也。……至孝文帝迁都洛之后，又于州北三百八十里定襄故城置朔州，州城又因葛荣之乱，州废。高齐天保六年复置，在今州西南四十七里新城，即朔城也。八年仍移马邑县，即今理。周武帝置朔州总管。隋开皇中置朔州，大业三年改为马邑郡……唐武德四年复为朔州。	秦为雁门郡地，在汉即雁门郡之马邑县也。……孝文帝迁都迁洛之后，又于定襄故城置朔州，州城又因葛荣之乱，高齐天保六年复置，又于今州西南四十七里新城置朔州，即朔城也。武成帝置朔州总管，周武帝置朔州总管府，隋大业三年改为马邑郡，皇朝改为朔州。	《旧唐书》：隋马邑郡。武德四年，置朔州，领善阳、常宁二县。其年，省常宁一县。天宝元年，改为马邑郡，乾元元年，复为朔州。 《新唐书》：本治善阳，建中中，节度使马燧徙治马邑，后复故治。	秦汉属代、雁门二郡。……后魏置怀朔镇及朔州。北齐置广安郡，置代郡。隋开皇初郡废，置代州。初州废，改为马邑郡。唐武德四年，复曰朔州。	周春秋入北境。故国属燕，秦属代，雁门二郡。末年荒废。定襄故城置朔州，末于□□□□。北齐徙代郡，州西又徙广安郡，大业初置□□。业初置朔州，二州改为马邑郡，大唐德□又置马邑邑郡，天宝元年复为朔州，乾元元年复为朔州。
朔州郡鄯阳县	本汉定襄地。建安中置新兴郡，元魏置桑干郡，郡仍旧。高齐置招远县，郡罢朔州，隶朔州。隋开皇三年罢桑郡，隶朔州，辽隶朔州初名鄯阳县，辽因之。	本汉马邑县，属雁门郡，汉末荒废。建安中又置，属新兴郡。晋又属雁门，晋末又废。高齐此置招远县，属桑干郡，晋末不改，改属朔州。隋开皇三年罢桑郡，大业元年改名鄯阳县。	本汉马邑县。汉末荒废。汉末属雁门，属新兴郡。晋末又废。高齐此置招远县，隋开皇三年罢远县，属桑干郡，大业三年罢桑郡，皇朝改为鄯阳县。	《旧唐书》：汉定襄地，武周末置，隋开皇改魏置桑干县，隋为鄯阳县。 《新唐书》：武德四年省常宁县入焉。	本剧阳县。汉雁门郡，王莽改曰善阳，省之。东汉复曰剧阳县。北齐复省招远县，又置桑干县，隋又改鄯阳县，为广宁郡代县，魏置桑干县，后省剧阳郡，后属善阳，为广宁郡，后省剧阳。	秦马邑县地。汉折置。刘阳县，莽置桑干，东县，为代郡阳，茅曰善阳，三国汉复为剧阳，晋省剧阳县，元魏置新兴郡，又为剧阳县，元魏省人马邑县，北齐剧远县，置人马邑县，唐置桑干县，有故桑干，广宁郡，又置广安招远郡，于故剧阳地，隋剧阳，北齐改为广宁郡，大业初改招远为鄯阳。

续表

	《辽史·地理志》	《太平寰宇记》	《元和郡县图志》	两《唐书·地理志》	《舆地广记》	《分野之书》《陈志》
蔚州飞狐县	后周大象二年置广昌县于飞五龙城，即此。隋仁寿元年改名飞狐。相传有狐于紫荆岭食五粒松子，成飞仙，故云。	本汉广昌县地，属代郡，后汉属中山国。魏封乐进为广昌侯，即谓此。晋又属代郡。五龙城，晋后周大象二年复置广昌县，即此邑也。隋仁寿元年改广昌为飞狐，因县北飞狐口为名也。"易县古野孤城"条：耆老云："昔有孤于野孤，有狐于九荆岭食五粒松子后得仙，谓之飞狐。"①	本汉广昌县地，属代郡，晋又属代郡。隋开皇三年改属蔚州，因县北飞狐口为名也。隋末陷贼，武德六年重置，遥属蔚州，贞观五年理之易州遂城县今所，贞观五年遂城县界，贞观五年移城还今所。	《旧唐书》：隋县。隋末陷贼。武德六年，复置。贞观五年，寄治于易州遂城县今所。《新唐书》：初侨治易州之遂城，遥隶蔚州，贞观五年复故地。	本广昌县，汉属代郡。东汉属中山国，隋仁寿初改曰飞狐，属上谷郡，有飞狐口，在代国南四十里。汉属蔚州，在代国南高帝所谓距飞狐口关，郡食其说高帝距飞狐之口是也。晋刘琨为胡人所败，自代出飞狐口奔于安次，即从此道。	广昌县。汉古飞狐口，东为广昌县，属代郡，三国魏为汉属中山国，三国晏。晋属广昌侯国，后周于五龙城复代国。后周于五龙城复置广昌县，仁寿元年改为飞狐，仁寿德六年侨属蔚州，唐武德六年界，遥属蔚飞狐县界，遥属蔚治遂城县界，贞观五年还治本州。贞观五年还治本所。
东胜州	隋开皇七年置胜州。大业五年废。唐贞观五年置榆林县，故隋开皇七年改榆林为胜州。唐河南地置此，谓此东胜州河地置此，谓此为东胜州。又置榆林县为东胜州。天宝元年复为胜州。乾元元年复为胜州。	隋文帝开皇三年置榆林县；七年又置榆林，割云州之榆林、富昌、金河三县置胜州……（唐）贞观三年仍于子隋旧理置胜州。时柴绍、刘兰等破灭匈奴，夺其河南之地，天宝元年改为榆林郡。乾元元年复为胜州。	隋文帝开皇三年于此置榆林县；七年又割云州之榆林、富昌、金河三县置胜州，属云州。二十年置胜州，炀帝名也。大业五年，以胜州为榆林郡，仍隋旧理置胜州。贞观三年，师都平，仍于河南之地，因置州，以"决胜"为名。	《旧唐书》：隋置胜州。武德中，大业为榆林郡，平梁师都，复置胜州。天宝元年，乾元元年复为胜州。《新唐书》：武德中没胜州，师都平，复置州。	隋开皇二十年立胜州。大业初州废，武德中，平梁师都，复置胜州。立榆林郡，天宝元年曰榆林郡，乾元元年曰胜州……榆林县……隋开皇二十年立胜州。唐因之。榆林县：二十年立胜州。唐因之。大业初立榆林郡。	隋开皇三年置榆林县，七年置榆林县，属云州；二十年置榆林郡，属云州；大业二十年置榆林郡，唐贞观五年改置胜州，乾元三年改为胜州。

① 按 "古野孤城" 条出自《太平寰宇记》卷67《河北道十六·易州·易县》，第1361页。

四　从宋方记载看辽朝的地方区划

上文主要是从辽方文本系统论述辽朝的"五京道"问题，那么同一时期的宋人又是如何看待辽朝的高层政区呢？众所周知，宋人对于契丹之风土人情、山川地理相当重视，使臣出使之后需提交语录，契丹官员逃奔宋朝后会介绍辽境状况，宋人在编纂某些书籍时也会对契丹疆土予以关注。这些都为我们从宋人的角度探讨他们对于契丹政区的认知提供了文献上的基础。笔者拟从宋朝使臣之记载、由辽入宋归明人的汇报、宋方书籍中的契丹史地资料三个方面对此略作申说。[①]

（一）宋朝使臣之记载

宋人余靖曾于宋仁宗庆历三至五年（辽兴宗重熙十二至十四年，1043—1045 年）三使辽廷，他本人懂契丹语，曾作契丹语诗，深受契丹君臣喜爱。[②] 是故，余靖对于契丹的了解，显然要多于其他使臣。他在《契丹官仪》中详细介绍了契丹地方的军政、财政状况，其文曰：

> 契丹之掌兵者，燕中有元帅府，杂掌蕃汉兵，太弟总判之。其外则有北王府、南王府分掌契丹兵，在云州、归化州之北，二王皆坐在枢密下、带平章事之上，旧例皆赐御服。节度使参于旗鼓之南。乙室王府亦掌契丹兵，然稍卑矣。其有居雁门之北，似是契丹别族，其坐在上将军之上。又有奚王府，掌奚兵，在中京之南，与留守相见则用客礼。大抵契丹以元帅府守山前，故有府官，又有统军掌契丹、渤海之兵，马军步军一掌汉兵。以乙室王府〔守〕山

---

① 关树东先生曾简要提及宋人文献没有辽朝依京划道的记载，参见关树东《辽朝州县制度中的"道""路"问题探研》，第131页。
② 《契丹国志》卷24"余尚书北语诗"，第260页。

· 146 ·

后，又有云、应、蔚、朔、奉圣等五节度营兵，逐州又置乡兵。其西南路招讨掌河西边事，西北路招讨掌挞篁等边事，其东北则有挞领相公掌黑水等边事，正东则有注展相公掌女真等边事，此皆守边者也。

胡人司会之官，虽于燕京置三司使，唯掌燕、蓟、涿、易、檀、顺等州钱帛耳；又于平州置钱帛司，营、滦等州属焉；中京置度支使，宜、霸等州隶焉；东京置户部使，辽西、川、锦等州隶焉；上京置盐铁使，饶、泽等州隶焉；山后置转运使，云、应等州属焉。置使虽殊，其实各分方域，董其出纳也。①

由于辽朝于重熙十四年升云州为西京，以西京都部署司统云、应等五州节度使之兵，《契丹官仪》未及西京事，故所载当是重熙十四年西京建立之前的情况。同样，余靖亦未提及辽朝的"京道"建置。他首先介绍的就是辽朝的地方军事情况。山前之军由燕京元帅府统辖，管蕃汉之兵。这与下文《亡辽录》所载燕京总管府的情况一致（按总管府即元帅府，前后名称不一耳）。山后之军，则有南北王府、奚王府、乙室王府之军，又有云、应、蔚、朔、奉圣等五节度营兵。此外辽代西南、西北、东北及东部边境亦设有相应的军事机构。余靖对于辽朝地方军事机构的叙述，在层级、统属关系上多少有些含混不清，不过这很有可能就是辽朝的真实状况，即辽朝在地方的军事架构上并没有特别规整的制度设计。

至于财赋机构，余靖的介绍较为清楚，重熙十四年前辽朝的财赋路为上京盐铁使司、中京度支使司、东京户部使司、燕京三司使司、山后转运使司、平州钱帛司，共计六路财赋路。山后转运使司的设置表明，辽朝在山后诸州财赋机构的整合上，要早于军事机构的整合。在西京建立之

---

① 余靖：《武溪集》卷18《契丹官仪》，《北京图书馆古籍珍本丛刊》第85册，第175页上栏—下栏。

后，辽朝才将山后五节度州的兵权统归西京都部署司。

总而言之，余靖在叙述重熙十四年之前辽朝地方区划的状况时，与下文史愿《亡辽录》有近似之处，二者皆是按职能叙述，而不是按更高一级的"京道"来叙述辽朝的地方区划。

表4-5 　　　　　　　　《契丹官仪》所载辽朝地方区划简表①

财政	司会之官六处	燕京三司、平州钱帛司、中京度支、东京户部、上京盐铁、山后转运
行政	未载	未载
军政	山前	元帅府、统军、马步军
	山后	乙室王府；云、应、蔚、朔、奉圣等五节度营兵
	中京之南	奚王府
	河西边事	西南路招讨
	挞笪等边事	西北路招讨
	东北黑水等边事	挞领相公
	正东女真等边事	注展相公

（二）归明人之汇报

关于此类，最早有契丹归明人李信的记载。宋真宗咸平六年（辽圣宗统和二十一年，1003 年）七月，契丹供奉官李信逃归宋朝，他向宋廷汇报了辽国的诸多情况，其中牵涉到辽代地方军政、地理者如下：

> 国中所管幽州汉兵，谓之神武、控鹤、羽林、骁武等，约万八千余骑，其伪署将帅、契丹、九女奚、南北皮室当直舍利及八部落舍利、山后四镇诸军约十万八千余骑，内五千六百常卫戒主，余九万三千九百五十，即时入寇之兵也。其国境自幽州东行五百五十里至平州，又五百五十里至辽阳城，即号东京者也。又东北六百里至乌惹国，其国用汉文法，使印八角而圆。又东南接高丽。又北至女真，东

---

① 余靖：《武溪集》卷 18《契丹官仪》，《北京图书馆古籍珍本丛刊》第 85 册，第 175 页上栏—下栏。

踰鸭江，即新罗也。①

李信上报之时，辽有上、东、南三京。不过他并未提及上京的状况，而是重点介绍幽州汉兵，山后四镇诸军以及契丹、奚等蕃兵，在叙述契丹国境时亦只提及幽州（南京）、东京以及东部的兀惹、女真、高丽等属国、属部，李信的介绍当是为了宋朝备御辽朝而有所选择。其中的"山后四镇"即云、应、朔、奉圣四节度州，② 李信不仅将此四节镇军与幽州汉兵分开叙述，复将其与蕃兵合在一起计算军兵数额，似乎暗示着山后四镇与幽州汉兵有所区别。但此四镇之军是否归幽州方面辖制，李信并未交代。我们从中无法获知辽朝是否存在"京道"这样的军政区划。

另一份记录来自辽末的进士史愿，他在亡归宋朝后，撰成《亡辽录》一书，书中详细叙述了辽朝的地方军政建置。其叙述模式可归纳如下表：

表 4-6　　　　　　《亡辽录》所载辽朝地方区划简表③

财政	五京五计司	燕京三司、西转运、中度支、上盐铁、东户部
	三路钱帛司	长春、辽西、平州
行政	大藩府六	黄龙、兴中、奚王、南北王府、乙室王府
	节镇州三十三	略
	观察团练防御使州八	略
	刺史州七十	略
	诸藩臣投下州二十三	略
	县二百余	无

---

① 《长编》卷55，真宗咸平六年七月己西，第3册，第1207—1208页。

② 统和四年，降蔚州为刺史州，属奉圣州；开泰元年三月，升蔚州为观察州，后复升节度。故此时蔚州非节度州，山后实为四镇。参见《辽史》卷41《地理志五》"蔚州"条，第2册，第584页；卷15《圣宗纪六》，第1册，第186页。

③ 《三朝北盟会编》卷21引《亡辽录》，上册，第152页下栏—153页上栏；参见曹流《〈亡辽录〉与〈辽史地理志〉所载节镇州比较研究》文末附《辑本〈亡辽录〉点校稿》，《北大史学》第14辑，北京大学出版社2009年版，第158—162页；曹流：《〈亡辽录〉辑释与研究》，第174—213页。

续表

军政	沙漠之北	西北路都招讨府、奥隗乌隗部族衙、卢沟河统军司、倒挞岭部衙，以镇慑辖鞯、蒙古、迪烈诸国
	云中路	西南面都招讨府，西京兵马都部署司，金肃、河清军、五花城、南北大王府、乙室王府，山金司，控制夏国
	燕山路	燕京总都管府，侍卫马步军控鹤都指挥使、都统军司、牛栏监军寨、石门详稳司、南北皮室司、猛拽剌司，<u>并隶总管府</u>，备御大宋
	中、上京路	诸军都虞候司、奚王府大详稳司、大国舅司、大常衮司，五院司、六院司，沓温司
	辽阳路	东京兵马都部署司、契丹奚汉渤海四军都指挥使司、保州都统军司、汤河详稳司、金吾营、杓窊司，控扼高丽
	长春路	黄龙府兵马都部署司、咸州兵马详稳司、东北路都统军司，镇抚女真、室韦诸部

史愿在介绍辽朝地方区划时，并没有按照五京道的次序介绍，而是按照职能划分，此点颇类似宋朝分类而治的复合政区。《亡辽录》在以行政划分时按照府州之级别排序。如果辽朝真的存在更高一级政区，恐怕史愿不会丝毫不提。辽朝末年很可能部分存在类似于宋朝路制的复合政区，但实际情况要更为复杂、混乱。辽朝既存在节镇这样的高层政区，又存在复合政区，且在不同的区域以及职能划分上，复合政区的整合程度也存在差异。要言之，在财赋上，辽末存在五京计司、三路钱帛司八个机构，类似宋代之转运司路，辽计司的地位要高于钱帛司，但在区域划分上，后期已无统属关系。在行政上，主要承袭了唐以来的节镇体制，即府、节镇——州——县三级体制。在军事上，则较为混乱，《亡辽录》所称"某某路"之"路"，非区划之"路"，仅仅是依据备御对象的不同，分为不同的单元，表示的是一种方位概念，与文中"沙漠之北"的用例相似。其中燕云地区的军事划分较为清晰，应当存在军事性质的路分。燕京方面由燕京都总管府统御境内全部的蕃汉之兵，云中方面则由西京都部署司统五节度之

军、西南面招讨司（即西南面都招讨府）统丰、云内、东胜、宁边、金肃、河清等州军之兵，参见前揭表 1—2。总而言之，从史愿《亡辽录》的记载来看，辽朝的地方区划应是一种复合杂糅的状态，并没有什么整齐划一的政区模式。

另据高宇先生研究，《契丹国志》"州县载记"部分皆抄自史愿《亡辽录》，且很有可能是直接抄自《亡辽录》而非转抄自《三朝北盟会编》，① 故将其所载辽朝地方区划状况一并附后，以便参阅。②

总而言之，史愿《亡辽录》所载，与余靖所叙重熙十四年之前辽朝地方区划有近似之处，二者皆是按职能叙述，而不是按更高一级的"京道"来叙述辽朝的地方区划。无论是由辽返宋的使臣，还是由辽入宋的归明人，在叙述模式上高度一致，皆没有提及辽朝存在"京道"一级的政区。

表 4—7　　　　　　　《契丹国志》所载辽朝地方区划简表③

财政	建五京五处	燕京三司、西京转运、中京度支、上京盐铁、东京户部钱铁司
	钱帛司三处	长春路、辽西路、平州
行政	大藩府六处	南大王府、北大王府、乙室王府、黄龙府、兴中府、奚王府
	节镇三十三处	略
	建观察防御团练使八处	略
	刺史州七十余处	略
	辽东边远不记州十余	无
	县二百余	无
	（县二百余）外见记五处	金肃、河清、曷董、五花、振武
	诸藩臣投下州二十三处	略

---

① 高宇：《〈契丹国志〉研究》，博士学位论文，北京大学，2012 年，第 35—37 页。
② 《契丹国志》所载的顺序与《三朝北盟会编》所引《亡辽录》略有不同，但整体架构上，二者完全一致。为便于阅览，此表在排列顺序上略有调整。
③ 《契丹国志》卷 22 "州县载记"，第 233—236 页。

续表

军政	沙漠府控制沙漠之北	置西北路都招讨府、奥隗部族衙、驴驹河统军司、倒挞岭衙，镇抚鞑靼、蒙骨、迪烈诸军
	云中路控制夏国	置西南面都招讨府、西京兵马都部署司、金肃、河清军、五花城、南北大王府、乙室王府、山金司
	燕山路备御南宋	置燕京都总管府、节制马步军控鹤指挥使、都统军司、牛栏监军寨、石门详稳司、南北皮室司、猛拽刺司，并隶总管府
	中、上京路控制奚境	置诸军都虞候司、奚王府大详稳司、大国舅司、大常衮司、五院司、六院司、沓温司
	辽东路控扼高丽	置东京兵马都部署司、契丹、奚、汉、渤海四军都指挥使、保州统军司、汤河详稳司金吾营、杓窊司
	长春路镇抚女真、室韦	置黄龙府兵马都部署司、咸州兵马详稳司、东北路都统军司

（三）宋方书籍中的契丹史地资料

曾公亮、丁度等人修撰的《武经总要》参照宋朝诸多资料，详细编写了辽朝的山川、里程及所属州军等内容，这对于我们研究辽朝地方区划状况无疑具有重要的参考价值。余蔚先生曾对该书《北蕃地理》部分的史料价值、弊端予以考辨，令人信服。[①] 又据姜勇先生考证，《武经总要》当成书于宋仁宗庆历七年（辽兴宗重熙十六年，1047 年）四至六月间，[②] 故该书反映的应当是辽重熙年间或其之前的状况。

《北蕃地理》以"京"为中心的编排方式（参见表 4-8），显然有异于《契丹官仪》《亡辽录》的胪列形式，这样的编排很容易让人误以为宋人是按照五京道的政区予以排列。但是"四面州军""四面诸州"的提法，更像是一个地理概念，而不是一级政区的表述模式。检诸《武经总要》，在叙述宋代诸路州军时，皆以"路"为纲，绝无以某路首府为中心胪列"四面州军""四面诸州"之类的排列方式。[③]《武经总要》中仅《北蕃地理》

---

① 余蔚：《中国行政区划通史·辽金卷》，第 8—10 页。
② 姜勇：《〈武经总要〉纂修考》，《图书情报工作》2006 年第 11 期，第 131—135 页。
③ 其它史籍也罕见此种排列方式。

用此方法，这说明曾公亮等人并不认为辽朝存在"五京道"这样的一级政区，或存在类似宋代"路"一级的复合政区。《武经总要》编者恰恰是为了表述方便，以宋人的视角为基点，由南向北，以辽朝诸京为中心，将各京周边的州、军胪列在相应的"京"下，这才有了"四面州军""四面诸州"的说法。①

此外，《北蕃地理》的编者将女真一十八州单独置于全文末尾，并称诸州"居于东京三面，皆侨立州立名"，② 这也说明曾公亮等人并不是依据"京道"一级的政区来排列诸州，而是依据具体的情况予以划分，且最终的着眼点皆是以"京"为中心予以排列或说明。

如果将《武经总要·北蕃地理》的编排与《辽史·地理志》的编排作一比对，即可发现两者实际上都是依"京"划分地理区域，而非依据已有的政区予以划分。例如《武经总要·北蕃地理》"燕京州军十二（幽州四面州军）"条有辽州、润州、北安州、招延州诸州。《辽史·地理志》的编排则与此有异，辽州属东京道，润州、北安州属中京道，无招延州。又《北蕃地理》"中京四面诸州"之海北州、禄（渌）州，《辽史·地理志》皆属东京道；"东京四面诸州"之锦州、严州、隰州，《辽史·地理志》皆属中京道；"上京四面诸州"之"通州"，《辽史·地理志》属东京道。造成这种差异的原因应当就是两者所记皆是一种地理区划而非行政区划，故而在某些州的从属关系上，无需那么准确、统一。

---

① 何天明先生虽然认为《武经总要》没有直接反映出辽朝是否是"京""道"并存，但他认为"四面"之"面"盖以某一京级所在地为中心的有效管辖区，是这个管辖区范围内的四至州县。但他又认为这与北宋编者是否承认辽朝存在"道"并无直接关系。同时，他又推测元朝史官有可能参考了《武经总要·北蕃地理》的记载，并将"道"强行加入其中。何先生的推测在谨慎之余，似乎也显示他对于《辽史》"道"的编纂方式之由来有些犹豫。故最终何先生放弃了这一研究理路，而重点探讨京道的统治机构。详见氏著《辽代五京与道级政区析疑》，《北方文化研究》第6卷，韩国檀国大学北方文化研究所，2015年12月，第71—75页。

② 女真十八州之蠙、教、朝、邮四州不见于《辽史·地理志》，其余十四州皆见于"东京道"，与"东京三面"相合。

表 4-8　　　　《武经总要·北蕃地理》所载辽朝地方区划简表①

题名	内容
燕京州军十二·幽州四面州军	幽州、蓟州、檀州、顺州、平塞军、易州、滦州、辽州、润州、平州、北安州、招延州（以上并幽州四面州军）
西京州军十一·云州四面诸州	云州、妫州、蔚州、朔州、新州、儒州、应州、寰州、振武军、安北都护府、故丰州
中京四面诸州	泽州、渝州、来州、利州、建州、兴中府、新州（本契丹国之地）、白川州、宜州、北白川州、海北州、晖州、禄州、惠州、高州
东京四面诸州	沈州、韩州、同州、耀州、信州（黄龙府）、银州、双州、贵州、显州、乾州、宗州、岩州、开州、来远城、保州、吉州、盐州、锦州、严州、隰州
上京四面诸州	长春州、永州、乌州、龙化州、降圣州、宜坤州、祖州、怀州、庆州、饶州、通州（夫馀府）
女真一十八州	耀州、蠙州、海州、铜州、教州、崇州、兴州、荆州、荷州、朝州、卢州、宾州、郫州、铁州、定理州、怀北州、麓州、广州。居于东京三面，皆侨立州立名，民籍每州千户至百户，余依山林。

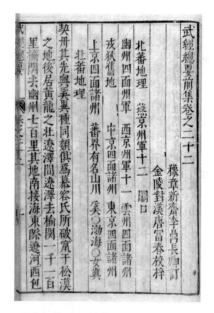

《武经总要》前集卷二二卷首目录

　　① 《武经总要》前集卷二二《北蕃地理》，明万历二十七年金陵富春堂刻本，第 1 页 a——19 页 a。

南宋绍兴年间成书的《宋朝事实》亦曾简要记载辽朝的地方区划，该书卷二○"经略幽燕"（原作"经略夷狄"）门称"契丹有五京，上镇十二，中镇六，下镇七，观察州十三，刺史上州九，中州十一，下州三十四。自京、镇等处土田丰好，兵马强盛，地利物产颇有厚利，其他自中下州固已寂寥荒漠"①。从李攸的记载中，我们只能看出京、镇、州重要性或有高低，无从看出诸州与五京之间的统属关系。李氏将"京""镇"并列叙述，称"京、镇等处土田丰好"云云，多少反映出京、镇当为同一层级。南宋人薛季宣《地理丛考》则将辽朝疆宇划分为唐朝故地、胡人境土两个单元，其下依次按"州"展开叙述，亦未提及"道"级区划。②

从宋朝使臣记载、契丹归明人汇报以及宋方书籍所载契丹史地资料三个方面来看，都没有提及辽朝存在"京道"这样的一级政区。至少从时间断限上，从兴宗重熙年间到辽朝末年应当是这样一种状况。而这一时间断限，又恰恰与《辽史·地理志》的时限大致吻合。《辽史·地理志》编纂者恐怕并不是按照"五京道"这样的政区去谋篇布局，而是按照地理区划，以"京"为中心安排诸镇、州、军。

第二节　文献中的"京道"与"京路"

一　《辽史》中的"京道"辨析

从现有的资料而言，我们似乎很难确证辽朝存在"京道"这样的一级政区。上文已从《地理志》编排和宋人文献两个方面论及"五京道"应当并不存在。不过，由于《辽史》还曾出现"南京道""三京诸道""诸道"之类的记载，故而有的学者认为，辽朝还是存在"京道"这样的一级机构

① （宋）李攸：《宋朝事实》卷20"经略幽燕"，第2页b—3页a。参见罗炳良《李攸〈宋朝事实〉的编撰及其史料价值》，《江西社会科学》2011年第12期，第105—108页。

② 《永乐大典》卷14385"霁"字韵引薛季宣《地理丛考》，中华书局2012年影印本，第7册，第6322页下栏—6324页上栏。

的，五京是各自所在地区的行政中心。①

实际上，除去《地理志》所载，《辽史》之中关于"京道"的说法并不多见。其中具体称"某京道"者仅有两条，即：统和十四年（996年）"十二月甲寅，以南京道新定税法太重，减之"②；统和十五年（997年）十月"戊戌，弛东京道鱼泺之禁"③。我们仅凭这两条似乎很难说明辽朝存在"京道"这样的一级政区，且南京道条牵涉财政问题，不排除系南京三司使司（财政区划）所定税法。至于"东京道"之说法，或指财赋性质的区划，亦或是因为东丹国和东京之渊源关系，东京地区的情况或并不同于其他诸京，姑且存疑。

此外，《辽史》还数次出现"三京诸道"或"五京诸道"的记载，这成为支持"京道"说的关键证据。保宁六年（974年）"十二月戊子，以沙门昭敏为三京诸道僧尼都总管，加兼侍中"④；统和七年（989年）正月"丙午，以青牛白马祭天地，诏谕三京诸道"⑤；统和九年（991年）正月"辛卯，诏免三京诸道租赋，仍罢括田"⑥；统和二十一年（1003年）"十二月癸未，罢三京诸道贡"⑦；大康三年（1077年）六月"戊申，遣使按五京诸道狱"⑧。这五处记载，确实让人以为"诸道"是针对诸京而言，"三京诸道"即"三京道"，"五京诸道"即"五京道"。不过，实际情况恐非如此。与辽朝同一时期的五代、北宋亦常见此种表述模式，"诸道"当指诸节镇，⑨ 抑或是"诸处"之义，而不是"京道"本身。例如后唐明宗天成元年（926年）十一月诏令"仰三京诸道分明宣布，于要害道路牓

---

① 李锡厚：《〈辽史·地理志〉辨误》，《隋唐辽宋金元史论丛》第4辑，第243—244页。
② 《辽史》卷13《圣宗纪四》，第1册，第160页。
③ 《辽史》卷13《圣宗纪四》，第1册，第162页。
④ 《辽史》卷8《景宗纪上》，第1册，第102页。
⑤ 《辽史》卷12《圣宗纪三》，第1册，第143页。
⑥ 《辽史》卷13《圣宗纪四》，第1册，第153页。
⑦ 《辽史》卷14《圣宗纪五》，第1册，第173页。
⑧ 《辽史》卷23《道宗纪三》，第1册，第318页。
⑨ 参见关树东《辽朝州县制度中的"道""路"问题探研》，第131页。

壁，不得漏落"①；明宗长兴二年（931年）八月勅文称"宜于两班罚钱及三京诸道赃罚钱内，每月支钱一百贯文赐两司"②；后唐末帝清泰元年（934年）七月的诏书称"应自长兴四年（933年）已前，三京诸道及营田，委三司使各下诸州、府、县，除已纳外，并放"③；后晋天福七年（942年）三月壬子，"天和节，三京诸道州府奏：'僧尼道士乞紫衣、师号凡百人，寺观名额五十余处。'悉从之"④；后周世宗显德二年九月敕文称"应两京诸道州府铜象器物……限勅到五十日内，并须毁废送官"⑤。又，宋太祖开宝四年（971年）九月甲申，诏曰："两京诸道，自十月后犯强窃盗，不得预郊祀赦"；⑥《宋大诏令集》载太宗太平兴国九年（984年）诏文称"应两京诸道州府"⑦，哲宗元符元年（1098年）德音谓"应四京诸道州府军监县"⑧，徽宗元符三年皇太后德音复见"应四京诸道"⑨ 以上诸例，可以说明几京诸道是当时较为常见的表述方式，并不能说明这些政权存在"京道"这一层级的政区，诸京与诸道当为并列之关系，即诸京以及诸道（州）之意。《辽史·圣宗纪》谓统和十四年（996年）春正月，"丁巳，蠲三京及诸州税赋"⑩，或许是对这一关系最好的说明。

　　至于"诸道"这一说法，多为泛称，既可指称诸道兵马（系行军之单位）、也可指称诸方州，并无实指，自然不可作为辽朝存在"京道"的确证。

---

① 《册府元龟》卷65《帝王部六五·发号令四》，第1册，第694页。
② 《册府元龟》卷508《邦计部二十六·俸禄四》，第6册，第5780页。
③ 《册府元龟》卷492《邦计部十·蠲复四》，第6册，第5577页。
④ 《册府元龟》卷52《帝王部五二·崇释氏二》，第1册，第552页。
⑤ 《册府元龟》卷501《邦计部一九·钱币三》，第6册，第5695页。
⑥ 《长编》卷12，太祖开宝四年九月甲申，第1册，第271页。
⑦ 司义祖整理：《宋大诏令集》卷200《改事五三·刑法上·诸道州府斗兢杖以下便可决断下必下有司诏》，中华书局1962年版，第741页。
⑧ 司义祖整理：《宋大诏令集》卷149《政事二·符宝鼎圭辂·受传国宝赦天下德音》，第552页。
⑨ 司义祖整理：《宋大诏令集》卷14《皇太后二·听政·皇太后罢同听断德音》，第69页。
⑩ 《辽史》卷13《圣宗纪四》，第1册，第159页。

二 《辽史》及石刻资料中的"京路"

《辽史》还出现数处"京路"的记载。会同二年（939 年）四月"癸巳，东京路奏狼食人"①，此处"东京路"所指亦不明确，既可是财赋性质的路分（户部使司），亦可是行政上的路分，至于是不是相当于"道"一级的机构，则很难确定。统和八年（990 年）七月庚辰"诏东京路诸宫分提辖司，分置定霸、保和、宣化三县"②。此处"东京路诸宫分提辖司"的说法较为可疑。定霸、保和、宣化三县皆为上京临潢府之属县，《辽史·地理志》三县条目下皆称"统和八年，以诸宫提辖司人户置"，并未提及"东京路诸宫提辖司"③。辽朝之提辖司，除此处称某"路"提辖司外，余皆称某京或某州提辖司，并无某路提辖司的说法，故笔者颇怀疑此处的"路"字为衍文。

据笔者所见，文献、石刻资料中的东京路多与按察刑狱有关。大康四年（1078 年），孙克构"奉诏东京路按察"④；大康九年（1083 年），命贾师训奉诏"按察河东路刑狱"⑤，此处河东路当系辽东路（即东京路）之讹；大安五年（1089 年）夏，邓中举"充辽东路按察使"⑥。《辽史》中关于遣使按察刑狱并无规律可循，或单独按问一处刑狱，或遣四员、五员、六员按问数处刑狱。例如统和九年（991 年）闰二月，圣宗遣邢抱朴、李嗣、刘京、张幹、吴浩等五人分决诸道滞狱，三月复又遣马守琪、祁正、崔祐、崔简等四人决诸道滞狱；⑦ 开泰二年（1013 年）二月，"遣北院枢

---

① 《辽史》卷 4《太宗纪下》，第 1 册，第 50 页。
② 《辽史》卷 13《圣宗四》，第 1 册，第 152 页。
③ 《辽史》卷 37《地理志一》，第 2 册，第 497—498 页。
④ 拓本照片见中国文物研究所、北京石刻艺术博物馆编：《新中国出土墓志·北京》（壹），文物出版社 2003 年版，上册，第 60 页。参见孙建权《金〈孙即康坟祭文〉暨辽〈孙克构墓志铭〉考释》，《中国国家博物馆馆刊》2016 年第 6 期，第 74 页。
⑤ 寿昌三年《贾师训墓志》，拓本照片见陶建英、李俊义编《石墨芳华——刘凤翥李春敏收藏辽金碑刻拓本集》，第 275 页。
⑥ 寿昌四年《邓中举墓志铭》，拓本照片见陶建英、李俊义编《石墨芳华——刘凤翥李春敏收藏辽金碑刻拓本集》，第 283 页。
⑦ 《辽史》卷 13《圣宗纪四》，第 1 册，第 153 页。

密副使高正按察诸道狱"①；开泰六年（1017年）七月，遣刘京、吴叔达、仇正己、程翥、南承颜、王景运等六人分路按察刑狱。②综合而言，辽朝似乎并未形成固定的按察"路"或"道"，而是临时遣使按察。

至于南京路，则多与财赋相关。开泰六年（1017年）"冬十月丁卯，南京路饥，挽云、应、朔、弘等州粟振之"③；大康二年（1076年）二月"癸丑，南京路饥，免租税一年"④。此两处皆与赈灾有关，当与财赋性质的路分（三司使司）的关系更为密切。又，《梁援墓志》称梁援于寿昌三年（1097年）曾"通检于燕京路"⑤，此路显然是指财赋性质的路分。现有的石刻资料，在行政区划上提及燕京属地时皆指幽都府（开泰元年改称析津府）治下数州，从不涉及平州。统和五年（987年）《祐唐寺创建讲堂碑》称"夫幽燕之分，列郡有四，蓟门为上"，列郡有四，即幽都府所辖顺、檀、涿、蓟四个刺史州。⑥清宁四年（1058年）《涿州白带山云居寺东峰续镌成四大部经记》称"燕都之有五郡，民最饶者，涿郡首焉"⑦，五郡即顺、檀、涿、蓟、易五个刺史州。⑧乾统七年（1107年）《三河县重修文宣王庙记》谓"燕京经界，辖制六州，总管内外二十四县"⑨，六州即顺、檀、涿、蓟、易、景六个刺史州。

关于上京、中京，史籍记载甚尠。《邓中举墓志》称中举在道宗时"按通中上东三京路供奉官"⑩，因与侍奉皇帝的"供奉官"有关，故此处三京路，更有可能是指"京城"而言，很难证明"京道"或"京路"一级政区的存在。《孟初墓志》谓孟初于天庆二年（1112年）"十二月，管

---

① 《辽史》卷15《圣宗纪六》，第1册，第189页。

② 《辽史》卷15《圣宗纪六》，第1册，第196页。

③ 《辽史》卷15《圣宗纪六》，第1册，第196页。

④ 《辽史》卷23《道宗纪三》，第1册，第315页。

⑤ 向南：《辽代石刻文编》，第521页。

⑥ 此时易州尚在宋境，景州还未建立，故为四州。

⑦ 向南：《辽代石刻文编》，第285页。

⑧ 《辽史·地理志》谓景州置于兴宗重熙中（第2册，第568页），据此石刻"五郡"之说及相关碑志，景州置于道宗时期的可能性似更大些。

⑨ 向南：《辽代石刻文编》，第577页。

⑩ 向南：《辽代石刻文编》，第489页。

押中京路汉军，戍黄龙府"①，此处之"中京路汉军"盖指前文所言之中京都虞候所辖的汉人禁军。

此外，辽代石刻资料从未出现"京道"一词，若是辽朝确有五京道这样的一级政区，这实在是让人觉得有些匪夷所思。从《辽史》及石刻史料的用例来看，"道"更多是指节镇州及行军道，"路"则常用于西南路兵马都监、西南路（蕃汉）都提辖使、西南路招讨、西北路招讨、东南路处置使、东北路达领详稳、东北路兵马都监、东北路统军等具有方位性质的词汇，且多与部族军事相关。契丹文石刻则更能说明这一问题。契丹小字《耶律仁先墓志》第 40 行称仁先任 **一 十 伏介 勇 无**，汉译为"西北路招讨"或"西北面招讨"；② 《梁国王墓志》第 7 行称墓主萧尤哲任 **一 为 伏升 午布 仐各 火**，汉译为"东北路达领详稳"。③ 其中，汉译为"路"的 **伏介**、**伏升** 契丹语本义为"部族"，故上文之"西北路招讨"实际意思为"西北部族招讨"，"东北路达领详稳"意思为"东北部族达领详稳"。至于辽朝后期，辽人以"路"称呼平州、长春、辽西三钱帛司，应当是受到宋人的影响，与部族性质的"路"无涉。

综上，我们在传世史籍以及石刻资料中无法找到"京道"或"京路"作为一级政区的确凿证据。而且，我们也找不到关于"道"一级最高长官的确切记载，这不得不令我们怀疑辽朝是否真的存在"京道"这样的高层政区。

三 宋辽文献中的"东京（道）"与宰相府

在论及"东京道"时，学界较为常用的一条史料是《亡辽录》的记载，天庆八年（1118 年）秋，"女真陷东京、黄龙府、如、咸、信、苏、

---

① 拓本照片见中国文物研究所、北京石刻艺术博物馆编《新中国出土墓志·北京》（壹），上册，第 49 页。
② 刘凤翥：《契丹文字研究类编》，第 3 册，第 714 页。
③ 刘凤翥：《契丹文字研究类编》，第 3 册，第 949 页。

复、辰、海、同、银、通、韩、乌、遂、春、靖、泰五十余州,遂又陷辽东、长春两路"①。此处论者多断句为"女真陷东京黄龙府,如咸、进、苏、复、辰、海、同、银、通、韩、乌、遂、春、靖、泰五十余州",谓黄龙府与咸、信等五十余州皆属东京道。然而此一理解恐有疑问。"如"字在语义、文气上有违碍、不畅之处,曹流先生据《裔夷谋夏录》《契丹国志》,认为"如"系衍文。②不过,我们也不能完全排除"如"为州名,《辽史·地理志》失载的可能性。无论如何,"如"字很难说明咸、信等五十余州皆隶属东京道。若《辽史·地理志》之"五京道"属实,则《亡辽录》所载乌、春、泰三州均隶上京道,不属东京道。或言辽之政区前后有调整,《亡辽录》所载为辽末之情形。那么我们就需要再次审视这一句话的文义,其中最重要的是"辽东、长春"两路的范围。据《亡辽录》所载,辽末财赋路分为五京计司及辽西、平州、长春三路钱帛司,并无辽东路。实际上辽东路即东京路,《亡辽录》在此句后有文称"自金人初陷长春、辽阳两路"云云,将"辽东"路称为"辽阳"路,而辽阳正是东京之首府,故"辽东路"即"东京路"。又太平九年(1029年)"八月己丑,东京舍利军详稳大延琳囚留守、驸马都尉萧孝先及南阳公主,杀户部使韩绍勋、副使王嘉、四捷军都指挥使萧颇得,延琳遂僭位,号其国为兴辽,年为天庆"。次年"三月甲寅朔,详稳萧匹敌至自辽东,言都统萧孝穆去城四面各五里许,筑城堡以围之。驸马延宁与其妹穴地遁去,惟公主崔八在后,为守陴者觉而止"③。据此可知,东京亦可称作辽东。《宋会要辑稿》在叙述金人征辽过程时,称"女真陷契丹五十余城,据辽东、长春两路"④,未言所谓的"东京道"事。综合而言,《亡辽录》所载之"东京"实际上与黄龙府、咸州、信州等为并列关系,"东京"即东京城(辽阳府),同为五十余州城之一,分属长春、辽东(东京)两财赋路。疑

---

① 《三朝北盟会编》卷21引《亡辽录》,上册,第151页下栏。
② 曹流:《〈亡辽录〉辑释与研究》,第144页。
③ 《辽史》卷17《圣宗纪八》,第1册,第230、231页。
④ 《宋会要辑稿》蕃夷二之三三,第16册,第9757页。

乌、春、泰三州属长春路，其余胪列出的州城则属辽东（东京）路。

《辽史·食货志》有一段与此近似的记载，"东京、如、咸、信、苏、复、辰、海、同、银、乌、遂、春、泰等五十余城内，沿边诸州，各有和籴仓，依祖宗法，出陈易新，许民自愿假贷，收息二分。所在无虑二三十万硕，虽累兵兴，未尝用乏。迨天庆间，金兵大入，尽为所有"。[①] 文中关于五十余州城的描述与《亡辽录》相似，句首之"东京"亦应当指东京城（辽阳府）而言，而不是指"东京道"。

与之相关的另一个问题是，我们至今没有发现"道"一级的"长官"或机构，故而周振鹤先生在谈及这一点时称"辽代地方官制比较模糊，例如道为一级行政区划，但却并未设置明确的一级地方政府，亦无明确的道一级的地方行政长官。同时府州一级政府组织也混淆不清。这一方面是辽代行政制度本身的混合性质所引起，另一方面则是文献记载的不足而造成"[②]。台湾学者杨树藩先生根据《辽史·百官志》关于三京宰相府的一条记载，推测辽代五京各有一宰相府，为五京道的最高行政机构，其长官为左、右相和左、右平章事；宰相府下设留守司、总管府、警巡院等机构，分别掌管一道的民事、军事、治安、财政等。[③] 李锡厚先生亦认为辽廷由诸京宰相府及各职能部门统辖诸京道。[④] 然而，辽朝并不存在所谓的诸京宰相府（参见本书第二章第一节）。

本章结语

《辽史·地理志》依"京"划"道"的编排方式，很大程度上是出自史臣编纂上的主观需要，而非辽朝地方行政之客观事实。陈大任在纂修《地理志》时，不仅在地理沿革上取资《太平寰宇记》，而且在谋篇布局上

---

① 《辽史》卷59《食货志上》，第3册，第1027页。
② 参见周振鹤《中国地方行政制度史》，第110、165—166页。
③ 杨树藩：《辽金地方政治制度之研究》，《宋史研究集》第11辑，台北宋史研究座谈会编，1979年7月，第359—414页。
④ 李锡厚：《〈辽史·地理志〉辨误》，《隋唐辽宋金元史论丛》第4辑，第243页。

也参考了《太平寰宇记》以"道"为纲的编排方式。元人承袭《陈志》，以"京道"编排诸府州县，新增补的内容亦以"京"为中心排布陈列。史臣在无法弄清辽朝高层政区的情况下，采用此种编纂方式无疑是一种较为便捷的选择。

从五代之人的行记，到宋代使臣的语录，再到投宋辽人的汇报皆没有提及"京道"这样的行政区。宋方记载契丹地理的文献《北蕃地理》以诸京为中心排列州县，明显异于时人以"道"或"路"为核心的记载方式，从文献编排的方式上佐证了《辽史·地理志》依"京"划"道"（实为地理区划）之可能性。

《辽史》之中，除去《地理志》因谋篇需要提及诸京道外，其它诸处真正提及"某京道"者仅有两处，且在辽代石刻、宋人文献中皆无关于辽朝"某京道"的任何记载，这不得不令人生疑。如果辽朝真的存在"五京道"，不可能出现的次数如此之少。至于《辽史》数次出现几京诸道的记载，则是五代北宋较为常用的一种说法，并不能说明任何问题。而《辽史》中关于三京宰相府的记载，实为东京之中台省（宰相府）之误记，辽朝并没有三京宰相府。

第五章　不同视域下的辽朝"都城"问题

　　辽朝先后建立东京、上京、南京、中京、西京五个都城，学界关于这五个京城之中究竟哪一个是真正的"首都"，抑或全都不是，产生了严重的分歧，至今悬而未决。这牵涉到人们对于辽朝这一政权性质的认识，对于政治中心认定的标准、秉持的立场等诸多方面。笔者原先也坚定地认为辽朝的政治中心在于捺钵，而不在五京中的任何一京。但是这样一种认知，可能有些过于简单，无形中掩盖了辽朝政治文化的复杂性。辽朝既不是纯粹的游牧性汗国，也不是全盘采纳汉式政治文化的"中原"王朝。辽朝统治地域的复杂性，治理模式的杂糅性，都决定了辽朝的"都城"问题并不能用单一的视角去考察。

　　帝王的册封之礼是政治生活中极为重要的一种仪式，而册礼地点的选择，无疑可以反映出契丹人对于相应地点的重视程度。通过这一视角，可以看出辽之上京、中京、南京的地位相对较高，册礼地点大致有一个从上京向南京转移、再趋向中京的过程。辽朝这种政治中心的不确定性，同样给当时域外的一些国家造成了困扰，一份源出伽色尼王朝官方记载的域外文献资料，记载了当时契丹王朝的"中心"Ūjam，人们一般认为该词就是指辽上京。实际上，无论是阿拉伯文文本还是波斯文文本，记录下来的辽朝中心应当是一个契丹化的词汇——御帐（Ūjam）。这份记载折射出当时的人们对于辽朝的政治中心可能存在着同样的困惑，即辽朝的政治中心究竟是在京城还是捺钵。迄今为止，这一问题仍然极富争议。笔者无意于彻底解决这一问题，只是想从两个方面尝试去阐释这一现象。一是辽朝中京在地位、职能上是否不同于其他诸京，二是辽朝的二元性对辽朝政治文化的影响会不会波及人们对于辽朝政治中心的认知。

第一节　从册礼地点看辽朝礼仪都城的变迁

辽道宗即位时，"将行大册礼，北院枢密使萧革曰：'行大礼备仪物，必择广地，莫若黄川。'六符曰：'不然。礼仪国之大体，帝王之乐不奏于野。今中京四方之极，朝觐各得其所，宜中京行之。'上从其议"。[①] 据此，辽朝的册礼似盂于中京举行。杨若薇教授检阅史料后认为，辽朝册礼的地点不仅仅局限于中京，在其他京城也可以，并无一定之规则。[②] 但是如果仔细梳理从太祖朝至天祚朝历次汉式册礼的地点，再结合前后各个时期的政治形势，我们或许可以从中窥探出一些趋势。众所周知，辽朝册礼有契丹礼与汉礼两种：契丹礼（即柴册礼）为契丹选汗之仪，行于荒野；汉礼为上皇帝汉式尊号之礼，行于都城。因笔者重在考察汉式京城，故以汉礼为主，略及契丹之礼。从册礼地点这一视角，可以看出辽朝政治礼仪空间有一个由龙化州转至皇都（上京），再由上京转至南京，复由南京转至中京的过程，这一过程折射出辽朝政治文化演进的过程。

一　渐进西楼：太祖、太宗二朝

辽太祖元年（907 年）"春正月庚寅，命有司设坛于如迁王集会埚，燔柴告天，即皇帝位。尊母萧氏为皇太后，立皇后萧氏。北宰相萧辖刺、南宰相耶律欧里思率群臣上尊号曰天皇帝，后曰地皇后"[③]。关丁这次

---

① 《辽史》卷 86《刘六符传》，第 5 册，第 1458 页。
② 杨若薇：《契丹王朝政治军事制度研究》（修订本），第 189—190 页。关于册礼地点，杨著未能予以考辨、凿实，亦未区分时间断限，结论也有偏颇之处，实有进一步探讨的必要。
③ 《辽史》卷 1《太祖纪上》，第 1 册，第 3 页。

上尊号,有的学者认为耶律阿保机实际是即可汗位,所上为可汗号。① 太祖上尊号的地点"如迁王集会埚"究竟在何处,史无明文,目前学界有两种猜测。一种说法是在祖州附近。《辽史·太宗纪》称天显五年（930 年）十月"癸卯,建《太祖圣功碑》于如迁正集会埚"②,"如迁正集会埚"即"如迁王集会埚"。《辽史·地理志》谓祖州城附近有碑"以纪太祖创业之功"③,有的学者认为此碑即天显五年的《太祖圣功碑》。④ 若此,则如迁正（王）集会埚应在祖州城附近。然而根据近期的考古发掘与研究,祖州的太祖纪功碑立于天显二年（927 年）,⑤ 恐与天显五年的《太祖圣功碑》无涉。另一种说法是,如迁正（王）集会埚应当在龙化州附近,不过也没有什么直接的证据。⑥ 论者盖将太祖元年如迁正（王）集会埚称汗上尊号与神册元年（916 年）龙化州称帝建国一事相勾连,故有此说。由于龙化州是契丹奇首可汗龙庭所在,故而太祖取代遥辇痕德堇可汗之位时,将上尊号事安排在龙化州附近还是有较大可能的。

太祖受禅之后,因契丹传统旧俗,其汗位屡遭诸弟挑战。⑦ 太祖在数次妥协之后,终于在即可汗之位的第八年（914 年）大开杀戒,诛杀诸帐族及谋逆者三百余人,⑧ 从而维护自己的汗位。同时囿于部族传统,对于叛乱之首恶刺葛、次恶迭刺等人却不得不网开一面。

---

① 罗新:《中古北族名号研究》,北京大学出版社 2009 年版,第 11 页。

② 《辽史》卷 3《太宗纪上》,第 1 册,第 34 页。

③ 《辽史》卷 37《地理志一》,第 2 册,第 501 页。

④ 陈晓伟:《捺钵与行国政治中心论——辽初"四楼"问题真相发覆》,《历史研究》2016 年第 6 期,第 22 页。

⑤ 参见董新林、康鹏、汪盈:《辽太祖纪功碑初步整理与研究》,《隋唐辽宋金元史论丛》第 12 辑,第 78、93—94 页。

⑥ 任爱君认为如迁王（正）集会埚即龙化州,即辽太祖建元神册之地。参见氏著《辽上京皇城西山坡建筑群落的属性及其功能——从辽太祖营建西楼与皇都的线索与动机说起》,《北方文物》2010 年第 2 期,第 91 页。

⑦ 关于契丹世选传统强大的影响力,学界已多有研究。近年最有影响的文章当属罗新先生的《耶律阿保机之死》（《黑毡上的北魏皇帝》,海豚出版社 2014 年版,第 96—122 页）,太祖迫于契丹旧俗而不得不履行自己死亡预言的说法,虽有些骇人听闻,但其中彰显的正是契丹政治传统的巨大影响力。

⑧ 《辽史》卷 1《太祖纪上》,第 1 册,第 10 页。

汗位略微稳固之后，太祖开始援用汉制以求突破契丹旧俗之束缚，进而加强自身权力。神册元年（916年），太祖正式称帝建国。是年二月丙戌朔，群臣在龙化州东筑坛上太祖 "尊号曰大圣大明天皇帝，后曰应天大明地皇后。大赦，建元神册"，将州东的满林改名为 "册圣林"。三月丙辰，立长子倍为皇太子。① 不仅宣示自己本人不受三年一任选汗旧制的约束，且皇位传承也应遵循汉式之嫡长继承制度。

太祖的 "汉式" 举措，似乎颇见成效。次年（917年），太祖围攻幽州之时，二弟剌葛携子赛保里借机叛逃南朝。② 剌葛是诸次叛乱之首恶，太祖汗位最有力竞争者，此次南逃应当是觉得自己争夺汗位（皇位）彻底无望，又不甘久居人下而做出的选择。此点与后来耶律倍争位失败、愤而奔唐颇有相似之处。

随着心头大患剌葛的叛逃，太祖将目光从龙化州转向自己的根本之地西楼，辽朝的政治空间也随之发生变化。神册三年（918年）二月癸亥，太祖下令在西楼营建皇都；五月己亥，下诏修建孔子庙、佛寺和道观；七月，皇都建成。③ 由于太祖一直忙于征讨汉地，直至次年八月丁酉，太祖方才驾临皇都，亲谒孔子庙，命皇后、皇太子分谒佛寺、道观。太祖修建皇都以及孔庙、寺观的举措，虽有吸纳汉制之表象，但更多的是出于巩固权位的现实考量。

太祖的 "汉式" 举措，似乎再次取得了成效。就在太祖宣布修建皇都两个月后，太祖三弟 "迭烈哥谋叛，事觉，知有罪当诛，预为营圹"，后因诸亲请求，以四弟寅底石妻涅里衮代迭烈哥死，方才获免。④ 事实上，所谓的 "谋叛"，只是 "叛逃"，与之前的举兵 "谋逆" 完全不同。

---

① 《辽史》卷1《太祖纪上》，第1册，第10—11页。参见刘浦江《契丹开国年代问题——立足于史源学的考察》，《中华文史论丛》2009年第4期，第245—272页。

② 《辽史》卷1《太祖纪上》，第1册，第12页。

③ 《辽史》卷1《太祖纪上》，第1册，第12页；卷73《耶律曷鲁传》，第5册，第1348页。

④ 《辽史》卷1《太祖纪上》，第1册，第12—13页。三弟反叛，处死四弟妻子涅里衮，当有警示三弟、四弟之意。太祖八年诸弟之乱，涅里衮曾被寅底石胁从参与叛乱，参见《辽史·太祖纪上》（第1册，第9页）。又，太祖此举亦当与迭烈哥之妻乃应天后胞妹有关。

据《辽史·皇子表》记载，神册三年，太祖三弟云独昆·迭剌（即迭烈哥）"欲南奔，事觉，亲戚请免于上，又赦之"①。营建皇都与迭剌叛逃虽然未必有什么直接的因果关系，但考虑到此次叛逃发生在太祖用汉制改变契丹旧制的过程中，多少说明太祖权位愈发稳固，诸弟皆无挑战之可能，迭剌欲效仿二哥剌葛南逃，亦在情理之中。② 这与神册之前，诸弟屡次大规模叛乱是截然不同的。林鹄先生谓阿保机修建上京（皇都）的主要目的是为了以中原的意识形态来论证其皇位的合法性，③ 当近事实。皇都的设立无疑进一步巩固了太祖的皇权，契丹旧制的影响被进一步削弱。

太祖营建皇都后再未临幸龙化州，亦再无重要事件与之相关。太祖之后的诸帝，仅圣宗在太平十年（1030年）"二月，幸龙化州"④，这多少说明龙化州在辽朝的政治地位已与普通州县没有太多差别。发生这一转变的原因，已难确知。笔者推测，这或许与契丹王朝早期汗权（皇权）政治发展的脉络相关。

作为开国之地的龙化州，是太祖最早建立的私城。太祖在获取军权的第二年（902年），城龙化州于潢水之南，904年，复又广龙化州之东城，909年，建碑于龙化州以纪功德。⑤ 太祖早期着意经营龙化州，固然与此地曾是远祖奇首可汗的龙庭有关，但更重要的因素当是此地更有利于发展、壮大自己的势力。彼时，威胁太祖权力的最大力量，不在于契丹诸部，而在于太祖家族内部。⑥ 牵涉叛乱的首脑皆出自阿保机家族，而潢水北岸的西楼一带则是阿保机家族的重要聚点，史载阿保机高祖、曾祖、祖、父皆生于此。⑦ 太祖诸弟之乱，重点破坏的也是这一区域。⑧ 而龙化州

---

① 《辽史》卷64《皇子表》，第4册，第1070页。
② 太祖二弟剌葛叛逃之后，按照契丹旧俗，三弟迭剌最有资格继承汗权。太祖诸弟之乱中，首恶为剌葛，次恶即迭剌。
③ 林鹄：《南望：辽前期政治史》，第33页。
④ 《辽史》卷17《圣宗纪八》，第1册，第231页。
⑤ 《辽史》卷1《太祖纪上》，第1册，第2、4页。
⑥ 参见蔡美彪《契丹的部落组织和国家的产生》，《历史研究》1964年第5—6期，第187页。
⑦ 《辽史》卷37《地理志一》，第2册，第500页。
⑧ 例如劫西楼、焚明王楼等，参见《辽史》卷1《太祖纪上》，第1册，第7页。

地处潢水之南,① 为阿保机东楼之所, 在诸弟之乱中, 并未受到多少波及。中原文献关于阿保机择汉城自为一部的传说,② 虽难取信, 但应当反映出阿保机借助汉城发展势力这一实情。大乱之后, 在自己绝对掌控的私城龙化州行礼称帝, 当是相对稳妥之举。当援汉入契的策略发生效力, 剌葛南逃, 权位愈稳, 在原先反对力量较强的西楼地区营建汉式 "都城", 无疑更有利于强化自身的权力。

《辽史·地理志·序》谓 "太祖以迭剌部之众代遥辇氏, 起临潢, 建皇都"③, 其间包含了如迁正集会埚称汗、龙化州称帝建元、西楼建都三个步骤, 实为契丹旧制向太祖新朝转变的三个重要环节。太祖以汉制、汉法遏制传统的契丹旧制, 寻求在契汉双轨制中建立一个全新的草原帝国。随着皇都的建立, 契丹王朝的政治礼仪空间开始产生变化。对于汉人以及中原王朝而言, 彼时契丹的都城无疑是在 "皇都", 而 "皇都" 的这一政治功能亦为太宗所继承。

天显二年 (927 年), 太宗在皇位争夺中胜出, 这年秋天 "治祖陵毕。冬十一月壬戌 (15 日), 人皇王倍率群臣请于后曰: '皇子大元帅勋望, 中外攸属, 宜承大统。' 后从之。是日即皇帝位。癸亥 (16 日), 谒太祖庙。丙寅 (19 日), 行柴册礼。戊辰 (21 日), 还都。壬申 (25日), 御宣政殿, 群臣上尊号曰嗣圣皇帝。大赦。有司请改元, 不许。十二月庚辰 (3 日), 尊皇太后为太皇太后, 皇后为应天皇太后, 立妃萧氏为

---

① 关于龙化州的具体位置, 学界始终未能达成共识, 但《辽史·太祖纪》明确称 "城龙化州于潢河之南", 故该州位于潢水南岸当无太大问题。关于龙化州的新近研究成果, 可参见苗润博《契丹建国前史发覆——政治体视野下北族王朝的历史记忆》,《历史研究》2020 年第 3 期, 第 47~48 页; 连吉林《内蒙古开鲁县辽墓发现的墨书题记与辽之龙化州》,《北方文物》2019 年第 2 期, 第 74~77 页。

② 《资治通鉴》卷 266, 后梁太祖开平元年五月丁丑条《考异》谓《汉高祖实录》《唐余录》皆曰: "僖、昭之际, 其王邪律阿保机怙强恃勇, 距诸族不受代, 自号天皇王。后诸族邀之, 请用旧制。保机不得已, 传旗鼓, 且曰: '我为长九年, 所得汉人颇众, 欲以古汉城领本族, 率汉人守之, 自为一部。' 诸族诺之。俄设策复并诸族, 僭称皇帝, 土地日广。"(第 18 册, 第 8677 页。)

③ 《辽史》卷 37《地理志一》, 第 2 册, 第 495 页。

皇后"①。从时间顺序上来看，太宗即皇帝位的地点应在祖州或祖陵，柴册礼的地点也应在祖州、祖陵附近。此后太宗于十一月二十一日还都，并于二十五日在宣政殿接受嗣圣皇帝的尊号。据开泰五年（宋大中祥符九年，1016 年）出使辽朝的薛映记载，上京城内有"昭德、宣政二殿，皆东向"②。天庆十年（宋宣和二年，1120 年）宋使赵良嗣与完颜阿骨打一起观览辽上京城，"由西偏门入，并乘马，过五銮、宣政等殿"③。下文宣政殿亦与上京开皇殿并列出现，可证宣政殿确在皇都之内。太宗于宣政殿接受皇帝尊号的做法，应当得自中原的政治传统。唐朝的宣政殿，是都城长安大明宫内三大殿之一，是皇帝受册、上尊号等仪式的重要场所，④ 辽太宗显然承袭了唐朝的这一政治传统。太宗选择于皇都宣政殿上尊号，至少从政治礼仪上显示出皇都作为汉式首都的政治地位。⑤

如果说太宗将这次册礼地点选在皇都仅仅是个案，不能代表辽初的政治倾向。那么会同元年（938 年）的册礼事件或许更有标志性意义。此次册封的具体仪式要更为隆重，策划也更为周密。

天显十三年（十一月改元会同，938 年）七月戊辰，契丹遣耶律牒蜡、赵思温使晋，⑥ 十月戊寅，于汴京崇元殿册石敬瑭为英武明义皇帝。⑦ 同年

---

① 《辽史》卷 3《太宗纪上》，第 1 册，第 30 页。此时应当没有上太皇太后、皇太后以及皇后之尊号及举行相应之册礼，仅是地位升等而已。

② 《长编》卷 88，真宗大中祥符九年九月己酉，第 4 册，第 2015 页。

③ 《三朝北盟会编》卷 4 引《燕云奉使录》，上海古籍出版社 1987 年影印许刻本，第 25 页下栏。

④ 杜文玉：《大明宫宣政殿与唐代中朝制度研究》，《乾陵文化研究》第 7 辑，三秦出版社 2012 年版，第 159—160 页。

⑤ 太祖、太宗并非完全照搬中原模式，在某些方面仍会保留契丹旧俗。例如在殿宇建筑的朝向上，辽朝的宣政殿为东向，这与唐朝的南北向明显不同。契丹等北方民族有东向的习俗，宣政殿的朝向显然受此影响。不仅如此，辽朝皇都的中轴线也是依照契丹习俗呈东西向布局（参见董新林、陈永志、汪盈、肖淮雁、左利军《辽上京城址首次确认曾有东向轴线》，《中国文物报》2016 年 5 月 6 日第 8 版）。这或许可以作为契丹之俗与汉制在政治空间上相糅的一个例证。

⑥ 《辽史》卷 4《太宗纪下》，第 1 册，第 48 页。

⑦ 《册府元龟》卷 17《帝王部·尊号第二》，第 1 册，第 180 页；《旧五代史》卷 77《晋书三·高祖纪三》，第 4 册，第 1186 页。

八月戊寅, 后晋遣冯道、刘昫等出使契丹, 上应天皇太后及太宗尊号。^①

九月, 契丹 "边臣奏晋遣守司空冯道、左散骑常侍韦勋来上皇太后尊号, 左仆射刘昫、右谏议大夫卢重上皇帝尊号, 遂遣监军寅你己充接伴"^②。在冯道一行即将抵达西楼时, 耶律德光兴奋异常, 准备亲自郊迎, 后因 "天子无迎宰相之礼" 乃罢。^③ 十一月甲辰 (1 日), 德光命南北宰相及夷离堇就馆赐晋使冯道以下宴。丙午 (3 日), 上御开皇殿, 召见晋使。壬子 (9 日), 皇太后御开皇殿, 冯道、韦勋册上尊号曰广德至仁昭烈崇简应天皇太后。甲子 (21 日), 行再生柴册礼。丙寅 (23 日), 皇帝御宣政殿, 刘昫、卢重册上尊号曰睿文神武法天启运明德章信至道广敬昭孝嗣圣皇帝。大赦, 改元会同。^④

此次册礼, 应天皇后于皇都开皇殿受礼。^⑤ 太宗则依旧在皇都宣政殿受礼。^⑥ 与天显二年 (927 年) 相似, 太宗在接受汉式册礼之前, 先行契丹柴册之礼。这种先后次序, 或许隐含着契丹优先的政治选择, 太宗行柴册礼, 代表着草原部落 "可汗" 的合法性, 行汉礼则是对汉人及中原王朝确立 "皇帝" 的合法性。

此次汉式册礼远比天显二年规范、郑重。后晋不仅遣宰相前来, 更是运送卤簿、仪仗、法服、车辂等礼仪用具, ^⑦ 并派遣静鞭官刘守威、左金

---

① 《册府元龟》卷 980《外臣部·通好》, 第 11 册, 第 11353 页;《旧五代史》卷 77《晋书三·高祖纪三》, 第 4 册, 第 1182—1183 页;《新五代史》卷 8《晋高祖纪》, 第 1 册, 第 97 页;《资治通鉴》卷 281, 后晋高祖天福三年八月戊寅, 第 19 册, 第 9188 页 (按: "八月" 二字原脱, 据十二行本补);《辽史》卷 4《太宗纪下》, 第 1 册, 第 48 页。

② 《辽史》卷 4《太宗纪下》, 第 1 册, 第 48 页。

③ 《旧五代史》卷 126《冯道传》, 第 5 册, 第 1927 页。

④ 《辽史》卷 4《太宗纪下》, 第 1 册, 第 48—49 页。

⑤ 《辽史》卷 1《太祖纪上》谓太祖八年 (914 年) "冬十月甲子朔, 建开皇殿于明王楼基" (第 1 册, 第 10 页), 又同卷谓太祖七年 (913 年) 三月癸丑 "神速姑复劫西楼, 焚明王楼" (第 1 册, 第 7 页), 知开皇殿地处西楼 (即皇都)。

⑥ 《辽史·地理志》将太宗受册地点记为开皇殿, 显然是误将皇太后册礼地点误作皇帝册礼之处。

⑦ 《旧五代史》卷 137《外国列传·契丹传》, 第 6 册, 第 2136 页;《资治通鉴》卷 281, 后晋高祖天福三年八月戊寅, 第 19 册, 第 9188 页。

吾仗勘契官王殷、司天台鸡叫学生殷晖等礼官赴契丹，[①] 在礼器法物和人员上为应天太后及太宗之册礼做了充足的准备工作。太宗对此次册礼也是欣悦不已，专门辟承天门受礼，[②] 并要求蕃部并依汉制，同时改皇都为上京。[③] 辽人亦将此次册礼称为"都城大礼"。[④]

在契丹礼与汉礼双轨制并行的模式之中，太宗似乎更热衷于汉制。会同元年（938 年）建立三京之后，由于太宗再未举行册礼，一时难以判定太宗之取向。不过，会同三年，太宗"至燕，备法驾，入自拱辰门，御元和殿，行入阁礼"[⑤]。太宗收有后晋之后，在汴京行"入阁礼"。[⑥] 辽朝册礼地点隐隐有南向之趋势。可惜，太宗不久暴亡，他在册礼地点上究竟会如何选择，已难知晓。太宗之后的世宗、穆宗、景宗三帝皆即位于仓促之间，汉式册礼废而不行。

二　空无所依：世宗、穆宗、景宗三朝

大同元年（947 年）四月，与太祖在征服渤海的回军途中暴亡类似，太宗在灭亡后晋之后，由汴州回归中途，突然崩于栾城。太宗三弟耶律李胡与人皇王耶律倍长子耶律阮兵戎相见，在七月份达成横渡之约，世宗耶律阮得继皇位。八月，世宗尊母萧氏为皇太后，"九月壬子朔（1日），葬嗣圣皇帝于怀陵。丁卯（16 日），行柴册礼，群臣上尊号曰天授皇帝"，大赦，改元天禄。[⑦] 世宗行柴册礼的地点不详，所上尊号为天授皇

---

① 参见《旧五代史》卷 77《晋书三·高祖纪三》，第 4 册，第 1184 页；《新五代史》卷 8《晋高祖纪》，第 1 册，第 97 页。

② 太宗于承天门受礼亦有可能受唐制影响。《唐六典》卷 7 谓"除旧布新，受万国之朝贡，四夷之宾客，则御承天门以听政"（中华书局 1992 年版，第 217 页），此年太宗改元、名"上京"、受后晋尊号，故新辟承天门当有"除旧布新，受万国之朝贡，四夷之宾客"之意。

③ 《辽史》卷 37《地理志一》，第 2 册，第 499 页。

④ 保宁二年《刘承嗣墓志》，向南：《辽代石刻文编》，第 48 页。

⑤ 《辽史》卷 4《太宗纪下》，第 1 册，第 51 页。

⑥ 参见李月新《辽朝"入阁礼"考论》，《史学集刊》2016 年第 4 期，第 115—116 页。

⑦ 《辽史》卷 4《太宗纪下》，第 1 册，第 64—65 页；《辽史》卷 5《世宗纪》，第 1 册，第 71—72 页。

帝，其间当未行汉式之册礼。①

世宗在位期间应当摒弃了一些太宗所立制度。太宗在灭后晋之后，曾收卤簿法物运至中京镇阳（即恒州），后随世宗归于上京。然而世宗即位时，这些卤簿法物却备而不御。② 天禄五年（951 年）十一月，穆宗登基后，"诏朝会依嗣圣皇帝故事，用汉礼"，应历三年（953 年）二月辛亥朔，诏用嗣圣皇帝旧玺。③ 据此可以反推世宗对太宗制度包括汉仪应有所抵触而未行用。

天禄五年九月世宗准备南伐，前往南京，壬戌（3 日）至归化州祥古山，癸亥（4 日）遇弑，丁卯（8 日），穆宗"即皇帝位，群臣上尊号曰天顺皇帝，改元应历"，戊辰（9 日），如南京。④ 从日程上看，穆宗上尊号之地当在南京附近，穆宗并未像太宗、世宗那样，等到安葬完前帝之后再上尊号，而是先上尊号再葬世宗。⑤ 《辽史》并未记载穆宗是否行柴册礼，按常理而言，穆宗应当遵循契丹传统举行过柴册之仪。不过，与世宗朝一样，穆宗一朝十九年并未行汉式册礼。

应历十九年（969 年）二月己巳夜，穆宗于怀州附近行宫遇弑，次日黎明，景宗"即皇帝位于枢前。百官上尊号曰天赞皇帝，大赦，改元保宁"⑥。与穆宗相似，景宗亦是先上尊号再葬前帝。⑦ 及至十一月甲辰

---

① 世宗此前已在中京（恒州）举行了一次即位仪式，所行亦当为契丹礼。史称"契丹诸将已密议奉兀欲为主，兀欲登鼓角楼受叔兄拜"，"集蕃、汉之臣于府署，（恒州府署也。）宣契丹主遗制。（遗制，兀欲自为之也。）其略曰：'永康王，大圣皇帝之嫡孙，人皇王之长子，太后钟爱，群情允归，可于中京即皇帝位。'（……德光取中国，以恒州为中京。）于是始举哀成服。既而易吉服见群臣，不复行丧，歌吹之声不绝于内"。见《资治通鉴》卷 286，后汉高祖天福十二年四月乙亥，第 20 册，第 9356—9357 页；卷 287，后汉高祖天福十二年五月乙酉，第 20 册，第 9358—9359 页。

② 《辽史》卷 58《仪卫志四·仪仗·汉仗》，第 3 册，第 1022 页。

③ 《辽史》卷 6《穆宗纪上》，第 1 册，第 77、79 页。

④ 《辽史》卷 5《世宗纪》，第 1 册，第 74 页；卷 6《穆宗纪上》，第 1 册，第 77 页。

⑤ 穆宗对安葬世宗似乎不甚在意，仅在人皇王显陵附近为世宗择地安葬，既未新建陵号，亦未另建奉陵之邑。

⑥ 《辽史》卷 7《穆宗纪下》，第 1 册，第 95 页；卷 8《景宗纪上》，第 1 册，第 97 页。

⑦ 穆宗何时安葬，已不可考。

朝，景宗"行柴册礼，祠木叶山，驻跸鹤谷"①，此次册礼当正式确立景宗在部族之中的皇帝（可汗）之位。纵观景宗一朝十四年，亦未见行汉式册礼之事。辽朝九帝之中，仅世宗、穆宗、景宗始终为二字尊号，天授、天顺、天赞的名称亦更接近契丹之传统，简洁明了，② 不似汉式尊号典雅而繁冗。汉式尊号的缺失，多少可以反映出这三朝对于汉式册礼之态度。故而从上尊号这一角度，我们无法窥探册礼地点有何变化。汉式册礼这种空无所依的状态到了圣宗朝得以改观。

三　南下幽燕：圣宗、兴宗二朝

乾亨四年（982 年）九月壬子（24 日），景宗崩于焦山行在，癸丑（25 日），圣宗即皇帝位于柩前，十月辛酉（3 日），群臣上尊号曰昭圣皇帝，尊皇后为皇太后。③ 次年二月，圣宗在安葬完景宗之后，五月乙亥，"诏近臣议皇太后上尊号册礼，枢密使韩德度以后汉太后临朝故事草定上之"，六月乙酉朔（1 日），"诏有司，册皇太后日，给三品以上法服，三品以下用大射柳之服"。丙戌（2 日），圣宗返上京，甲午（10日），"上率群臣上皇太后尊号曰承天皇太后，群臣上皇帝尊号曰天辅皇帝，大赦，改元统和"④。圣宗即位之初上尊号的流程要略微复杂些，即位、上皇帝尊号、安葬前帝、再上太后、皇帝尊号。前一次上尊号的地点不详，后一次上尊号地点当在上京，惟两次上尊号是否涉及汉式册礼，暂且阙疑。

统和五年（987 年），辽帝册礼地点发生了明显的转变。是年四月癸巳朔（1 日），圣宗幸南京，丁酉（5 日），"上率百僚册上皇太后尊号曰睿德

---

① 《辽史》卷 8《景宗纪上》，第 1 册，第 98 页。

② 参见肖爱民《辽圣宗耶律隆绪的尊号与谥号辨析》，《河北大学学报（哲学社会科学版）》2017 年第 1 期，第 31 页。

③ 《辽史》卷 9《景宗纪下》，第 1 册，第 113 页；卷 10《圣宗纪一》，第 1 册，第 115 页。

④ 《辽史》卷 10《圣宗纪一》，第 1 册，第 117、118、119 页。卷 58《仪卫志四·仪仗·汉仗》亦谓圣宗于统和元年六月返回上京，第 3 册，第 1022 页。

神略应运启化承天皇太后；礼毕，群臣上皇帝尊号曰至德广孝昭圣天辅皇帝"①。从辽帝行程日期可以推知册礼地点已由上京南移至燕京，此一转变最直接的诱因当是宋辽之间的战事。圣宗即位时，年仅十二岁，"母寡子弱，族属雄强，边防未靖"②。宋太宗欲藉此机会收复中原故壤，遂于雍熙三年（辽圣宗统和四年，986 年）三月派遣三路大军北上，辽圣宗则于四月亲抵南京附近督战。五月庚午（3 日），辽军于岐沟关大败宋军，旋即班师，丙戌日（19 日），圣宗在南京元和殿大宴从军将校，论功封赏。③ 次年四月，圣宗在南京举行上尊号之大册礼。圣宗此举当有巩固边防，宣示燕云地区主权的政治意图。有意思的是，在此之后，辽朝诸帝再也没有在上京举行任何形式的册礼。

统和二十二年（宋真宗景德元年，1004 年），宋辽达成澶渊之盟，不再兵戎相向。不过，辽朝的册礼地点并未因此而改变。统和二十四年八月丙戌，圣宗"改南京宫宣教门为元和，外三门为南端，左掖门为万春，右掖门为千秋。……九月，幸南京。冬十月庚午朔（1 日），帝率群臣上皇太后尊号曰睿德神略应运启化承天皇太后，群臣上皇帝尊号曰至德广孝昭圣天辅皇帝"④。此时中京尚未营建，故此次册礼地点仍应为南京，改南京门名之举当与此次册礼有关。

除此之外，《辽史·礼志》载有"册皇太后仪"，内云"前期，陈设于元和殿如皇帝受册之仪。至日，皇帝御弘政殿"，后"自下先行至元和殿""东西上閤门使、宣徽使自弘政殿引皇帝御肩舆至西便门下"⑤。关于元和殿位置，《辽史》载会同三年（940 年）太宗幸燕，"御元和殿，行入閤礼"⑥，六年，太宗"备法驾幸燕，迎导御元和殿"，统和四年，"燕京

---

① 《辽史》卷 12《圣宗纪三》，第 1 册，第 139—140 页。此次卜尊号的名称与统和二十四年上尊号名称相同，向南先生据统和二十三年《重修云居寺碑记》载皇太后、皇帝尊号无"承天""天辅"，疑《辽史》统和五年所载尊号当有误，参见《辽代石刻文编》第 118 页。

② 《辽史》卷 71《景宗睿智皇后萧氏传》，第 5 册，第 1322 页。

③ 《辽史》卷 11《圣宗纪二》，第 1 册，第 129—130 页。

④ 《辽史》卷 14《圣宗纪五》，第 1 册，第 176—177 页。

⑤ 《辽史》卷 52《礼志五·嘉仪上》"册皇太后仪"，第 4 册，第 956 页。

⑥ 《辽史》卷 4《太宗纪下》，第 1 册，第 51 页。

留守具仪卫导驾入京，上（圣宗）御元和殿，百僚朝贺"①。可知元和殿在南京。又据大中祥符五年（辽开泰元年，1012 年）出使契丹的王曾记载，燕京有元和殿、洪政殿。②洪政殿即弘政殿，盖宋人避宣祖赵弘殷之讳而改。是故，元和、弘政二殿皆在南京，故《礼志》所载皇太后册礼在南京举行无疑。又《辽史·乐志》《仪卫志》载有相应的"册承天太后"诸仪，可以推知《礼志》所载"册皇太后仪"实即册承天太后之仪，③ 从中亦可以证明统和五年或二十四年承天太后之册礼确在南京举行。④

　　统和二十五年春正月，圣宗建中京。⑤ 不过，册礼地点似未随之发生变化。统和二十七年十一月初一日，圣宗行柴册礼，⑥ 地点不详。开泰元年冬十月辛亥（17 日），圣宗如中京。闰十月，《辽史》仅载赠皇弟隆祐（实名"隆裕"）守太师，谥仁孝。十一月甲午朔（1 日），文武百官加上尊号曰弘文宣武尊道至德崇仁广孝聪睿昭圣神赞天辅皇帝。大赦，改元开泰。改幽都府为析津府，蓟北县为析津县，幽都县为宛平县，覃恩中外。⑦ 从行程上难以推知册礼的具体地点，但从行礼之日改南京幽都府、蓟北县、幽都县名号以及落幽州卢龙军军额等一系列动作来看，⑧ 圣宗在南京行礼的可能性似乎要更大一些。

　　太平元年（1021 年）九月，圣宗幸中京。十月庚申（18 日），幸通天

---

　　① 《辽史》卷 58《仪卫志四·汉仗》，第 4 册，第 1022 页。

　　② 《长编》卷 79，真宗大中祥符五年十月己酉条引王曾《上契丹事》，第 3 册，第 1795 页。《宋会要辑稿》蕃夷二之六记为大中祥符六年（第 16 册，第 9740 页），当是归来之后上书时间，非出使日期。

　　③ 《辽史》卷 54《乐志·雅乐》《大乐》，第 4 册，第 981—982、984 页；卷 55《仪卫志一·汉舆》，第 4 册，第 1003 页；卷 57《仪卫志三·符印》，第 4 册，第 1016 页。参见苗润博《〈辽史〉探源》，第 269 页。

　　④ 《辽史·乐志》《仪卫志》将册承天太后之礼系于统和元年，然统和元年册礼行于上京，与《礼志》载南京元和、弘政殿行礼不合，疑二志系年或有误。

　　⑤ 《辽史》卷 14《圣宗纪五》，第 1 册，第 177 页。

　　⑥ 《辽史》卷 14《圣宗纪五》，第 1 册，第 178 页。同年十二月，承天太后崩，故十一月行柴册礼，盖承天太后归政之举。是故，《长编》卷 72 真宗大中祥符二年十二月癸卯条谓"始归政于契丹主，未踰月而卒"（第 3 册，第 1646 页）。

　　⑦ 《辽史》卷 15《圣宗纪六》，第 1 册，第 188 页。

　　⑧ 落军额事见《辽史》卷 40《地理志四》"南京析津府"条（第 2 册，第 561—562 页）。

观，观鱼龙曼衍之戏。翌日（19日），再幸。还，升玉辂，自内三门入万寿殿，奠酒七庙御容，因宴宗室。十一月癸未（12日），圣宗"御昭庆殿，文武百僚奉册上尊号曰睿文英武遵道至德崇仁广孝功成治定昭圣神赞天辅皇帝，大赦，改元太平，中外官进级有差……甲申（13日），册皇子梁王宗真为皇太子"①。史书未载圣宗九月幸中京之后具体的去向，十月所记通天观、万寿殿具体所在亦不可考，然十一月行礼之昭庆殿在南京。据《辽史·太宗纪》，会同三年（940年）四月庚子（5日），太宗"至燕，备法驾，入自拱辰门，御元和殿，行入阁礼"，"壬戌（27日），御昭庆殿，宴南京群臣"②，知昭庆殿在南京城内。至兴宗时，昭庆殿仍应位于南京。《辽史·兴宗纪》谓重熙十一年（1042年）闰九月，兴宗于昭庆殿大宴群臣。③《辽史·游幸表》谓是年闰九月，兴宗"幸南京，宴于皇太弟重元第，泛舟，于临水殿宴饮"④。由此可以推知，兴宗时昭庆殿仍在南京。故圣宗太平元年之册礼依然行于南京。

综合而言，圣宗初期，由于军事原因，圣宗将册礼地点由上京迁至南京，此后，圣宗将册礼地点固定于南京。

太平十一年（1031年）六月己卯，圣宗崩于大福河行宫，兴宗即位于柩前，壬午尊母元妃为皇太后，辛卯改元景福。十一月甲午，葬圣宗于庆陵。⑤景福二年（1032年）十月己酉（11日），兴宗幸中京。十一月己卯（11日），兴宗"率群臣上皇太后尊号曰法天应运仁德章圣皇太后，群臣上皇帝尊号曰文武仁圣昭孝皇帝。大赦，改元重熙"⑥。与圣宗不同，兴宗

---

① 《辽史》卷16《圣宗纪七》，第1册，第211页。又同卷载开泰九年九月丁卯"文武百僚奉表上尊号，不许；表三上，乃从之"，此处群臣上尊号当为商议来年上尊号事，故下文云十二月"乙巳，诏来年冬行大册礼"（第1册，第209、210页）。

② 《辽史》卷4《太宗纪下》，第1册，第51页。

③ 《辽史》卷19《兴宗纪二》，第1册，第260页。

④ 《辽史》卷68《游幸表》，第4册，第1176—1177页。

⑤ 《辽史》卷17《圣宗纪八》，第1册，第232页；卷18《兴宗纪一》，第1册，第239、241页；《圣宗皇帝哀册》，金毓黻编《辽陵石刻集录》，全国图书馆文献缩微复制中心1992年版，第23页。

⑥ 《辽史》卷18《兴宗纪一》，第1册，第242页。

即位后，未立即上尊号，而是在安葬先帝之后，再上太后、皇帝尊号。从尊号名称来看，兴宗所行当为汉式册礼，惟行礼地点难以推知，或在中京、或在南京。

重熙四年（1035年）十一月乙酉，兴宗行柴册礼于白岭，大赦。① 孙建权先生认为此次契丹册礼或因兴宗从太后手中夺取大权而举行。②

重熙十一年闰九月癸未，耶律仁先遣人报宋岁增银、绢十万两、匹，文书称"贡"，送至白沟，兴宗悦，宴群臣于南京昭庆殿。③ 十一月丁亥，"群臣加上尊号曰聪文圣武英略神功睿哲仁孝皇帝，册皇后萧氏曰贞懿宣慈崇圣皇后"④ 从这一时期辽宋之间争夺关南十县，及兴宗于南京昭庆殿庆祝宋朝增币称贡来看，此次册礼在南京举行的可能性要更大一些。⑤《耶律宗政墓志》也证实了笔者这一推测，志文称"（重熙）十一年冬，车驾幸燕，普徇群情，载加懿号"⑥。

重熙二十三年十月丁酉（7日），兴宗驻跸中京。戊戌（8日），幸新建秘书监。辛丑（11日），有事于祖庙。癸丑（23日），以开泰寺铸银佛像，曲赦在京囚。十一月壬申（13日），帝率群臣上皇太后尊号曰仁慈圣善钦孝广德安静贞纯懿和宽厚崇觉仪天皇太后，大赦。内外官进级有差。甲申（25日），群臣上皇帝尊号曰钦天奉道祐世兴历武定文成圣神仁孝皇帝，册皇后萧氏曰贞懿慈和文惠孝敬广爱崇圣皇后。十二月丙申

---

① 《辽史》卷18《兴宗纪一》，第1册，第245页。
② 孙建权：《守本纳新：辽金赦宥制度研究》，中国社会科学出版社2017年版，第44—45页。
③ 《辽史》卷19《兴宗纪二》，第1册，第260页。
④ 《辽史》卷19《兴宗纪二》，第1册，第260页。
⑤ 《辽史》卷68《游幸表》谓重熙十一年十二月兴宗"幸延寿寺饭僧。诏宋使观击鞠"（第4册，第1176页）。《辽史》卷19《兴宗纪二》谓是年十二月"己酉，以宣献皇后忌日，上与皇太后素服，饭僧于延寿、悯忠、三学三寺。……己未，宋遣贺正旦及永寿节使居邸，帝微服往观"（第1册，第260页）。延寿、悯忠、三学三寺皆在南京，兴宗闰九月至十二月，很可能一直在南京，在南京举行册礼之后不久，复又在南京接见宋使。
⑥ 拓本照片见陶建英、李俊义编《石墨芳华——刘凤翥李春敏收藏辽金碑刻拓本集》第151页。

（7 日），如中会川。① 此次册礼地点已难确知，惟开泰寺在南京城内，② 颇疑此次册礼应在南京，然不能完全排除在中京之可能。

四 礼定"中土"：道宗、天祚二朝

重熙二十四年（1055 年）八月丁亥己丑，兴宗崩于行宫，道宗即皇帝位于枢前，辛丑，改元清宁，十一月甲子，葬兴宗于庆陵。次年九月庚子（21 日），道宗幸中京，祭圣宗、兴宗于会安殿。冬十月丙子（28 日），如中会川。十一月甲辰（26 日），文武百僚上尊号曰天祐皇帝，后曰懿德皇后。十二月甲寅（7 日），上皇太后尊号曰慈懿仁和文惠孝敬广爱宗天皇太后。③ 与兴宗类似，道宗即位后，亦未上尊号，而是先安葬先帝，再上帝后及皇太后尊号。道宗此次册礼地点也很难从辽帝行程推知。据《辽史·刘六符传》，"道宗即位，将行大册礼，北院枢密使萧革曰：'行大礼备仪物，必择广地，莫若黄川。'（三司使）六符曰：'不然。礼仪国之大体，帝王之乐不奏于野。今中京四方之极，朝觐各得其所，宜中京行之。'上从其议"。④ 若此，此次册礼仿佛是在中京举行。然而，事情有可能要比我们想象的复杂。《辽史》卷八九《杨皙传》载清宁初，知南院枢密使杨皙"请行柴册礼"⑤，《辽史·萧孝友传》谓清宁二年"以柴册恩，遥授洛京留守，益赐纯德功臣"⑥，知清宁二年所行之大册礼为契丹柴册之礼。若此，则道宗更可能是在中会川（黄川）举行柴册礼。萧革与刘六符争议焦

---

① 《辽史》卷 20《兴宗纪三》，第 1 册，第 281 页。

② 《辽史》卷 40《地理志四》引王曾《上契丹事》，第 2 册，第 564 页；《长编》卷 79，真宗大中祥符五年十月己酉条引王曾《上契丹事》，第 3 册，第 1795 页；《宋会要辑稿》蕃夷二之六，第 16 册，第 9740 页。

③ 《辽史》卷 20《兴宗纪二》，第 1 册，第 282 页，卷 21《道宗纪一》，第 1 册，第 285—286、288—289 页。

④ 《辽史》卷 86《刘六符传》，第 5 册，第 1458 页。

⑤ 《辽史》卷 89《杨皙传》，第 5 册，第 1487 页。

⑥ 《辽史》卷 87《萧孝友传》载"清宁初，加尚父。顷之，复留守东京。明年，复为北府宰相。帝亲制诰词以褒宠之。以柴册恩，遥授洛京留守，益赐纯德功臣"（第 5 册，第 1468—1469 页）。又《辽史》卷 21《道宗纪一》载清宁二年十二月戊申朔"东京留守宿国王陈留（即萧孝友）北府宰相"（第 1 册，第 289 页），知清宁二年行柴册礼。

点当不在于行礼之地点，而在于即位之礼仪当行柴册礼还是汉礼。

清宁四年（1058 年）十一月癸酉（6 日），道宗行再生及柴册礼，宴群臣于八方陂。庚辰（13 日），御清风殿受大册礼。①曾陷于辽地十余年的武珪对此详加记载，惟日期略有差异。他称道宗在到达永兴甸后，3 日行柴册礼，5 日返回靴甸（即中会川），"受南朝礼物"②。清风殿所行大册礼恐非汉礼，一是该殿地处荒川，二是此年并未上汉式之尊号。

咸雍元年（1065 年）正月初一日，文武百僚加上道宗皇帝尊号曰圣文神武全功大略广智聪仁睿孝天祐皇帝，改元咸雍，大赦，册梁王濬为皇太子。③此次册礼地点，《辽史》亦未明载。《耶律宗允墓志》谓"十年甲辰岁（清宁十年，1064 年），皇上以累洽在辰，鸿钧陶世，勉从群请，载益徽称，爰整翠莘，俯旋神丽。时王公将相出临外任者，皆诏赴天阙，预观缛仪。王始自彰国军，沿节于迈，以仲冬之月，获届于中畿"④。"载益徽称"即道宗上尊号事，"中畿"当指中京。《秦越国妃墓志》明确称"咸雍改元，文武百寮上尊号，行大礼于中都，上受徽册"⑤。故此次上皇帝尊号及册皇太子之礼皆在中京举行。

此外，另有一条关于燕国王封册地点的记载，亦可作为道宗朝册礼地点之参照。大康九年（1083 年）十一月丙午，道宗进封梁王延禧为燕国王。⑥延禧为皇太子耶律濬之子，濬亡故后，道宗最终选定延禧为皇位继承人，此处封燕国王有立储之意味。《贾师训墓志》谓"以奏簿至中

---

① 《耶律宗政墓志》谓"（清宁）四年冬，加上宝册，召赴阙"，概指上册礼事。拓本照片见陶建英、李俊义编《石墨芳华——刘凤翥李春敏收藏辽金碑刻拓本集》，第 151 页。

② 苗润博：《〈说郛〉本王易〈燕北录〉名实问题发覆》附录《武珪〈燕北杂录〉佚文辑校》，《文史》2017 年第 3 辑，第 150 页。《说郛》本王易《燕北录》，学界普遍认为是出使辽朝的王易所作，据苗润博先生考证，此书实为武珪《燕北杂录》，甚是，今采其说。

③ 《辽史》卷 22《道宗纪二》，第 1 册，第 300 页。据《高丽史》卷八文宗世家文宗十九年（辽道宗咸雍元年）三月"己未，契丹东京留守牒报，册上皇太后尊号慈懿仁和文惠孝敬显圣昭德广爱宗天皇太后，加上皇帝尊号圣文神武全功大略聪仁睿孝天祐皇帝"（第 24 页 a），知《辽史》漏载上太后尊号事。又，此次行礼月份异于通常之十一月，当有隐情。

④ 咸雍元年《耶律宗允墓志》，拓本照片见陶建英、李俊义编《石墨芳华——刘凤翥李春敏收藏辽金碑刻拓本集》，第 157 页。

⑤ 盖之庸：《内蒙古辽代石刻文研究》（增订本），第 439 页。

⑥ 《辽史》卷 24《道宗纪四》，第 1 册，第 327 页。

京，属封册，皇子（孙）燕国王开宴，召授太常少卿、枢密都承旨"①，《耶律善庆墓志》称"大康九年冬，上幸中京，封册燕国王"②，知册封燕国王之礼亦在中京举行。

道宗将汉式册礼定于中京，当与他喜好汉文化有关。上文刘六符所言"礼仪国之大体，帝王之乐不奏于野，今中京四方之极"云云，显然代表汉人臣僚之观点，道宗皇帝亦予以肯定。《松漠记闻》卷上载汉人臣僚经筵讲授《论语》，"至'夷狄之有君'，疾读不敢讲"，道宗曰："上世獯鬻、猃狁，荡无礼法，故谓之夷。吾修文物彬彬，不异中华，何嫌之有？"道宗对于汉文化之态度及其对于汉文化理解之深入，由此可见一斑。道宗朝，将册礼地点定于四方之极的中京大定府，当与此有关。也正因如此，在这个时期，才会出现"五都错峙，帝宅尊乎中土，则大定之分甲天下焉"以及"五都错峙，中为大"这样的言论。③

寿昌七年（1101年），正月甲戌（13日），道宗崩于长春州的韶阳川行宫，耶律延禧奉遗诏即皇帝位于枢前，群臣上延禧尊号曰天祚皇帝，六月辛亥葬道宗于庆陵。④乾统三年（1103年）十月，天祚帝如中京，己巳（23日），有事于中京观德殿，十一月丙申（20日），文武百官加上尊号曰惠文智武圣孝天祚皇帝，大赦。十二月戊申（3日），如藕丝淀。与兴宗、道宗不同，天祚即位即上尊号，然后再安葬先帝，三年后上汉式尊号。契丹文中明确将乾统三年册礼称为汉儿之大礼或汉儿之礼。⑤契丹小字《许王墓志》第35行称：

---

① 寿昌三年《贾师训墓志》，拓本照片见陶建英、李俊义编《石墨芳华——刘凤翥李春敏收藏辽金碑刻拓本集》，第275页。

② 胡娟、海勇：《辽〈耶律善庆墓志〉考释》，辽宁省博物馆、辽宁省辽金契丹女真史研究会编：《辽金历史与考古》第9辑，科学出版社2018年版，第287页。

③ 咸雍八年《创建静安寺碑》，向南：《辽代石刻文编》，第360页；大康元年《耶律祁墓志》，拓本照片见陶建英、李俊义编《石墨芳华——刘凤翥李春敏收藏辽金碑刻拓本集》，第193页。

④ 《辽史》卷27《天祚皇帝纪一》，第1册，第355、356页；《道宗皇帝哀册》，金毓黻编《辽陵石刻集录》，第32页。

⑤ 《辽史》卷71《天祚德妃萧氏传》谓"乾统三年，改德妃，以柴册礼，封挞鲁为燕国王"（第5册，第1327页），所载柴册礼当为汉式册礼之误。

父 木丹 包 牛 朱亏 又及 兮太
　及扎　　　　夬夾
　　　　　　　　关

乾统 三年 汉儿之 大礼①

契丹小字《梁国王墓志》第 17 行称：

父 木丹 …… 包 牛矢 朱亏 兮太
　及扎　　　　　夬夾
　　　　　　　　关

乾统 …… 三年于 汉儿之 礼②

据此可知，此种较为典雅复杂之尊号，当为汉式册礼所上之尊号。《萧义墓志》称乾统三年，"属新德嗣庆，民望徯苏。顺天应人，来幸霤邑。四海浃恩，推先亲旧。公授平章事，职如故"③。"新德嗣庆"即上尊号事，"霤邑"乃中京之别称，可知乾统三年大册礼在中京举行。

乾统六年，十一月丙申（9 日），天祚帝行柴册礼，甲辰（17 日），祠木叶山。契丹文将柴册礼称为契丹之大礼。契丹小字《梁国王墓志》第 17 行称：

父 木丹 …… 灰 牛矢 夹乏 又及 兮太
　及扎　　　　　关
　　　　　　　　

乾统 …… 六年于 契丹之 大礼④

《萧义墓志》称乾统六年，"上方有事于帝山，命公先仪，授本府相

---

① 参见清格尔泰、吴英喆、吉如何：《契丹小字再研究》，内蒙古大学出版社 2017 年版，第 996 页。
② 参见清格尔泰、吴英喆、吉如何：《契丹小字再研究》，第 1421 页。
③ 天庆二年《萧义墓志》，拓本照片见陶建英、李俊义编《石墨芳华——刘凤翥李春敏收藏辽金碑刻拓本集》，第 355 页。
④ 参见清格尔泰、吴英喆、吉如何《契丹小字再研究》，第 1421 页。

礼，视严天杖，具体而微。是岁阳微之月，鸣鸾登坛，剡玉增号。其于亲执神御，陟降帝身，皆公与皇叔越王淳偶为之。及乎临轩备册，庭执号宝，公独与焉。讫，赐银绢衣带各差。仍恩加兼侍中、陈国公"[①]。"帝山"即木叶山，萧义即《辽史》之萧常哥，其本传称"以柴册礼，加兼侍中"，[②] 知此次册礼在木叶山举行。

道宗、天祚时期，汉式册礼的具体地点《辽史》虽然没有明确记载，但是从相关石刻资料可知，辽帝上尊号的地点皆在中京举行。

五 余论

辽朝太祖、太宗、圣宗、兴宗、道宗、天祚六朝在册礼上实行契、汉并行的双轨制度；世宗、穆宗、景宗三朝，因皇位嫡长世袭的制度尚未确立，继承顺序紊乱，诸帝皆于仓促之间即位，或行柴册礼，或未行礼，汉式册礼似有缺失。太祖、太宗时期建构好的诸多政治架构，显然被屡次的皇位风波所干扰。在契、汉双轨期间，前期契丹皇帝即位之初期，先行柴册之礼，再行汉礼，及至圣宗，逐渐变成先行汉礼，再行柴册之礼。似乎反映出契丹皇帝之皇权愈加稳固，已无需先举行柴册礼以取得游牧部族之汗权。在汉式册礼的地点上，也发生了明显的变化，从中可以看到这样一个大致迁移的过程：龙化州——皇都/上京——南京——中京。早期的变化，与太祖极力摆脱遥辇传统旧制密切相关，中期则与宋辽关系相关，后期则与契丹人对于汉文化的理解逐渐深入有所关联。辽朝将册礼地点确定于中京的时间恐怕要比中京建立的时间晚很多，圣宗建立中京之后，圣宗、兴宗二帝是否在中京行汉式册礼，尚无确切的证据。只有到了道宗时期，才有史料明确支撑道辽帝于中京行礼。这或许从某一方面说明，辽朝对于汉文化接受、理解的过程比我们想象的要更为缓慢。

---

① 天庆二年《萧义墓志》，拓本照片见陶建英、李俊义编《石墨芳华——刘凤翥李春敏收藏辽金碑刻拓本集》，第355页。

② 《辽史》卷82《萧常哥传》，第5册，第1427页。

学界对于辽朝五京在政治、经济、军事、礼仪等诸多方面都已做了有益的探讨，笔者将侧重点放在册礼这一角度，通过不同时期的变化，探讨辽朝五京地位或功能的变化。在辽朝的五京之中，西京、东京从未举行过册礼，而上京、南京、中京这种变迁，与辽朝的政治史以及政治文化都有密切关系。就册礼而言，南京的地位显然被低估了。由于《辽史》记载的匮乏、淆乱，辽朝的政策、制度无疑令人感到困惑，更为重要的是，如果我们以中原王朝那种整齐划一、制度规整的思维去探寻契丹王朝的规律，恐怕会是一个极为痛苦的过程。作为游牧民族的契丹王朝，其政策更为灵活多变，对于中原王朝的制度、文化，不同时期有着不同的态度，理解的程度也有深有浅，我们似乎很难从中找到长久不变的定法、规则。若是转换视角，通过不同时段的变化，试着从契丹统治者的角度，去探寻"规律"，或许会有些许不同的收获。

第二节　域外文献《马卫集书》中的辽朝"都城"问题

12 世纪初，中亚地区的伊斯兰学者马卫集（*Sharaf Al-Zamān Ṭāhir Marvazī*，约卒于 1120 年，辽天祚帝天庆十年）奉命撰成《动物之自然属性》（*Ṭabāʾiʿalḥayawān*）一书，内容涉及地理、人种、历史、语言诸多方面。可惜这一著作湮没无闻达八百余年，直至 1937 年，亚伯利博士（A. J. Arberry）在印度国立图书馆发现了该书较完整的阿拉伯文抄本。随后，俄裔英国学者米诺尔斯基（V. Minorsky）将该书第八、九、十二、十三、十五章关于中国、突厥、印度、埃塞俄比亚及边远诸国诸岛部分汇集成书，并译成英文，详加注释，在文末附上阿拉伯文影抄本。米氏将此书命名为《马卫集论中国、突厥和印度》（*Sharaf Al-Zamān Ṭāhir Marvazī on China, the Turks and India*，以下简称《马卫集书》），于 1942 年由英国皇家亚洲学会（The Royal Asiatic Society）出版刊行。[①] 1947 年，周一良先生将《马卫集书》的主要内容译介至中国。[②] 20 世纪 80 年代，胡锦州、田卫疆先生复将是书中国、突厥部分译成中文，令人遗憾的是米诺尔斯基极具价值的注释未能一并翻译刊行。[③]

《马卫集书》内容庞杂丰富，远非笔者学力所能探讨。引起笔者兴趣的是该书载有一条自喀什噶尔（Kāshghar）通往契丹都城 Ūjam 的辽代东西交通路线，目前学界对于该线西段并无争议，但是对于东段所载地名则有着较大的争议。本书试图通过契丹语文对《马卫集书》所载契丹"都城"略作考辨，重新梳理这一颇具争议的路线。

一　《马卫集书》关于中国记载之来源及其所记交通路线

根据学界的研究，《马卫集书》的史料来源主要有：a. 8 至 9 世纪阿拉伯航海者的报道；b. 9 世纪前期通过陆路抵达唐代长安（Khumdān）的旅行者；c. 约在 10 世纪初访问过京城 Y. njūr 的一些商人；d. 10 世纪前期加哈尼（Jayhānī）的论著；e. 回历 418 年（1027 年）源自契丹使者的材料；f. 马卫集自己的记录。除去 e、f，绝大部分条目应当出自加哈尼的《君王道里书》（*Al-MasālikvaAl-Mamālik*）。[④]

《马卫集书》对于辽朝东西交通史研究的重要价值在于，该书论中国

---

① 参见 V. Minorsky, ed. transl. and comm. , *Sharaf Al-Zamān Ṭāhir Marvazī on China*, *The Turks and India*, London: The Royal Asiatic Society, 1942, pp. 1—2；田卫疆《阿拉伯古籍〈马卫集论中国、突厥、印度〉简介》，《中亚研究》1989 年 1—2 合期，第 58—62 页；许序雅《中亚萨曼王朝史研究》，贵州教育出版社 2000 年版，第 11—12 页。

② 周一良：《新发现十二世纪初阿拉伯人关于中国之记载》，《思想与时代》，第 41 期，1947 年 1 月；收入氏著《魏晋南北朝史论集》，中华书局 1963 年版，第 406—418 页。

③ 胡锦州、田卫疆译：《马卫集论突厥》，《中亚研究资料》1984 年第 3 期，第 43—48 页；胡锦州、田卫疆译：《马卫集论中国》，载《中亚研究资料·中国民族历史译丛（一）》，1985 年增刊，第 168—178 页。

④ *Sharaf Al-Zamān Ṭāhir Marvazī on China*, *The Turks and India*, p. 63；参见［伊朗］乌苏吉《〈动物之自然属性〉对"中国"的记载——据新发现的抄本》，王诚译、邱轶皓审校，《西域研究》2016 年第 1 期，第 99—102 页。

部分第 19 至 25 节所载与辽代相关者，大部分内容很可能出自契丹使臣之口。这是因为该书第 22 节载有一封辽圣宗致伽色尼王朝苏丹马赫穆德的国书，[①] 并且相关证据表明契丹使节确曾抵达伽色尼王朝。伽色尼王朝的加尔迪奇（AbūSa'id'Abdal-Ḥayyb. al-Ḍaḥḥāikb. Maḥmūd Gardīzī）在其《历史的装饰》（Zaynal-akhbār）中曾简要记载了契丹使臣与马赫穆德交涉的情形。[②] 供职于伽色尼王朝的比鲁尼（Abūal-RayḥānMuḥammadibnAḥmadal-Bīrūnī）在其《珠宝书》（Kitābal-Jamāhir）一书中谈及自己曾亲口询问契丹使节关于契丹珠宝 khutū（榼柮犀）的情况。[③] 米诺尔斯基认为，对于这样一个极为罕见的远东访客，当时的伽色尼王朝应当有一个较为详细的记录。米氏通过对照马卫集与比鲁尼的著作，认为两者关于契丹的资料来源相同，均应出自契丹使臣的介绍，不过前者的记载要更为详细。[④] 由于《马卫集书》第 19 至 25 节均是记载与契丹相关的事情，米氏认为这些关于契丹的记载应当出自出使伽色尼王朝的契丹使臣之口。故而马卫集所载辽朝东西交通路线也应当出自契丹使臣之口。周一良先生对此说法也表示认同。[⑤] 如果米氏的观点确中鹄的，那么对于如此重要的"原始"资料，显然还有进一步发掘的必要。

---

① 该国书所署的日期为鼠儿年，即 1024 年（辽圣宗太平四年，甲子）。但《马卫集书》将此事系于回历 418 年（1027 年，辽圣宗太平七年，丁卯）。对此，周一良先生解释为契丹使臣或未即起行，或中途受到阻挠，故迟至 1027 年始达伽色尼王朝。黄时鉴先生亦赞同此说。据《马卫集书》23 节回鹘可汗的国书可知，当时路况不佳，契丹使者滞留其间，迟到说盖近事实。参见周一良：《新发现十二世纪初阿拉伯人关于中国之记载》，原载《思想与时代》，第 41 期，1947 年 1 月；收入氏著《魏晋南北朝史论集》，第 411 页。黄时鉴：《辽与大食》，（台北）《新史学》第 3 卷第 1 期，1992 年 3 月；《黄时鉴文集Ⅱ·远迹心契——中华文化交流史（迄于蒙元时代）》，中西书局 2011 年版，第 20 页。又，加尔迪奇（Gardīzī）《历史的装饰》系此事于 1026 年，C. Edmund Bosworth, ed. and transl., *The Ornament of Histories-The History of the Eastern Islamic Lands AD 650—1041: The Persian Text of Abū Sa'id 'Abd al-Ḥayy Gardīzī*, I. B. Tauris, 2011, p. 97.。

② *The Ornament of Histories*, p. 97.

③ *Sharaf Al-Zamān Ṭāhir Marvazī on China, The Turks and India*, p. 68. Anya King, *Early Islamic Sources on the Khitan Liao: The Role of Trade*, Journal of Song-Yuan Studies, Vol 43, 2013, pp. 255–256.

④ *Sharaf Al-Zamān Ṭāhir Marvazī on China, The Turks and India*, p. 5, 76.

⑤ 周一良：《新发现十二世纪初阿拉伯人关于中国之记载》，《思想与时代》，第 41 期，1947 年 1 月；收入氏著《魏晋南北朝史论集》，第 410 页。

《马卫集书》第 19 节专门记述了从喀什噶尔 (Kāshghar) 进入中国内地的行程,其西段为:自喀什噶尔东行四日至叶尔羌 (Yārkand),十日至于阗 (Khotan),五日至 K. rwyā (Keriya,克里雅),五十日至沙州 (Sājū)。至沙州以后,路分三途,向右行 (南行) 可至中国 (宋),左行 (北行) 可至回鹘,东行则至契丹。由沙州至契丹都城 Ūjam,共有三程,约行 4 月,具体路程如下:第一程至 Khātūn-san (*Khātūn-sïnï),费时 2 月左右;第二程至 Ūtkīn,约需 1 月路程;第三程即终点站 Ūjam,约需 1 月路程。[1]

比鲁尼在《马苏迪之典》(al-Qānūnal-Mas'ūdī) 一书中,同样记载了 Khātūn-sïnï、Ūtkīn 以及契丹中心等相关信息。[2] 比鲁尼公元 973 年生于花剌子模 (Khwarezm),1048 年 (辽兴宗重熙十七年) 卒于伽色尼 (Ghazni)。1017 年伽色尼王朝苏丹马赫穆德征服花剌子模国后,比鲁尼被召入伽色尼宫廷,受到马赫穆德的庇护和尊重。比鲁尼很有可能从 1027 年抵达伽色尼王朝的契丹使臣处听闻此条东西交通的路径,并记下相关信息。[3] 此外,据米诺尔斯基介绍,《马苏迪之典》的成书时间略晚于 1030 年 (辽圣宗太平十年),这至少说明此条路线在辽兴宗 (1031—1054 年在位) 之前就已存在。

前往契丹第一程之 Khātūn-san (*Khātūn-sïnï),学界普遍认为就是可敦城。这一说法最早由米诺尔斯基提出,他将 Khātūn-san 勘同为 *Khātūn-sïnï (可敦墓),认为该词实际上应当就是指可敦城 (K'o-tun-ch'êng)。米氏随即列举出中国史籍中的三处可敦城:其一,在额济纳河 (etsina-ghol) 流域,亦即《突厥语大词典》中所载的 QATUN-SÏNÏ,位于西夏与契丹之间;其二,在蒙古国境内的鄂尔浑 (Orkhon) 河流域;其三,位于黄河河

---

[1] *Sharaf Al-Zamān Ṭāhir Marvazī on China*, *The Turks and India*, p. 18.

[2] *Sharaf Al-Zamān Ṭāhir Marvazī on China*, *The Turks and India*, p. 72.

[3] 参见马文宽《辽墓辽塔出土的伊斯兰玻璃——兼谈辽与伊斯兰世界的关系》,《考古》1994 年第 8 期,第 741 页。

曲北部流域附近。① 米氏比较倾向于河曲附近的可敦城。他通过比利时神父闵宣化（J. Mullie，又译作牟里）提供的资料，指出《唐书》中有名 Tsi-sai-kiun 者，位于乌拉特旗归化城（今呼和浩特）以西，当即可敦城。此城辽金时仍然沿用，且恰好处于沙州与辽朝都城之间。他认为如果"可敦墓"可以与"可敦城"等同的话，那么 Tsi-sai-kiun 之可敦城最有可能是马卫集所说的 Khātūn-san。② 然而，遍检新、旧《唐书》，并无可以与 Tsi-sai-kiun 对音的汉文地名。笔者颇怀疑米氏文中的 Tsi-sai-kiun 有可能是《新唐书·地理志一》中的横塞军，该书"丰州"条谓中受降城下"又有横塞军，本可敦城，天宝八载（749 年）置"。米氏在河曲可敦城的小注中谓该城建于公元 749 年，③ 在五原县东南方，地近古天德军，这与横塞军的建置时间、地理位置大致吻合。概而言之，米氏认为《马卫集书》所言 Khātūn-san 当在黄河河曲北端附近，盖唐朝丰州境内之横塞军。④

国内学者大都采纳了米氏关于 Khātūn-san 相当于可敦城的看法，但究竟是哪一个可敦城，却有着截然不同的看法。有些学者较为谨慎地采用了米氏的说法，⑤ 但均未具体指明可敦城的具体位置。2011 年，白玉冬先生撰文考订《马卫集书》之可敦城应当就是辽朝的镇州城（今蒙古国布尔干省青托罗盖古城（Chintolgoi Balgas），从而否定了米氏关于黄河河曲北端的说法。白氏的主要依据如下，《辽史·地理志》称镇州"本古可敦城"，辽镇州为西北路招讨司驻地，主要目的是镇抚阻卜等北方诸部。辽

---

① 米诺尔斯基在小注中还提及了第四个可敦城，即克鲁伦河（Kerulen）流域的可敦城。参见 *Sharaf Al-Zamān Ṭāhir Marvazī on China, The Turks and India*, p. 73-74。

② *Sharaf Al-Zamān Ṭāhir Marvazī on China, The Turks and India*, p. 74.

③ 米氏对于"又有横塞军，本可敦城，天宝八载置"文本的理解或有讹误，天宝八载所置者为"横塞军"而非"可敦城"。

④ 至于米氏将横塞军误作 Tsi-sai-kiun 的具体原因，由于米氏并未交代他与闵宣化交流的细节，今已无从查考。

⑤ 巴哈提·依加汉《辽代的拔悉密部落》（《西北民族研究》1992 年第 1 期，第 143 页）一文认为《马卫集书》之可敦城在天德军附近；马文宽《辽墓辽塔出土的伊斯兰玻璃——兼谈辽与伊斯兰世界的关系》（《考古》1994 年第 8 期，第 741 页）一文则认为可敦城在内蒙古黄河以北。

圣宗开泰年间，韩橁曾出使沙州，途中"过可敦之界，深入达妬"。白氏认为"达妬"当为"达妲"之讹，"达妲"即鞑靼，亦即阻卜，故韩氏出使沙州所过可敦之界，必定为辽之镇州。①

2014 年，钟焓先生撰专文讨论可敦城（墓）的地望问题，对"可敦城"之说详加辩驳。他认为《马卫集书》的 Khātūn-san（*Khātūn-sïnï）就是《突厥语大词典》中的 QATUN-SÏNÏ，意思为"可敦墓"，而非"可敦城"。比鲁尼亦明确将 *Khātūn-sïnï 释义为"一位贵妇人的坟墓"②。这与镇州可敦城以及其他几处可敦城均不相合。钟氏认为 Khātūn-san 应指辽代西南面招讨司的驻所——丰州（军号天德），该地控扼东西交通的要道。早在唐中后期，东西交通的驿路即经过天德军，③ 这条路线直至金元时期仍被沿用。丰州（天德军）实为东西交通路线上极为重要的一个站点。由于辽丰州附近有王昭君之墓，时称青冢，故往来商人、使节以可敦墓代指丰州。④ 这一考订较之米氏的推论更为合理，解决了米氏关于可敦墓是否可以等同可敦城的疑问。

2017 年，白玉冬先生复又撰文，力证可敦墓当为镇州可敦城。⑤ 白文依据喀什噶里《突厥语大词典》圆形地图所载地理位置，认为 Qatunsïnï"可敦墓"与高昌回鹘城市（哈密一带）处于同一纬度，如果 Qatunsïnï 为位置偏南的昭君墓，则 Qatunsïnï 与高昌回鹘之间的南部不太可能有唐古特的存在。此一说法或有可商榷之处，姑且不论《突厥语大词典》圆形地图

---

① 白玉冬：《十世紀における九姓タタルとシルロード貿易》，《史學雜誌》第 120 編第 10 號，2011 年 10 月，第 14—18 頁。

② *Sharaf Al-Zaman Ṭahir Marvazi on China, The Turks and India*, pp 68 69.

③ 参见［日］松田壽男《東西交通史における居延について考》，《東方學論集》第 1 輯，1954 年，第 1—25 頁；王北辰《古代居延道路》，《历史研究》1980 年第 3 期，第 116—118 页。

④ 参见钟焓《辽代东西交通路线的走向——以可敦墓地望研究为中心》，《历史研究》2014 年第 4 期，第 34—49 页。

⑤ 白玉冬：《"可敦墓"考——兼论十一世纪初期契丹与中亚之交通》，《历史研究》2017 年第 4 期，第 158—170 页。

的标示是否准确，仅就当时实际地理位置而言，西夏之大部分疆域皆在 Qatunsïnï（昭君墓）与高昌回鹘（哈密一带）一线以南。① 是故，我们并不能否定 Qatunsïnï 为昭君墓之可能性。此外，关于"可敦墓"，白玉冬先生认为有可能是与回鹘和亲的唐朝公主之墓，不过这并没有文献以及考古上的直接证据。同时，白玉冬先生认为由于王昭君为单于之阏氏，故突厥语中称昭君墓为阏氏墓的可能性要更大，此说有其合理性，但亦不能排除后人以今名指称古时名物之可能。再次，白氏认为辽朝的青冢（昭君墓）不太可能取代丰州天德军成为地理标志，此为情理上之推测，作为论据而言，很难推翻 Qatunsïnï 为昭君墓的说法。最后，白玉冬先生认为《突厥语大词典》中记载的 Qatunsïnï 人与唐古特族之间激烈的战争，并不是钟焓所说的辽夏之战，而是镇州可敦城的鞑靼与唐古特之间发生的争斗。然而，镇州距离西夏边境的直线距离约 700 公里，若从地理位置而言，笔者觉得唐古特与远在镇州附近的阻卜部落（即鞑靼）发生大规模激烈战事的可能性微乎其微。由于现今尚无新的资料可以进一步凿实 Qatunsïnï 的具体地望，综合而言，笔者更倾向于钟焓先生的说法。

至于路线的第二程 Ūtkīn，米氏将该处比定为郁督军山（ötükän）或是武定军。武定军系辽朝奉圣州（今河北省涿鹿县）的军号，这一说法并无实据，在语音上也有不合之处。且奉圣州与辽代丰州之间仅需十余天的路程（约 350 公里），与《马卫集书》所称的 1 月路程相去较远，故学界一般不认同这一说法。② 钟焓、白玉冬两位先生均认为 Ūtkīn 就是郁督军之地，但是这一推定容易导致一个问题，那就是无论是镇州的可敦城，还是丰州的可敦墓，使臣在抵达 Khātūn-san 后均需向西北行抵达郁督军，然后

---

① 参见谭其骧编《中国历史地图集》第六集《辽北宋时期全图》，中国地图出版社 1982 年版，第 3—4 页。

② 参见钟焓《辽代东西交通路线的走向——以可敦墓地望研究为中心》，《历史研究》2014 年第 4 期，第 44—45 页；白玉冬《"可敦墓"考——兼论十一世纪初期契丹与中亚之交通》，《历史研究》2017 年第 4 期，第 163—164、169 页。

再折回向东南行抵达 Ūjam，这显然是不合常理的。由于无法解释这一吊诡的现象，白、钟二氏均将此归结为缺乏实际旅行经验的马卫集将交通路线的地点与方位记载错了。①

新近发现的波斯文本《马卫集书》为钟焓先生的说法提供了依据，波斯文本谓从 Khātūn-san 出发，经一月即直接抵达 Ūjam，其间并没有记载 Ūtkīn 这一里程，② 由郁督军造成的方位错乱问题似乎也随之得以解决。然而事情的复杂或诡谲之处在于，阿拉伯文本之 Ūtkīn 亦可与契丹语 "上京" 一词勘同。如果 Ūtkīn 是上京而不是郁督军，因郁督军造成的地理混乱亦会随之消弭。那么由 Khātūn-san 前往 Ūtkīn 及 Ūjam 的路线，将存在另一种可能性。

二 Ūtkīn 为辽之 "上京" 说

上文已经交代将 Ūtkīn 勘同为郁督军山有着不合理之处，那么该词究竟是指什么地方呢？笔者认为 Ūtkīn 就是指辽上京，至于 Ūtkīn 的下一站 Ūjam，根据马卫集的描述，显然不是指都市城池，而是另有所指（详见下文）。那么，为什么说 Ūtkīn 就是指辽上京呢？

首先，Ūtkīn 一词可以与契丹语 "上京" 一词勘同。契丹小字《耶律迪烈墓志》第 25、33 行以及《耶律弘用墓志》第 4、5 行载有 天化 几用有

---

① 白玉冬先生复将观点修正为比鲁尼误将 Khātūn-san 与 Ūtkīn 的经度相混，马卫集则承袭了比鲁尼的讹误，从而造成方位的混乱（参见白玉冬《"可敦墓" 考——兼论十一世纪初期契丹与中亚之交通》，《历史研究》2017 年第 4 期，第 170 页）。不过，此说仍有一疑点，根据马卫集的描述，他应当直接抄撮自有关契丹交通路线的记载，而不太可能通过比鲁尼计算的经纬度再反推交通路线。

② ［伊朗］乌苏吉：《〈动物之自然属性〉对 "中国" 的记载——据新发现的抄本》，王诚译、邱轶皓审校，《西域研究》2016 年第 1 期，第 105—106 页。此次发现的两个波斯文本具有高度的趋同性，故可以视作同一个抄本系统。波斯文本与阿拉伯文本关于 "中国" 部分的记载，大多是大同小异，唯独在这一关键问题上出现较大差异（此条蒙王诚先生校核波斯文原文，谨致谢意），在现有情况下，还很难说清楚出自何种原因。毕竟，波斯文抄手漏抄或是阿拉伯文抄手凭空加上一句话，二者皆有可能，不过，前者的可能性似乎要更大一些。

ᠮᠴ ᠊, 意即"上京之留守"。①《萧图古辞墓志》第10、11行载有ᠠᠠᠠᠠ ᠊ ᠊ ᠊ , 意即"上京之通判"。其中ᠠᠠᠠᠠ ᠊ 中的原字ᠠᠠ为领格助词, 相当于汉语的"的"或"之", 并无实际的意义, 故而"上京"一词的契丹语形式为ᠠᠠᠠᠠ ᠊。

ᠠᠠᠠᠠ系契丹语词, 可以用来意译宫、院,② 由于该词还有上（面）、上（辈）等意, 故与ᠠ构成词组时, 可以表示祖先、先辈等意思。③ 当其与ᠠ拼合时, 意思就是"上京"。ᠠᠠᠠᠠ的拟音较为复杂, 该词由ᠠ和ᠠ两个原字构成。第一个原字ᠠ, 由于其经常用来音译"吾""武""副"等汉字的韵母, 故学界一般将其拟音为$^*u$。④ 第二个原字ᠠ, 清格尔泰和即实先生曾将其拟音为$^*ru$,⑤ 刘凤翥先生将其构拟为$^*rə$。⑥ 此后, 康丹（DanielKane）和吴英喆先生将其修正为$^*ur$。⑦ 不过根据最新的研究, ᠠ的读音更有可能是 ud。武内康则先生根据党项（唐古特）一词的契丹文ᠠ ᠠ ᠊

---

① 卢迎红、周峰:《契丹小字〈耶律迪烈墓志铭〉考释》,《民族语文》2000 年第 1 期, 第 45 页。

② 清格尔泰、刘凤翥、陈乃雄、于宝林、邢复礼:《契丹小字研究》, 中国社会科学出版社 1985 年版, 第 540 页; 王弘力:《契丹小字墓志研究》,《民族语文》1986 年第 4 期, 第 63 页; 刘凤翥:《契丹小字解读再探》,《考古学报》1983 年第 2 期, 第 262 页; 刘凤翥:《辽代的语言和文字〔下〕》,《博物馆研究》1984 年第 3 期, 第 51 页; 〔日〕丰田五郎:《〈耶律仁先墓志〉所见的契丹小字官名》, 萧爱民译,《北方民族文化新论》, 哈尔滨出版社 2001 年版, 第 383 页; 吴英喆:《契丹小字〈耶律仁先墓志〉补释》,《内蒙古大学学报》2002 年第 5 期, 第 51 页。

③ 即实:《从ᠠ ᠠ说起》,《内蒙古大学学报》1988 年第 4 期, 第 57 页; 即实《〈福留墓志〉臆解》,《谜林问径——契丹小字解读新程》, 辽宁民族出版社 1996 年版, 第 85 页; 刘凤翥:《契丹小字解读四探》,《第三十五届世界阿尔泰学会会议记录》, 台北联合报国学文献馆 1993 年版, 第 550 页; 刘凤翥等:《辽代〈耶律隆祐墓志铭〉和〈耶律贵墓志铭〉考释》,《文史》2006 年第 4 辑, 第 130 页; 唐彩兰等:《契丹小字〈韩敌烈墓志铭〉考释》,《民族语文》2002 年第 6 期, 第 30 页。

④ 参见清格尔泰、刘凤翥、陈乃雄、于宝林、邢复礼《契丹小字研究》, 第 94—95、152 页; 清格尔泰:《契丹小字解读问题》, 第 52 页。

⑤ 清格尔泰:《契丹小字释读问题》, 第 71 页; 即实:《谜林问径——契丹小字解读新程》, 第 444 页。

⑥ 刘凤翥:《遍访契丹文字话拓碑》, 华艺出版社 2005 年版, 第 252 页。

⑦ Daniel Kane, *The Kitan Language and Script*, Brill Academic Pub, 2009, p62 - 63. Wu Yingzhe and Juha Janhunen, *New Materials on the Khitan Small Script: A Critical Edition of Xiao Dilu and Yelü XiangWen*, UK: Global Oriental Press, 2010. P. 266.

（Tangut），指出**化**的读音当为 *ud。[1] 武内先生的看法可能更近事实，这是因为契丹小字《耶律宗教墓志》第 21 行载有一名为 **[契丹字] [契丹字]** 者，汉字《耶律宗教墓志》与之对应的人名恰为"突德太师",[2] 说明 **化** 的读音应当为 *ud。故 **[契丹字]** 的音值应当为 *u-ud。

[契丹字] 为汉语借词，该词读音为 *kiŋ，学界并无疑义。**[契丹字] [契丹字]** 两词拼合后的拟音应为 *u-ud-kiŋ→*Ūdkiŋ，这与 Ūtkīn 的音值几近相同，故而将《马卫集书》中的 Ūtkīn 勘同为契丹语的 **[契丹字] [契丹字]**（上京）是可以成立的。马卫集、比鲁尼等人所记录的"Ūtkīn（上京）"实际上应是一个契丹语词。[3] 这与上文推测这条路线出自契丹使臣之口也较为吻合。

其次，从路程上看，从 Khātūn-san（辽丰州，今内蒙古呼和浩特）抵达辽上京（今内蒙古巴林左旗林东镇）的实际里程差不多就是一个月的行程（约 900 公里），这与《马卫集书》的记载亦相吻合。除此之外，米诺尔斯基根据比鲁尼记载的经纬度，计算出 Khātūn-san 至 Ūtkīn 的距离为 925 公里，这与丰州至辽上京的距离也大致吻合。

根据考古文物的出土情况，可以证明从唐代以来，就存在这样一条道路，即从呼和浩特至河北北部，然后向北进入赤峰地区。齐东方先生在综合考察中国北方出土西域文物的基础上，提出一条"从河西经包头、呼和

---

① 参见 Takeuchi Yasunori, Direction Terms in Khitan, Acta linguistica Petropolitana. Vol. XI, part 3, 2015, pp. 456-458. 又，契丹语中的唐古特一词，应当源自突厥、回鹘语中的 Tangut，《辽史》等汉文文献将"唐古特"记为"唐古"，盖因词尾"t"被弱化或脱落所致，参见汤开建《关于弥罗国、弥药、河西党项及唐古诸问题的考辨》，《西北第二民族学院学报（哲社版）》2000 年第 1 期，第 20—22 页；杨浣《论〈辽史〉中的唐古部族》，《民族研究》2005 年第 6 期，第 79—84 页。

② 傅林：《契丹小字〈耶律宗教墓志〉研究》，北京大学契丹文读书班报告（北京大学中古史中心报告厅），2013. 6. 30；傅林：《契丹小字文献分析示例——〈耶律宗教墓志〉》，收入氏著《契丹语和辽代汉语及其接触研究》，商务印书馆 2019 年版，第 296 页。

③ 《马卫集书》中至少还有一处记载了契丹语词，该书论中国部分第 19 节曾提到一个名为 Sh. rghūl 的民族，建立了宋朝。Sh. rghūl 实际上就是契丹语词"汉人"的意思。参见康鹏《〈马卫集书〉中的契丹语词"Sh. rghūr（汉人）"》，《西域研究》2016 年第 3 期，第 30—37 页。

浩特、大同，通过河北北部进入内蒙古赤峰，到达辽宁朝阳的中西交通路线"①。徐苹芳先生认为这条道路"从中国东北继续延伸到朝鲜和日本，即从新疆伊犁、吉尔萨尔、哈密，经额尔济纳、河套、呼和浩特、大同、张北、赤城、宁城、赤峰、朝阳、义县、辽阳，东经朝鲜而至日本"②。

五代后晋时人胡峤曾被契丹掳至北方，他记载了一段自幽州经河北北部前往辽上京的路程，大略如下：幽州—可汗州—新武州—归化州—黑榆林—仪坤州—上京。③若是结合上文考古发现以及《马卫集书》的记载，辽朝东西交通的路线东段有可能为：丰州（今内蒙古呼和浩特）—云州（今山西大同）—归化州（今河北宣化）—黑榆林（今内蒙古锡林郭勒盟正蓝旗）—仪坤州（今地不详）—上京（今内蒙古赤峰市巴林左旗）。笔者之所以将胡峤所载的归化州作为河北北部的一个重要站点，主要原因就是河北宣化地区曾出土数座含有西方黄道十二宫星象图的墓葬。④十二宫题材在辽墓中较为罕见，笔者推测正是由于宣化地处东西交通的道路之上，故而会受到相应的影响，接收一些西方的文化因子。据胡峤所载，归化州至上京的行程为 19 日。又，丰州至归化州里程约 330 公里，若按胡峤所云"日六十里"计算，共需 11 日左右。是故，丰州至上京日程合约 30 日上下，从里程而言，将 Ūtkīn 比定为辽上京也是较为合理的。

最后，辽朝丰州至上京之间应当存着在一条交通线。兴宗时期，辽朝从西夏那里获得了河西的部分地区，并在其地建立了金肃军、河清军等边防城。辽朝随即开通了一条自河清军直达上京的通道，《辽史·地理志》"河清军"条谓"西夏归辽，开直路以趋上京"。河清之地归辽的具体时间

---

① 齐东方：《李家营子出土粟特银器与草原丝绸之路》，《北京大学学报》1992 年第 2 期；收入氏著《唐代金银器研究》，中国社会科学出版社 1999 年版，第 330 页。

② 徐苹芳：《考古学上所见的中国境内的丝绸之路》，《燕京学报》1 期，北京大学出版社 1995 年版，第 322 页。

③ 参见贾敬颜《胡峤〈陷辽记〉疏证稿》，收入氏著《五代宋金元人边疆行记十三种疏证稿》，第 16—21 页。

④ 参见夏鼐《从宣化辽墓的星图论二十八宿和黄道十二宫》，《考古学报》1976 年第 2 期，第 35—56 页。

不详，不过《辽史》明确记载河清军建城时间为重熙十二年（1043 年），①
所以辽朝控制这一区域当在重熙十二年之前。

所谓开 "直路" 趋上京，显然不可能是开通一条新的从河清军直抵上
京的千里通道。比较可能的情况是，辽朝仅须开通河清军与西南面招讨司
驻地丰州之间的道路，沟通河西与河东之间的联系即可。② 至于丰州与上
京之间的道路，则早已有之，不必另行开通。

通过以上论述可知，Ūtkīn 当为辽上京，那么原先被认为上京的 Ūjam
又是什么地方呢？这一切还需要从辽朝特殊的游牧政治制度说起。

三 Ūjam 为契丹 "御帐" 说

《马卫集书》中明确称 Ūjam 为契丹都城或中心，故学界普遍认为这就
是辽上京（今巴林左旗林东镇）。但是米诺尔斯基很早就注意到《马卫集
书》关于 Ūjam 的描述，明显不似一个城市，兹列如下：

> Ūjam 周长约 2 法尔萨赫（farsakhs）③。该 Mamlaka（王国或领
> 土?）为一道插在地中的弯木棒编成（的篱笆）所环绕。沿线每 2 法
> 尔萨赫即驻有一些士兵。他们经常巡逻，追踪行人的脚印，杀死被他
> 们发现的任何没有（合法）事务的外出者。自那里（即 Ūjam）前往

---

① 此据《辽史》卷 41《地理志五》所载，辽伐西夏事在重熙十三年。

② 据杨蕤先生研究，河清军的设置不仅有军事上的目的，还有控制贸易的目的。参见杨蕤
《历史上的夏辽疆界考》，《内蒙古社会科学（汉文版）》2003 年第 6 期，第 28—30 页。

③ 法尔萨赫（Farsakh）是古波斯及阿拉伯计量行程的单位，《伊斯兰百科全书》第 1 版
（The Encyclopaedia of Islam, Leiden, 1927）第 3 卷，第 70 页谓 1 法尔萨赫为马走 1 小时的距离，1
波斯法尔萨赫约合 6.232 公里，1 阿拉伯法尔萨赫为 5.763 公里。《伊斯兰百科全书》第 2 版
（Leiden, 1983）第 2 卷，第 812—813 页谓伊斯兰时期 1 法尔萨赫为 5.985 公里，现代 1 法尔萨赫
为 6 公里。宋岘先生考订 1 法尔萨赫约合 6.24 公里（［阿拉伯］伊本·胡尔达兹比赫：《道里邦国
志》，宋岘译，中华书局 1991 年版，第 1 页注释 3）。张广达先生认为中古时期 1 法尔萨赫约近 6
公里（张广达《碎叶城今地考》，《北京大学学报（哲学社会科学版）》1979 年第 5 期，第 73 页）。
章巽先生认为法尔萨赫折合今制很不规则，约为 3.7 公里至 6.7 公里（参见章巽、芮传明《大唐
西域记导读》，巴蜀书社 1989 年版，第 30 页）。参见许序雅《〈大唐西域记〉所记中亚里程辨
析》，《中国边疆史地研究》1998 年第 4 期，第 13 页。

大海需要行走七天。①

米诺尔斯基本人对于这一描述感到有些困惑，他首先指出比鲁尼在记述这一地方时，并未使用任何关于城市（city）、都城（capital）或类似的词汇，而是将之描绘为"契丹可汗居住之所"②。米氏敏锐地觉察到《马卫集书》描述的 Ūjam 更接近于"皇家营地"（royal camp），而不是一座城市。③ 新近发现的波斯文本《马卫集书》则谓 Ūjam 为契丹之中心（markaz），④ 而非都城、京城。

米诺尔斯基通过闵宣化的译介，找到了两条来自《辽史》的相关记载。第一条史料出自《辽史》卷三四《兵卫志》，"军入南界，步骑车帐不循阡陌……及暮，以吹角为号，众即顿舍，环绕御帐。自近及远，折木稍屈，为弓子铺，不设枪营堑栅之备"。这条记载实际上出自宋琪的"平燕蓟十策"⑤。宋琪原为辽人，辽太宗会同四年（941 年）进士，后亡入中原，于宋太宗雍熙三年（辽圣宗统和四年，986 年）正月上疏，陈述收复燕蓟的方法。故宋琪关于契丹兵马制度的记载应当较为可信，其中关于"弓子铺"的记载，与《马卫集书》所述大体吻合。

第二条史料是《辽史·国语解》"弓子铺"条的记载，"辽军马顿舍，不设营堑，折木稍为弓，以为团集之所。又诸国使来，道旁签置木稍弓，以充栏楯"。这说明弓子铺不仅仅是战时的一种措施，在接待诸国使节时，也会用到弓子铺，而这一设施显然不可能是城郭之布局。

---

① 胡锦州、田卫疆译：《马卫集论中国》，第 172 页；*Sharaf Al-Zamān Ṭāhir Marvazī on China，The Turks and India*，p75。

② *Sharaf Al-Zamān Ṭāhir Marvazī on China，The Turks and India*，p74.

③ *Sharaf Al-Zamān Ṭāhir Marvazī on China，The Turks and India*，p75.

④ 此条承蒙王诚先生赐示，谨致谢意。

⑤ 《长编》卷 27 太宗雍熙三年正月戊寅（第 2 册，第 605—606 页）、《宋会要辑稿》蕃夷一之一五（第 16 册，第 9720 页）、《宋史》卷 264《宋琪传》（第 26 册，第 9126—9127 页）、赵彦卫《云麓漫钞》卷 6（中华书局 1996 年版，第 107—108 页）、《历代名臣奏议》卷 322 "御边"（上海古籍出版社 1989 年影印永乐本，第 5 册，第 4170 页下栏—4171 页上栏）、《契丹国志》卷 23 "兵马制度"（第 250 页）均有类似记载。

米氏在困惑之余，猜测 Ūjam 有可能是指老哈河（*Lūkham, Lokham），但他自己也觉得有些太过牵强。近年康丹先生提出一种新的说法，认为 Ūjam 应当源自乌力吉（Uldži~Ülži）木伦河，契丹的国号"辽"（xu. ulži），就是取自这条河流。① 但是，这一说法有一点尚难说通，《辽史·地理志一》载此河为狼河，清代称之为乌尔图绰农河（汉译长狼河）。乌力吉木伦河（又作二赤木伦、乌尔吉木伦）的名字是晚清以后才出现的，相传此地原本人丁不兴、牲畜倒毙，光绪年间西藏一位活佛至此，谓河名为"狼"，不利于人畜，乃改为"二赤木伦"，系藏语，蒙古语译为"乌力吉木伦"，后演变为"乌尔吉木伦"，意为吉祥之河。② 也就是说，乌力吉这一名称是直至晚清时期才出现的，若以此与 12 世纪初的 Ūjam 对音，似乎很难说明问题。

除此之外，将 Ūjam 比定为上京或其附近的地域，还有一点很难解释。那就是马卫集称 Ūjam 至大海仅需七天时间，这与上京的地理位置明显不合。马文宽先生为了调和这一矛盾，认为从沙州到辽上京用时 4 个月，指的是驼队的日程，而从上京至海边所用 7 日则可能是指类似驿站的急行快递所用的日程。③ 这一解释多少有些牵强，恐难以令人信服。

若要解开 Ūjam 的谜团，必须从辽朝独特的政治制度说起，20 世纪中期，傅乐焕先生发表了成名作——《辽代四时捺钵考五篇》，文中最为重要的观点就是，辽朝的政治中心在于四时捺钵。④ 所谓捺钵，就是皇帝的

---

① Daniel Kane, *The Great Central Liao Kitan State*, *Journal of Song-Yuan Studies*, Vol 43, 2013, pp. 45—47.

② 赤峰市人民政府编《赤峰市地名志》，内部印刷，1987 年，第 818 页。笔者暂未找到此说的原始出处，不过据道光年间张穆撰写的《蒙古游牧记》卷 3 "巴林部"条，该河仍名"乌尔图绰农河"。1912 年、1920 年两次途经巴林右旗的闵宣化，在其著作中，已将"乌尔图绰农河"称作"二赤木伦（Uldzi-muren）"（［法］闵宣化：《东蒙古辽代旧城探考记》，冯承钧译，中华书局 1956 年版，第 39、43 页），并谓当地蒙古人称"二赤木伦之名，非古名也"。这说明乌力吉木伦得名确为晚清以来的事情。

③ 马文宽：《辽墓辽塔出土的伊斯兰玻璃——兼谈辽与伊斯兰世界的关系》，《考古》1994 年第 8 期，第 741 页。

④ 傅乐焕：《辽代四时捺钵考五篇》，《辽史丛考》，第 36—178 页。

驻坐地。庞元英《文昌杂录》卷六谓"北人谓住坐处曰捺钵，四时皆然，如春捺钵之类是也。不晓其义。近者彼国中书舍人王师儒来修祭奠，余充接伴使，因以问师儒，答云：'是契丹家语，犹言行在也'"。《辽史·营卫志序》称"居有宫卫，谓之斡鲁朵；出有行营，谓之捺钵"。《辽史·营卫志·行营》则称"秋冬违寒，春夏避暑，随水草，就畋渔，岁以为常，四时各有行在之所，谓之捺钵"；"皇帝四时巡守，契丹大小内外臣僚并应役次人，及汉人宣徽院所管百司皆从"。这说明辽朝的政治中心（捺钵）随着季节的不同而四处游移。

很显然，Ūjam 应当就是指契丹皇帝的捺钵地（即行宫）。《辽史·穆宗纪》中一条关于行宫的记载也与《马卫集书》的描述有相似之处，穆宗应历十六年（966 年）秋七月壬午，谕有司："凡行幸之所，必高立标识，令民勿犯，违以死论。"①《马卫集书》描述的是行人无故走出 Ūjam 将被杀死，《辽史》则谓误入行宫则被杀死，相较之下，《辽史》的记载似更为可信。

那么辽朝的行宫形式、规模究竟如何呢？《辽史》曾详细记载了契丹冬捺钵地广平淀的情况，史称广平淀"在永州东南三十里，本名白马淀。东西二十余里，南北十余里。地甚坦夷，四望皆沙碛，木多榆柳。其地饶沙，冬月稍暖，牙帐多于此坐冬，与北、南大臣会议国事，时出校猎讲武，兼受南宋及诸国礼贡。皇帝牙帐以枪为硬寨，用毛绳连系。每枪下黑毡伞一，以庇卫士风雪。枪外小毡帐一层，每帐五人，各执兵仗为禁围。南有省方殿，殿北约二里曰寿宁殿，②皆木柱竹榱，以毡为盖，彩绘韬柱，锦为壁衣，加绯绣额。又以黄布绣龙为地障，窗、槅皆以毡为之，傅以黄油绢。基高尺余，两厢廊庑亦以毡盖，无门户。省方殿北有鹿皮

---

① 《辽史》卷7《穆宗纪下》，第1册，第92页；卷61《刑法志上》与本纪所载略有不同，"十六年，谕有司：'自先朝行幸顿次，必高立标识以禁行者。比闻楚古辈，故低置其标深草中，利人误入，因之取财。自今有复然者，以死论。'"（第3册，第1039—1040页。）
② 《长编》卷97，真宗天禧五年九月甲申引宋绶《契丹风俗》云："祭天之地，东向设毡屋，署曰省方殿，无阶，以毡藉地。后有二大帐。次北又设毡屋，曰庆寿殿。"（第4册，第2254页）《宋会要辑稿》蕃夷二之一〇（第16册，第9743页）所引同。

帐，帐次北有八方公用殿。寿宁殿北有长春帐，卫以硬寨。宫用契丹兵四千人，每日轮番千人祗直。禁围外卓枪为寨，夜则拔枪移卓御寝帐。周围拒马，外设铺，传铃宿卫"[1]。

辽太宗时，"契丹主以铁骑三四万建牙帐于元城"，其规模可想而知。[2]沈括在熙宁八年（辽大康元年，1075 年）出使契丹时，称"是时，契丹以永安山为庭"，意即契丹以永安山为政治中心，作为"都城"。沈括记载单于庭的情况如下，"单于庭有屋，单于朝寝、萧后之朝寝凡三，其余皆毡庐，不过数十，悉东向。庭以松干表其前，一人持牌立松干之间，曰阁门；其东向六、七帐，曰中书、枢密院、客省。又东毡庐一，旁毡车六，前植橐，曰太庙，皆草莽之中……其北山，庭之所依者，曰犊儿。过犊儿北十余里，曰市场，小民之为市者，以车从之于山间"。[3] 金大定时期，来自西辽的移习览等人称"契丹所居屯营，乘马行自旦至日中始周匝"[4]。除此之外，蒙元时期的情况也可作为一个参考，窝阔台汗曾在冬猎地汪吉"用木桩和泥筑一长达二天行程的围墙"，以打猎为戏。[5] 姚燧描述安西王的宫帐"毳殿中峙，卫士环列，车间容车，帐间容帐，包原络野，周四十里。中为牙门，讥其出入"[6]。从以上的描述中，可以看出契丹人行宫（或捺钵）规模应当是相当庞大的，甚至可能超出 2 法尔萨赫。《马卫集书》描述 Ūjam 的规模约 2 法尔萨赫（Farsakh），并不为过。

那么《马卫集书》为什么用 Ūjam 一词来指称契丹行宫呢？笔者认为 Ūjam 很可能就是"御帐"。契丹文中尚未发现直接与"御帐"对译的词汇，如果"御帐"是一个汉语借词，那么该词的契丹语化的发音为 *ŋu-

---

① 《辽史》卷 32《营卫志中》，第 2 册，425 页。
② 《旧五代史》卷 82《晋少帝纪二》，第 4 册，第 1261 页。
③ 贾敬颜《沈括〈熙宁使契丹图抄〉疏证稿》，收入氏著《五代宋金元人边疆行记十三种疏证稿》，第 123、168—169 页。
④ 《金史》卷 121《粘割韩奴传》，第 5 册，第 2781 页。
⑤ ［波斯］拉施特主编：《史集》第 2 卷《窝阔台合罕纪》，余大钧、周建奇译，商务印书馆 1985 年版，第 71 页。
⑥ 姚燧《牧庵集》卷 10《延釐寺碑》，《景印文渊阁四库全书》，台湾商务印书馆 1986 年影印本，第 1201 册，第 498 页。

ʧaŋ，若是考虑到语言传播的因素，该词或可与 Ūjam 进行勘同。① 上文已引用众军环绕"御帐"的场景，《辽史》中还有御帐亲军、御帐官等记载，捺钵中的一切事物都是以御帐为中心展开的。如契丹重午仪，"至日，臣僚昧爽赴御帐，皇帝系长寿彩缕升车坐，引北南臣僚合班，如丹墀之仪"；重九仪，"北南臣僚旦赴御帐，从驾至围场"②。当时人将契丹皇帝的御帐（相当于宫殿）作为政治中心是完全有可能的，正是由于辽朝的政治中心在于捺钵，故而《马卫集书》将皇帝居住之"御帐"认作契丹政治中心。③ 也正因如此，比鲁尼方才将行程的终点描述为"契丹可汗居住之所"④。

这样我们也可以很好地理解 Ūjam 七日到海的说法，这说明当时的契丹皇帝的行宫距海较近。如果仅仅从地理里程而言，此时"御帐"位于南京（幽州）附近的可能性要更大一些。南京附近有延芳淀，是辽帝经常捺钵之地，距离上京的路程大约为一个月，⑤ 东距海洋约七日。⑥

最后需要解释的就是使者为什么要先至辽上京的问题。《辽史》卷 37《地理志一》载上京"南门之东回鹘营，回鹘商贩留居上京，置营居之。西南同文驿，诸国信使居之"。辽朝的上京是回鹘商贩以及诸国信使重要的中转站，使臣、商队抵达上京之后，进行交易、探明辽帝去处，稍微修整之后可再行出发，抵达御帐（捺钵地）所在之处。这与宋朝使臣经南京、中京，高丽使臣经东京，然后再抵达捺钵地是极为相似的。上京实际

---

① 虽然御帐与 Ūjam 在语音上比对的结果并不令人满意，但有一点可以确定，Ūjam 并非特指某一固定的地点，而应当与斡鲁朵、捺钵、行营、行宫、宫帐等词汇相关。

② 《辽史》卷 53《礼志六》，第 3 册，第 973 页。

③ 这与沈括将辽代的政治中心记作单于庭、王庭，宋人将金初的政治中心记作御寨、皇帝寨有着异曲同工之处。

④ *Sharaf Al-Zamān Ṭāhir Marvazī on China, The Turks and India*，p74.

⑤ 从南京至上京的具体日程，可参见贾敬颜《胡峤〈陷辽记〉疏证稿》，收入氏著《五代宋金元人边疆行记十三种疏证稿》，第 16—21 页。

⑥ 确定"御帐"的具体位置，是一件非常棘手的事情。我们既不清楚契丹使者所言的是何年何月何日的事情，无法推知皇帝的驻坐之地；也无法确知所谓的"大海"是指海洋还是指大的湖泊。

上是接待来自西方使节、商旅的一个重要中转地，正是由于这个原因，《马卫集书》才将"上京"作为一个重要的地标记录下来，使之成为"御帐"之前的一个重要站点。

四 小结

通过上文的讨论可知，从沙州抵达辽"丰州"（可敦墓，Khātūn-san，Khātūn-sïnï）之后，下一程之 Ūtkin 应为契丹语词 *Ūdkiŋ，意即"上京"，终点之 Ūjam 很可能源自契丹语化的"御帐"（*ŋu-ʧaŋ）一词，盖指辽帝之行宫，亦即契丹皇帝的捺钵之地。正是由于辽朝的皇帝生活在捺钵（斡鲁朵）之中，造成域外之人将皇帝的"御帐"认作辽朝的都城。

第三节 中京在辽朝的地位

一 关于中京地位的争论

辽朝"都城"问题的焦点无疑是中京，中京虽然迟至辽朝中期才建立，但它在辽五京中具有比较特殊的地位，有些学者认为，中京实际上是辽朝后期的国都。自 20 世纪 70 年代以来，学界针对辽圣宗是否迁都中京的问题展开了热烈的讨论，概括起来大致有以下四种意见。

（一）中京为辽后期实际上的首都

顾祖禹在《读史方舆纪要》一书中首倡辽后期迁都中京说，该书辽中京条下注云："宋景德四年，降绪城辽西为中京，府曰大定，自上京徙都焉。"[1] 然而，由于顾氏没有引述任何史料予以论证，这一说法并未引起人们的注意。70 年代，谭其骧先生在编绘《中国历史地图集》时，认定辽后

---

[1] 顾祖禹：《读史方舆纪要》卷 8《历代州域形势》，中华书局 2005 年版，第 1 册，第 345 页。

期的都城应为中京大定府而非上京临潢府，遂撰成《辽后期迁都中京考实》一文，力证统和二十五年中京建成之后，即已成为辽朝实际上的国都。[1] 此后，这一观点得到不少学者的支持。[2]

（二）辽朝都城始终在上京

林荣贵先生对谭文的观点予以全盘否定，强调上京是辽朝一代法定的国都，辽圣宗从未正式宣布迁都中京，因此迁都中京说不能成立。然而，关于中京是否辽朝后期的政治中心这一核心问题，林文却采取了回避的态度，因此他的观点未能引起足够的反响。[3]

（三）中京是礼仪上的首都

李锡厚先生对辽后期迁都中京说持保留态度，他认为辽朝的政治中心应在捺钵，中京仅仅是辽朝后期礼仪上的都城。辽帝在会见宋朝及高丽等国使节时才会前往中京，而且仅"于城外就车帐而居焉"，并不入住中京大内。但因考虑到辽帝四时捺钵时，命"宰相以下，还于中京居守，行遣汉人一切公事"，故中京应是辽朝统治汉地的一个行政中心。[4]

（四）辽朝无所谓国都

杨若薇认为，辽朝根本没有历代中原王朝那种形式的国都，其政治中心始终在四时迁徙的斡鲁朵中。上京作为辽朝的发祥之地，一直居于五京

---

① 谭其骧：《辽后期迁都中京考实》，《中华文史论丛》1980 年第 2 辑，第 43—53 页。

② 参见张道贵《辽朝后期首都应是中京大定府》，《光明日报》1980 年 8 月 12 日第 4 版；葛剑雄《也谈辽后期迁都中京问题——读林荣贵同志〈辽后期迁都中京说驳议〉》，《中华文史论丛》1983 年第 1 辑，第 310—322 页；曹显征《辽中期徙都中京原因管窥》，《昭乌达蒙族师专学报》1989 年第 2 期，第 25—31 页；李义《辽中京产生的原因与作用》，《中国古都研究——中国古都学会 2001 年年会暨赤峰辽王朝故都历史文化研讨会论文集》，第 18 辑，国际华文出版社 2001 年版，上册，第 231—233 页；韩茂莉《草原与田园——辽金时期西辽河流域农牧业与环境》，生活·读书·新知三联书店 2006 年版，第 77 页；姜含《辽代五京建置研究》，硕士学位论文，辽宁大学，2011 年，第 20、22 页；张修桂、赖青寿《〈辽史·地理志〉平议》，《历史地理》第 15 辑，第 317 页。此外，1982 年新版的《中国历史地图集》第 6 册亦将辽朝都城改置于中京大定府。

③ 林荣贵：《辽后期迁都中京说驳议——与谭其骧教授商榷》，《中华文史论丛》1983 年第 1 期，第 291—310 页。

④ 李锡厚：《辽中期以后的捺钵及其与斡鲁朵、中京的关系》，《中国历史博物馆馆刊》1991 年第 15、16 期合刊，第 99—100、115 页。

之首，而中京无论在名义上、法律上还是在事实上都没有成为首都。① 李逸友、李宁两位先生则认为辽朝后期是否迁都是一个仍需要讨论的问题，并针对谭先生列举的例证——予以辩驳，他们较为倾向于辽朝的政治中心更有可能是在捺钵之中。②

总的来看，辽史学者大多认为辽朝并未迁都中京或是根本没有首都，而历史地理学者则普遍赞同迁都说。以上诸家的观点中，谭、杨二文最具代表性，影响也最为广泛，兹将二者的主要论据概括如下：

1. 谭文指出，在辽朝五京之中，上京、中京皆有接待外国使节的馆驿，而其他三个京城则没有，这说明上京和中京分别是辽朝前、后期的都城。杨文则认为，辽帝接待外国使节的地点视捺钵地点而定，并无固定之所。况且南京也设有接待宋使的馆驿，这并不能说明任何问题。

2. 谭文根据宋人的记载，认为中京建成之后，辽帝常驻此地，又据《乘轺录》称中京大定府为"契丹国"，上京临潢府为"上国"，认为"上国"意即旧都。杨文认为称中京为"契丹国"并不能说明它是辽朝的都城，而"上国"并无旧都之意。

3. 谭文认为《辽史》称中京为京师，表明它是一国之都。杨文以石刻史料为据，指出上京、中京、南京都有被称作京师的用例，可见辽人对于"京师"一词的使用是很随意的。

4. 谭文指出，辽朝后期将皇室成员囚禁于上京时，《辽史》每每称为"迁""遣""徙""监送"于上京，可见是从中京迁往上京。杨文认为，这是以行宫为本位的一种说法，是指从皇帝所在的斡鲁朵迁往上京，而并非从中京迁往上京。

5. 谭文认为中京城内建有祖庙、太祖庙，而其余诸京则没有，可证中京应是首都。杨文指出，辽朝最完备的祖庙设在诸斡鲁朵中，故诸京城是

① 参见杨若薇《契丹王朝政治军事制度研究》（修订本），第174—191页。
② 李逸友、李宁：《辽中京为后期首都说的商榷》，《中国古都研究——中国古都学会2001年年会暨赤峰辽王朝故都历史文化研讨会论文集》第18辑，上册，第175—185页。

否设有祖庙并不能说明什么问题。

6.《辽史·刘六符传》曰:"道宗即位,将行大册礼,北院枢密使萧革曰:'行大礼备仪物,必择广地,莫若黄川。'六符曰:'不然。礼仪国之大体,帝王之乐不奏于野。今中京四方之极,朝觐各得其所,宜中京行之。'上从其议。"谭文举这条史料为证,说明中京确是当时的都城。杨文指出,道宗朝的大册礼并不都在中京举行,这条材料不能说明什么问题。

二 中京当为辽朝后期的汉式"首都"

笔者认为,导致上述种种争论的关键,在于人们对游牧文化与农耕文化的不同理解。谭文虽然承认辽朝四时捺钵制度有其特殊性,但同时他又强调"任何一个国家不可能没有一个中央政府的常驻地",而中京正是中央机构的常驻之地。《辽史·营卫志》中的下面这段话是谭文提供的一个关键性证据:

> 皇帝四时巡守,契丹大小内外臣僚并应役次人,及汉人宣徽院所管百司皆从。汉人枢密院、中书省唯摘宰相一员,枢密院都副承旨二员,令史十人,中书令史一人,御史台、大理寺选摘一人扈从。每岁正月上旬,车驾启行。宰相以下,还于中京居守,行遣汉人一切公事。除拜官僚,止行堂帖权差,俟会议行在所,取旨、出给诰敕。文官县令、录事以下更不奏闻,听中书铨选;武官须奏闻。

谭其骧先生认为,这段史料可以证明中京是当时中央政府的常驻地,也就是辽朝后期事实上的国都之所在。而杨若薇则认为自"宰相以下,还于中京居守"的记载应视为一个特例,而非辽朝后期之通例。[①]

---

① 参见杨若薇《契丹王朝政治军事制度研究》(修订本),第102—105页。

据苗润博先生研究，这段史料应当源自赵志忠的《阴山杂录》。① 志忠为辽兴宗朝中书舍人，重熙十年（宋庆历元年，1041 年）叛逃入宋，随后著《阴山杂录》等书上呈宋廷。笔者认为将赵氏所载宰相以下居守中京等事解释为一种特例恐怕很难令人信服。辽亡后不久，宋人的一些记载，也从侧面印证了《辽史》所载并非特例。北宋宗室子弟赵子砥曾跟随徽、钦二宗北狩，他在记录此行称 "燕山至中京九百五十里，过石门至景州上卢龙岭，山下过栾撒河，至泽河过大漠，至中京，于相府院驻跸。相府院者，契丹时宰相所居也"②。蔡鞗《北行日录》亦称 "太上自燕京迁居房部相府院，每思宗社，寝膳俱废。……是时，秦桧亦寓中京"③。《呻吟语》称 "虏以康王兵盛，又请二帝北徙，……十月十八日抵中京，计程九百九十里。地即霫郡，古奚国（小注：改大定府），在燕山北，馆于相国院，故契丹相国第。中院居房酉，太上居其东。以宫眷宗戚不能容，内外分住。靖康帝居其西，宫眷从。地极荒凉，远逊燕山"④。多方史料皆证明宋朝的徽、钦二宗曾驻跸于辽朝宰相的府邸，而此宰相府恰恰位于中京城。⑤ 这说明中京应当是辽朝宰相的常驻地，故会营建相府院。

但要以此证明中京是契丹王朝的政治中心则又显得证据不足，因为这里虽然有 "宰相以下，还于中京居守" 的说法，但须注意常驻中京的宰相只是 "行遣汉人一切公事" 而已。辽朝的主要民族除了汉人之外，还有契丹、渤海和奚人，契丹部族由北、南二府掌管，奚人由北府及奚王府统

① 苗润博：《契丹捺钵制度重审》，《中华文史论丛》2020 年第 1 期；收入氏著《〈辽史〉探源》，第 120—133 页。

② 《三朝北盟会编》卷 98 引赵子砥《燕云录》，上册，第 724 页下栏。

③ 赵永春辑注：《奉使辽金行程录》（增订本），商务印书馆 2017 年版，第 242 页；李德辉辑校：《晋唐两宋行记辑校·北狩行录》，第 347 页。《建炎以来系年要录》卷 9 也有类似记载，称 "道君太上皇帝、渊圣皇帝自燕山徙居中京。中京者，在燕山之北千里，金谓之霫郡，盖古奚国也。二帝既至，即相府院居焉"，其下小注 "此以《北狩行录》及赵子砥《燕云录》参修"。（建炎元年九月庚子，第 1 册，第 244 页。）

④ 确庵、耐庵编，崔文印笺证：《靖康稗史笺证·呻吟语笺证》，中华书局 2010 年版，第 204 页。

⑤ 参见张韬《辽代道级行政区划研究》，博士学位论文，吉林大学，2016 年，第 132 页。

领，东京地区渤海人则由东京留守及中台省治理，而中京的南面官机构所掌管的仅限于汉人公事。辽朝在不同的民族区域设立不同的管理机构，"因俗而治"的统治策略已渗入到国家政治制度的方方面面，这也是辽朝的治国方式迥异于其他各个王朝的地方。所以，中京更有可能是辽朝统治汉式州县的一个行政中心，其职能范围虽不如中原王朝的首都那么强大，但若要说中京仅仅是一个象征性的首都，恐怕也未必接近事实。

中京在辽朝的地位显然与其他诸京有着不同之处。不可否认的是，圣宗以后中京的地位确实发生了某些变化，其重要性已超过其他诸京而居于五京之首。中京的这种变化，与契丹对汉文化的吸收不无关系。

实际上，中京城建立的背景即与契丹对于中原文化的吸收有着密切的关系。随着辽朝对于中原制度的逐步了解，圣宗已不能容忍在国家的中心地区还存在一个拥有半独立地位的奚王府。正是出于进一步加强中央集权的需要，圣宗才采取一系列的措施削弱奚王的权力，最终将其牙帐所在地收归国有，并在此建立一个新的京城。

从中京的布局来看，也可以反映出辽朝对于汉文化的吸取。与辽代初期的上京相比，中京"更多地模仿了中原都城制度"①。李逸友先生甚至一度认为中京城乃是"完全模仿北宋汴京开封城的制度"②。杨宽先生也认为中京城的三重城格局，是以北宋东京的外城、皇城、宫城为样板建成的。③此后，李逸友先生经过细致的比较研究之后，修正了原先的看法。他认为中京城实际上既吸收了唐代长安城的制度，也局部模仿了北宋汴京的城垣制度，同时也融入了契丹本民族的习俗。整体而言，中京城的格局反映了契丹对于汉族文化吸收的一个趋势。④

正是基于对汉文化的吸收，加之中京"居中"的地理位置，契丹族统

① 中国社会科学院考古研究所编著：《新中国的考古发现和研究》，文物出版社 1984 年版，第 601 页。

② 李逸友：《内蒙古文物考古工作三十年》，文物编辑委员会编《文物考古工作三十年（1949—1979）》，文物出版社 1981 年版，第 78 页。

③ 杨宽：《中国古代都城制度研究》，上海人民出版社 2016 年版，第 471 页。

④ 参见李逸友《辽代城郭营建制度初探》，第 59—67 页。

治者对于中京格外重视，赋予中京更多汉式"都城"的政治蕴含。其实，上文所引《刘六符传》的那段记载，已经透露了一些端倪。萧革与刘六符关于大册之礼当行于郊野还是中京的争论，实际上就是契丹传统与中原制度相冲突的一种表现。道宗最后接受刘六符的意见，原意于中京行汉式册礼，[①] 也进一步说明了契丹人对于汉文化的接受。《辽史·圣宗纪》的一条史料很值得我们注意：开泰十年（1021 年）七月，圣宗"遣骨里取石晋所上玉玺于中京"[②]。这是出于与宋朝争华夏正统的需要，反映出契丹人对于中国传统政治文化中的正统观念的看重。[③] 让我们感兴趣的是，辽朝为何将象征正统的传国玺存放于中京而不是其他地方？这就非常值得我们玩味了。可以说，正是由于中京处于"四方之极"，符合汉文化的"中土"概念，因此被逐步接受汉文化的契丹人视为统治汉地的一个中心。刻于寿昌元年（1095 年）的《永清公主墓志铭》称永清公主的夫君萧太山在大安三年（1087 年）亡故之后，"皇上念其内亲，勅行大祭，此人之荣遇也。遂遣司农少卿李权为勅祭发引使。万代仪礼，悉皆备焉。仍奉朝旨，取到中京导驾吉仪及差甲兵四十人"[④]。天辅五年（1121 年）十二月，金太祖命完颜杲统内外诸军，攻打辽之中京。临行之前，阿骨打诏曰："若克中京，所得礼乐仪仗图书文籍，并先次津发赴阙。"[⑤] 据此可知皇帝之礼乐、仪仗当存于中京，若是结合上文玉玺的存放地点，中京的地位或功能显然不同于其他四京。《辽史》卷三六《兵卫志下》有一段史臣按语，称"二帐、十二宫一府、五京，有兵一百六十四万二千八百。宫

---

① 道宗虽然采纳了刘六符的建议，但未立即执行。详见本章第一节。

② 《辽史》卷 16《圣宗纪六》，第 1 册，第 211 页；卷 57《仪卫志三》"符印"条称圣宗开泰十年，驰驿取石晋所上玉玺于中京"，第 3 册，第 1016 页。按是时圣宗正狩猎于上京附近的潢河，并不在中京一带。

③ 参见刘浦江：《德运之争与辽金王朝的正统性问题》，《中国社会科学》2004 年第 2 期，第 191 页。

④ 刘凤翥、唐彩兰、青格勒：《辽上京地区出土的辽代碑刻汇辑》，社会科学文献出版社2009 年版，拓本照片见第 27 页，录文见第 82 页。

⑤ 《金史》卷 2《太祖纪》，第 1 册，第 38 页；卷 76《完颜杲传》，第 5 册，第 1847 页。

丁、大首领、诸部族，中京、头下等州，属国之众，皆不与焉"①，单独将"中京"列出，显示出中京军队的调动不同于其他四京，从某种侧面也证明中京的特殊地位。咸雍五年（1069 年）八月，秦晋国妃萧氏原本跟随道宗至庆州附近秋狝，因身体不适，"告归中京"②。表明契丹的某些皇亲国戚已经以中京为固定居所。大康九年（1083 年），道宗命贾师训按察河东路（当作辽东路，即东京地区）的刑狱，师训完成使命后，"以奏簿至中京"。③ 贾师训向中京奏报调查结果，也说明相关的中央机构当在中京。

立于道宗咸雍八年（1072 年）的《创建静安寺碑》，对中京的地位有一个最好的说明："五都错峙，帝宅尊乎中土，则大定之分甲天下焉。"④ "大定"即中京大定府，意谓中京地处天下之中，最为尊贵，故位列五京之首。刻于大康元年（1075 年）的《耶律祁墓志》亦称"五都错峙，中为大"。⑤ 契丹人凸显中京的地位，当与接受汉文化中的"择中"观念有关。《吕氏春秋》谓"古之王者，择天下之中而立国，择国之中而立宫，择宫之中而立庙"⑥。

从"宰相以下，还于中京居守，行遣汉人一切公事"，相府院、传国玉玺、导驾仪仗皆在中京，中京"位列五京之首"以及汉式册礼转向中京等一系列迹象来看，中京显然不是一个纯粹的政治装饰品，它具有实际的"首都"功能，虽然它并不是全国意义上的、功能齐全的政治中心。

中京特殊地位透露出的汉文化意识，并不意味着契丹人放弃了游牧民族的传统，更不意味着中京已经成为名副其实的政治中心。中京建立之

---

① 《辽史》卷 36《兵卫志下》，第 2 册，第 489 页。

② 咸雍五年《秦晋国妃墓志》，拓本照片见陶建英、李俊义编《石墨芳华——刘凤翥李春敏收藏辽金碑刻拓本集》，第 163 页。

③ 《贾师训墓志》，拓本照片见陶建英、李俊义编《石墨芳华——刘凤翥李春敏收藏辽金碑刻拓本集》，第 275 页。

④ 向南：《辽代石刻文编》，第 360 页。

⑤ 《耶律祁墓志》，拓本照片见陶建英、李俊义编《石墨芳华——刘凤翥李春敏收藏辽金碑刻拓本集》，第 193 页。

⑥ 吕不韦编，许维遹集释，梁运华整理：《吕氏春秋集释》卷 17《审分览第五·慎势》，中华书局 2009 年版，第 460 页。

后，辽朝的中央机构仍旧跟随皇帝四时捺钵。契丹统治者虽然在京城建置上模仿长安、汴京等中原都城，但是对于都城本质的了解，还需要较长的时间。① 直至辽朝末年，契丹人仍旧没有形成类似中原王朝那种作为整个国家政治中心的都城，中京更多的是一种汉文化意识形态上的 "首都"，是统治汉式州县的功能残缺的非全国性 "首都"。

澶渊之盟后，辽宋两国的交流日趋频繁，辽朝对于汉文化的接受也逐步加深。中京地位的变化，是契丹人逐渐接受汉文化的一个案例。但另一方面，契丹人在政治生活中仍然延续着传统的游牧文化——四时捺钵。辽朝中后期一直在探索中调和游牧与农耕两种不同的文明，既不全盘汉化，亦不固守传统，在两种文明的交织中缓步前行。

第四节　亦蕃亦汉：二元视野下的辽朝政治中心

一　辽朝二元性再认识

学界在讨论游牧民族王朝的时候，有时会倾向于将游牧与农耕对立起来，或是强调内亚性或是强调汉化，认为二者之间是非此即彼或此消彼长的关系。② 就契丹·辽王朝而言，其二元性体现在诸多方面，二者并非全然对立、泾渭分明，但也不是完全杂糅融合为一体，成为一种新型的文化（有些学者称之为 "第三种文化" 或 "混合文化"）。③ 契、汉之间既有区分，也有交融。以往学界比较侧重从政治制度的角度去探讨辽朝的二元，尤其是南北面官制度，但是辽朝的二元性远不止此。以下略作申说。

① 虽然在特殊情况下都城可以不是中央政府所在地，但至少应该是法定意义上的国都，而辽朝从未宣布定都中京，抑或是史料失载。作为国家重要标志的国号，《辽史》尚且屡次失载，故亦不能完全排除史籍漏载辽朝定都之可能性。

② 参见林鹄《南望：辽前期政治史》，第1—23页。

③ 李锡厚：《〈剑桥中国史〉（第6卷）辽史的基本观点评述》，《宋史研究论丛》第6辑，河北大学出版社2005年版，第537—549页。

在圣宗更改国号以后，学界普遍认为大契丹国号行用于契丹统治之全境，及至道宗改国号为大辽以后，辽之国号亦是通行全国之号，燕云地区不再作为特例而被单独对待。但实际情况是，辽朝的"双重国号制"以另一种新的形式继续存在。不过这只能从契丹文文献中才能窥见一二。

根据刘凤翥先生的研究，无论汉文的国号如何更改，在契丹文中使用的始终是双国号。当改国号为大契丹时，契丹小字墓志中的国号为 **ᠣᡝ ᠫᠯ**，契丹大字墓志中的国号为 **ᠡᠵ ᠊ᠠᠡ**，汉译为"契丹·辽"。当改国号为大辽时，契丹小字墓志中的国号则变为 **ᠫᠯ ᠣᡝ**，契丹大字墓志中的国号则变为 **᠊ᠠᠡ ᠡᠵ**，汉译为"辽·契丹"。① 如果以汉人（包括当时的宋人）的眼光来看，辽朝固然是屡更国号，然而若以契丹人的视角而言，国号始终没有更改，仅仅是辽·契丹与契丹·辽的区别，体现的是辽或契丹何者优先的一种政治倾向而已。无论孰轻孰重，契丹人内部在国号上显然是一种二元制度。针对契丹语、契丹文的文化圈，行用双国号；针对汉字文化圈则行用单一国号，例如汉文墓志、汉文史籍以及宋、高丽的外交文书，皆是如此。这种契、汉有别的双、单国号并行的制度，可以理解为二元政治文化的一种变例。

契丹人的姓氏制度也透露出这样一种二元思维模式。众所周知，契丹人无论贵族还是平民，只有耶律和萧两个姓氏，这是历朝历代、各个民族仅有的一个特例。史家对此种现象困惑之余，纷纷提出自己的解释。由于辽之皇族皆出自耶律氏，后族皆出自萧氏，故而有的学者将此一现象解释为两大通婚集团。② 不过，这样的一种认知，实际上仍然是限于汉字文化

---

① 刘凤翥：《从契丹文字的解读谈辽代契丹语中的双国号——兼论"哈喇契丹"》，《东北史研究》2006 年第 2 期，第 1—4 页；刘凤翥《契丹大字〈耶律祺墓志铭〉考释》，《内蒙古文物考古》2006 年第 1 期，第 53—54 页。刘凤翥先生的观点发表后，学界仍有一些不同意见，陈晓伟先生从波斯文、藏文等史料入手，进一步论证了辽朝的双国号制度，参见氏著《辽朝国号再考释》，《文史》2016 年第 4 辑，第 95—106、154 页。

② 蔡美彪：《试说辽耶律氏萧氏之由来》，《历史研究》1993 年第 5 期；收入氏著《辽金元史考索》，中华书局 2012 年版，第 66—76 页。

圈。在契丹人内部，姓氏的情况要复杂得多。① 在契丹文字中，"耶律"一词早已被释读，也确实可以与辽朝的皇族以及庶民的姓氏相对应。但是，迄今为止，我们从未在契丹文中发现契丹人的"萧"姓。契丹小字《萧胡睹堇太师墓志铭》第 16 行出现了 〔契丹文〕、〔契丹文〕②，汉译为萧何、张良。这是契丹文中唯一一次出现"萧"姓，但该词显然是针对汉人的汉姓"萧"，采用的也是汉语借词的形式（〔契丹文〕音 *siɑu）。契丹人等北方部族之萧氏则绝不使用 〔契丹文〕（萧）作为姓氏，而是以其他面目出现，不同支系、部族采用的姓氏完全不同。例如《辽史》有传之萧常哥（字胡睹堇），③ 据其汉文墓志，知常哥汉名萧义。④ 但是在契丹小字《耶律奴墓志》第 26 行，其姓名被记作 〔契丹文〕，⑤ 汉译为"拔里常哥"，可转译为"萧常哥"。此处的 〔契丹文〕（ *pɑli-ən），⑥ 对应的汉译为拔里氏，即《辽史》所载国舅帐之拔里氏。又如汉字《耶律宗教墓志铭》记述宗教"所娶夫人萧氏妊古只，涅里衮相公女也"，⑦ 契丹文《耶律宗教墓志铭》第 29—20 行记作：

〔契丹文字行〕

妻 惕隐么格妊古只 乙室己国舅少父房之 涅里衮·敌烈 相公 谐领

〔契丹文字行〕

---

① 关于契丹人姓氏详细且深入的论述参见爱新觉罗·乌拉熙春：《契丹文墓誌より見た遼史》，日本京都：松香堂 2006 年版，第 1—55 页；吴翔宇：《双重语境下的辽代契丹姓氏研究》，《史学月刊》2021 年第 1 期，第 53—64 页。

② 清格尔泰、吴英喆、吉如何《契丹小字再研究》，第 2 册，第 1504—1505 页。

③ 《辽史》卷 82《萧常哥传》，第 5 册，第 1427 页。

④ 《萧义墓志》，拓本照片见刘凤翥、唐彩兰、青格勒《辽上京地区出土的辽代碑刻汇辑》，第 88 页。

⑤ 清格尔泰、吴英喆、吉如何《契丹小字再研究》，第 2 册，第 1198 页。

⑥ 词尾所有格 ən 在姓氏末尾时，可汉译为"氏"。

⑦ 拓本照片见刘凤翥《契丹文字研究类编》，第 4 册，第 1127 页。

夫人 二人之 第五 女①

汉文墓志中的萧氏在契丹文中被记作 [契丹文]（*isgi-s），② 汉译"乙室己"，对应的是《辽史》所载国舅帐乙室己氏。

不仅是国舅帐如此，奚族之萧姓，在契丹文中也从不使用"萧"。契丹小字《梁国王墓志铭》第 10 行，称萧括宁为 [契丹文]，汉译为"奚括宁"。③ 此人即《辽史》中之萧韩家奴，史称"萧韩家奴，字括宁，奚长渤鲁恩之后"。④ [契丹文]（*tiela）一词对应的汉译为"奚"，作为姓氏时，当时的汉人已将其转译为"萧"。此外，渤海王族大氏的后裔在汉译时，有时也被当作"萧氏"成员。汉字《耶律宗教墓志铭》载宗教"母曰萧氏，故渤海圣王孙女，迟女娘子也"，契丹小字《耶律宗教墓志铭》则称宗教母为"[契丹文]"，汉译为"迷里吉氏迟女娘子，丹国圣汗乌鲁古之后裔"。迷里吉氏即渤海之大氏，乌鲁古即大諲譔，天显元年（926 年）灭渤海国后不久，太祖"赐諲譔名曰乌鲁古"。⑤ 据此可知，渤海大氏在契丹文中为"[契丹文]（迷里吉氏）"，在《辽史》中记为"大氏"，在汉文墓志中亦可称为"萧氏"。另外，《辽史·兴宗纪》中还曾出现"奥隈萧氏"的说法，⑥ "奥隈"又作

---

① 清格尔泰、吴英喆、吉如何《契丹小字再研究》，第 2 册，第 1107 页。

② 词尾 s 表示复数。

③ 清格尔泰、吴英喆、吉如何《契丹小字再研究》，第 2 册，第 1417 页。[契丹文]为宾格形式，[契丹文]为名字，[契丹文]为宾格助词。吴英喆等人将[契丹文]（*konin）译作"管宁"，若是参照《辽史》的译法，似以"括宁"更为合适。

④ 《辽史》卷 96《萧韩家奴传》，第 5 册，第 1539 页。

⑤ 《辽史》卷 2《太祖纪下》，第 1 册，第 25 页。相关考释参见爱新觉罗·乌拉熙春《爱新觉罗乌拉熙春女真契丹学研究》，第 164 页；爱新觉罗·乌拉熙春、[日] 吉本道雅《韓半島から眺めた契丹·女真》，第 93 页。墓志录文、释文参见清格尔泰、吴英喆、吉如何《契丹小字再研究》，第 2 册，第 1101 页。

⑥ 《辽史》卷 18《兴宗纪一》，第 1 册，第 240 页。

"奥隗""奥畏",《辽史》载有乙室奥隗部、楮特奥隗部、涅剌奥隗部及奥隗/奥畏部。①《兴宗纪》之奥隈萧氏说明契丹之萧氏当包含奥隗部或与之相关的各部。契丹、奚等部族之"萧氏"显然涵盖了除契丹皇族之外绝大部分北方部族的姓氏。

耶律氏的包容性、开放性虽不及萧氏,但是亦非完全封闭。最为典型的例证就是韩匡嗣家族,匡嗣之子德让,甚至可以脱离宫籍,一跃而为横帐季父房,成为皇族的一员。② 这与中原王朝的赐皇族之姓,还是有所区别的。不过,整体而言,耶律氏以皇族为主体,人员主要是出自迭剌部霞濑益石烈耶律弥里的部众,萧氏则是以耶律氏通婚集团为核心,同时吸纳诸多北方部族。

从汉文的角度而言,"耶律"为音译契丹语词,源自阿保机家族的出身之处(耶律弥里);"萧氏"为汉族之姓氏,源自应天太后家族萧翰的汉姓。③ 契丹人在姓氏方面,依然是契、汉有别。在契丹人内部不同族系区分得非常清楚,完全不会相互混淆,但是针对汉字文化圈,却只有耶律、萧两个姓氏,尤其是萧姓,将契丹国舅诸帐、不同部族以及奚、渤海王族等混而为一,成为一个涵盖极广的大姓,无形中使当时的汉人以及日后的研究者产生一种错觉。契丹人在姓氏上,契、汉区分的状况,亦是契丹二元政治文化的一种表现。④

辽朝在文字书写上,也是契、汉两套系统并行。太祖神册五年(920

---

① 《辽史》卷33《营卫志下》,第2册,第440页;卷35《兵卫志中》,第2册,第469、470页;卷46《百官志二》,第3册,第817页;卷59《食货志上》,第3册,第1026页;卷69《部族表》,第4册,第1193页;卷92《耶律独攧传》,第5册,第1508页;卷101《萧陶苏斡传》,第5册,第1579页。

② 《辽史》卷82《耶律隆运传》,第5册,第1422—1423页。

③ 辽代契丹人之萧姓应始于太宗之时,《旧五代史》卷98《晋书·萧翰传》谓"契丹比无姓氏,翰将有节度之命,乃以萧为姓,翰为名"(第4册,第1538页)。

④ 契丹皇帝之名字亦契、汉并用。辽朝诸帝之中,仅圣宗契丹语名失载,余皆有契丹语名。例如辽太祖汉名耶律亿,契丹名阿保机(小名啜里只);太宗汉名德光,契丹语名尧骨;世宗汉名阮,契丹语名兀欲。此亦可反映出契、汉二元之政治文化。

年）创制契丹大字，① 后创制契丹小字，② 但是小字的情况较为特殊，最早的契丹小字石刻资料出现于重熙二十年（1051 年），在此之前契丹小字究竟处于何种状态，尚不得而知。③ 在石刻资料的使用上，契丹大字和契丹小字的使用，似乎并没有严格的区分。目前所知，辽兴宗、道宗的帝后哀册皆是用契丹小字、汉字双语书写，辽太祖的纪功碑则是用契丹大字、汉字双语书写，而所有的契丹文字官印则皆用契丹大字书写。近年在俄罗斯发现的契丹大字抄本则显示出，辽朝的修史系统也是采用了契、汉两套不同的书写系统。在此之前，我们普遍认为，辽朝的《实录》仅仅只有汉文一种文本，但是根据扎伊采夫先生的研究，俄罗斯科学院所藏的手抄本很可能是辽兴宗朝所修的《实录》。④

在礼仪制度上，辽朝亦是蕃汉并行。《辽史》称"遥辇胡剌可汗制祭山仪，苏可汗制瑟瑟仪，阻午可汗制柴册、再生仪。其情朴，其用俭。敬天恤灾，施惠本孝，出于悃忱，殆有得于胶瑟聚讼之表者"。⑤ 契丹祭山之仪，于木叶山设天神、地祇，并立君树、群树，以像朝班，巫以及契丹礼官敌烈麻都等主导仪式，皇帝、皇后、群臣、命妇参与其中。⑥ 瑟瑟之仪，为契丹人射柳祈雨之仪，巫以及敌烈麻都亦占有重要位置。⑦ 此外拜日仪式、蕀节仪、岁除仪等等，亦皆为契丹礼俗。

在这些旧仪中，柴册仪与皇帝之汗权关系密切，显得尤为重要。契丹人行柴册仪时，"置柴册殿及坛"，"又置再生、母后搜索之室。皇帝入再生室，行再生仪毕，八部之叟前导后扈，左右扶翼皇帝册殿之东北隅。拜

---

① 《辽史》卷 2《太祖纪下》，第 1 册，第 18 页。
② 《辽史》卷 64《皇子表》，第 4 册，第 1070—1071 页。
③ 陶金：《契丹文字创制的新思考》，《华西语文学刊》第 13 辑，2016 年，第 231—249 页。
④ В. П. Зайцев, Идентификация киданьского исторического сочинения в составе рукописной книги-кодекса Nova H 176 из коллекции ИВР РАН и сопутствующие проблемы, Acta linguistica Petropolitana：Труды Института лингвистических исследований. Том XI, часть 3. СПб.：Наука, 2015. С. 167—208.
⑤ 《辽史》卷 49《礼志一》，第 3 册，第 927 页。
⑥ 《辽史》卷 49《礼志一》，第 3 册，第 928 页。
⑦ 《辽史》卷 49《礼志一》，第 3 册，第 929—930 页。

日毕，乘马，选外戚之老者御。皇帝疾驰，仆，御者、从者以毡覆之。皇帝诣高阜地，大臣、诸部帅列仪仗，遥望以拜。皇帝遣使敕曰：'先帝升遐，有伯叔父兄在，当选贤者。冲人不德，何以为谋？'群臣对曰：'臣等以先帝厚恩，陛下明德，咸愿尽心，敢有他图。'皇帝令曰：'必从汝等所愿，我将信明赏罚。尔有功，陟而任之；尔有罪，黜而弃之。若听朕命，则当谟之。'佥曰：'唯帝命是从。'皇帝于所识之地，封土石以志之。遂行。拜先帝御容，宴飨群臣。翼日，皇帝出册殿，护卫太保扶翼升坛。奉七庙神主置龙文方茵。北、南府宰相率群臣圜立，各举毡边，赞祝讫，枢密使奉玉宝、玉册入。有司读册讫，枢密使称尊号以进，群臣三称'万岁'，皆拜。宰相、北南院大王、诸部帅进赭、白羊各一群。皇帝更衣，拜诸帝御容。遂宴群臣，赐赉各有差"。这一套仪式确立的是契丹皇帝在北方诸族中的汗权地位，主体采用契丹传统仪式，但显然也加入了汉仪的成分，如"枢密使奉玉宝、玉册入"至三称"万岁"这一环节。同时还专门创置上契丹册之仪，"以阻午可汗柴册礼合唐礼杂就之"。①

　　同样，辽帝为了确立在汉地、汉人中的皇权地位，还需要执行一套汉式的礼仪。如皇帝受册仪，"尚舍奉御设幄于正殿北墉下，南面设御坐；奉礼郎设官僚、客使幕次于东西朝堂；太乐令设宫悬于殿庭，举麾位在殿第二重西阶上，东向；乘黄令陈车辂；尚辇奉御陈舆辇；尚舍奉御设解剑席于东西阶"，此后通事舍人、宣徽使、太常博士、太常卿、侍中等引导诸官完成仪式。这套仪式大体遵循唐、晋之仪而成。②辽朝仿自汉式的仪式还有册皇太后仪、册皇太子仪、册王妃公主仪、贺正旦仪、皇帝生辰朝贺仪等等。

　　在行礼的空间上，辽朝有时表现出蕃汉杂糅的状态。众所周知，契丹人习惯东向，有些殿宇受契丹风俗影响为东西向，有些则全依汉制为南北向。契丹人在行礼时，对于殿宇的朝向似乎并无固定的模式，即无论是东

---

① 《辽史》卷52《礼志五》，第3册，第955页。
② 《辽史》卷52《礼志五》，第3册，第953—955页。

西向还是南北向皆可作为行礼场所。例如《辽史》所载的"宋使见皇太后仪",行礼的空间为南北向,此为宋使贺生辰、正旦之仪。但是"贺生辰正旦宋使朝辞太后仪"的礼仪空间却是东西向的,① 这两种仪式皆当为圣宗时情况。这说明,辽圣宗时朝贺之仪和朝辞之仪并非在同一殿宇(或帐幕)举行,且殿宇(或帐幕)朝向一为南北、一为东西。根据《辽史》所载的相关礼仪,可以推知"宋使见皇太后仪""皇太后生辰朝贺仪""正旦朝贺仪""皇帝生辰朝贺仪""曲宴宋使仪""高丽使入见仪""高丽使朝辞仪""宋使告哀仪"皆为南北向空间;② "贺生辰正旦宋使朝辞太后仪""贺生辰正旦宋使朝辞皇帝仪""宋使见皇帝仪""宋使祭奠吊慰仪"皆为东西向空间。③ 故而从礼仪空间的角度而言,辽朝也是蕃汉二元并存的。

在官员服饰上,辽朝亦是实行蕃、汉二元制度。史称"衣冠之制,北班国制,南班汉制,各从其便焉"。④ 不过在实际执行时,情况又略有不同。"朝服:乾亨五年(983 年),圣宗册承天太后,给三品以上法服。杂礼,册承天太后仪,侍中就席,解剑脱履。重熙五年(1036 年)尊号册礼,皇帝服龙衮,北南臣僚并朝服。盖辽制,会同中,太后、北面臣僚国服,皇帝、南面臣僚汉服;乾亨以后,大礼虽北面三品以上亦用汉服;重熙以后,大礼并汉服矣。常朝仍遵会同之制"。⑤ 从中可以看出,辽朝虽然一直采用两种不同的服饰,但是随着时间的推移,在重要的仪式上,辽朝统治者越来越倾向于汉服。

辽朝蕃、汉二元的礼仪制度甚至体现在皇后生男、生女这样的事情上。武珪《燕北杂录》载契丹皇帝"若生儿时,方产了,戎主着红衣服,于前帐内动番乐,与近上契丹臣僚饮酒,皇后即服酥调杏油半盏。如

---

① 《辽史》卷 51《礼志四》,第 3 册,第 945 页。
② 《辽史》卷 51《礼志四》、卷 53《礼志六》、50《礼志二》,第 3 册,第 944—948、950—951、963—966、970—972,936—937 页。
③ 《辽史》卷 51《礼志四》、卷 50《礼志二》,第 3 册,第 948—950、935—936 页。
④ 《辽史》卷 56《仪卫志二》,第 3 册,第 1007 页。
⑤ 《辽史》卷 56《礼志六》,第 3 册,第 1010 页。

生女时，戎主着皂衣，动汉乐，与近上汉儿臣僚饮酒，皇后即服黑豆汤调盐三分"。① 可以说，二元政治文化体现在辽朝政治生活的方方面面，既有胡汉分治的单一界限，也有契汉有别的双重面向，也有蕃汉杂糅的混合形态。不论是哪一种情况，都说明辽朝的二元政治思想已经渗透到政治文化的各个层面。②

如果我们意识到辽朝的二元政治远比我们之前的认识要更为复杂、其渗透的方面要更为广泛，那么我们再以这样的角度重新审视辽朝的政治中心究竟是在捺钵还是都城，恐怕就不会再将二者截然对立了。毕竟从契丹人的角度而言，这实在是很正常的一种政治行为，他们并不会被政治中心究竟哪里这样的问题所困扰。

二　"都城"与"捺钵"：再谈辽朝的政治中心

契丹人建立的契丹·辽王朝在政治架构、统治模式等方面无疑具有很大的独特性，在中国历代王朝中，恐怕很难找出如此迥异的民族政权。很多最基本的问题，经过七八十年的研究，依然难以达成共识，且呈现愈发迷乱的趋势。以辽朝的"都城"而言，辽金史学界仍然在辽朝"首都"或政治中心的问题上争论不已，这在其他王朝几乎是难以想象的。肖爱民先生曾将这些争议总结为三派：京城说、捺钵说、行宫说，加上他自己提出的行朝说，目前关于辽朝政治中心的说法共有四种意见。其中"京城说"认为辽朝存在固定的政治中心，此说又分为自始至终上京说、后期迁都中京说；至于捺钵说、行宫说、行朝说，则皆认为辽朝并不存在固定的政治

---

① 苗润博：《〈说郛〉本王易〈燕北录〉名实问题发覆》附录《武珪〈燕北杂录〉佚文辑校》，《文史》2017 年第 3 辑，第 151 页。

② 肖爱民先生曾对辽朝的政治面貌的特殊性（双重性）在八个方面做了总结，可供参考，故本书仅论及肖氏文中未涉及者，余不赘言。详见氏著《辽朝政治中心研究》"绪论"部分，第 8—11 页。

中心，中央机构及其成员跟随皇帝不断地四处游移。① 近年又有一种观点认为辽朝前期的政治中心在捺钵（行宫），但后期逐渐南移至中京。② 这些争论至今没有定论，人们关于辽朝政治中心的认知，恐怕还需要更为长久的一段时间才可以厘清。

在上述诸说之中，其实还有一种象征说，既承认辽朝政治中心在捺钵，同时又认可中京的特殊性，是一个象征性的都城。笔者曾经也认为中京充其量是一个象征意义上的都城，③ 基本采纳了李锡厚先生的观点，即中京是辽朝后期礼仪上的都城。④ 陈晓伟先生曾将北方民族王朝的都城划分为三种类型：有名无实的政治象征型、都城与季节性营地复合型、都城政治功能日益强化型，他认为辽朝的都城为第一种类型，即有名无实的政治象征型。⑤

余蔚先生认为除去流动性的政治中心——捺钵之外，辽朝还有一个固定的政治中心——首都。他是这样解释两个政治中心的关系的，"辽朝的首都，是皇帝结束不定期的捺钵和巡游之后，回归的目的地，因为他的家庭成员的很大一部分，以及政府的很大一部分在首都，他的物资储备、供应中心在首都。……在新的政治结构之下，于流动的政治中心捺钵之

① 相关论点介绍可参见肖爱民《试析辽人意识中的国家政治中心——以辽代的石刻文为中心》，《辽金历史与考古国际学术研讨会论文集》，下册，辽宁教育出版社 2012 年版，第 599—607 页；肖爱民《辽朝政治中心研究》"绪论"部分，第 1—11 页；戎天佑：《辽代政治中心之争的回顾与启示》，《中国史研究动态》2022 年第 4 期，第 40—47 页。肖爱民先生认为五京之中没有任何一京有朝官，建有中央政府的衙署建筑，故辽朝不存在任何形式上的固定的政治中心（《辽朝政治中心研究》第 57—59 页）。

② 陈致平：《中华通史》第 6 卷《宋辽金史后编》，花城出版社 2003 年版，第 45 页；王旭东：《辽代五京留守研究》，博士学位论文，吉林大学，2014 年，第 129 页；王旭东：《辽代五京地方政务运行研究》，第 231 页。按：陈致平先生仅提及政治中心南移，未提及具体位置，王旭东先生据留守的选任与转迁等方面推测陈氏所言的南移地点当指中京。

③ 康鹏：《辽代五京体制研究》，博士学位论文，北京大学，2007 年，第 95—97 页；《辽帝国的政治抉择——以中京的建立及其与捺钵之关系为例》，《东亚都城和帝陵考古与契丹辽文化国际学术研讨会论文集》，科学出版社 2016 年版，第 149—156 页。

④ 李锡厚：《辽中期以后的捺钵及其与斡鲁朵、中京的关系》，《中国历史博物馆馆刊》1991 年第 15、16 期合刊，第 99—100、115 页。

⑤ 陈晓伟：《捺钵与行国政治中心论——辽初"四楼"问题真相发覆》，《历史研究》2016 年第 6 期，第 32—33 页。

外，辽也需要一个固定的政治中心，行宫虽然不断移动，但是有一个'向心'的大势。……而礼仪、祭祀、外交等方面的作用也加固了其作为政治中心的作用"①。

诸家争论之缘起，实际上来源于傅乐焕先生的那句著名的断语"辽代政治中心，不在汉人式的五京，而在游牧式的捺钵"②。此后关于辽朝政治中心、首都的争论，都是以此为基础展开的。但是傅乐焕先生的另一段论述，则被湮没在捺钵中心论中。傅先生在谈及辽朝的南北面官制度时，称"辽诸帝于每年冬夏两季，在冬夏两捺钵召开两次大政会议。会议完毕后，即春水秋山将届时，皇帝起牙帐，赴春水秋山地点，契丹官员全体及汉官一部扈跸同行，汉官大部分返于中京居守，处理汉人事务。契丹官员既全部扈从，则契丹官所辖之北面宫帐部族属国之政，仍可由辽帝随时料理。至是吾人乃明北南面官之妙用。即辽帝于吞并一部分汉地，宰治一部分汉人之后，旧日渔猎之习，保守未改，从而不能接受汉人式的政制，作汉人式的皇帝。乃设此南面官，以汉人之事，委之汉人。汉宰相可除拜县令录事以下不须闻奏，县令以上亦可先行堂帖权差，然后于大政会议时期取旨，由辽帝加委追认，其权殆不小。换言之，契丹帝国实包括两个国家，一由契丹人以及汉人以外各族人组成，由辽帝自行统治之；一由汉人组成，由辽帝转委汉大臣统治之"③。我们以往的研究，太强调傅乐焕先生关于政治中心在捺钵的论述，有意无意地忽略了他关于"两个国家"的论述。所谓的"两个国家"，实际上是两套不同的管理体系。

关于辽朝的南北面官制度，史料之中屡见不一见，学界也多有论述，姑不赘叙。需要略微提及的是，近年出土的《萧德顺墓志铭》为这种契、汉双轨制度提供了细节上的描述，该志谓"夫自大圣皇帝之有天下也，始制文字，以革本朝之政，由是诰命行焉。逮传祚已来，世建诸

---

① 余蔚：《中国行政区划通史·辽金卷》，第41页。
② 傅乐焕：《辽代四时捺钵考五篇》，《辽史丛考》，第94页。
③ 傅乐焕：《辽代四时捺钵考五篇》，《辽史丛考》，第95—96页。

职，或诏发于北面，或辞演于西掖。故国官品列皆拟于汉官矣。若乃国官暨汉官兼而崇者，则我夷离毕相公盖其人也。……公继事两朝，仅逾三纪。国官至夷离毕，汉官至平章事，策勋上柱国，列爵本郡公，眷赉殊深，非不达也"①。从中可以看出，辽朝官员任免有蕃官、汉官两套不同的体系，且国官是依照汉官的体系予以构建的。更为重要的是，皇帝的诏书或出自北面官系统，抑或起草于中枢机构（西掖），说明辽朝存在两种不同的政令系统。②

产生这种现象的原因是由于契丹王朝兼有游牧、农耕两种属性，表现在国家性质上，就是行国、城国兼而有之。关于此点，同一时代的宋神宗已有清醒认识，他认为契丹、党项"二敌之势所以难制者，有城国，有行国。自古外裔能行而已，今兼中国之所有，比之汉、唐尤强盛也"③。神宗所言虽然有所夸张，但是道出了契丹、党项两个政权行国、城国并行的本质。贾敬颜先生曾专门撰文探讨游牧国家的"行国"特征，论述游牧与农耕民族在经济、生活、军事、行政等方面的差异，指出"行国与城国相结合，不但长治久安，而且互相补充，变不足为有余"④。李大龙先生认为辽金王朝有两个突出特点："一是游牧行国从单一的对游牧族群的整合发展为对牧农混合族群的整合，具有游牧行国和农耕王朝的双重特征；二是在对峙中具有游牧行国和农耕王朝双重特征的辽、金占据了明显优势，并最终取代农耕王朝成为'天下（中国）正统'"。⑤ 国外学者也认为"（辽朝）

---

① 李俊义、张梦雪：《〈辽萧德顺墓志铭〉考释》，《中国国家博物馆馆刊》2016 年第 1 期，第 70 页。

② 辽景宗时的高嵩在任官多年后，竟然丝毫不知辽朝还有另一套不同的政令体系，直至罨撒葛之妻齐妃选中他后"方知国有宫号，人随部□。公系永兴宫，于是皇太妃录实而委之"（《辽代石刻文续编》，第 38 页）。

③ 《长编》卷 328，神宗元丰五年七月乙未，第 13 册，第 7899—7900 页。类似记载亦见王暐《道山清话》，《百川学海》本。

④ 贾敬颜：《释"行国"》，《中国蒙古史学会成立大会纪念集刊》，1979 年，第 142—146 页；贾敬颜：《释"行国"——游牧国家的一些特征》，《历史教学》1980 年第 1 期，第 17—21 页。

⑤ 李大龙：《多民族国家建构视野下的游牧与农耕族群互动研究——宋金时期游牧行国体制与王朝藩属的第二次对峙和重组》，《暨南学报（哲学社会科学版）》2017 年第 5 期，第 89 页。

的政治和军事组织，它的授职仪式，既不是传统的契丹式，也非传统的中国式，而是结合了两种文明的各种成分"①。可以说，辽朝是一个城国、行国兼具的国家。

正是由于辽朝兼具这两种特性，我们在探讨辽朝政治中心的时候显然不应当完全从游牧王朝的角度去考虑问题。从上文的论述中，我们可以看出辽朝的二元特征是非常明显的，虽然契丹皇帝始终保持着捺钵传统，但是统治汉人以及汉式州县的方式则呈现出越来越倚重中原王朝管理方式的趋势。故而有一部分学者在反思辽朝政治中心的时候，在中京是否是 "首都" 这一问题上，采取了更为审慎的态度，认为中京至少在一定范围内，可以算作一个政治中心。例如张韬先生认为可以将辽朝的 "中京道看作是管理插花地、纯农耕地区、部分草原地区的行政中心，故有部分中央机构官员常驻于中京道，管理插花地、纯农耕地区、部分草原地区一切事务"②。李锡厚先生在论述辽朝的五京仅仅是各自地域中心之后，复又认为辽朝仿照唐代都城制度，依唐都长安建上京，仿唐都洛阳建中京。他认为 "上京既是统辖上京道范围内汉人州、县的行政中心，同时又是辽王朝早期礼仪性的都城，其制度凸显蕃汉合璧的特性"，辽朝中后期 "确曾以中京为都城"③。这种看似牴牾的说法，实际上正是辽朝二元性的一种体现。辽朝与之前的匈奴、突厥不同，并不是一个纯粹的行国，既拥有燕云汉地，又在草原兴建城市，若是单纯地从游牧民族的角度去看待辽朝的政治中心问题，显然失于偏颇。

契丹·辽王朝既是一个行国，又是一个城国，行国性质的政治中心在捺钵，城国性质的政治中心在中京。此二者并不是非此即彼的排他性关系，而是你中由我、我中有你的复合体，处于一种蕃汉杂糅的状态。若要

---

① Karl August Wittfogel, Feng Chia-Sheng, History of Chinese Society: Liao 907—1125, Lancaster Press, 1949, p20. 译文采自唐统天、陈凤荣、朱则谨译《中国社会史——辽（907—1125）·总论》，王承礼主编《辽金契丹女真史译文集》，吉林文史出版社 1990 年版，第 35 页。

② 张韬：《辽代道级行政区划研究》，博士学位论文，吉林大学，2016 年，第 132 页。

③ 李锡厚：《〈辽史·地理志〉辨误》，《隋唐辽宋金元史论丛》第 4 辑，第 241—245 页。

从中厘清孰是孰非，恐怕是一件极为困难的事情。辽朝的前期更侧重于行国，彼时之上京更多的是一种象征意义上的都城。中京建立之后，随着契丹人对于中原王朝制度理解的深入，中京开始成为城国的政治中心，但是这一变化是一个缓慢、渐进的过程，经历圣宗、兴宗、道宗三朝才逐渐实现。①

契丹文中五京名称可作为一个旁证。辽朝早期建立的三京，表示方位的词汇皆为契丹语词，上京为 ⿰ 几用 (*ūt-kiŋ)，东京为 几用 (*jūt-kiŋ)，南京为 几用 (*to-kiŋ)。辽朝中后期建立的两京，方位词则改用汉语借词，中京为 几用 (*ʧouŋ—kiŋ)，西京为 几用 (*si-kiŋ)，皆为汉语的音译。太宗建立上、东、南三京时，使用契丹语词，至圣宗、兴宗建立中京、西京时，则采用汉语借词，在这漫长的过程中，契丹人的思维也在缓慢地发生着变化，对于汉制的理解也逐渐深入。

本章结语

辽上京是辽朝最早建立的都城，太祖阿保机在神册三年（918年）营建"皇都"的举动，并非单纯出于模仿汉制的目的。更为重要的原因是，太祖为了加强自身的政治权力，急需摆脱遥辇时代形成的契丹传统旧制。在制度建设上，以汉制破坏契丹传统旧制，从而达到巩固皇权的目的。随着契丹人对于中原文化理解的逐渐深入，以及皇位嫡长子继承制度的确立，皇帝汉式册礼的地点也逐渐由早期的上京逐渐向南转移，或在南京，或在中京。道宗以来，对于汉制理解进一步深入，册礼地点最终定在中京举行。

自20世纪40年代傅乐焕先生发表《辽代四时捺钵考五篇》以来，学界关于辽朝政治中心的争论就从未间断，迄今没有形成定论。如何解决这

---

① 可参见前节辽朝册礼地点的论述。

一争议，或许还需要转换视角，才可以"同情"地理解辽朝的"都城"和政治中心之间的关系。关于这一问题，当时的伽色尼王朝在询问契丹使臣时，或许就产生了同样的困惑。在流转至今的《马卫集书》中，明确称契丹的中心（皇帝的居所）是 Ūjam，文中虽然对契丹捺钵的规模、形制做了简要描述，但记录者似乎并未意识到这是一个移动的"行宫"，反而将其描绘成一个固定的地点。这种认知，同样影响到了后世的研究者，故而有的学者认为 Ūjam 为辽上京，意谓契丹的中心（首都）在上京。实际上，《马卫集书》中的上京为 Ūtkīn；Ūjam 对译的是契丹语化的"御帐"，意指契丹皇帝之行宫。

中京因其地理位置契合汉文化的"居中"思想，随着契丹对于中原文化的逐步接受，成为五京之首。中京地位的变化，是一个漫长的过程，是在不断接受汉式政治文化之后，不断附加、不断丰富、不断强化，方才逐渐成为城国性质的政治中心，管理汉式的州县、民政。

辽朝的二元性不仅体现在职官制度上，还体现在政治生活的方方面面。在国号上，辽朝实行契丹·辽或辽·契丹双国号制度，针对契丹等蕃族部落行用的是双国号，针对境内汉人及北宋等政权，行用的则是单一国号。这种双、单国号并行的模式，既体现出辽朝政策的灵活多变，也体现出辽朝内外有别的一种态度，这种区分可以算作二元制的一种变例。同样，契丹人的姓氏制度，也体现出这种二元性。针对契丹、奚族等蕃落，仍然沿用原有的部落旧制，其间姓、氏众多，内部的区分也极为明显；针对汉人，宣称契丹等部族仅有两个姓氏——耶律和萧，尤其是萧氏，容纳了众多的契丹支系、部落以及其他种族，此种划分难免让人产生契丹姓氏制度过于单调的错觉。契丹人对于契、汉不同的圈子，采取不同的"宣传"口径，这或许是因为契、汉之间的文化差异巨大，故而契丹人采取蕃汉不同策的"二元"模式。具体到辽朝的政治中心上，由于辽朝是一个行国与城国兼具的国家，所以当我们从不同的角度去观察时，就会产生不同的认知。辽金史学界的学人大多从游牧民族的角度出发，强调辽朝的政治中心在四时移动的捺钵之中；历史地理学界的学者则大多从传统中原王朝的角度出发，强调辽朝存在固定的政治中心——都城。如果我们从契丹王朝二元政治文化的角度予以观察，或许就不会过于纠结辽朝政治中心究竟是在捺钵还是在京城这一问题了。

第六章　辽朝地方行政制度的基本特征

有辽一代二百余年，在地方行政制度上始终没有形成整齐划一的模式，显得杂乱而无序，这与契丹人的统治方式有着很大关系。辽朝在创设机构、职官时，很少从制度内在需要及其发展方向的角度去思考问题，而大多是依据当地、当时的情形因地制宜、因时制宜、因事制宜，所以我们可以借用《辽史》的成语，将辽朝地方统治的特点总结为"因俗而治"①、"随宜设官"②，这一特征贯穿整个辽代。另一方面，由于史书记载混乱、资料匮乏等诸多原因，致使人们对于辽代地方统治制度的基本面貌无法形成一致的认识，譬如关于一级行政区，或称京道，或称节（方）镇，或称财赋路，令人莫衷一是。

事实上，辽朝看似杂乱无章的地方制度中蕴含了由无序走向有序的潜在因素。金朝立国之后，参照宋代制度对原辽朝的地方制度进行必要的梳理，最终形成了具有自己特点的路制。

此外，在地方官员的选任上，契丹人对于外族始终心存芥蒂，重要职位一般不会轻易授予他族。在契丹族内部，世选制度的影响仍旧存在，血缘与军功成为辽朝任用地方官员的重要标准。

---

① 《辽史》卷45《百官志一》，第3册，第773页。
② 《辽史》卷48《百官志四》，第3册，第895页。

第一节　从分国而治到分区而治

一　从大东丹国到大契丹国

辽朝建国之初，太祖四处征讨，对于如何统治新占领的土地尚无通盘的谋划。及至天赞五年（926年），太祖征服渤海后，决意采取"分国而治"的方法统御新获之地。

太祖以渤海国为模板，着力在契丹之东打造出一个新的国家。太祖宣布改渤海国为东丹国，意为东契丹国。① 新的国家建元甘露，原先的都城忽汗城也改名为天福城，皇太子耶律倍被册立为人皇王，服天子冠服。百官设置基本沿袭渤海旧制，置左右大次四相及百官，以皇弟耶律迭剌为东丹国左大相，渤海老相为右大相，渤海司徒大素贤为左次相，族侄耶律羽之为右次相，共同辅佐东丹王耶律倍。东丹国每年向契丹国上贡十五万端布、一千匹马。太祖在安排好东丹国诸事后，对耶律倍说："此地濒海，非可久居，留汝抚治，以见朕爱民之心。"在起驾返回契丹本土时，又语重心长地告诉东丹王"得汝治东土，吾复何忧"②。这些表明太祖将新征服的东土渤海作为一个封国让嫡长子耶律倍统领。

太祖的统治思路，基本上是在大契丹国之下分设一个东丹国，以皇子统领。陈述先生总结当时的状况称："虽曰东丹，基本上维持了原来的状态，仿如一自治国家。故当日的渤海、奚、契丹，虽并隶于阿保机的旗帜之下，实际上，是一种'联合组织'或'联邦'的形制。……也就是在一个总的朝廷统摄之下，保留了各地区的不同制度。"③ 这种说法指出了辽初地方统治方式非中央集权化的特性。太祖这种思维模式很有可能源自北方游牧民族

---

① 关于东丹国的含义，学界有不同解释。据辽太祖纪功碑残石，东丹国当为东契丹国之义。参见董新林、康鹏、汪盈《辽太祖纪功碑初步整理与研究》，《隋唐辽宋金元史论丛》第12辑，第96—98页。

② 《辽史》卷72《义宗倍传》，第5册，第1334页。

③ 陈述：《契丹政治史稿》，人民出版社1986年版，第107页。

的分封制。若是太祖继续征讨四方，在新占领的地方，或许仍会采用这种封国的方式，分封诸子，另立国家。中原王朝的人士隐约察觉到了太祖的策略，史称"契丹主攻勃海，拔其夫余城，更命曰东丹国。命其长子突欲镇东丹，号人皇王，以次子德光守西楼，号元帅太子"①。在中原史官看来，太祖采取的就是封国的方式，长子守东丹，次子守契丹。事实究竟如何，虽难尽知，但太祖分国而治的统治方式应当是确实存在的。可惜的是，太祖在回銮途中，暴亡于扶余府，辽朝这一统治模式也随之发生微妙的变化。

太祖崩后，因生前未明确指定皇位继承人，导致掌管兵权之耶律德光（守契丹国者）与皇兄耶律倍（守东丹国者）争夺皇位，经过一年多的角力，最后以德光胜出告终。太宗德光对于皇兄耶律倍掌控的东丹国始终心存疑虑，遂采取一系列措施（详见本书第二章第一、二节），迫使耶律倍浮海奔唐。东丹国由此进入无主时代，其政权牢牢掌握在太宗的代理人耶律羽之手中。这一时期，太宗大体继承了太祖分国而治的模式，不过在具体执行的层面有所调整。

太宗中期，这种情形发生较为明显的变化。会同元年（938 年），辽朝获取燕云诸州之后，太宗加强了对渤海旧地的控制，将东丹国之南京改为契丹国之东京，东丹国的中央机构中台省变为契丹国东京地区的地方行政机构。东丹国仅剩下一个名义上的躯壳，人们在提及东京地区时，都认为该地是大契丹国的境土。

那么，东丹国的名存实亡，是否意味着辽朝不再采取分国而治的模式？东丹国的国号又是什么时候被取消的呢？这还需要从燕云汉地的统治模式谈起。

二　辽初燕云地区的统治模式

（一）太宗时统燕长官之官职

辽朝在燕云十六州正式入辽前，已开始谋划如何统治新获州县。据

---

① 《资治通鉴》卷 275，后唐明宗天成元年二年七月壬寅，第 19 册，第 8988—8989 页。

《辽史》记载，赵思温在天显十一年（936年）出兵援助石敬瑭后，"改南京留守、卢龙军节度使、管内观察处置等使、开府仪同三司，兼侍中，赐协谋静乱翊圣功臣"①，《卢龙赵氏家传》载此事称"天显十一年……加特进检校太尉、中书门下平章事、燕京留守、卢龙军节度使、管内观察处置等使。明年，进阶开府仪同三司，兼侍中，封天水郡开国侯，食邑一千伍佰户，仍赐协谋静乱翊圣功臣，兼云、应、朔、奉圣等道采访使"②。据"燕京留守、卢龙军节度使、管内观察处置等使""兼云、应、朔、奉圣等道采访使"职衔可知，辽朝当是准备模仿唐朝的藩镇与监察道，令赵思温以留守、节度使以及观察处置等使、采访使的身份统治燕云两地。这一时期，石敬瑭虽未正式割让领土，但辽朝已实际掌控幽州，私下将幽州改为南京。③ 不过，由于山后诸州尚未尽数入辽，所以这种模式还没有完全施行于燕云地区。天显十三年（938年）七月，思温以临海军节度使的新职使晋，册石敬瑭为英武明义皇帝；同年十一月，燕云十六州正式入辽，太宗宣布改元会同。④ 随着赵思温转任锦州临海军节度使，辽朝模仿唐制在燕云建立监察道的试探也不了了之。

赵思温的继任者为赵延寿。《辽史·赵延寿传》称"及改幽州为南京，迁留守，总山南事"⑤。会同三年（940年）四月，太宗至幽州，"幸留守赵延寿别墅"，"加政事令"⑥。会同六年（943年）十二月，太宗命赵延寿等人伐晋。次年正月，"授延寿魏、博等州节度使，封魏王"⑦。在此之前，燕京留守已由刘晞（一作刘禧）接任。史称"天福中（936—943

---

① 《辽史》卷76《赵思温传》，第5册，第1379页。
② 王恽：《王恽全集汇校》卷48《卢龙赵氏家传》，第6册，第2263页。《辽史·赵思温传》当系采择《卢龙赵氏家传》而成。
③ 参见刘浦江《辽朝国号考释》，《历史研究》2001年第6期；收入氏著《松漠之间——辽金契丹女真史研究》，第34—35页。
④ 《辽史》卷4《太宗纪下》，第1册，第48—49页。
⑤ 《辽史》卷76《赵延寿传》，第5册，第1376页。
⑥ 《辽史》卷4《太宗纪下》，第1册，第51页；卷76《赵延寿传》，第5册，第1376页。
⑦ 《辽史》卷4《太宗纪下》，第1册，第58页。

年），契丹命晞为燕京留守，尝于契丹三知贡举，历官至同平章事、兼侍中"①。又据《旧五代史·安重荣传》，重荣在天福六年（辽会同四年，941年）冬起兵谋反前，曾"密令人与契丹幽州帅刘晞结托"②。故刘晞出任燕京留守的时间当在会同三、四年间。大同元年（后晋天福十二年，947年），契丹攻入后晋，"契丹主以前燕京留守刘晞为西京留守"③，刘晞任燕京留守的时间当至会同末年。

关于赵延寿、刘晞两人的具体职任，各方记载略显混乱。先说赵延寿，《旧五代史·契丹传》称天福元年（936年），"契丹改天显十一年为会同元年，以赵延寿为枢密使，升幽州为南京，以赵思温为南京留守"④。同书《赵延寿传》则称"契丹主以延寿为幽州节度使，封燕王，寻为枢密使兼政事令"⑤。《后晋高祖纪》称天福七年（辽会同五年，942年）三月丙寅"皇后为妹契丹枢密使赵延寿妻燕国长公主卒于幽州，举哀于外次"⑥。《资治通鉴》称天福七年"契丹改元会同，国号大辽，公卿庶官皆仿中国，参用中国人，以赵延寿为枢密使，寻兼政事令"⑦。中原文献在系年上虽有讹误，但皆称赵延寿曾任枢密使兼政事令。刘晞的情况与延寿有类似之处，《资治通鉴》称"刘晞在契丹尝为枢密使、同平章事"⑧。杨若薇教授认为二人同任枢密，是辽朝模仿中原政权的结果。⑨ 这实际上反映出以下的事实，辽朝在燕云地区的最高统治机构是枢密院，最高长官是枢密使。此外，枢密使会兼宰相职衔（政事令、平章事等）以及燕京留

---

① 《旧五代史》卷98《刘晞传》，第4册，第1538页。

② 《旧五代史》卷98《安重荣传》，第4册，第1524页。又见《新五代史》卷51《安重荣传》，第2册，第659页。

③ 《资治通鉴》卷286，后汉高祖天福十二年正月癸丑，第20册，第9333页。

④ 《旧五代史》卷137《契丹传》，第6册，第2136页。按，是书谓天福元年"契丹改天显十一年为会同元年"，天显十一年当为十三年，改元事不当系于天福元年。

⑤ 《旧五代史》卷98《赵延寿传》，第4册，第1532页。

⑥ 《旧五代史》卷80《后晋高祖纪》，第4册，第1230页。

⑦ 《资治通鉴》卷281，后晋高祖天福二年十二月戊申，第19册，第9185页。

⑧ 《资治通鉴》卷286，后汉高祖天福十二年正月癸丑，第20册，第9334页。

⑨ 杨若薇：《契丹王朝政治军事制度研究》（修订本），第119页。

守，全权处理燕云汉地的军政大权。诸多迹象表明，赵延寿的地位应当高于刘晞，延寿自会同元年至会同十年（938—947 年）应当一直担任枢密使一职。是故，大同元年（947 年），翰林学士承旨张砺草拟延寿职官时，称"枢密使、燕王如故"①。若是结合大辽国的国号，就会发现这种行政架构和早期的东丹国颇为类似。辽朝在正式获取燕云十六州之后，新建大辽国，② 以汉人汉官治理汉地。这一制度设计，当是太祖"分国而治"模式的余绪。

大同元年（947 年），太宗灭后晋之后，大致延续了燕云地区的统治模式。是年二月，太宗宣布改晋国为大辽国，"升镇州为中京。以赵延寿为大丞相兼政事令、枢密使、中京留守"③。《旧五代史》称翰林学士承旨张砺"拟延寿为中京留守、大丞相、录尚书事、都督中外诸军事，枢密使、燕王如故。戎王览拟状，索笔涂却'录尚书事、都督中外诸军事'之字，乃付翰林院草制焉"④。《赵德钧妻种氏墓志》谓德均长子延寿为"枢密使、中京留守、成德军节度使、太师、守侍中、兼政事令、大丞相、燕王"。这与此前赵延寿曾经担任的枢密使、燕京留守、幽州节度使、兼政事令、燕王几乎如出一辙，惟多出"大丞相"一职。

在出兵灭晋之前，太宗曾许诺"以中原帝延寿"⑤，意谓采取和石晋相似的模式，扶立赵延寿代管中原。宽泛而言，石晋的"儿皇帝""孙皇帝"政权也可以算作契丹"分国而治"的一种变例。入汴之后，太宗对原先的承诺置之不理，转而延续燕云模式，以延寿分管故晋之地而不帝之。太宗暴毙之后，赵延寿谋求以中原自立，结果被世宗诱捕，无奈北归。

---

① 《旧五代史》卷 98《赵延寿传》，第 4 册，第 1533 页。延寿此前曾改称魏王，此处称燕王如故，其间王号或有反复。

② 关于大辽国号始创时间，参见刘浦江《辽朝国号考释》，《松漠之间——辽金契丹女真史研究》，第 31—38 页。

③ 《辽史》卷 4《太宗纪下》，第 1 册，第 64 页。

④ 《旧五代史》卷 98《赵延寿传》，第 4 册，第 1533—1534 页。

⑤ 《辽史》卷 76《赵延寿传》，第 5 册，第 1377 页。

（二）世宗至景宗时统燕长官之官职

赵延寿在北归之后，由于在契丹皇位争斗中支持世宗，"以翊戴功，授枢密使"①，天禄二年（948 年）十月，"南京留守、魏王赵延寿薨"②。延寿虽然保住了枢密使和南京留守的职位，但世宗的统治方式已有所调整。

天禄元年（947 年）九月丁卯，世宗以"高勋为南院枢密使""总汉军"事。③ 实际上是分割了赵延寿枢密使之权。赵延寿死后，世宗不再任用汉人担任燕京留守，转而任用契丹人"（耶律）牒蜡为南京留守，封燕王"④。此举当有监督、分割汉官权力的意图。世宗在天禄四年（950 年）二月还创建了政事省，次年五月"诏州县录事参军、主簿，委政事省铨注"⑤。此时政事省的权限应较为有限。

穆宗初年，南院枢密使高勋转任上京留守，耶律娄国接任南京留守。应历二年（952 年）八月，娄国被诛。应历二年至七年，暂未见关于南京留守的记载，亦未见关于南院枢密使的记载。应历八年（958 年），南京留守萧思温负责应对后周的军事进攻，留守的军事职能日渐凸显（参见本书第一章第一节）。大约在应历十二年（962 年），高勋出任南京留守，⑥ 不久复又兼任南院枢密使。由于《辽史》的疏漏，关于高勋在穆宗末、景宗初的官职还需要做一番考辨和梳理工作，我们才可以看清这一阶段辽朝统治燕云汉地的方式。

《辽史》卷四一《地理志五》西京大同府弘州顺圣县条谓"高勋镇幽州，奏景宗分永兴县置"。中华书局原点校本于此条下出校，谓"据《纪》应历十三年（963 年）正月、卷八五《高勋传》及《金史·地理志》，景

---

① 《辽史》卷76《赵延寿传》，第 5 册，第 1377 页。
② 《辽史》卷 5《世宗纪》，第 1 册，第 72 页。
③ 《辽史》卷 5《世宗纪》，第 1 册，第 72 页；卷 85《高勋传》，第 5 册，第 1450 页。
④ 《辽史》卷 5《世宗纪》，第 1 册，第 72 页。
⑤ 《辽史》卷 5《世宗纪》，第 1 册，第 73—74 页。
⑥ 《重修范阳白带山云居寺碑》谓"天顺皇帝御宇之十五载，丞相秦王统燕之四年"（向南：《辽代石刻文编》，第 33 页），可以推测应历十二年秦王高勋再次担任燕京留守。

宗应作穆宗"①。中华书局修订本《辽史》校勘记沿袭此说，谓"'景宗'疑当作'穆宗'。按本书卷八五《高勋传》及穆宗、景宗《纪》，高勋镇幽应在穆宗时。《金史》卷二四《地理志上》弘州顺圣县条曰'辽应历中置'"②。学界亦多采点校本校勘记之说，认定《辽史·地理志》所记"景宗"当为"穆宗"之误。近年林鹄先生据保宁六年（974年）《石重贵墓志》载幽州"卢龙军节度推官"牛藏用为高勋"幕吏"，③推测彼时高勋仍任南京留守，进而对点校本校勘记提出质疑。④此后，高井康典行先生据《高嵩墓志》，指出高勋在应历十七年至保宁八年以枢密使兼南京留守。⑤两位先生所论极是，惜论证或迂曲、或简略，未能引起学界应有的重视。因高勋之职牵涉辽初对于汉地的统治策略，不可不详察，故赘言如下。

《辽史》校勘记关节处在于景宗朝高勋究竟有没有出镇幽州、继续担任南京留守。《辽史·高勋传》谓"（应历）十七年（967年），宋略地益津关，勋击败之，知南院枢密事"，《辽史·穆宗纪下》载应历十八年五月丁酉，"（穆宗）与政事令萧排押、南京留守高勋、太师昭古、刘承训等酣饮，连日夜"，《辽史·景宗纪上》及《萧思温传》皆谓应历十九年（969年）二月南院枢密使高勋等立景宗。故学界普遍认为高勋于应历十八年左右升"南院枢密使"，此后不再担任南京留守。

然而，事实并非如此。统和十八年（1000年）《高嵩墓志》（以下简称《嵩志》）谓墓主"保宁元年（959年），授东头供奉官、银青崇禄大夫、检校国子祭酒、兼监察御史、武骑尉。壮室方居，殿庭初历，出纳惟

---

① 《辽史》卷41《地理志五》校勘记〔六〕，中华书局1974年版，第2册，第515页。陈述《辽史补注》此条下亦称"据本史卷六《穆宗纪》应历十三年正月，卷八五《高勋传》及《金史》卷二四《地理志》，景宗应作穆宗"，中华书局2018年版，第6册，第1780页。
② 《辽史》卷41《地理志五》校勘记〔七〕，第2册，第588页。
③ 按辽初曾以平州为卢龙军，幽云十六州入辽后，平州改军额为辽兴，幽州仍卢龙军军号。
④ 林鹄：《辽景宗朝史事考》，《隋唐辽宋金元史论丛》第5辑，上海古籍出版社2015年版，第120—121页；另见氏著《南望：辽前期政治史》，第235—236页。
⑤ ［日］高井康典行：《渤海と藩鎮——遼代地方統治の研究》，第328頁。

允，夙夜恒廉。发言备辐于忠亲，伸志愿从于军件，天子闻而嘉之。乃为<u>枢密使、大丞相、秦王高公兼南面行营诸道兵马都总管、燕京留守</u>，绾彼全军，时求骁勇，俾离鸳列，命贯戎韬。秦王奉睿旨之明伸，重近臣而来统，观其伟度，知有沉谟。遂于<u>保宁三年</u>用为右厅直第一指挥使"①。此"秦王高公"即高勋，② 知勋在保宁初执掌枢府时仍兼任燕京（南京）留守。

因此条记载事关紧要，故不可不详察。若墓志撰者或刻工疏漏草率，误将穆宗朝事置于景宗朝，则《嵩志》可靠性势必大打折扣。好在墓主履历足以表明《嵩志》行文时序并无淆乱之处。

《嵩志》载墓主"统和十七年（999 年）四月二十四日薨于白石山之西行次，享年六十"，上推可知高嵩生于会同三年（940 年）。③《嵩志》复谓墓主"自三十而入仕"，知高嵩于 969 年入仕。是年，辽穆宗被弑，景宗即位，改应历十九年为保宁元年。此与《嵩志》载墓主入仕时"逢九五以在天，则景宗皇帝运起龙飞"，保宁元年以"东头供奉官"起家完全吻合。由此可知，高嵩在穆宗朝尚未释褐，他获高勋提携必定在景宗朝。是故，《嵩志》序次准确，高勋在景宗保宁三年仍兼南京留守，镇抚幽州。

再据前文之《石重贵墓志》，保宁六年（974 年）重贵亡故，"大丞相、秦王怀旧君之义，命幕吏直书其事而志于墓石"。大丞相、秦王即高勋，幕吏即墓志撰者"卢龙军节度推官、将仕郎、守右拾遗牛藏用"④。彼时"卢龙军节度"例由南京留守兼任，高勋将"卢龙军节度推官"视作

① 拓本照片及录文见杜晓红、李宇峰《辽宁朝阳县发现辽代高嵩高元父子墓志》，辽宁省博物馆编《辽宁省博物馆馆刊（2011）》，辽海出版社 2011 年版，第 96 页图 1，第 92—94 页。录文另参向南、张国庆、李宇峰辑注《辽代石刻文续编》，第 37—39 页；陈金梅、李莉《辽〈高嵩墓志〉校勘及浅释》，《辽金历史与考古》第 10 辑，科学出版社 2019 年版，第 347—359 页。又，诸家录文皆将"右厅直"误作"龙厅直"，今正之。

② 参见杜晓红、李宇峰《辽宁朝阳县发现辽代高嵩高元父子墓志》，第 89 页；张国庆、李宇峰辑注《辽代石刻文续编》，第 39 页。

③ 参见陈金梅、李莉《辽〈高嵩墓志〉校勘及浅释》，第 349 页。

④ 参见都兴智、田立坤《后晋石重贵石延煦墓志铭考》，《文物》2004 年第 11 期，第 93 页；都兴智《石重贵、石延煦墓志及石氏北迁问题研究》，收入氏著《辽金史研究》，人民出版社 2004 年版，第 297 页。

"幕吏"，说明高勋在保宁六年仍为南京留守。至于高勋何时卸任南京留守，史无明载，笔者推测很可能是在保宁八年高勋因罪流放铜州之时。

与此相关的一个问题是，有些学者认为高勋的继任者韩匡嗣早在保宁二年（970年）或三年已接任南京留守，这显然与上述所论相抵牾。不过，这两种说法，并无确凿的证据。

关于韩匡嗣出任南京留守的时间，《辽史·韩匡嗣传》谓"初，景宗在藩邸，善匡嗣。即位，拜上京留守。顷之，王燕，改南京留守"。《辽史·刘景传》称"景宗即位，以景忠实，擢礼部侍郎，迁尚书、宣政殿学士。上方欲倚用，乃书其笏曰：'刘景可为宰相。'顷之，为南京副留守。时留守韩匡嗣因扈从北上，景与其子德让共理京事"①。学界普遍将两段史料理解为景宗登基后不久（顷之），匡嗣出任南京留守。故清人吴廷燮推测韩匡嗣始任南京留守在保宁二年，②大部分学者则推测为保宁三年，可惜都没有说出依据。③惟有李谷城先生据清人毕沅《续资治通鉴》卷六载保宁三年九月甲寅"（辽主）如南京。移上京留守韩匡嗣于南京，即以其子德让代为东京留守"④，认定匡嗣于保宁三年留守南京。不过《续资治通鉴》成书甚晚，且内容多有改动，学界罕以为据。检《辽史·景宗纪》，仅载"甲寅，如南京"，其下再无片语。毕氏文字当系杂糅《辽史》纪、传之辞，将匡嗣留守南京事系于景宗第一次临幸南京之时（即保宁三年），其文实不足据。

细观《辽史·韩匡嗣传》及《刘景传》，"顷之"一词并不是直接针对景宗即位事，于匡嗣而言，接续的是"拜上京留守"，于景而言，承接的是"迁尚书、宣政殿学士"，此间究竟几度春秋，实难知悉。故匡嗣续

① 《辽史》卷86《刘景传》，第5册，第1456页。
② 吴廷燮：《辽方镇年表》，《二十五史补编》第6册，第8069页。
③ 杨若薇：《契丹王朝政治军事制度研究》（修订本）附录《辽五京留守年表》，第260页；康鹏：《辽五京体制研究》，博士学位论文，北京大学，2008年，第21页。
④ 李谷城：《辽代南京留守研究》，中国社会科学出版社2013年版，第52—53页。又，德让未代为东京留守，此处"东京留守"当为"上京"或"南京"留守之误。王旭东亦引《续资治通鉴》为据，支持保宁三年说，参氏著《辽代五京留守研究》，博士学位论文，吉林大学，2014年，第67页；氏著《辽代五京地方政务运行研究》，第142页。

任南京留守时间与笔者所论实无矛盾。

综合而言，高勋在应历末年至保宁八年间，应当以枢密使兼任南京留守，保宁八年高勋倒台以后，匡嗣得以接任南京留守。《辽史·地理志》所载"高勋镇幽州，奏景宗分永兴县置"，并无讹误。①

通过以上的考辨，可以知晓高勋在穆宗末年至景宗初期的职衔为南院枢密使、燕京留守、卢龙军节度使、兼政事令、南面行营诸道兵马都总管、大丞相、秦王。② 这与太宗时赵延寿的职衔极为相似。延寿统燕时，曾为枢密使、燕京留守、幽州节度使、兼政事令、燕王；入汴之后，为枢密使、中京留守、成德军节度使、太师、守侍中、兼政事令、大丞相、燕王。二人职位的相似性透露出穆宗后期仿照太宗的模式，委托高勋全权代管燕云汉地的政治意图。③

高勋镇燕期间，类似地方诸侯。高勋对境内官员当有较大的任免之权，他曾以王裕为卢龙军节度衙内马步军都指挥，以高嵩为右厅直第一指挥使，以王守谦为蓟北县令。④ 不仅如此，对于燕云地区的行政区划，高勋亦有较大的权力，他曾奏分归化州文德县置怀安县，奏分奉圣州永兴县置顺圣县。⑤ 高勋在地方上权势熏天，难免会引起契丹大臣和皇帝的疑忌。保宁中，高勋"以南京郊内多隙地，请疏畦种稻"。景宗本欲同意，这时林牙耶律昆进言曰："高勋此奏，必有异志。果令种稻，引水为畦，设以京叛，官军何自而入？"景宗遂疑高勋，未纳"疏畦种稻"之奏。⑥

高勋的继任者韩匡嗣也曾短暂地以枢密使兼南京留守。《辽史·韩匡嗣传》称匡嗣"保宁末，以留守摄枢密使"。《耶律元佐墓志》载曾祖匡

---

① 《金史·地理志》为何称顺圣县"辽应历中置"，已无从知晓。或许是因为金、元史官同样认为高勋在应历末出任枢密使时不再镇燕，遂遽改景宗保宁间事为穆宗应历中事。稳妥而言，《辽史》《金史》的《地理志》应当各出一异文校记。

② 高勋兼政事令事，参见周峰《辽代前期汉人重臣高勋生平发微》，《北方文物》2011 年第 1 期，第 54 页。

③ 这与穆宗即位之初下诏依太宗故事，以汉礼朝会、复用太宗旧玺的政治行为完全相合。

④ ［日］高井康典行：《渤海と藩鎮——遼代地方统治の研究》，第 330—332 页。

⑤ 《辽史》卷 41《地理志五》，第 2 册，第 579、580 页。

⑥ 《辽史》卷 85《高勋传》，第 5 册，第 1450 页。

嗣为"燕京留守、枢密使"。① 不过,景宗应该很快意识到继续以枢密使兼南京留守,很容易造成地方尾大不掉的局面,遂迅速免去匡嗣枢密使之职。

(三) 辽初燕云地区统治方式蠡测

辽太宗获取燕云十六州后,建大辽国,大体采用中原王朝的模式治理汉地,以两枢密(其中一个枢密兼留守)作为大辽国的最高统治者。世宗至景宗时期,南院枢密使和燕京留守共同治理大辽国。有时南院枢密亦会兼任留守,独揽大辽国之大权。

关于燕云地区的统治方式还有两个问题可以略作探讨。一是大辽国的范围。燕云十六州属于大辽国自无疑义,问题在于天赞二年(923 年)并入契丹的平、营、滦三州,它们是否也属于大辽国呢?刻于天禄四年(950 年)的《耶律胡咄墓志》给出了肯定的答案。该志志盖称"大辽国故辽兴军节度使检校太傅耶律公墓志铭",辽兴军即平州军号。该志首行题"大辽国故辽兴军节度使、金紫崇禄大夫兼平滦营等州观察处置等使、行平州诸军事兼州刺史、检校太傅、上柱国耶律公志铭并序"②。此志由平州僧判官觉旻口述,摄辽兴军馆驿延官文忠书写,二人皆为平州当地人员,非道听途说之徒,所述当较为可靠。是故,平、滦、营三州当与燕云诸州一样,同属大辽国。③

此外,入辽汉人经常会以"上国"称呼大契丹国,从而与汉地的大辽国相区分。例如《后唐德妃伊氏墓志铭》称"德妃来归上国"④、《耶律胡咄墓志》称胡咄"代为上国人也"、《耿崇美墓志铭》称"上国之言与中

---

① 志石误将"匡嗣"刻为"知古",参见金永田《韩德威和耶律元佐墓志铭考释》,《文物》1998 年第 7 期,第 76—78 页。

② 项春松:《辽代平州节度使耶律胡咄石棺及墓志》,《辽金历史与考古》第 3 辑,辽宁教育出版社 2011 年版,第 278、280—281 页。

③ 这一时期军事上隶属于西南面招讨司的丰州、云内州、东胜州等三州是否属于大辽国,尚缺乏明确的证据,姑且存疑,以俟来日。

④ 马凤磊、姜仕勋、崔伟春、李建奎、左立军:《内蒙古巴林左旗盘羊沟辽代墓葬》,《考古》2016 年第 3 期,第 42 页。

华迥异"、"北归上国"等等。①

二是辽初燕云地区政务运作的大致模式。由于史料匮乏，我们很难探知大辽国的政务运作方式，好在刻于保宁八年（976 年）的《王守谦墓志》透露出些许线索。守谦卒于保宁元年（969 年）六月，大约在世宗、穆宗时，"授大理评事，时棘署无卿长官属以预事，朝庭谳狱多下幽都尹。公虽明法律，不得详刑辟，迁右拾遗。时天子幸朔方以治兵，公虽居谏诤之列，不得陈謇谔之词。为侍御史，时銮辂谒陵庙于上京，百司纠正，吏民争讼，咸归于都留守……洎大丞相渤海高公（即高勋）保厘天邑，专总朝政，下车不数月，选公守人于蓟北"②。所谓"朝庭"，盖指大辽国之朝廷，谳狱之事多由燕京留守（例兼幽都尹）负责。所谓"保厘天邑，专总朝政"，也是针对大辽国而言，天邑指都城燕京，朝政指大辽国朝政。若是皇帝不在燕京，则"百司纠正，吏民争讼，咸归于都留守"，亦即大辽国的政务转由燕京留守或留守司官员负责。③ 这与辽朝中后期中京的情况颇有类似之处。

三 从大辽国到大契丹国

由于《辽史》的阙载，辽朝的国号问题一度成为辽史学界关注的焦点，如今学界大致形成较为一致观点，即：太祖神册元年（916 年），建国号为大契丹；太宗会同元年（938 年）或大同元年（947 年），建国号大辽；圣宗统和元年（983 年），改大辽国号为大契丹；道宗咸雍二年（1066 年），改大契丹国号为大辽。④ 其中关于大辽国号最早建立的年代，学界尚有争议。但是大辽国号最初行用于燕云汉地，则无太大的问

① 马凤磊、姜仕勋、崔伟春、李建全、左立军：《内蒙古巴林左旗盘羊沟辽代墓葬》，《考古》2016 年第 3 期，第 42 页；项春松：《辽代平州节度使耶律胡咄石棺及墓志》，第 280 页；韩国祥：《辽宁朝阳市姑营子辽代耿氏家族 3、4 号墓发掘简报》，《考古》2011 年第 8 期，第 42 页。

② 《王守谦墓志》，拓本照片见《新中国出土墓志·北京》（壹），上册第 44 页。

③ 由于留守有时会扈从皇帝出行，故实际负责的人员当为驻守原地的留守司官员。关于留守随驾事，参［日］高井康典行《渤海と藩镇——辽代地方统治の研究》，第 328—329 页。

④ 参见刘浦江《辽朝国号考释》，氏著《松漠之间——辽金契丹女真史研究》，第 27—51 页。

题。刘浦江先生指出在 938 年至 983 年这四十余年间，辽朝实行的是"双重国号制"，即"大辽"与"大契丹"两个国号并行，其中大辽国号行用于燕云汉地，大契丹国号则行用于辽朝故地。① 太宗、世宗、穆宗、景宗时期的双重国号制度，折射出辽朝统治者分国而治的一种统治模式。不过，与之前的大东丹国相比，大辽国的独立性较为有限，实际上处于分国而治与分区而治之间的模糊状态，抑或是一种过渡阶段的形态。无论如何，燕云平地区是一个拥有自己独自国号的一个政治地理单元。及至圣宗宣布改大辽国号为大契丹国，燕云平诸地方才结束这种"分国而治"的状态。

学界普遍认为圣宗于统和元年（983 年）改国号为大契丹，这一说法当是受到《契丹国志》以及钱大昕等史学名家的影响。由于《辽史》失载圣宗改国号事，人们对于此次改国号的认知皆源自宋人的记载。不过，宋人的文献与我们的认知有着明显的偏差。《长编》谓太平兴国七年（辽乾亨四年，982 年）辽景宗卒后，圣宗"继立，号天辅皇帝，尊母萧氏为承天太后，改大辽为大契丹。隆绪才十二岁，母萧氏专其国政"，次年改元统和；同书卷一一〇引述源自《实录》的《宋朝要录》称圣宗立，"改大辽为大契丹国"②。《东都事略》亦称太平兴国七年辽圣宗耶律隆绪"改大辽为大契丹国"，八年改元统和。③《皇朝编年纲目备要》谓太平兴国七年"隆绪立，复号大契丹"，改明年元为统和。④ 宋人文献皆谓圣宗甫一即位（982 年），便改大辽为大契丹，次年方才改元统和。

刘浦江先生敏锐地察觉到《契丹国志》统和元年改国号的记载异于宋人文献，并指出《契丹国志》不足为据。不过，出于谨慎，他依旧没有认同宋人的说法，而是觉得圣宗甫一即位便改国号，显得太过仓促，不太合

---

① 刘浦江：《辽朝国号考释》，氏著《松漠之间——辽金契丹女真史研究》，第 31—38 页。

② 《长编》卷 23，太宗太平兴国七年岁末，第 1 册，第 533 页；卷 24，太宗太平兴国八年正月戊午，第 1 册，第 537 页；卷 110，仁宗天圣九年六月己亥条，第 5 册，第 2563 页。据燕永成先生研究，《宋朝要录》当源于宋《实录》，或为《实录》之脱本，参见氏著《〈宋朝要录〉考略》，《史学史研究》1998 年第 4 期，第 42—47 页。

③ （宋）王称：《东都事略》卷 123《契丹传》，第 2 页 b。

④ （宋）陈均：《皇朝编年纲目备要》卷 3 "太宗皇帝·太平兴国七年"，许沛藻、金圆、顾吉辰、孙菊园点校，中华书局 2006 年版，第 64 页。

乎常理。最终，刘浦江先生推测圣宗改国号为大契丹，"很可能是在乾亨五年（983 年）六月上尊号、改元统和时正式宣布的消息"①。然而，事情的真相恐非如此，理由有三。

一、早期文献皆谓辽朝乾亨四年改国号，统和元年改国号系后期文献衍生出来的说法。成书于南宋淳熙年间（1174—1189 年）的《长编》和《东都事略》乃据北宋国史、实录等官方资料编纂而成，二书皆称圣宗甫立便"改大辽为大契丹国"。

自南宋末年开始，圣宗改国号的时间逐渐产生变异。宋理宗宝庆、绍定（1225—1233 年）年间，太学生陈均据《长编》等书撰成《皇朝编年纲目备要》，陈氏虽将"改大辽为大契丹国"改易为"复号大契丹"，但仍将此事系于太平兴国七年（辽乾亨四年）。宋度宗咸淳五年（1269 年），僧人释志盘《佛祖统纪》成书，其文称"圣宗立，名隆绪，改元统和，又改开泰，复号大契丹"②，完全模糊了改易国号的时间界限，且极易让人误以为开泰改元时"复号大契丹"。在此之后，圣宗变更国号的时间记载裂变为三，统和元年说大行其道，开泰元年说次之，作为源头的乾亨四年说，反倒是罕有人提及。

统和说的流布，端赖成书于宋末元初的《契丹国志》，③ 该书卷七称圣宗"统和元年（原注：宋太平兴国八年），帝即位，复号大契丹"④。此段记载实抄撮自《皇朝编年纲目备要》，⑤ 然而攒书者擅自将圣宗即位时间由"乾亨四年"改为"统和元年"，这对后世产生了持久且深远的影响。元末陈桱的《通鉴续编》亦称太平兴国八年（统和元年，983 年）六月"辽复国号曰契丹"，其下注文称"辽主有事于太庙，遂率群臣上太后尊号曰承

---

① 参见刘浦江《辽朝国号考释》，氏著《松漠之间——辽金契丹女真史研究》，第 38—40 页。
② （宋）释志盘：《佛祖统纪》卷 48，《大正新修大藏经》，新文丰出版有限公司 1983 年版，第 49 册，第 437 页中栏。
③ 据刘浦江先生研究，《契丹国志》当成书于大德十年（1306）之前。笔者认为该书当成于宋末元初。参见刘浦江《〈契丹国志〉与〈大金国志〉关系试探》，《中国典籍与文化论丛》第 1 辑，中华书局 1993 年版，收入氏著《辽金史论》，第 317 页。
④ 《契丹国志》卷 7《圣宗天辅皇帝》，第 71 页。
⑤ 高宇：《〈契丹国志〉研究》，博士学位论文，北京大学，2012 年，第 143 页。

天皇太后，群臣亦上辽主尊号曰天辅皇帝，大赦，改元统和，复国号曰契丹"①。陈氏所载应当受到了《契丹国志》的影响。② 明人王宗沐《宋元资治通鉴》虽将此事系于太平兴国七年九月下，但其文称隆绪"复国号曰大契丹，改元统和"③。这种似是而非的处理方式，实际上是将改国号与统和改元视为同年之事。柯维骐在《宋史新编》中则直接称乾亨五年"复国号曰大契丹，改是年为统和元年"④。清人毕沅编纂《续资治通鉴》时，亦将改国号事系于太平兴国八年六月，毕氏考异称"圣宗统和元年，复称大契丹，《东都事略》《契丹国志》及《长编》皆载之，而《辽史》阙书"⑤。由此可见，毕氏在《东都事略》《契丹国志》《长编》三书之中，最终采用了《契丹国志》的说法。清人厉鹗所撰《辽史拾遗》以《契丹国志》为据，称圣宗"统和元年帝即位，复号大契丹"⑥。清代考据大家钱大昕跋"释迦佛舍利铁塔记"称"圣宗统和元年，复国号曰大契丹"⑦。他在《廿二史考异》中称"圣宗统和元年去辽号，仍称大契丹"，小注则引《长编》"契丹主明记卒，隆绪继立，改大辽为大契丹"之文。竹汀先生引《长编》为据，却又弃用《长编》太平兴国七年的系年，应当是受到《契丹国志》误导所致。⑧ 清末李有棠《辽史纪事本末》卷首《纪年表》引

---

① （元）陈樫：《通鉴续编》卷4，太平兴国八年六月，元刻本，第7页b。

② 黄时鉴、曹金成两位先生皆指出《通鉴续编》蒙元部分的史料采择自《大金国志》。参见黄时鉴《〈通鉴续编〉蒙古史料探索》，氏著《黄时鉴文集》Ⅰ《大漠孤烟——蒙古史元史》，第136页；曹金成《史事与史源——〈通鉴续编〉中的蒙元王朝》谓《大金国志》与《契丹国志》盖出自同一书肆，我们有理由相信陈樫在参考《大金国志》的同时也应当参考了《契丹国志》，这从《通鉴续编》纪年讹误与《契丹国志》完全一致皆可窥见一斑，社会科学文献出版社2020年版，第26页。

③ （明）王宗沐：《宋元资治通鉴》卷3《宋纪三》，太平兴国七年九月壬子，《四库未收书集刊》影明吴中珩刻本，北京出版社2000年版，第1辑第14册，第39页下栏。

④ （明）柯维骐：《宋史新编》卷192《辽国上》，明嘉靖四十三年刻本，第13页b。

⑤ （清）毕沅：《续资治通鉴》卷11，太平兴国八年六月甲午，中华书局1957年版，第279页。

⑥ （清）厉鹗：《辽史拾遗》卷7，收入《厉鹗全集》，浙江古籍出版社2019年版，第5册，第140页。

⑦ （清）钱大昕著，陈文和主编：《潜研堂金石文跋尾》卷17《释迦佛舍利铁塔记》，凤凰出版社2016年版，第414页。

⑧ （清）嵇璜等《钦定续通志》卷43《辽纪三·圣宗一》引据《契丹国志》称统和元年六月，圣宗"大赦改元，复国号曰大契丹"，文渊阁《四库全书》，第392册，第580页下栏。

《契丹国志》，谓圣宗统和元年"复号大契丹"①。统和元年改国号的说法在毕沅、厉鹗、钱大昕等名家巨擘的加持下，一跃成为学界的主流观点。

至于开泰说，最初在佛教文献中流布，后被《契丹国志》吸收，也产生了一定的影响。元朝僧人释觉岸沿袭《佛祖统纪》开泰元年改国号的说法，称该年"大辽复号大契丹，以幽州为析津府，改元开泰"②。稍后的《佛祖历代通载》亦称"癸丑，辽改开泰，复号大契丹"③。《契丹国志》卷首之"契丹国九主年谱"也采取了这一说法，指称圣宗"统和三十一年改元开泰，复改国号大契丹"④，全然不顾同书卷七统和元年复号大契丹之说。清稽璜等《钦定续文献通考》直接引据《契丹国志》的这一说法，称"辽圣宗开泰改元，复改国号大契丹"⑤。

乾亨四年说较少受到学人关注。清初徐乾学《资治通鉴后编》沿用《长编》的说法，认为太平兴国七年九月圣宗即位时便"复改国号曰大契丹"⑥。钟渊映《历代建元考》亦称圣宗"以乾亨四年壬午嗣立，复国号曰大契丹"⑦。清人赵翼《廿二史札记》、永瑢等《四库全书总目》皆采《东都事略》的说法，谓"圣宗即位，改大辽为大契丹"⑧。赵翼在《陔余丛考》一书中明确将隆绪"复国号曰大契丹"的时间标注为"（宋）太宗太平兴国七年"⑨。不过，这些说法并没有引起学界的重视。

---

① （清）李有棠：《辽史纪事本末》卷首《纪年表》，中华书局 2015 年版，第 12 页。

② （元）释觉岸：《释氏稽古略》卷 4，《大正新修大藏经》，新文丰出版有限公司 1983 年版，第 49 册，第 863 页中栏。

③ （元）释念常：《佛祖历代通载》卷 18，《北京图书馆古籍珍本丛刊》，第 77 册，第 341 页下栏。

④ 《契丹国志》卷首"契丹国九主年谱"，第 7—8 页。

⑤ （清）稽璜等：《续文献通考》卷 199《帝系考》，文渊阁《四库全书》，第 630 册，第 690 页下栏。

⑥ （清）徐乾学：《资治通鉴后编》卷 10，太平兴国七年九月，文渊阁《四库全书》，第 342 册，第 137 页上栏。

⑦ （清）钟渊映：《历代建元考》卷 8《辽》，文渊阁《四库全书》，第 662 册，第 111 页上栏。

⑧ （清）赵翼著，王树民校证：《廿二史札记校证》卷 27"辽史疏漏处"，中华书局 2013 年版，第 615 页；永瑢等撰《四库全书总目》卷 46《辽史》，中华书局 1965 年版，第 413 页。

⑨ （清）赵翼：《陔余丛考》卷 15《辽复号改号》，中华书局 1963 年版，第 284 页。

从文献以及知识传播的角度而言，统和元年（983 年）说、开泰元年（1012 年）说都是从乾亨四年（982 年）说衍生出来的说法。正本清源之后，我们可以确信，乾亨四年改大辽国号为大契丹才是宋人文献中最原始、最真实的状态，其他两说没有任何文献上的依据。

二、宋人乾亨四年改国号的说法得到了辽代石刻资料的印证。刊刻于乾亨四年的《许从赟墓志》，首行题曰"大契丹国故大同军节度管内观察处置等使、特进、检校太保、右领军卫上将军、兼御史大夫、上柱国、高阳县开国男、食邑三百户、赠太傅许公洎夫人康氏墓志铭并序"，大同军乃云州军号，这说明早在乾亨四年，燕云地区已改国号为大契丹。许从赟任官及薨、葬之地皆在燕云地区，且从赟子嗣、姻亲多在云州，对于燕云汉地原先行用的"大辽"国号自是熟稔。墓志之所以改用"大契丹国"，应当是获得了辽朝官方的最新消息。乾亨四年九月，圣宗宣布改国号为大契丹国后，许家有足够的时间和渠道获取这一消息，并将新国号刊于志石。据墓志所载，许从赟"以应历八年（958 年）九月六日，薨于燕京肃慎坊之私第"，保宁八年（976 年）三月五日，夫人康氏"薨于云州丰稔坊之私第……以乾亨四年（982 年）十月二十七日，取公之神襯于燕，与夫人康氏灵枢合葬于云中县权宝里"①。又据《辽史》记载，乾亨四年九月庚子（十二日），景宗幸云州，甲辰（十六日）猎于归化州祥古山，壬子（二十四日）崩于焦山行在，癸丑（二十五日），圣宗即位于枢前。焦山具体位于何处虽难确知，但从景宗行程来看，圣宗即位及宣布改国号的地点距离云州、归化州不会太过遥远。在此后一个多月的时间里，奔波燕、云两地的许从赟家人完全有时间获取这一重大消息，故在十月末合葬之时，可以及时准确地将此前的"大辽"国号改为"大契丹"。结合前面宋人的记载，可知圣宗改国号为大契丹的时间实为乾亨四年（982 年），而不是学界通行的统和元年（983 年）。

---

① 王银田、解廷琦：《山西大同市辽代军节度使许从赟夫妇壁画墓》，《考古》2005 年第 8 期，第 45 页。

三、圣宗甫一嗣位便改国号，虽显仓促，但这是迫于当时形势的高明举措，有着极为重要的政治意义。

圣宗改国号为"大契丹"，当是"取消此前在燕云汉地行用的'大辽'国号，而统一使用'大契丹'的国号"①。关于圣宗修改国号的动机，学界有着不同的解释。岛田正郎先生认为此次改号"大契丹"是为了纠正先前过分汉化的倾向。② 林鹄先生则认为辽朝是为了向宋人示好，表示契丹没有吞并南朝的野心。③ 两位先生的解释都有一定的道理，但二人皆聚焦于"大契丹国"国号本身，在解释的方向上可能出现了一点偏差。如果我们将眼光转向圣宗为什么取消燕云地区的辽朝国号，就会发现一条更为合理的解释路径。欲要说明这一问题，还要从北汉的亡国说起。

北汉亡国之前，宋辽间并无大规模的军事冲突，景宗保宁六年（974年），两国甚至曾谋求和议。乾亨元年（979年）六月，宋朝在灭亡北汉之后，旋即挥师东进，围困辽南京，意图收复燕云十六州。双方激战之后，以宋太宗负伤败北告终。北汉亡国之后，宋辽两国间的军事缓冲地带消失，双方直接兵戎相向。景宗以攻为守，乾亨二年、四年两度亲征，力图维护契丹在燕云十六州的统治之权。然而，乾亨四年，景宗出兵满城失利，郁郁而归，在巡幸山西诸州时突然病故。继承皇位的圣宗年仅12岁，其母承天太后亦非强宗大族，摆在两人面前的是"内忧外患"的艰难时局。承天太后摄政之初，曾在大臣面前泣曰："母寡子弱，族属雄强，边防未靖，奈何？"④ 形势的险峻，可想而知。承天太后对内如何巩固权力，姑置不论。承天后所说的"边防未靖"，主要就是针对宋朝而言。此时的辽朝，在军事上显然不宜主动出击。如何维护燕云十六州的统治，是承天太后急需解决的一个重大问题。

圣宗即位前，契丹王朝的内部处于一种"割裂"的状态，一个政

① 刘浦江：《辽朝国号考释》，氏著《松漠之间——辽金契丹女真史研究》，第40页。
② ［日］岛田正郎：《遼朝史の研究》，日本東京：創文社1979年版，第62页。
③ 林鹄：《南望：辽前期政治史》，第248页。
④ 《辽史》卷71《景宗睿智皇后萧氏传》，第5册，第1322页。

权，三个国号，燕云地区行用大辽国号，契丹腹地及渤海故地行用大契丹国号，同时大东丹国的国号仍在名义上留存。渤海故地的统治问题在太宗时已基本解决，无需太过忧心。燕云汉地则不同，单独行用大辽国号，很容易造成政治空间、政治意识上的割裂感，令人感觉"大辽"与北汉一样，是大契丹国的附属国。"大辽"被"大宋"吞并，犹如"大汉"被"大宋"吞并，是宋人统一旧境之举，与"大契丹国"的领土并无直接的关系。主少国疑之际，如何确保燕云地区不落入宋人之手，统合国家名号就显得尤为重要。承天太后下令撤销"大辽"国号，在全国范围统一行用"大契丹"国号，实属高明之举。承天太后意在告知天下，燕云地区的土地是大契丹国的领土，燕云地区的子民是大契丹国的子民，燕云汉地是与"大汉"（北汉）完全不同的。这一举动无疑是向宋朝宣示燕云十六州的主权，加强燕云汉人的政治认同。

此外，徒有虚名的"大东丹国"应当也在这次统合国号的举措中被废除，"大东丹国"国号彻底退出历史舞台。正是在这一背景之下，圣宗在三个月后（乾亨四年十二月庚辰），下令"省置中台省官"[1]。

至于改元问题，并不像更改国号那么迫切，而且圣宗作为皇位继承者，在父亲去世当年改易年号也不是合适之举。次年六月，辽朝宣布改元"统和"，这一年号的政治蕴含实际上是对此前统一国家称号的诠释，即契、汉、渤海三地统一行用"大契丹国"国号。

统和五年（987年）四月，圣宗和承天太后再次举行上尊号的大册礼，并将册礼地点由上京改至南京。在此之前，契丹皇帝的汉式册礼皆在契丹腹地举行，从未在汉地行礼。圣宗这一举动，在政治上的意图十分明显，即再次宣示燕云地区的主权。

综合各方记载，圣宗在即位之时，出于维护燕云地区统治的需要，在乾亨四年（982年）九月正式废除燕云地区的"大辽国"国号以及原渤海地区的"大东丹国"国号，在全国范围行用"大契丹国"国号，从而统一

---

① 《辽史》卷10《圣宗纪一》，第1册，第116页。

政治思想，增强燕云民众对于"大契丹国"的政治认同。自此，辽朝"分国而治"的统治模式正式终结，彻底转向"分区而治"。

由于统一国号是主少国疑、强敌虎视之际的仓促应对之策，原先各个"封国"内部的制度并未随之调整、跟进，辽朝并未藉此建立以京为核心的高层政区。"分国"与"分区"在制度上产生脱节，这为后人理解辽朝地方行政的组织架构提供了想象的空间，辽朝存在"京道"一级政区的错觉或许就是由此衍生而来。

表6-1　　　　　　　　辽初"分国（区）而治"示意表

916年	大契丹国			
926年	大契丹国		大东丹国	
	契丹腹地		渤海故地	
938年	大契丹国（上国）		大辽国	大东丹国
	契丹腹地	渤海故地	燕云平汉地	名存实亡
982年	大契丹国			
	契丹腹地	渤海故地	燕云平汉地	

第二节　因俗而治　随宜设官

关于辽朝政治制度的特点，《辽史·百官志序》总结说："辽国官制，分北、南院。北面治宫帐、部族、属国之政，南面治汉人州县、租赋、军马之事。"日本学者津田左右吉首先提出辽朝制度存在二重体系说，即中央分南、北枢密院两个系统，皇帝行宫亦分为契丹、汉人行宫都部署两个体系，地方上则实行部族、州县两种制度。[1] 后来岛田正郎氏将"二重制"改称为"二元制"，同时将辽朝制度的演变划分为三个时期：太祖时期、太宗世宗时期、圣宗兴宗时期。第一期重点是征服以契丹为首的

---

[1] ［日］津田左右吉：《遼の制度の二重體系》，《津田左右吉全集》第12册，第321—391頁。

各游牧民族，并改编部族组织；第二期建立了以北、南面官制为基础的二元统治制度；第三期则是以契丹人独裁为基调的二元制，即契丹人掌握军国大权，汉人主要担当吏务。他认为《辽史·百官志》大体上反映的是第二期的二元制，津田左右吉以此为基础的研究也仅仅反映了该时期的状况。① 此后，辽朝的二元政治体制得到了大多数学者的认同，但仍有少数学者持有异议。李锡厚先生认为，辽朝官分南、北，仅限于中央官制系统，而且并不包括中央官的全部；地方上的部族、州县官则不分南、北面。因此辽朝根本不存在所谓的二元政治制度。②

辽朝中央存在南、北面官二元体制基本上已经成为学界共识，主要分歧在于地方上是否也存在二元体制。津田左右吉先生将部族、州县制度视为辽朝统治地方的两种不同方式，故认为地方上同样存在二元体制；李锡厚先生则认为只有行宫中的官员才分南、北，部族、方州官因不随皇帝捺钵，无所谓南面、北面，故地方上并不存在二元制。林鹄先生则另立新说，认为"我们不能武断地把二元性作为非汉族王朝的内在和固有特性来理解，辽朝的二元或多元性是汉文化主导下、融合契丹传统优势（如骑兵）的二元或多元。因此，辽朝的复杂性非但与汉化命题并不矛盾，而且必须在汉化视角下才能真正得到理解"③。这一说法跳出了以往学界关于二元（或多元）有无、对立的论证模式，而是讨论在二元（多元）并立的情况下，探析辽朝汉化的程度、趋势问题。这对于我们进一步深入讨论辽朝的制度，多有助益。

陆游《家世旧闻》称"辽人虽外窥中国礼文，然实安于夷狄之俗"④。换而言之，契丹虽模仿中原王朝名物制度，但对于汉制的把握多少有些隔膜，实际上是以夷狄之俗，嫁接中原制度，体现出胡汉杂糅的特征。胡俗

① ［日］岛田正郎：《辽代北面中央官制的特色与世官制的意义》，《日本学者研究中国史论著选译》第 8 卷，中华书局 1992 年版，第 354—355 页。
② 参见李锡厚《论辽朝的政治体制》，《历史研究》1988 年第 3 期，第 130—135 页。
③ 林鹄：《南望：辽朝前期政治史》第一章第二节《辽朝二元性检讨》，第 13—23 页。
④ （宋）陆游：《家世旧闻》卷上《楚公言辽俗》，孔凡礼点校，中华书局 1993 年版，第 196 页。楚公即陆游祖父陆佃，曾于辽道宗时出使辽朝。

与汉法在相互交织中踸步前行，辽朝中后期，随着对于汉制了解的逐渐深入，在制度建设方面也更为成熟。不过，辽朝的政策制定者并未像金朝统治者那样进行全面彻底的变革，齐整制度。契丹统治者在创设地方行政制度时，很少从汉法的统一性、准确性去考量，而大多是依据情势"因俗而治""随宜设官"，表现出制度上的多元性、随意性。

尽管辽朝的地方制度看似杂乱无章，但其中仍旧蕴含了由无序走向有序的潜在因素。金朝立国之后，参照宋代制度对原辽朝的地方制度进行必要的梳理，最终形成了具有自己特点的路制。

一 因俗而治

辽朝"因俗而治"的统治方式为学界所熟知，不过人们一般将其简单地理解为"以国制治契丹，以汉制待汉人"，体现在地方行政上就是津田左右吉先生主张的部族制与州县制所构成的二元制。然而，这种两分法未免将辽朝地方统治模式的复杂性简单化了。实际上，契丹统治者对于不同地域不同民族均采取不同的统治方式，远非"二元"可以概括。

辽朝境内主要有契丹、奚、汉、渤海四个民族，这四个民族在地理上的分布概况为：北部上京地区为契丹人兴起之地，东部东京地区为渤海人聚居之所，南部燕云地区为汉人集中之处，在这三个区域之间的中京地区则居住着众多的奚人。辽朝对这些民族采取"因俗而治"的政策，"衣服、饮食、语言各从其俗"[1]，地方行政制度亦沿用各自原有的统治方式，这在辽朝前期表现得尤为明显。

（一）汉地制度

人宗在获取燕云地区之后，"乃用唐制，复设南面三省、六部、台、院、寺、监、诸卫、东宫之官"[2]。因应着汉地入辽的形势变化，世宗

---

① （宋）余靖：《武溪集》卷18《契丹官仪》，《北京图书馆古籍珍本丛刊》，第85册，第176页上栏。

② 《辽史》卷47《百官志三》，第3册，第864页。

时，政事省、南北枢密院等机构陆续建立。在这一过程中，可以看到辽朝一方面在中央政治制度中吸收了汉地的一些因素，同时在燕云地区仍旧沿用汉地制度，甚至将原先中央的机构改造为地方的制度。

众所周知，三司（盐铁、度支、户部）是五代、北宋全国性的财政机构。这一制度萌芽于唐末，确立于后唐，完善于宋。《宋史·职官志二》称："三司之职，国初沿五代之制，置使以总国计，应四方贡赋之入，朝廷不预，一归三司。通管盐铁、度支、户部，号曰计省，位亚执政，目为计相。"辽朝在获取十六州之后，也沿用后唐的制度，设三司使一职。不过，与后唐及北宋不同的是，辽代的三司使并不掌管全国的财赋，而仅仅负责处理汉地的财政，故一般称作南京三司使。太宗时，韩延徽"使晋还，改南京三司使"[1]，这是目前关于三司使一职的最早记载。南京三司之下分设盐铁、度支、户部判官等职。[2]

又如宣徽院，初置于唐朝后期，五代及北宋沿置，"掌总领内诸司及三班内侍之籍，郊祀、朝会、宴飨供帐之仪，应内外进奉，悉检视其名物"[3]，为掌管朝廷礼仪的机构。辽朝在中央设有南、北二宣徽院，然而在南京地区又另设一个宣徽院，即南京（燕京）宣徽院。南京宣徽院既见于《辽史·百官志》，也得到了出土文献的佐证，《萧义墓志》谓萧义长兄萧重曾任燕京右宣徽使。[4]

再如燕京的汉军，袭唐代兵制，分为南、北二衙。据李锡厚先生研究，南衙兵为禁军，有左右羽林军、左右龙虎军、左右神武军、左右神策军、左右神威军等名号；北衙兵为诸卫兵，有亲卫、左右卫、左右骁卫、左右威卫等名号。[5]

总而言之，辽朝大体保存了燕云地区原有的汉地制度，同时将中原地

① 《辽史》卷74《韩延徽传》，第5册，第1358页。
② 参见向南、杨若薇《辽代经济机构试探》，《文史》第17辑，1983年，第107—112页。
③ 《宋史》卷162《职官志二》，第12册，第3806页。
④ 向南：《辽代石刻文编》，第623页。
⑤ 李锡厚：《辽朝的汉军》，《中国史研究》1989年第1期，第102—104页。

区的某些中央制度移置于这一地区，成为地方性的制度，充分体现了"因
俗而治"的特色。

（二）渤海制度

渤海地区是辽朝施行"因俗而治"最为典型的地区，同时也是最易为
人们所忽视的一个区域。这主要是因为人们普遍将注意力集中于辽初的东
丹国，对于东京建立之后这一地区的渤海因素大多略而不谈，或是将其误
认为汉地制度。

实际上，渤海制度虽与汉制有某些相似之处，但却有其自身的特
色，东京地区的统治方式已深深地打上了"渤海"的烙印，与燕云地区的
制度并不相同。渤海建国以后，仿效唐朝制度，建立了自己特有的职官制
度：中央置有中台、宣诏、政堂三省和忠、仁、义、礼、智、信等六
部，又设有中正台、文籍院、胄子监、巷伯局等机构。① 渤海亡国以
后，这套制度大体被辽朝继承下来。此点前文已有叙述，故不赘言。

东丹国名存实亡之后，渤海的因素仍然得以保存下来，辽朝"因俗而
治"的政策并未因此改变。最明显的是，统治渤海人的中台省此后仍旧存
在，继续发挥其原有的功能。《辽史》及辽代石刻资料中，此后仍有关于
中台省长官左相、右相的记载。那么，渤海国的其他中央机构，如六部、
中正台、文籍院等机构是否也为东京所继承呢？据《高丽史·显宗世家》
记载，高丽显宗十年（辽圣宗开泰八年，1019 年）五月，契丹遣东京文籍
院少监乌长公至高丽；八月，又遣东京工部（相当于原渤海国之信部）少
卿高应寿至高丽。由此可知，在废去东丹国之后，辽朝东京尚设有文籍
院、工部等机构。照此推测，渤海的其他主要官僚机构可能也多被保留下
来，成为管理渤海人的地方机构。

不仅如此，东京的税收及仪仗制度也不同于汉地。辽圣宗以前，东京
地区的赋税系统相对要宽松一些。自太祖以来，"未有榷酤盐麹之法，关
市之征亦甚宽驰"；圣宗时东京户部使冯延休、韩绍勋才"相继以燕地平

---

① 《新唐书》卷 219《渤海传》，第 20 册，第 6182—6183 页。

山之法绳之"①。在仪仗制度方面，东京保留了渤海仪仗，与汉仗、契丹仗并行。②

由上所述，可知辽朝在东京地区实行的统治方式并不完全等同于汉制，而是有着明显的渤海特色，这说明辽朝"因俗而治"的统治策略并不只是针对汉地的一种权宜之制。

（三）契丹制度

辽朝对于契丹及其他北方民族的统治方式，同样是沿用"因俗而治"的思路，采取传统的部族制度。但需要说明的是，辽朝的部族制度与传统意义上游牧民族的部族制度并不相同。经过太祖"变家为国"的系列变革之后，③ 部族制已成为辽朝国家体制的组成部分。刘浦江先生将太祖的部族改革总结为两个方面，一方面将若干部落予以重组，把原先那种以血缘为基础的氏族集团变为国家体制下的军事、行政组织，如太祖二十部，当时通称为"部族"；另一方面将若干氏族从部族组织中独立出来，如诸斡鲁朵、横帐三父房、国舅五房等，当时通称为"宫帐"。④ 因"宫帐"与地方行政制度无涉，故本书所指的是作为国家军事、行政组织的"部族"。

辽太祖时，为了更有效地统治各个部族而创立了二十部，后因拔里、乙室己二部升为国舅帐，故为十八部。圣宗时，以旧部族分置十六部，又增置十八部，凡三十四部。这些部族之中，既有契丹本族，如五院部、六院部、乙室部、楮特部等；也有依附于契丹的其他民族，如奚六部、乌古涅剌部、奥衍突厥部、奥衍女直部、室韦部、梅古悉部等。⑤ 这些部落作为国家的行政组织而存在，分别隶属于中央的南、北宰相府，各部的首长

① 《辽史》卷17《圣宗纪八》，第1册，第230页。
② 《辽史》卷58《仪卫志四》，第3册，第1021页。
③ 杨军：《"变家为国"：耶律阿保机对契丹部族结构的改造》，《历史研究》2012年第3期，第18—28页；苗润博：《再论所谓阿保机"变家为国"问题》，《辽金历史与考古》第7辑，辽宁教育出版社2017年版，第45—50页。
④ 刘浦江：《辽朝"横帐"考——兼论契丹部族制度》，《北大史学》第8辑，第30页。
⑤ 关于辽朝部族组织的详细情况，可参见［日］岛田正郎《辽代社会史研究》，第9—101页。

均由国家任命。

尽管辽朝将这些部族纳入了国家体制之下，但它们原有的部族结构并没有因此而改变。在这些部族中，奚族的情况最具代表性。太祖征服奚族诸部之后，仍以奚王统领各部。辽朝前期，奚王府一直处于半独立的状态，保有传统的领地及职官系统，朝廷仅仅派遣契丹人对其进行监督而已。奚王府内部设有二宰相、二常衮，分别负责匡辅奚王，总知奚王族帐之事。① 即便在统和十四年（996 年）奚王府改隶北府之后，其内部仍然分为六部，并仍由奚王统领。

辽朝依据部族实力的强弱，采取的统治方式也略有不同。对于实力雄厚的五院、六院、乙室以及奚四大部族，朝廷置大王府以统之。对于其余的中、小部族，辽朝在各部设节度使司、司徒司以统之。其中，节度使司掌管部族的军事，司徒司掌理部族的民政，这是因为部族的居住地与戍守地不同的缘故。辽朝部族的居住地与戍守地通常不在同一地域，如迭刺迭达部戍"黑山北，部民居庆州南"②；特里特勉部"戍倒塌岭，居橐驼冈"③；尤哲达鲁虢部，"戍境内，居境外"④。所以朝廷分设节度使、司徒二职，"凡戍军隶节度使，留后户隶司徒"⑤。

辽朝部族的基层组织为石烈或弥里。石烈、弥里为契丹语词，其意思分别为县和乡。⑥ 石烈的长官为麻都不，即县令，⑦ 弥里的长官不详。

辽朝对各族原有的部族组织加以改造、重组，将其纳入国家行政组织系统，同时仍旧保留了各部的游牧状态，"有事则以攻战为务，闲暇则以

---

① 参见《辽史》卷85《奚和朔奴传》，第 5 册，第 1450—1451 页。

② 《辽史》卷 33《营卫志下》，第 2 册，第 440 页。

③ 《辽史》卷 33《营卫志下》，第 2 册，第 441 页。

④ 《辽史》卷 33《营卫志下》，第 2 册，第 443 页。

⑤ 《辽史》卷 33《营卫志下》，第 2 册，第 437 页。

⑥ 《辽史》卷 45《百官志一》，第 3 册，第 806 页；卷 46《百官志二》，第 3 册，第 815 页。《辽史·国语解》则将石烈、弥里分别释为乡和乡之小者（第 5 册，第 1690 页），待考。

⑦ 《辽史》卷 4《太宗纪下》，第 1 册，第 49 页；卷 116《国语解》，第 5 册，第 1694 页。另，《国语解》又释石烈的长官为辛衮（第 1700 页），此说恐非。

畋渔为生"①。辽朝"因俗而治"的统治政策并没有因为部族制度的国家化而改变。

二　随宜设官

辽朝的五京制度各有其特殊性，以上各章已有阐述。其地方上的军事、财政等机构，多是因地、因时、因事而设，事先既无长远的规划也无对于全局通盘的考虑。《辽史·百官志》对于辽朝五京职官情况有一概述："辽有五京。上京为皇都，凡朝官、京官皆有之。余四京随宜设官，为制不一。大抵西京多边防官，南京、中京多财赋官。"这一总结虽有不确之处，但大体指出了辽朝地方上"随宜设官，为制不一"的特殊性。

（一）五京的建立

事实上，五京建立的过程，就是辽朝"随宜设官"的最好证明。从太祖神册三年（918年）创设皇都至兴宗重熙十三年（1044年）升大同为西京，历经百余年才最终确立了五京体制，可以说五京的建立并没有一个统一的规划，每一个京城的建立都是为了因应外部环境的变化。

上京是契丹最早建立的一座京城。辽太祖建国之后，为了进一步巩固皇权，于神册三年创立皇都。在营建皇都的过程中，燕地汉人发挥了重要作用。太祖营建都邑多"燕人所教"②，其中以幽州安次人韩延徽居功最多，"凡营都邑，建宫殿……延徽力也"③。另如蓟州汉人康默记为建筑皇都之版筑使，④ 燕人贾去疑"俾督工役，营上都"⑤。可以说，正是在燕人的启发、协助之下，辽朝才将作为国家象征的都城建立起来。太宗会同元年（938年），"诏以皇都为上京，府曰临潢"⑥。

---

① 《辽史》卷31《营卫志上》，第2册，第410页。
② 《旧五代史》卷137《契丹传》，第6册，第2132页。
③ 《辽史》卷74《韩延徽传》，第5册，第1358页。
④ 《辽史》卷1《太祖纪上》，第1册，第12页。
⑤ 《贾师训墓志》，向南：《辽代石刻文编》，第476页。
⑥ 《辽史》卷4《太宗纪下》，第1册，第49页。

东京的建立则与渤海地区的政局有着内在的联系。太祖平渤海之后，立东丹国，以忽汗城为东丹国都城。太宗即位之后，出于控制渤海旧地的需要，天显三年（928 年）下诏将东丹国都城南移至东平郡，并升东平为南京。此时的南京实为东丹国之南京，而非契丹国之南京。对于契丹王朝而言，当时作为国家象征的京城只有一个，那就是皇都。会同元年（938 年），由于燕云地区被纳入辽朝版图，太宗遂并立三京，皇都为上京，燕京为南京，同时改东丹国南京为契丹之东京。

南京的建置源于石晋割地。后唐末年，唐主李从珂发兵征讨河东节度使石敬瑭，敬瑭遣使向契丹求助，约以"雁门已北及幽州之地为戎王寿"①，辽太宗遂发兵攻唐。会同元年，石晋献幽、云诸州于契丹，太宗遂升幽州为南京，府曰幽都。

中京的成立则与奚人纳土宾服有着直接的联系。圣宗以前，奚族一直拥有自己的领地，具有相当的独立性。这种状况直至圣宗时才有所改观，统和十四年（996 年），朝廷加强了对奚族的控制，将奚王府改隶契丹北宰相府。统和二十四年（1006 年），"奚王府五帐六节度献七金山土河川地"②，七金山土河川乃奚王牙帐所在，奚王此举意味着将奚族据有的土地献给辽廷。次年，圣宗于奚王牙帐地建中京，实以汉户，府曰大定。

西京是辽朝建立的第五个京城。西京的建立主要是迫于北宋的军事压力。早在统和初，西京地区诸州已有单独成为一个区域的趋势。重熙十三年（1044 年），辽兴宗伐夏失利后，为了防止宋朝趁机进攻山西地区，遂建西京。

辽朝实行诸京并立的制度，前期是出于分国或分区管理的需要，后期则有仿效中原制度的因素。总之，五京都是因应外界环境的变化而建立起来的。实际上，辽朝对于诸京城的建立并无统一的规划。如太宗大同元年（947 年）曾在镇州（治真定，今河北正定）短暂建立过一个中京。是

---

① 《旧五代史》卷 75《晋书·高祖纪一》，第 4 册，第 1151 页。
② 《辽史》卷 39《地理志三》，第 2 册，第 546 页。

年，太宗灭晋，"升镇州为中京。以赵延寿为大丞相兼政事令、枢密使、中京留守"①。据说中京的建立是出于太宗"以备巡幸"的需要。② 此后不久，迫于当地汉人的反抗，契丹很快退回燕云地区，镇州之中京仅存在了短短几个月时间。由此亦可看出辽朝京城的设立是多么的随意。

（二）地方军事机构

辽朝各地的军事机构多是因地制宜，因需而设，往往都有一个从临时机构变为常设机构的过程，并没有整齐划一的制度。《辽史·百官志》五京诸司下列有众多的军事机构，其中以西京所列最为繁杂，故史臣称"西京多边防官"。

西京地区诸司主要是西京都部署司、西南面招讨使司，以及西南面安抚使司。西京都部署司的建立与宋辽战争密切相关，正是在宋辽战争中山西五节度州才成为一个相对独立的单元，临时任命官员总知五州公事。兴宗时，随着辽夏之间关系的恶化，辽朝加强了对西部地区的关注，为了防止宋朝乘机进攻山西的云应诸州，遂建立西京都部署司。

西南面招讨使司则是太祖时为统治西南诸部而设立的军事机构，在防御西夏以及后周、北宋方面发挥了重要的作用。由于这一地区蕃族众多，有时辽朝会以西南面招讨使兼五押一职，其机构则称为西南面五押招讨司。

在西京诸司中，人们常将西南面安抚使司与西南面招讨使司混为一谈，然而这是两个完全不同的机构。前者是负责宋辽沿边地带边境事务的机构，后者则是控御西夏的一个军事机构。产生这种误解的原因，大概是因为两者都冠以"西南面"的称呼。事实上，前者的西南面是相对于燕京而言，而后者的西南面则是相对于整个辽朝疆域而言。由此亦可看出，辽朝在设立官僚机构时是较为随意的，并未考虑到统一协调的问题。

南京地区的军事机构则是因对宋战争的需要而设，最初为临时设置，长官为南面行营都统（总管），后来逐渐成为常设的军事机构，称南

---

① 《辽史》卷4《太宗纪下》，第1册，第64页。
② 《辽史》卷4《太宗纪下》，第1册，第64—65页。

京都总管府或都元帅府。

东京地区的军事机构大多置于圣宗朝。这一时期辽朝致力于开拓东部疆域，为了控制女真等部族，设立了黄龙府都部署司、咸州兵马详稳司、东北路统军司等军事机构。这些机构的设置最初均是出于征战的需要，当战事完毕之后，则逐渐成为固定的军事机构，负责控御当地的部族。

李锡厚、王曾瑜、余蔚诸位先生都曾对辽朝的军事区划做过研究，[①] 其间观点虽然不尽一致，但皆认为上京、中京地区比较特殊。李锡厚先生认为上京、中京地区主要是部族军集中的地方，《辽史》对于这一防务区并无明确的记载；[②] 王曾瑜先生则认为上京、中京地区的军事意义并不大；[③] 余蔚先生所列的十二军事路，并无上京、中京两个区域。[④] 这一现象或与辽朝皇帝的游牧狩猎习俗有关，即以皇帝为中心，建立圈层式的防御圈（参图 6-1）。

若是将辽朝的军事布防与金朝略作比较，我们可以发现辽朝在西北地区的防御方法与金朝防御阻卜（蒙古）的方式存在明显的差异。辽朝的军事布防是据点式的，契丹人在西北边境漫长的防线上建立一个又一个军事据点：镇州、防州、维州、招州、河董城、静边城、皮被河城、塔懒主城等等，以点带面，控制西北诸部。而金朝则是在西北地区修建界壕、边堡，将各个点连成一条漫长的防御线（金长城），从而达到防止北方诸族诸部入侵的目的。

---

① 王曾瑜先生的划分为：南京留守司和南京马步军都指挥使司、总管府、元帅府等；西南路招讨司；西北路招讨司；西京留守司和西京都部署司；上京留守司和上京都总管府；中京留守司和中京都总管府；东京留守司和东京都总管府、统军司等；东北路统军司（参见王曾瑜《辽金军制》，河北大学出版社 2011 年版，第 39—57 页）。李锡厚先生的军事分区为：中京、上京地区的防务；南边防务与大元帅府；西北边防与西北路招讨司；西南边防与西南路都招讨司；东边防务与东京统军司；东北边防与东北路统军司（参见白钢主编，李锡厚、白滨著《中国政治制度通史》（修订版）第 7 卷，社会科学文献出版社 2011 年版，第 131—146 页）。余蔚先生的十二军事路分区为：南京路、山北路—西京路、西南面、西北路、乌古迪烈路、东北路、黄龙府路、咸州路、东京路、南路、保州路、平州路（余蔚《中国行政区划通史·辽金卷》，第 44—87 页）。

② 白钢主编，李锡厚、白滨著：《中国政治制度通史》（修订版）第 7 卷，第 132 页。

③ 王曾瑜：《辽金军制》，第 51 页。

④ 余蔚：《中国行政区划通史·辽金卷》，第 44—87 页。

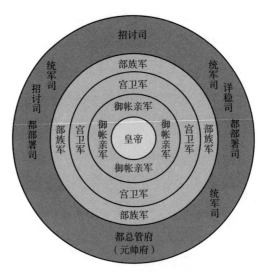

图 6-1 辽代军事防御系统示意图

（三）地方财政机构

辽朝地方财政机构也是适应各地经济状况或是某些特殊需求而建立起来的。辽朝在全国各地先后设立了八个理财路：南京三司使司、东京户部使司、上京盐铁使司、中京度支使司、西京转运使司、辽西钱帛司、长春钱帛司、平州钱帛司。值得注意的是，这八个理财路是从辽初到辽朝中后期陆续建立的，说明辽朝对于地方财政机构并没有统一的规划；单从这些机构的名称就能看出来，其名目竟是如此五花八门，给人的感觉是，辽朝的地方财政机构似乎没有什么"制度"可言。

南京三司使司是辽朝最早建立的财政机构，负责燕云地区的财政。《辽史·食货志》载："南京岁纳三司盐铁钱折绢，大同岁纳三司税钱折粟。"由此可知，南京三司负责燕云诸州的财赋。其后因南京三司所统地域过于辽阔，不便管理，遂于山西置一都转运，专门负责云、应诸州的财政。东京户部使司很可能建于东京成立之后不久，负责处理辽东地区的财政。中京度支使司、上京盐铁使司则始建于圣宗后期，也是当地经济发展的需要。

　　辽朝三路钱帛司建立于圣宗以后，其地位略低于五京计司。长春州钱帛司置于重熙二十二年（1053 年）闰七月癸巳，① 该司的设置应与辽朝中后期诸帝春捺钵于此有关。据《辽史·地理志》，长春州"本鸭子河春猎之地。兴宗重熙八年置"。又据《辽史·大公鼎传》，大公鼎任长春州钱帛都提点时，"车驾如春水，贵主例为假贷。公鼎曰：'岂可辍官用，徇人情？'拒之"。笔者理解大公鼎所说的"官用"实际上应为皇帝捺钵之用，因皇帝经常捺钵于长春州附近，而该地又远离上京计司，不便调度，故设一钱帛司以供行宫之需。

　　辽西钱帛司的建置时间不详，宋人余靖曾于重熙十二年至十四年（1043—1045 年）三次使辽，据他记录当时辽朝财赋路状况时称："东京置户部使，辽西、川、锦等州隶焉。"② 说明辽西钱帛司应是在此之后建立的。至于该机构设置的原因，或与乾、显二州山陵维护及皇室贵戚丧葬之事有关。清宁八年（1062 年）耶律宗政、咸雍元年（1065 年）耶律宗允、咸雍五年（1069 年）秦晋国妃葬于乾陵，皆以辽西路钱帛（都）提点为敕祭（发引）使。③

　　另外，刻于大安八年（1092 年）的契丹小字《耶律迪（敌）烈墓志》第 19 行称：

尢化	几用 芍	北叐	丹叐	屮用 芍	仐交 芳	业乐	圣	廿公 芍	业奂 仐芍	仅夬	丞	业叐 丹 伏
东京	之户	部	令	之钱	帛	二司	之	(逋负)	??		成为④	

---

　　① 《辽史》卷 20《兴宗纪二》，第 1 册，第 280 页。

　　② （宋）余靖：《武溪集》卷 18《契丹官仪》，《北京图书馆古籍珍本丛刊》，第 85 册，第 175 下栏。

　　③ 《耶律宗政墓志》《耶律宗允墓志》《秦晋国妃墓志》，拓本照片见陶建英、李俊义编《石墨芳华——刘凤翥李春敏收藏辽金碑刻拓本集》，第 151、157、163 页。《秦晋国妃墓志》谓启耶律宗政显陵之墓合葬，显陵当为乾陵之误。

　　④ 刘凤翥：《契丹文字研究类编》，第 3 册，第 789 页。

《辽史·耶律敌烈传》称敌烈"咸雍五年，累迁长宁宫使。捡括户部司乾州钱帛逋负，立出纳经画法，公私便之"①。两相比照，可知钱帛二司当指乾、显二州钱帛司，隶属于东京户部使司。颇疑辽西路钱帛司主要管辖地即乾、显二州，二州初隶户部使司，后独立成路。

平州路钱帛司应创立于圣宗时期，开泰三年（1014年）三月戊申辽朝设平州转运司，② 此转运司应当就是钱帛司或是其前身。平州路的设立应与其重要的地理位置及其为产盐之地有关。

三　辽朝地方行政制度的走向

辽朝地方统治制度所具有的"因俗而治""随宜设官"的特性，导致各地地方官职名目纷繁复杂，统治结构模糊不清。然而，辽朝各类地方机构的创设虽非刻意为之，但在无形之中也逐步形成了并不完善的路级机构。若是从军事、财政两个方面来观察辽朝地方行政制度的大致情况，我们会在混乱不堪的辽制中发现一种潜在的发展趋势，并为金代的地方行政制度奠定了基础。

首先，以南京都总管府（元帅府）、西京都部署司、东京都部署司为代表的辽朝地方军事机构，初步形成了具有军事性质的路分。其次，辽五京计司、三路钱帛司均有董理一路财政的职能，显然是一种路级的财政机构。与宋代的转运司所不同的是，辽朝的财赋路并无刺举监察官员的权力，辽朝自始至终没有设立按察性质的路，而是采取临时派遣使臣按察地方的办法。

辽朝路级机构分军事和财政两种，不设按察区的地方统治制度大体为金朝所继承。金朝初年，几乎全盘照搬辽制。如熊克《中兴小纪》卷二四绍兴八年三月云："先是金人主计之任，在燕山曰三司，在云中曰转

---

① 《辽史》卷96《耶律敌烈传》，第5册，第1542—1543页。
② 《辽史》卷15《圣宗纪六》，第1册，第191页。

运，在中京曰度支，在上京曰盐铁，在东京曰户部。"这与辽朝的五京计司是一模一样的。随后，经过金朝统治者的梳理，将诸京计司改称都转运司、都部署司改称总管府，最终在全国形成了掌管一路军事、治安的总管府路，以及管理一路财政的转运司路。①

以往研究者普遍认为金代划分为军事、财赋两种路制是因袭宋朝的结果，然而在笔者看来，金朝更多承袭了辽制，并在其基础上进行整理，使之整齐划一。《金史·地理志序》称金朝"袭辽制，建五京，置十四总管府，是为十九路"，是一个值得重视的结论。如果说宋代的路具有监司性质，那么辽金的路则是职能单一的路，没有多少分权制衡的因素。

第三节　地方要员的选任方式

辽朝的五京及二招讨府，或为国家根本，或处冲要之地，或为边防重地，其地位远非一般的府、州可比。南京、西京为南疆重镇，其留守兼领一路的军事职务，"非亲王不能主之"②；东京为辽东重地，控御高丽、女真，其留守"非勋戚不能镇抚"③；上京为国家根本，中京为四方之极，西南、西北二招讨府则为边疆地区重要的军事机构，其长官也多为皇亲、重臣。本书即以这些地方要员的选任作为研究对象。

在这些地方要员中，契丹人占绝大多数，汉人次之，奚人与渤海人几乎可以略而不计（参见表6-2）。显而易见，契丹人牢牢掌握了地方上的实际权力，其他民族很难获得重任，种族成为地方官员选任中最为重要的因素。为了便于讨论，笔者将对汉人与契丹人的选任方式分别予以总结。④

---

① 张帆先生曾详细探讨了金代路制的职能划分，认为总管府路仅具军事、治安职能；转运司路仅管一路财政，无监察职能。参见氏著《金朝路制再探讨——兼论其在元朝的演变》，《燕京学报》新12期，北京大学出版社2002年版，第99—122页。

② 《辽史》卷41《地理志五》，第2册，第578页。

③ 《辽史》卷93《萧惠传》，第5册，第1511页。

④ 关于五京留守具体的选任流程可参见王旭东《辽代五京地方政务运行研究》第四章"辽代五京留守任选"和第五章"辽代五京留守的更换频率和去职"，第149—218页。

表 6-2　　　　　　　　　　地方要员民族成分统计表①

职任＼民族	汉	奚	渤海	契丹	总计	契丹所占百分比
上京留守	12	0	0	35	47	74%
东京留守	1	1	0	28	30	93%
南京留守	8	0	0	17	25	68%
中京留守	15	0	1	12	28	43%
西京留守	0	1	0	12	13	92%
西北路招讨使	1	0	0	30	31	97%
西南路招讨使	3	3	0	29	35②	83%
总计	40	5	1	163	209	78%

一　汉人的选任

从上表可以看出，比起契丹之外的其他民族来，汉人出任地方要员的比例相对较高。然而，在不同时期或不同地域，契丹统治者对于汉人的任用有着相当明显的差异。

首先，我们分析一下汉人出任南京留守的状况。在可考的八名汉人留守中，有六位是在景宗以前出任南京留守的，分别是赵思温、赵延寿、刘晞、赵延祚、高勋、马廷煦。其中赵思温、赵延寿、刘晞、高勋四人均为降辽汉人；③赵延祚为思温之子；马廷煦的具体情况不详，其父胤卿原为

———————

① 本表统计数据主要参考吴廷燮《辽方镇年表》(《二十五史补编》第 6 册，第 8069—8093 页)、杨若薇《契丹王朝政治军事制度研究》(修订本) 附录三《辽五京留守年表》(第259—265 页)、王旭东《辽代五京地方政务运行研究》(第 160 页)，并根据文献资料及新出土墓志做了若干修正、补充。又，为便于统计分析，同一人担任不同职任，每任一职按一人计算。

② 西南路招讨使可考者实为 36 人，因最后一任为党项人小斛禄，本表为便于统计，未予列入，故此处总数为 35 人。

③ 据 2000 年出土的《王守谦墓志》，高勋有可能是渤海人氏 [《北京辽金史迹图志》(下)，第 127 页]。然而据《辽史》卷 85《高勋传》，勋为晋北平王信韬之子；此外从辽初的用人政策来看，渤海人不可能进入辽朝的权力中心，而高勋位至大丞相、南枢密使，故本书仍旧认为高勋当是汉人。

石晋青州刺史，后被太宗所俘。① 景宗朝以后，仅有韩匡嗣、韩制心祖孙二人出任南京留守一职，而且韩氏家族的情况较为特殊，这是一个已经完全契丹化的家族，与汉人的情况又有所不同（详见下文）。由此看来，汉人担任南京留守基本上都在景宗之前，而且都是降臣或是降臣之子。这主要是因为辽初采取"分国而治"的方针，对于燕云地区的统治尚未巩固，不得不倚重汉人。随着辽朝对汉地统治的加强，汉人再也未被委以南京留守的重任。而西京建立之后，其历任留守也全为契丹人和奚人，愈发可以看出辽朝在燕云汉地官员选任中所秉持的种族标准。

但汉人出任上京、中京留守的情况与南京不同，根据笔者的统计结果，直至辽朝末年，仍有汉人陆续出任上京、中京留守。这应与上京、中京地区的特殊状况有关，第三章曾经谈到，上京、中京地区主要是隶宫州县及头下军州，留守的实际辖区仅限于其治所周边的几个州、县，在军事上也没有过多的权力。让汉人出任这些职位，不会对辽朝的统治造成威胁。

更值得注意的是中京留守，与南京、西京明显不同的是，中京留守中汉人略多于契丹人，至辽朝末年任用汉人的数量更是明显多于契丹人。而且道宗、天祚两朝出任留守的汉人多为科举出身，如窦景庸清宁间登第，牛温舒、贾师训咸雍中登第。② 这种情况可能与契丹人对于汉文化的吸收，尤其是中京具有强烈的汉化色彩有一定关系。

最后，在担任地方要员的汉人中，玉田韩氏的情况应当予以特别关注。在前面统计的 40 位汉人地方要员中，有 15 人（次）出自这一家族，而且西南、西北路的四位汉人招讨使全都出自这一家族（参见表 6-3）。上文说过，在景宗以后，一般汉人出任地方要员者仅限于上京、中京留守，其他诸处因是军事要地，汉人不得预其职。惟有韩氏家族是一个例

① 参见《辽史》卷 76《赵思温传》《赵延寿传》，第 5 册，第 1250、1247 页；卷 85《高勋传》，第 5 册，第 1317 页；卷 105《马人望传》，第 5 册，第 1461 页。《旧五代史》卷 98《刘晞传》，第 4 册，第 1317 页。《王恽全集汇校》卷 48《卢龙赵氏家传》，第 6 册，第 2262—2269 页。

② 参见《辽史》卷 97《窦景庸传》，第 5 册，第 1409 页；卷 86《牛温舒传》，第 5 册，第 1325 页；《贾师训墓志》，向南：《辽代石刻文编》，第 477 页。

外。这一家族自韩知古以来就完成了契丹化的过程，如家族成员均有契丹名，世代与萧氏通婚等。①更为关键的是，韩氏家族成功地融入了契丹上流社会，与契丹皇族、后族结成了牢固的政治同盟。穆宗时，韩知古子匡嗣"以善医，直长乐宫，皇后视之犹子"②；匡嗣子德让，圣宗朝赐姓耶律，"出宫籍，隶横帐季父房后"③，死后又"拟诸宫例，建文忠王府"④，比之宗室有过之而无不及；匡嗣曾孙涤鲁，幼养于宫中，"圣宗子视之，兴宗待以兄礼"⑤。圣宗以后，韩氏家族已与契丹宗室无异，以至于当时燕云百姓将韩氏与契丹皇族耶律氏、后族萧氏相提并论。⑥下面将韩知古家族成员出任诸京留守及招讨使的情况列成一表，从中可以看出这个契丹化的汉人家族在辽朝的特殊地位。

表6-3　　　　　　　　　　**韩知古家族出任地方要员情况简表**

世系	姓名	家族关系	官职
一世	韩知古		上京留守
二世	韩匡嗣	知古三子	上京、南京留守，西南面招讨使
三世	韩德让（耶律隆运）	匡嗣四子	上京留守
	韩德威	匡嗣五子	西南面招讨使
	韩德颙（韩德凝、耶律隆祐）	匡嗣七子	上京留守、西南面招讨使
四世	韩制心（韩直心、耶律遂贞）	匡嗣孙，德冲子	上京、中京、南京留守
	耶律遂正	匡嗣孙，德威子	上京、东京、中京留守
六世	韩涤鲁（耶律宗福、耶律敌鲁古）	德威孙，雱金子	西北路招讨使

总而言之，辽朝立国之初，对于汉人的任用多是不得已而为之；及至

---

① 王玉亭：《从辽代韩知古家族墓志看韩氏家族契丹化的问题》，王玉亭主编：《辽上京研究论文选》，第446—462页；邱靖嘉：《辽金韩知古家族新证》，《中国史研究》2022年第3期，第136—144页。

② 《辽史》卷74《韩匡嗣传》，第5册，第1360页。

③ 《辽史》卷82《耶律隆运传》，第5册，第1422页。

④ 《辽史》卷31《营卫志上》，第2册，第419页。

⑤ 《辽史》卷82《韩涤鲁传》，第5册，第1424页。

⑥ 路振《乘轺录》载："耶律、萧、韩三姓恣横，岁求良家子以为妻妾。幽、蓟之女有资质者，父母不令施粉白，弊衣而藏之；比嫁，不与亲族相往来。"引自贾敬颜《五代宋金元人边疆行记十三种疏证稿》，第52页。

中后期，变为有选择地任用汉人，原则上汉地地方长官只用契丹人，而契丹腹地地方长官兼用契丹人和汉人。但那些契丹化的汉人家族则另当别论，从地方要员的选任情况来看，辽朝并没有拿他们当汉人看待。

二　契丹人的选任

世选制度是辽朝官员选任的一条重要途径。赵翼对世选制有一个总结性的说法："辽初功臣无世袭，而有世选之例。盖世袭则听其子孙自为承袭，世选则于其子孙内量材授之。……功大者世选大官，功小者世选小官，褒功而兼量材也。"① 从本质上来说，世选制度是契丹重血亲、姻族的部族传统与奖励军功相结合的一种产物。前人研究契丹世选制度，大多集中于辽朝皇位继承以及南北府宰相人选两个方面，对于地方官员选任中的世选制因素则很少注意。②

实际上，在辽朝地方官员的选任上，显然也存在着世选制因素，例如皇族与后族出任地方要员的数量就明显要多于庶族（参见表6-4）。辽朝的皇族包括四帐皇族和二院皇族，所谓四帐皇族即：阿保机直系后代为诸斡鲁朵皇族，二伯父岩木之后为孟父房，三伯父释鲁后裔为仲父房，阿保机诸弟的后代为季父房；二院皇族是指：阿保机曾伯祖洽昚的后代为五院皇族，曾叔祖葛剌、洽礼及伯祖帖剌、叔祖裹古直的后代为六院皇族。③ 概括说来，辽朝广义上的皇族就是阿保机高祖耨里思的所有后裔。辽代的后族包括拔里氏大父、少父二房，乙室己氏大翁、小翁二房，世宗舅氏塔列葛的国舅别部；圣宗时拔里、乙室己二国舅帐合而为一。④

---

① （清）赵翼著，王树民校证：《廿二史札记校证》卷27"辽官世选之条例"，第618—619页。

② 研究世选制度比较有代表性的论著有：陈述《契丹世选考》，《"中央"研究院历史语言研究所集刊》八本二分，中华书局1987年影印本，第181—188页；姚从吾《说辽朝契丹人的世选制度》，《台湾大学文史哲学报》第6期，1954年12月，收入杨家骆主编《辽史汇编》（九），台北鼎文书局1973年版，第411—466页；[日]岛田正郎《辽代北面中央官制的特色与世官制的意义》，《日本学者研究中国史论著选译》第8卷，第353—379页。

③ 《辽史》卷45《百官志一》，第3册，第795—796页。

④ 《辽史》卷67《外戚表》，第4册，第1135页。

表 6-4   契丹族地方要员出身情况统计表

职名＼出身	皇族	后族	庶民	不明	总计
上京留守	13	4	4	12	33
中京留守	7	1	2	2	12
东京留守	13	9	2	5	29
南京留守	11	3	1	1	16
西京留守	7	1	2	4	14
西北路招讨使	8	12	4	6	30
西南路招讨使	14	5	3	7	29
总计	73	35	18	37	163

辽朝皇族中，太祖子孙出任五京留守的比例远高于其他皇族，在上表统计的皇族 51 位五京留守中，其中 26 人为太祖子孙，占 51%。这一方面是由于皇子在地方要员选任中最易受到倚重的缘故，另外一方面则与皇位继承的世选传统有着一定的关系。

契丹建国之后，辽朝的皇位继承制度仍旧残存着世选制的痕迹，尤其是在景宗之前更为明显。[①] 即便在圣宗以后嫡长子继承制已经确立的情况下，仍能依稀看到世选制的潜在影响。譬如皇权世袭制确立以后，在辽朝皇帝如何安置传统上同样具有继承权力的兄弟叔侄一事上，就能发现世选制的遗存。

实际上，景宗及圣宗初期对于景宗几位皇叔的安排已经奠定了以后的格局。景宗皇帝共有四位皇叔：娄国、隆先、道隐、稍。耶律娄国于穆宗应历二年（952 年）因谋乱被诛。[②] 景宗即位后，以皇叔耶律隆先为东京留守，耶律道隐为上京留守（后迁南京留守）；[③] 耶律稍亦于圣宗统和元年（983 年）十月丁酉出任上京留守。[④] 此后形成一个惯例，辽朝的皇子、皇

---

① 参见李桂芝《契丹贵族大会钩沉》，《历史研究》1999 年第 6 期，第 68—88 页；蔡美彪《论辽朝的天下兵马大元帅与皇位继承》，《中国民族史研究》第 4 辑，第 23—39 页。

② 《辽史》卷 6《穆宗纪上》，第 1 册，第 78 页。

③ 《辽史》卷 72《耶律隆先传》《耶律道隐传》，第 5 册，第 1336 页。

④ 《辽史》卷 10《圣宗纪一》，第 1 册，第 120 页。

孙常常出任诸京留守一职（参见表6-5）。辽朝统治者正是通过将皇位世
选下移至诸京留守世选的方式来化解皇位继承的冲突。这在南京留守的选
任上表现得最为明显。例如，兴宗弟耶律重元重熙七年（1038年）十二月
己巳"判北南院枢密使事"①，成为皇位继承人，但重熙十二年（1043年）
兴宗又以皇子洪基"知北南枢密院事"，明确以嫡长子为皇位继承人。与
此同时，重元出任南京留守。再如道宗时，因皇太子濬得罪，曾议以耶律
淳为嗣，后因故未果。乾统十年（1110年），耶律淳父和鲁斡薨，天祚帝
"即以淳袭父守南京"②。总之，从太祖子孙出任诸京留守的情况来看，显
然可以看到世选制的因素在起作用。

表6-5　　　　　　　　太祖子孙任地方要员情况表

世系	姓名	家族关系	官职
一世	耶律阿保机		
二世	耶律倍	太祖嫡子	
三世	耶律娄国	倍子	南京留守
	耶律道隐	倍庶子	上京、南京留守
	耶律隆先	倍庶子	东京留守
	耶律稍	倍子	上京留守
五世	耶律隆庆	景宗嫡子	南京留守
	耶律隆裕	景宗嫡子	东京留守、西南面招讨使
六世	耶律重元	圣宗庶子	南京留守
	耶律宗愿（侯古）	圣宗庶子	上京、中京留守
	耶律宗政（查葛）	隆庆嫡子	上京留守
	耶律宗允（谢家奴）	隆庆嫡子	西京留守
	耶律宗业（胡都古）	隆裕嫡子	中京留守
	耶律宗熙（贴不）	隆裕嫡子	中京、东京、西京留守
	耶律宗范（合禄）	隆裕嫡子	南京留守

① 《辽史》卷18《兴宗纪一》，第1册，第249页。
② 《辽史》卷30《天祚皇帝纪四》，第1册，第398页。

续表

世系	姓名	家族关系	官职
八世	耶律和鲁斡	兴宗嫡子	上京、南京留守
	耶律弘世(阿琏)	兴宗嫡子	上京、西京、东京留守
	耶律吴哥	兴宗庶子	南京留守
九世	耶律淳	和鲁斡嫡子	东京、南京留守
十世	耶律习泥烈	天祚子	西京留守

现在再看看后族选任地方要员的情况。辽朝后族之中,以述律后弟阿古只一系的国舅少父房最为显赫,世系也最为清楚。在这一家族中,有两人出任南京留守或上京留守,九人出任东京留守,十人出任西北路招讨使,三人出任西南面招讨使。其中阿古只的四世孙萧和家族显然具有世选西北路招讨使和东京留守的资格(参见表6-6及3-2)。

表6-6 萧和家族成员任地方要员情况表

世系	姓名	家族关系	职官
一世	萧和(陶隗)		
二世	萧孝穆	萧和长子	南京留守、西北路招讨使、东京留守
	萧孝先	萧和次子	南京、上京、东京留守
	萧孝诚	萧和三子	
	萧孝友	萧和四子	西北路招讨使,上京、东京留守
	萧孝惠(孝忠)	萧和五子	东京留守
三世	萧阿刺(知足)	孝穆长子	西北路招讨使、东京留守
	萧撒八(无曲)	孝穆次子	西北路招讨使
	萧尤哲(知微)	孝诚三子	西北路招讨使
	萧胡覩	孝友子	西北路招讨使
四世	萧余里也(德良)	阿刺次子	西北路招讨使
	萧得里底	孝先孙、撒钵子	西北路招讨使
	萧保先	孝先孙	东京留守

岛田正郎先生认为,辽朝初期"给予贵姓特权,可以认为是耶律氏在

其君权尚未十分巩固之时，为了取得他们的协助而采取的一项妥协措施"①。而辽朝中后期的情况则不同，在皇权已得到加强，人事任免权已完全收归中央之后，朝廷仍有意识地选择皇亲国戚担任地方要职。辽朝对血亲关系的重视，并非都是向传统妥协的产物，也有利用血缘关系进行统治的因素。实际上，重视血亲与姻族是北亚草原部族的传统，这种传统在辽朝得到了比较充分的体现。

　　除去血缘因素之外，辽朝对于军功也较为重视。在辽朝的地方官员中，一部分契丹平民可以依靠军功起家；在特殊情况下，一些外族也会因军功而被破例叙用，出任地方要职。如耶律八哥，世为五院部吏，"统和中以扈从有功，擢上京留守"，后又转任东京留守。②萧夺刺，遥辇洼可汗宫人，因其"克敌有功，加龙虎卫上将军，授西北路招讨使"③。又如，大公鼎因平定东京地区的叛乱，遂"拜中京留守，赐贞亮功臣"④，成为辽朝唯一一位出任地方要员的渤海人。

　　总而言之，血亲因素在辽朝地方官员的选任中始终是一个非常重要的标准，而对于契丹平民以及外族人来说，军功则是他们能够出任地方要职的必不可少的阶梯。

本章结语

　　辽朝一代"因俗而治""随宜设官"的政治特色，导致了地方行政制度"为制不一"的结果。东京用渤海制度，南京、西京用汉制，上京、中京则是汉制、契丹制度兼而有之。在这些各具特色的制度中，渤海因素常常为人们忽略，以致人们在论及辽朝的地方统治方式时，通常以为只有汉制和契丹制度的二元因素，这样理解辽朝"因俗而治"的统治政策未免过

---

　　① 参见岛田正郎：《辽代北面中央官制的特色与世官制的意义》，《日本学者研究中国史论著选译》第8卷，第374页。

　　② 《辽史》卷80《耶律八哥传》，第5册，第1412页。

　　③ 《辽史》卷92《萧夺刺传》，第5册，第1505页。

　　④ 《辽史》卷105《大公鼎传》，第5册，第1608页。

于片面。辽朝在设官分职时，也是因时、因地、因需而设，并无太多"制度"上的考量，导致各地职官名目各异，显得十分混乱。其间最大的变化是从"分国而治"转向"分区而治"，统治者的理念虽然发生变化，但制度层面却没有及时跟进，很多淆乱不清的问题也由此而生。

不过，在这种看似混乱无序的机构创设中，辽朝的地方行政制度也蕴含着某些有序的因素，尽管在制度整齐、演化的进度以及深度上远远不如同一时期的北宋王朝，但它毕竟开启了北方民族具有自己特点的一种统治方式。金朝初年，因无暇制度建设，全盘沿用辽朝旧制。熙宗时进行全面的汉制改革，地方行政制度系以辽制为基础，进行制度的整齐划一，最终在全国范围内确立了军事与财赋两种路制。就地方行政制度的演变脉络来看，可以说是金承辽制。

在辽朝五京留守、西北西南路招讨使等地方军政要员的选任中，可以明显看出重视种族身份的用人标准。对于其他民族来说，出任上述地方要职的机会非常有限，即便是占辽朝人口多数的汉人，也仅仅是在特定的时间或特定的地域才会被委以诸京留守的要职。只有完全契丹化了的韩知古家族是一个例外，但这并不能代表辽朝对于一般汉人的态度。在契丹人内部，血亲关系的远近成为选任地方要员的首要标准，皇族、后族成员的机会远远多于契丹庶民，这与契丹的世选制传统有很大的关系。至于契丹平民以及外族人，军功则是其得以出任地方大员的一条重要途径。终辽一代，血缘与军功是辽朝选任地方要员的两个主要途径。

通过对辽朝五京体制的研究，我们发现辽与金、元以及西夏等北族王朝在地方统治方式上有着不少相似之处。归纳起来，大致有以下四点。

第一，初期多有分国而治的举动或倾向。辽金元等北族王朝早期深受部落传统的影响，缺少中央集权的概念，往往采取裂土封国的形式，将原先部落联盟的状态转化为国家联盟之态。辽初的大东丹国、大辽国，金初的东、西两朝廷以及张楚、刘齐政权，蒙古时期的诸王兀鲁思（蒙古语

"人众"、"国家"之义），① 应当都是这一新形态的反映。

第二，军事事务在地方管理中占有重要地位。契丹、党项、女真、蒙古等北方民族建立的政权皆是以武立国，在统治地方时军事性质表现得尤为明显。如辽之都总管府、都部署司，西夏之经略司、监军司，金之总管府；即便是元朝的行省仍然具有某种程度的军事区划的性质。② 这种地方统治中强烈的军事色彩是辽朝以及其他北族王朝的重要特征。

第三，地方要员选任均以本民族官员为主。辽金元等北族王朝在选任地方重要的军政官员时，统治民族出身者往往占有明显的优势。如金朝京、都长官多为女真人，尤以宗室、外戚居多，很少委以外族。③ 这与辽朝地方要员的人选构成颇为相近。元朝的情况也与此相似，行省官员的职位多半为蒙古人、色目人所占据。④ 在地方要员的选任上，种族的、血缘的因素始终是辽金元等北族王朝最为看重的因素。

第四，地方上采取"因俗而治"的统治方式。由于这些北族王朝辖境之内存在众多民族，它们大都采取各仍其俗、诸制并举的统治方式。如西夏对于镇夷郡（府夷州）的回鹘，仍旧让其首领统率自己的族帐，并有向辽、宋入贡和贸易的自由。⑤ 元朝立宣政院，下设乌斯藏宣慰司、朵甘斯宣慰司等，专门管理西藏事务。不过，与其他王朝大都只在边疆地区实行民族自治政策不同，辽朝的"因俗而治"是以五京为依托，在全国范围内实行的。

总而言之，辽朝与西夏、金、元等北族王朝在地方统治方式上存在某些共同性。作为这些北方民族中最早建立国家政权的契丹族，辽朝的地方统治模式对于以后的北族王朝具有一定的示范意义。

---

① 参见李治安《元代分封制度研究》（增订本），中华书局 2007 年版，第 11—12、23—52 页。

② 参见李治安《行省制度研究》，南开大学出版社 2000 年版，第 509、527 页；张帆《元朝行省的两个基本特征——读李治安〈行省制度研究〉》，《中国史研究》2002 年第 1 期，第 168—170 页；周振鹤《中央地方关系史的一个侧面——两千年地方政府层级变迁的分析下》，《复旦学报》1995 年第 4 期，第 54 页。

③ 参见程妮娜《金代京、都制度探析》，《社会科学辑刊》2000 年第 3 期，第 92 页。

④ 参见李治安《行省制度研究》，第 145 页。

⑤ 李学江：《〈天圣律令〉所反映的西夏政区》，《宁夏社会科学》1998 年第 4 期，第 98 页。

附　　录

附表　五京留守年表①

	上京	东京	南京	中京	西京
神册三年					
神册四年					
神册五年					
神册六年					
天赞元年					
天赞二年					
天赞三年					
天赞四年					
天显元年					
天显二年					
天显三年		耶律羽烈②			
天显四年		耶律羽烈			
天显五年		耶律羽烈			

---

①　本表主要参考了吴廷燮《辽方镇年表》(《二十五史补编》第 6 册，第 8069—8093 页)、杨若薇《契丹王朝政治军事制度研究》(修订本) 附录《辽五京留守年表》(第 259—265 页)、王旭东《辽代五京地方政务运行研究》所列诸京留守简表 (第 119—122、127—129、134—136、141—143、147—148 页)。另外，笔者根据文献资料及新出土墓志做了若干修正、补充、删减。又，*表示某人具体任职时间无法考辨，姑置于该处。改姓耶律的韩氏家族成员，人名之前以 H 标识。

②　会同元年东丹国南京方才改为契丹国东京。耶律羽烈实任东丹国南京留守，与此后的东京留守并不完全相同，为便检索，姑列于此。

续表

	上京	东京	南京	中京	西京
天显六年		耶律觌烈			
天显七年		耶律觌烈			
天显八年		耶律觌烈			
天显九年		耶律觌烈			
天显十年		耶律觌烈			
天显十一年			赵思温		
天显十二年	*韩知古		赵思温		
会同元年			赵思温、赵延寿		
会同二年		*耶律和里	赵延寿		
会同三年		耶律和里	赵延寿		
会同四年		耶律和里	*刘晞		
会同五年		耶律和里	刘晞		
会同六年	耶律迪辇	耶律和里	刘晞		
会同七年		耶律和里	刘晞		
会同八年		耶律和里	刘晞		
会同九年	耶律李胡	耶律和里	刘晞		
大同元年	耶律李胡		赵延寿		
天禄元年			赵延寿、耶律牒蜡		
天禄二年			耶律牒蜡		
天禄三年			耶律牒蜡		
天禄四年			耶律牒蜡		
应历元年	高勋		耶律娄国		
应历二年	高勋		萧海贞		
应历三年	高勋		*马廷煦		
应历四年	高勋		*马廷煦		
应历五年	高勋		*赵延祚		
应历六年	高勋		*赵延祚		

	上京	东京	南京	中京	西京
应历七年	高勋		萧思温		
应历八年	高勋		萧思温		
应历九年	高勋		萧思温		
应历十年	高勋		萧思温		
应历十一年	高勋		萧思温		
应历十二年			高勋		
应历十三年			高勋		
应历十四年			高勋		
应历十五年			高勋		
应历十六年			高勋		
应历十七年			高勋		
应历十八年			高勋		
保宁元年	耶律道隐		高勋		
保宁二年	韩匡嗣		高勋		
保宁三年		耶律隆先	高勋		
保宁四年		耶律隆先	高勋		
保宁五年		耶律隆先	高勋		
保宁六年		耶律隆先	高勋		
保宁七年		耶律隆先	高勋		
保宁八年		耶律隆先	高勋		
保宁九年		耶律隆先	韩匡嗣		
保宁十年		耶律隆先	韩匡嗣		
乾亨元年		耶律隆先	耶律道隐		
乾亨二年			耶律道隐		
乾亨三年	除室		耶律道隐		
乾亨四年			耶律道隐		
统和元年	耶律稍	耶律抹只	耶律休哥		
统和二年	耶律稍	耶律抹只	耶律休哥		
统和三年	耶律稍	耶律抹只	耶律休哥		

续表

	上京	东京	南京	中京	西京
统和四年	耶律化哥	耶律抹只	耶律休哥		
统和五年	耶律化哥	耶律抹只、萧恒德	耶律休哥		
统和六年	耶律化哥	萧恒德	耶律休哥		
统和七年	耶律化哥	萧恒德	耶律休哥		
统和八年	耶律化哥	萧恒德	耶律休哥		
统和九年	耶律化哥	萧恒德	耶律休哥		
统和十年	耶律化哥	萧恒德	耶律休哥		
统和十一年	耶律化哥	萧恒德	耶律休哥		
统和十二年	耶律景	萧恒德	耶律休哥		
统和十三年	耶律景	萧恒德	耶律休哥		
统和十四年	耶律景	耶律斡腊	耶律休哥		
统和十五年		萧排押	耶律休哥		
统和十六年		萧排押	耶律隆庆		
统和十七年		萧排押	耶律隆庆		
统和十八年		萧排押	耶律隆庆		
统和十九年		萧排押	耶律隆庆		
统和二十年		萧排押	耶律隆庆		
统和二十一年		萧排押	耶律隆庆		
统和二十二年	H 耶律隆祐	萧排押	耶律隆庆		
统和二十三年		耶律弘古	耶律隆庆		
统和二十四年		耶律弘古	耶律隆庆		
统和二十五年		耶律弘古	耶律隆庆		
统和二十六年		*H 耶律遂正	耶律隆庆		
统和二十七年	*H 耶律遂正		耶律隆庆		
统和二十八年	萧继先（远）	耶律隆裕	耶律隆庆		
统和二十九年	耶律八哥	耶律隆裕	耶律隆庆		
开泰元年	耶律八哥	耶律隆裕	耶律隆庆		
开泰二年	耶律八哥	耶律团石	耶律隆庆	王继忠	

	上京	东京	南京	中京	西京
开泰三年	耶律八哥	耶律团石	耶律隆庆	王继忠	
开泰四年	耶律八哥	萧惠	耶律隆庆	王继忠	
开泰五年	韩制心	萧惠	耶律隆庆	王继忠	
开泰六年	萧敌烈		*耶律吴哥	王继忠	
开泰七年	萧敌烈	耶律八哥	耶律吴哥	*H耶律遂正	
开泰八年	萧敌烈	耶律八哥	耶律吴哥	H耶律遂正	
开泰九年	萧敌烈		韩制心	H耶律遂正	
太平元年	萧敌烈		韩制心	韩制心、耶律宗业	
太平二年	萧敌烈		韩制心	耶律宗业	
太平三年	耶律合葛		韩制心、萧孝穆	耶律宗业	
太平四年			萧孝穆	耶律宗业	
太平五年	萧孝先		萧孝穆	武白	
太平六年	萧孝先		萧孝穆	萧敌烈	
太平七年		萧孝先	萧孝穆	萧敌烈	
太平八年	耶律敌烈	萧孝先	萧孝穆	萧敌烈	
太平九年		萧孝先	萧孝穆		
太平十年	萧孝先	萧孝穆			
景福元年	萧孝先	萧阿姑轸			
重熙元年	耶律弘古	萧惠	萧孝穆		
重熙二年	耶律弘古	萧惠	萧孝穆		
重熙三年	耶律弘古	萧普古	萧孝穆		
重熙四年	耶律弘古	萧孝忠	萧孝穆		
重熙五年	耶律弘古	萧孝忠	萧孝穆		
重熙六年	萧查剌宁	萧孝忠	*萧孝先	韩绍芳	
重熙七年	*耶律宁	萧孝忠	萧孝先	韩绍芳	
重熙八年		萧孝忠	萧孝先		
重熙九年		萧孝忠	萧孝先		

续表

	上京	东京	南京	中京	西京
重熙十年		萧孝忠	萧孝先		
重熙十一年		萧孝忠	萧孝先		
重熙十二年		耶律侯哂	萧孝先		
重熙十三年		耶律侯哂	萧孝先		耶律马六
重熙十四年		耶律忽扎	耶律重元	萧滴冽	耶律马六
重熙十五年		耶律忽扎	耶律重元	萧滴冽	耶律马六
重熙十六年		萧孝友	耶律重元	萧滴冽	耶律贴不
重熙十七年		萧孝友	耶律重元	萧滴冽	耶律贴不
重熙十八年	耶律庶几	萧塔烈葛	耶律重元	萧滴冽	耶律贴不
重熙十九年		萧塔烈葛、萧孝友、萧阿剌	耶律重元	耶律贴不	萧滴冽
重熙二十年	萧孝友		耶律重元		萧滴冽
重熙二十一年	萧孝友	耶律仁先	耶律重元		
重熙二十二年	萧孝友	耶律仁先	耶律重元		
重熙二十三年	萧孝友	耶律仁先	耶律重元		
清宁元年	萧孝友、韩绍文	萧孝友	耶律重元	耶律宗愿（侯古）	
清宁二年	耶律宗政、耶律和鲁斡	萧孝友	*耶律宗范		
清宁三年	耶律和鲁斡	耶律贴不	耶律宗范		
清宁四年	耶律和鲁斡	耶律贴不	耶律宗范		
清宁五年	耶律和鲁斡	耶律贴不	耶律明		耶律贴不
清宁六年	耶律弘世（阿琏）	萧阿剌	耶律明		
清宁七年	耶律弘世	萧阿剌	耶律明		耶律宗允
清宁八年	刘二玄		耶律明		耶律宗允
清宁九年			萧惟信		
清宁十年	耶律宗愿		萧惟信		

续表

	上京	东京	南京	中京	西京
咸雍元年	耶律宗愿		萧惟信、耶律仁先		耶律祁（宜新）
咸雍二年	耶律宗愿		耶律仁先		合尤
咸雍三年	耶律宗愿	*耶律祁	耶律仁先	韩迥	
咸雍四年	耶律宗愿		耶律仁先	萧素飒	
咸雍五年	耶律宗愿		耶律仁先	萧素飒	
咸雍六年	耶律宗愿		耶律和鲁斡	耶律白	耶律弘世
咸雍七年	耶律宗愿		耶律和鲁斡	耶律白	耶律弘世
咸雍八年	耶律弘用		耶律和鲁斡	耶律白	
咸雍九年			耶律和鲁斡	耶律祁	
咸雍十年			耶律和鲁斡	耶律祁	萧惟忠
大康元年			耶律和鲁斡	刘云	
大康二年	姚景行		耶律和鲁斡	耶律乙辛	
大康三年	萧速撒、萧挞得		耶律和鲁斡		
大康四年	萧挞得		耶律和鲁斡	*萧吐浑	
大康五年	刘伸		耶律和鲁斡		
大康六年			耶律和鲁斡		
大康七年			耶律和鲁斡		
大康八年	耶律世迁		耶律和鲁斡		
大康九年	耶律世迁		耶律和鲁斡		
大康十年	*耶律敌烈		耶律和鲁斡		
大安元年			耶律和鲁斡	邢熙年	
大安二年		耶律弘世	耶律和鲁斡	邢熙年	
大安三年	邢熙年	耶律弘世	耶律和鲁斡	梁颖	耶律燕哥
大安四年			耶律和鲁斡	梁颖	
大安五年			耶律和鲁斡	耶律慎思	
大安六年	梁援		耶律和鲁斡	耶律慎思	
大安七年	梁援		耶律和鲁斡	窦景庸	

续表

	上京	东京	南京	中京	西京
大安八年	梁援		耶律和鲁斡	窦景庸	萧夺剌
大安九年	梁援	*耶律呕里思	耶律和鲁斡	窦景庸	
大安十年			耶律和鲁斡	贾师训	
寿昌元年			耶律和鲁斡	贾师训	
寿昌二年			耶律和鲁斡	贾师训	
寿昌三年			耶律和鲁斡	韩资让	
寿昌四年			耶律和鲁斡	牛温叔	
寿昌五年			耶律和鲁斡	牛温叔	
寿昌六年		耶律何鲁扫古	耶律和鲁斡		
乾统元年	耶律慎思		耶律和鲁斡		
乾统二年	耶律慎思、耶律大悲奴		耶律和鲁斡		
乾统三年	耶律大悲奴	耶律淳	耶律和鲁斡		
乾统四年		耶律淳	耶律和鲁斡		
乾统五年		耶律淳	耶律和鲁斡		
乾统六年		耶律淳	耶律和鲁斡		
乾统七年			耶律和鲁斡	耶律那也	
乾统八年			耶律和鲁斡		
乾统九年			耶律和鲁斡		
乾统十年	萧贞一		耶律淳		
天庆元年	萧贞一		耶律淳	*刘霄	
天庆二年	萧贞一		耶律淳		
天庆三年	耶律亦狗儿		耶律淳		
天庆四年	耶律亦狗儿		耶律淳		
天庆五年	萧挞不也		耶律淳		
天庆六年	萧挞不也、耶律大悲奴	萧保先	耶律淳		萧乙薛
天庆七年			耶律淳	大公鼎	萧乙薛
天庆八年			耶律淳	大公鼎	

	上京	东京	南京	中京	西京
天庆九年			耶律淳	大公鼎	萧习泥烈
天庆十年	萧挞不也、萧乙薛		耶律淳	大公鼎	萧习泥烈
保大元年	萧乙薛		耶律淳	大公鼎	萧习泥烈
保大二年			耶律淳		萧察剌
保大三年	萧乙薛				
保大四年					
保大五年					

附文一 "头下"考

【内容提要】 辽代的"头下"系一个汉语词汇，本义为"头（项）之下"，因"头"下之肢体躯干皆隶属于"头"，故"头下"可以引申为"名下"之义，意谓隶属某人或与某人相关。辽初汉人将部落首领简称为"部头"。正是由于这两种因素或其中一种因素，契丹境内的汉儿会将部头名下的私甲称为"头下兵"，私奴称为"头下户"，私城称为"头下军州"。

一

头下军州是契丹贵族的私有城堡，因其颇具北方民族特色，故而深受学界关注。长久以来，人们针对"头下"一词的词源、词义多有争议，概而言之，可分作两说。① 一说认为"头下"源出北方民族语汇。王国维先生首倡此说，他指出"头项者，投下之音讹，此语本出契丹"，并引《辽

---

① 关于头下（投下）一词较为早期的学术史梳理，可参见刘浦江《辽朝的头下制度与头下军州》，《松漠之间——辽金契丹女真史研究》，第73—78页；李锡厚、白滨、周峰《辽夏金史研究》第五章《关于"头下"问题的研究》，福建人民出版社2005年版，第84—92页；李治安《元代投下考述》，《民族研究》1989年第3期，第56—61页。

史·地理志》头下军州为例。^① 故学界一般认为王氏意指"头下"为契丹语词。^② 陈述先生则认为头下源自夫余语"加",汉义为"王""首领",后用以名私甲、私城。不过,陈述先生亦曾怀疑"头下"最初可能是汉语,后演变为夷语。^③ 此后,陈述先生又修正了上述看法,认为"头下"与蒙古语的"图斯"、女真语的"徒"语义相同,"头下"应为北方民族语词的"含义译音"。^④ 由于陈述先生的论证缺少语源学和历史学的确切依据,故持此说者大多认为"头下"应当是契丹语的译名。^⑤

另一说则认为"头下"是一个汉语词汇。金毓黻先生在 1939 年 1 月 2 日的日记中推测"所谓'头'者,其义或如首领,'头下'即在首领之下之义。所谓横帐诸王、国舅、公主、外戚、大臣皆即当时所谓之'头'也"^⑥。日本学者周藤吉之先生认为宋代的"头项"有头领、头目、首领之义,亦可指称军事单位,契丹"头下"或指"头项之下"。此外,唐宋时期"头下"又可表示受某人控制的群体,也与"头下"存在某种关联。故辽代的"头下"更有可能是一个汉语词。^⑦ 较为可惜的是,金氏与周藤氏的观点并未引起国内学界足够的关注与响应。李治安先生认为"宋辽金三代头下(投下、头项)已间或在汉语中使用,并具有'首领''头目'等

① 王国维《黑鞑事略笺证》,载《王国维遗书》,上海古籍书店 1983 年影印本,第 13 册,第 24 页 a。

② 学界对于"此语本出契丹"有着不同的理解,或谓王氏意指"头下(投下)"为契丹语词,或谓王氏实指"投下"一词最早出自辽代文献,非指出自契丹语汇。参见刘浦江《辽朝的头下制度与头下军州》,《松漠之间——辽金契丹女真史研究》,第 75 页;李锡厚《关于"头下"研究的两个问题》,《中国史研究》2001 年第 2 期,第 81—83 页。

③ 陈述:《头下释义》,《东北集刊》第 1 期,1941 年 6 月;收入虞和平主编:《中国抗日战争史料丛刊》,大象出版社 2016 年版,第 849 册,第 48—50、54—55 页。

④ 陈述:《辽史补注》,第 5 册,第 1541 页。

⑤ 参见刘浦江《辽朝的头下制度与头下军州》,《松漠之间——辽金契丹女真史研究》,第 75 页。

⑥ 金毓黻:《静晤室日记》,辽沈书社 1993 年版,第 6 册,第 4264 页。金氏还曾认为"投下"犹如清代之投充户,其义即"所投之下","以头、投音同,故亦谓之头下",不过他很快就否定了这一说法,参同书第 4264、4300 页。

⑦ [日]周藤吉之《宋代资料に见える头项と探马——辽·元の投下との关联について》,《驹泽史学》第 4 卷,1954 年;作者增补之后改题为《唐宋の资料に见える头项·头下と探马——辽·元の投下との关联について》,收入氏著《宋代史研究》,东洋文库 1969 年版,第 655—684 页。

确定意义。另，元人称呼蒙古皇帝、后妃、诸王、公主等头下时，为表示尊敬，往往换'头下'为另外两个汉字'位下'。就实际内容而言，头下与位下意义相同，都可解释为首领头目之下，或御位之下、王位之下等"①。蔡美彪先生认为"头下"的"口语是脑袋下边，文语是头部以下，原指人的躯体四肢，是用人体器官比喻人们之间的关系和身份"，"头下则是四肢手足的统称或概称"，"头下"的喻义是"指称与为首者有血缘关系的各支系亲属群体"。故辽、元时期"'头下'的本义是各枝儿亲族的统称，而不是一项制度的专名"②。向达、李锡厚两位先生则认为敦煌文献中的"团头""头下人户""头下户"与辽代的头下户、头下军州存在渊源关系。③

<h2 style="text-align:center">二</h2>

笔者认为辽代的"头下"应当是一个汉语词汇。由于学界普遍认为辽宋元文献存在"头下""投下"混用的现象，故而有些学者推测这一词汇不是汉语词而是出自北方民族语言的译音，"头下""投下"是同一民族语的不同汉译形式。不过，从目前的文献证据来看，很难说辽宋时期有"投下"这一写法。

检诸中华书局点校本《辽史》，"头下"一词共有十处，其中一处系点校者所加，④ 故实为九处，兹列于下：1. 卷三六《兵卫志下·五京乡丁》上京头下州前标目为"头下"；2. 同卷属国军后有一段史臣按语，内言"宫丁、大首领、诸部族，中京、头下等州，属国之众，皆不与焉"⑤；3/4. 卷三七《地理志一》谓"头下军州，皆诸王、外戚、大臣及诸部从征

---

① 李治安：《元代投下考述》，第 57 页。
② 蔡美彪：《说头项、头下与投下》，原刊《文史》2009 年第 2 辑，收入氏著《辽金元史考索》，中华书局 2012 年版，第 384—397 页。
③ 李锡厚：《头下与辽金"二税户"》，《临潢集》，第 242—265 页。
④ 《辽史·地理志一》"头下军州"标目系中华书局点校本所加，故不予计入。参见《辽史》卷 37《地理志一》校勘记〔三九〕，第 2 册，第 514 页。
⑤ 《辽史》卷 36《兵卫志下》，第 2 册，第 476、489 页。

俘掠，或置生口，各团集建州县以居之……官位九品之下及井邑商贾之家，征税各归头下，唯酒税课纳上京盐铁司"①；5. 卷四八《百官志四》南面方州官序"其间宗室、外戚、大臣之家筑城赐额，谓之'头下州军'"②；6/7/8. 卷五九《食货志上》谓"各部大臣从上征伐，俘掠人户，自置郛郭，为头下军州。凡市井之赋，各归头下，惟酒税赴纳上京，此分头下军州赋为二等也"③；9. 卷一〇一《萧陶苏斡传》谓"（天庆中）数月间，边兵屡北，人益不安。饶州渤海结构头下城以叛，有步骑三万余，招之不下"④。而"投下"仅出现一次，即《辽史·地理志》总序之"又以征伐俘户建州襟要之地，多因旧居名之；加以私奴置投下州"⑤。蔡美彪先生认为总序系元代史臣手笔，"投下"一词很可能反映的是元代的书写状况。⑥ 与之相类，笔者认为《契丹国志》中的"头下"虽然均作"投下"，然是书成于元代书贾之手，⑦ 故"投下"反映的也很可能是元代的情况。

宋代文献之中虽屡见"投下"一词，然大多表示投掷、投递、投送之义，如"每有章奏，许诣通进司投下"⑧。此种事例极多，恕不一一枚举。宋方资料与契丹之"头下"相关者，仅有一处，且从文献源流的角度，这唯一一处"投下"也颇有问题。此一记载出自宋琪的上疏《平燕蓟十策》，宋氏曾提及契丹主阿保机的"头下兵"与述律后的"头下（兵）"。李焘《长编》、元人所修《宋史》、明人编纂的《历代名臣奏议》和《右编》皆录有宋琪上疏，诸书文字皆作"头下"。⑨ 尤其是宋刻本《长编》

---

① 《辽史》卷37《地理志一》，第2册，第506—507页。

② 《辽史》卷48《百官志四》，第3册，第906页。

③ 《辽史》卷59《食货志上》，第3册，第1028页。

④ 《辽史》卷101《萧陶苏斡传》，第5册，第1580页。

⑤ 《辽史》卷37《地理志一》，第2册，第496页。

⑥ 参见蔡美彪《说头项、头下与投下》，《辽金元史考索》，第394—395页。

⑦ 参见刘浦江《关于〈契丹国志〉的若干问题》，原刊《史学史研究》1992年第2期；收入氏著《辽金史论》，第274—284页。

⑧ 《长编》卷156，仁宗庆历五年六月戊寅，第7册，第3787页。

⑨ 《长编》卷27，太宗雍熙三年正月戊寅，第2册，第605页；《宋史》卷264《宋琪传》，第26册，第9125—9126页；黄淮、杨士奇编《历代名臣奏议》卷322"御边"，第5册，第4170页下栏；唐顺之《右编》卷26"夷三"，明万历刻本，第30页b。

即作"头下"，① 说明最初的用字盖即如此。及至元代书肆伪造《契丹国志》，在摘录《长编》相关文字时，将"头下"统改为"投下"。② 清人从《永乐大典》汇辑《宋会要》时，亦将宋琪上疏前一处"头下"抄作"投下"，后一处则仍作"头下"。③ 从源流上来讲，宋琪上疏最初的文字形态应当就是"头下"，及至元代才分化出"头下""投下"两种写法。④

实际上，即便"头下""投下"在元代出现混用的现象，也很难说明这是一个音译词。因为"投""头"二字在文献中原本就存在通用的现象。周藤吉之先生曾举出唐代的一则事例，"'投子'者，投掷于盘筵之义。今或作'头'字，言其骨头所成，非也"⑤。此乃音同而意不同的例证。实际上，文献中还有音、意均同的样例，如"分头"亦可写作"分投"。《三朝北盟会编》卷二〇七谓岳飞"又遣王贵、庞荣、张宪等分头领兵，攻打贼寨"，"分头"，许刻本作"分头"，《文渊阁四库全书》本则作"分投"。⑥《水浒传》第七十八回诗云"十路英雄用计深，分头截杀更难禁"；第十三回称"两个都头领了台旨，各自回归，点了本管土兵，分投自去巡察"；第四十一回则称"晁盖整点众人完备，都叫分投下船"⑦。"分头（分投）"一词显然是一个汉语词汇。是故，"头下（投下）"之"头""投"混用，当为同音通假，并不是出于音译上的原因。

---

① 《宋板续资治通鉴长编》卷27，太宗雍熙三年正月戊寅，第1册，第523页。
② 《契丹国志》卷23"兵马制度"，第249页。
③ 《宋会要辑稿》蕃夷一之一一四，第16册，第9719页。
④ 蔡美彪先生认为"投下"一词的运用，很可能始于元世祖建国之初，与五户丝税制改革或有关联。参见蔡美彪《说头项、头下与投下》，《辽金元史考索》，第395—397页。
⑤ 李匡乂：《资暇集》卷下"投子"条，收入《苏氏演义（外三种）》，吴企明点校，中华书局2012年版，第201页。
⑥ 徐梦莘：《三朝北盟会编》卷207引《岳侯传》，下册，第1492页上栏；《景印文渊阁四库全书》，第362册，第166页。
⑦ 施耐庵、罗贯中撰，李贽评：《李卓吾先生批评忠义水浒传》第78回《十节度议取梁山泊 宋公明一败高太尉》，明容与堂刻本，第5页a；第13回《急先锋东郭争功、青面兽北京斗武》，第11页b；第41回《宋江智取无为军、张顺活捉黄文炳》，第2页b。

三

既然"头下"是辽代的正式字形，系汉语语汇，那么"头下"的意思究竟是什么呢？笔者认为其本义就是"头项之下"或"头之下"，引申义为"名下"，意谓隶属于某人或与某人相关。

以往学界在论述"头下"有"头项之下"这一语义时，[①] 多为推测，并无多少实际的例证。

《长编》卷二七四载有《熊本集》之《题跋茂州事宜陈忱书》，内引《陈忱书》称熙宁九年（1076 年）三月"二十五日，静州下蕃部董阿丹率众逼城，攻烧旁城人户，大掠而去。钤司以狄咨自导江路，郭固自石泉路，领兵进讨。四月八日，先锋左藏刘珪、崔昭用，供备王庆并其子，侍禁张义、徐仕用，奉职任庆带兵一千，于地名郭溜口陷没，此系郭固<u>头下</u>。九日，先锋供备孙青，崇班马文秀、方中正进至汶川县，为土人摄知县张仁贵设伏以待，青死之，马、方重伤免，此系狄咨<u>头下</u>"。熊本题跋则谓"熙宁七年春，余在江安，檄召成都钤辖贾昌言领兵入界，昌言以王庆父子、张义、孙青自随，余却之，不听，即以隶昌言<u>头下</u>"[②]。三处

---

① 按"头下""头项"虽语义相关，但并不完全等同，王国维先生谓头项为投下（头下）之音讹，不确，周藤吉之、蔡美彪先生已有辩驳、论证；又，"头项"可以表示首领、头目，亦可借指军事单位，陈述、周藤吉之、蔡美彪诸位先生早已辨明，无需赘言。惟周藤吉之、蔡美彪两位先生皆曾引林光朝《艾轩集》的一段记载，"林艾轩尝云：'伊川解经有说得未的当处。此文义间事安能一一皆是，若大头项则伊川底却是。'此善观伊川者"（参见《艾轩先生文集》卷10《遗事》，四川大学古籍整理研究所编《宋集珍本丛刊》影明正德本，线装书局 2004 年版，第 45 册，第 41 页）。周藤吉之认为此处"大头项"为大学者之义，蔡美彪先生认为是大首领的意思。笔者认为此"大头项"或为"大的方面""大体上"之意，盖指伊川先生在解经上大的方面都是允当的。与此相关的例证有《晦庵先生朱文公文集》卷 50 "答程正思"条谓"诸书再看，义理未安处甚多，皆是要切大头项处，令人恐惧不可言"（朱杰人、严佐之、刘永翔主编《朱子全书》，上海古籍出版社、安徽教育出版社 2002 年版，第 22 册，第 2324 页）；黎靖德编、王星贤点校《朱子语类》卷 8 "学二·总论为学之方"谓"学者贪高慕远，不肯从近处做去，如何理会得大头项底"，卷 58《万章上·问舜往于田章》谓"如世上固是无限事，然大要也只是几项大头项，如'为人君，止于仁；为人臣，止于敬；为人子，止于孝；为人父，止于慈；与国人交，止于信'"（中华书局 1986 年版，第 1 册，第 131 页；第 4 册，第 1358 页）。

② 《长编》卷 274，神宗熙宁九年四月辛亥条小注，第 11 册，第 6715、6716 页；湖南图书馆编：《续资治通鉴长编（四库全书底本）》，中华书局 2016 年影印本，第 27 册，第 15253、15454 页。

"头下"皆指"头项之下"。《三朝北盟会编》载康王赵构"奏拟(孔)彦威武翼大夫、阁门宣赞舍人,统制本头下人马一万人,令去开德府城下驻札,听宗泽节制"①。胡宿《文恭集》载"敕董沔省庞籍奏河北过来军贼凶势不小,齐州兵甲杀败后,若不急行翦除,或散入乡村,即复为民患。汝寻披带兵士,径往兖、齐二州,往来催督诸头下兵甲接续杀获事"②。两处"头下"亦皆应为"头项之下"之义。

以上诸处"头下"皆与军事相关,然而若是追其本义,"头下"即"头之下",意谓"头"下之肢体躯干皆隶属于"头",故而"头下"还可以引申为"名下"之义。

周藤吉之先生曾在苏轼的奏议中发现两例"头下",该奏提及元祐四年(1089年)正月初十日转运司牒,曰:"准尚书户部符,据准淮南转运司状,契勘本路市易欠钱,除依条赊借,并元系经官司违法赊欠,已依上项敕救施行外,元有未承元丰四年(1081年)五月十九日朝旨住罢赊借以前,并以后有人户于市易务差出计置变易勾当人等头下赊借钱物,见欠不及二百贯及二十贯以下,今详所降元祐元年九月六日《明堂赦救》,止言市易欠钱人户,见欠二百贯文以下除放,并元祐三年十月二十七日朝旨,亦止言官司违法赊借,见欠二十贯文以下除放,今来前项人户,从初径于市易差出勾当人等头下赊欠,本司疑虑,未敢一例除放申部者……"③周藤吉之认为此处"头下"与敦煌文书中具有借贷性质的"头下(人)户"相类,即赊欠人户归勾当人控制、管辖。④蔡美彪先生则怀疑敦煌

① 徐梦莘:《三朝北盟会编》卷81,上册,第608页下栏;许刻本校勘记称"头"下脱"项"字,即"统制本头项下人马一万人",第613页。陈述先生亦曾据此提出两种推测,一种可能是"项"非脱字,"项"即"下","头项"即"头下";另一种可能是"头下"为"头项下"之省,参见氏著《头下释义》,第44页。由于此种版本歧异,很难说清是因抄写、版刻疏忽而造成的脱漏,还是因意思相同而有意为之,故本书不再纠缠于此。

② 胡宿:《文恭集》卷26《赐京东路转运使董沔杀散河北贼敕书》,武英殿聚珍本,第2页a。

③ 苏轼:《苏轼文集》卷34《论积欠六事并乞检会应诏所论四事一处行下状》,孔凡礼点校,中华书局1986年版,第3册,第963—964页。

④ [日]周藤吉之:《唐宋の资料に见える头项·头下と探马——辽·元の投下との关联について》,《宋代史研究》,第678—681页。

"头下（人）户"与赊欠人户或有亲属户的意味。① 《汉语大词典》则将此处"头下"释为"名下"。② 那么三者究竟孰是孰非呢？

揆诸原文，苏轼提及的赊欠人户与敦煌"头下（人）户"并不相同。敦煌"头下（人）户"是因为当地建立了借贷组织"团"，以"团头"掌管，"团头"之下的人户方才称为"头下（人）户"。而苏轼文中并未提及类似"团头"的组织，赊欠人户与勾当人之间仅仅是一种名义上的借贷关系。至于亲属户这一说法，从牒文中很难看出赊欠人户与勾当人有何种亲属关系。

实际上，苏轼本人业已给出了确切的答案，紧接着这段牒文之后，苏轼称"臣今看详……赦文简易明白，元不分别人户，于官司请领或径于勾当人名下分请，亦不拘限。……特与举行元祐元年九月六日赦书，应内外欠市易钱人户，见欠钱二百贯以下，不以官私违法，及人户于官司请领或径于勾当人名下分请者，并与除放"③。"头下"即"名下"之义了然纸上。

不仅北宋文献中的"头下"含有"名下"这一义项，辽代早期碑刻亦能印证这一语义。刻于辽太祖天赞二年（923年）的《大王记结亲事碑》，首行即出现"头下"一词，为便于理解、分析其语义，特将碑文相关部分节抄于下：

> 天赞二年五月十五日，记㩧免下娉女及求妇据。下却羊、马、牛等具随头下分析如后。
> 大王言：我年老，我从十六上别父，我弟㩧咤年小，并不得父母悉妇。我成长后，遂与弟下羊、马、牛等，求㩧免并儿郎悉妇，并是我与六畜求到。其弟把父母大帐有好弱物，并在弟处，我处无。

① 蔡美彪：《说头项、头下与投下》，《辽金元史考索》，第394页。
② 《汉语大词典》，上海辞书出版社1993年版，第12卷，第297页。
③ 苏轼：《苏轼文集》卷34《论积欠六事并乞检会应诏所论四事一处行下状》，第3册，第964—965页。

记娉安祖哥女与契丹素舍利。所得诸物并在弟稨咤处……

又记与娄呵阿拨作亲。先娉与女掘劣，所得羊、牛、马头疋，并是弟稨咤受却据……

又记娉稨免女偬回折与袍都夷离已。得羊六伯口，牛、马六十头疋……

又记娉啮退者女与如平礼太糯羊。得羊五百，牛、马五十头疋……

□□□□□□□□□□下却羊三百口，牛、马卅头疋……

□□□□□□□求稨免。下却羊三百，牛、马卅头疋……

又记与儿□□□□妇与奥辇。卖羊七百口，牛、马七十头疋……

又记与同□舍官人求妇于阿束忽处。下却羊五百口，牛、马五十头疋……

又记□□□□□□□袍古舍利处。下却羊三百口，牛、马卅头疋……

又记□□子□之初于□□□舍利处。下却羊三百口，牛、马卅头疋。

又记与□□□□□□□运□作亲。得羊三百口、牛二头……

又记与□□□□□□□。得羊、牛……

又记大王阿□□□官人下羊、马、牛等与实失郎王下撒蟒官人，求葛扬徒处苏母名掘劣免……

据此事，我也眼不见，身不经来。只是我母曾向我道，我肚里不忘却，遂记石上。①

引文诸处段落皆按原碑格式划分，从行文来看，首行之"具随头下分析如后"，应即依据人头（人名）胪列聘礼情况，此处"头下"盖即"名下"之义。

---

① 拓本照片见盖之庸《内蒙古辽代石刻文研究》（增订本），第621—622页。

现在我们可以再琢磨审视前文宋琪关于契丹"头下"早期形态的那段记载："晋末，虏主头下兵谓之大帐，有皮室兵约三万，人骑皆精甲也，为其爪牙。国母述律氏头下谓之属珊，有众二万，是先戎主阿保机牙将，半己老矣。每南来时量分借得三五千骑，述律常留余兵为部族根本。其诸大首领——太子、伟王、永康、南北王、于越、麻荅、五押等，大者千余骑，次者数百人，皆私甲也。"①虏主"头下兵"即阿保机名下之兵，意谓此兵隶属阿保机，系阿保机私甲，述律氏"头下"兵，义亦同此。后文诸大首领之私甲，即诸部首领之"头下兵"，隶于部族头领名下。

李锡厚先生认为契丹曾仿照唐制，将俘略的人户编集成"团"，以"团头"负责监管"头下（人）户"。②然而，唐代的"头下户"与"团头"仅仅是一种经济上的关系，与契丹"头下户"的性质并不相同。我们在文献中也没有发现契丹存在"团"以及"团头"的证据。所以，学界倾向于唐代的"头下"与辽朝的"头下"一词，仅仅是一个偶然的巧合。③

不过，李锡厚先生关于"团头"与"头下户"的论述颇具启发性。《辽史·太祖纪》载天赞三年（923 年）"六月乙酉，召皇后、皇太子、大元帅及二宰相、诸部头等诏曰：'上天降监，惠及烝民……'闻诏者皆惊惧，莫识其意"。此句中的诸部头，即诸部首领，与宋琪疏中的诸大首领语义相类。金毓黻先生亦称"以诸部之长称'头'，此即诸王、国舅、公主亦可称'头'之证"④。"部头"这一说法亦已得到天显二年（927 年）辽太祖纪功碑的印证，⑤说明契丹早期确实会将诸部首领称作"部头"。若是联系契丹头下军州的建立过程，"头下军州，皆诸王、外戚、大臣及诸

---

① 此据《宋板续资治通鉴长编》卷 27，太宗雍熙三年正月戊寅，第 1 册，第 523 页。

② 李锡厚：《头下与辽金"二税户"》，《临潢集》，第 254—255 页。

③ 参见刘浦江《辽朝的头下制度与头下军州》，《松漠之间——辽金契丹女真史研究》，第 78 页；高启安《信仰与生活——唐宋间敦煌社会诸相探赜》第八章《敦煌的"团"组织》，甘肃教育出版社 2014 年版，第 325—327 页。

④ 金毓黻：《静晤室日记》，第 6 册，第 4300 页。

⑤ 残石拓本照片见董新林、塔拉、康立军《内蒙古巴林左旗辽代祖陵龟趺山建筑基址》，《考古》2011 年第 8 期，第 8 页。缀合后图片及详细考证参见董新林、康鹏、汪盈《辽太祖纪功碑初步整理与研究》，《隋唐辽宋金元史论丛》第 12 辑，第 88—91 页。

部从征俘掠，或置生口，各团集建州县以居之"①，"各部大臣从上征伐，俘掠人户，自置郛郭，为头下军州"②。"头下军州"实际上就是诸部头以俘虏的人户所置的城堡，亦即部头名下之军州。"头下户"则系部头名下之俘户。③

正是由于"头下"本义为"头（项）之下"，引申义为"名下"，契丹境内汉人又将诸部首领简称为"部头"，故而对于当时的汉儿而言，以"头下"一词指称诸部头领的私甲、私奴、私城，实在是一件自然而然的事情。④

附文二 "头段"考

【内容提要】 学界对于金代是否有头下制度或头下概念，一直存在争议。一些学者据宋人《北辕录》中关于"头段"的记载，认为"头段"是"头叚"之讹，而"头叚"即是头下，从而认定金代存在头下。实际上，"头段"一词是宋金时期的汉语词汇，其意为"重要"、"紧要"。至于"头段"之"段"，实为"叚"字的俗体，"头段"即"头叚"，与"头下"毫不相干。故金朝既无头下制度，亦无头下这一概念。

学界一般认为，"头（投）下"是辽朝和元朝特有的一种制度，至于金朝有无头下制度或头下概念，则是一个有争议的问题。这一争议最初是由陈述先生引起的。宋人周煇《北辕录》记载淳熙四年（1177年）作者随宋使张子正前往金朝，途经邯郸时，"路逢一细车，盖以青毡，头段人

---

① 《辽史》卷37《地理志一》，第2册，第506页。
② 《辽史》卷59《食货志上》，第3册，第1028页。
③ 《三国志》卷30《魏书·乌丸鲜卑东夷传》谓夫余"邑落有豪民，名下户皆为奴仆"（中华书局1959年版，第3册，第841页），此"名下户"虽与契丹"头下"并无必然之联系，然颇便理解"头下"之语义，故附注于此。
④ 究竟出于何种原因促使辽人以"头下"指称显贵之私属，已难确考，或两者兼而有之，抑或仅与其中一种相关。

家也。'头段'者，谓贵族及将相之家"。（此据涵芬楼本《说郛》卷五四）陈述先生认为这段文字中的"头段"当为"头下"之讹，他的推论是："疑头段者为'头叚'之讹舛。周氏原文当作'头叚'，不作'头段'。头段者则传抄或版刻之误，而头叚者则头下之同音异译。……辽所谓头下军州即宗室外戚大臣所建之军州也，反之则称其建军州之宗室外戚大臣曰头下，实甚自然之事。金沿辽旧，故犹以头下谓贵族将相之家。'叚'、'下'音同，'叚'、'段'形似，故误为头段也。"①按"叚"字有两读，《广韵》古疋切，《集韵》一读何加切，若按后一种读法，与"下"字仅声调不同而已，——陈述先生显然是根据后一种音读而作此推测的。

尽管陈述先生的上述见解仅仅是作为一种推论提出来的，并没有其他史料能够支持这一假说，但仍有一些学者对此表示肯定，蔡美彪先生在《元代白话碑集录·济源十方大紫微宫圣旨碑》的一条注文中说："'头下'或写作'投下'，……辽、金两代均有此制。"②张博泉先生亦云："辽、金、元三朝都有头下，金代称之为'头叚'（按：'叚'应为'叚'之讹），其详细情况史无记载，但它在金代不是作为一种特定制度而存在。"③虽然蔡、张二人均未说明他们的根据何在，但因为陈述先生的上述推论是关于金朝"头下"的唯一依据，可知他们的说法也无非就是源自《北辕录》的那条记载罢了。另外需要说明的是，按照陈述先生的推论，顶多可以说金朝有头下的概念而已，而蔡美彪等人却又进一步断定金代存在头下制度，这个结论显然是不够慎重的。

刘浦江先生在《辽朝的头下制度与头下军州》一文中，对陈述先生的假说提出了质疑。④刘文指出，在《大金德运图说》所收录的金宣宗朝的案牍中，先后四次使用了"头段"一词，根据文义判断，"头段"当为

---

① 陈述：《头下释义》之叁"头段为头下之讹说"，《东北集刊》第 1 期，1941 年 6 月；收入虞和平主编：《中国抗日战争史料丛刊》，第 849 册，第 37—38 页。
② 蔡美彪：《元代白话碑集录》，科学出版社 1955 年版，第 7 页。《汉语大词典》"头下"条也采纳了蔡美彪的意见（上海辞书出版社 1993 年版，第 12 卷，第 297 页）。
③ 张博泉：《辽金"二税户"研究》，《历史研究》1983 年第 2 期，第 128 页。
④ 刘浦江：《辽朝的头下制度与头下军州》，《中国史研究》2000 年第 3 期，第 87—88 页；收入氏著《松漠之间——辽金契丹女真史研究》，第 75—77 页。

"紧要"、"贵重"之意,与周辉《北辕录》中的"头段"之意可以吻合。因此他得出如下结论:"'头段'应该是流行于金代社会的一个汉语词,它与辽之'头下'并不相干。……金源一代既不存在头下制度,也没有头下的概念。"然而,刘浦江先生在查阅了《北辕录》的各个版本之后,发现"涵芬楼本《说郛》中的'头段'一词,在《历代小史》、《续百川学海》、《碎锦汇编》和宛委山堂本《说郛》四个本子中确实都作'头叚';《古今说海》本作'头段','段'也应是'叚'字的异体"。这就不免使我们心生疑窦:虽然在金代文献中可以找到金人使用"头段"一词的证据,但在《北辕录》的那段文字中,毕竟只有涵芬楼本《说郛》作"头段",其他五个本子均作"头叚(段)",难道这五个本子全都错了,而唯独涵芬楼本《说郛》是正确的?我们不能不对此表示怀疑。

为解开这一疑问,笔者广泛查阅了相关的文献及考古资料,发现"叚"原来是"段"的俗字,"头叚"与"头段"实际上是相通的。据秦公《碑别字新编》,北齐《司马遵业墓志》和隋《段济墓志》均将"段"写作"叚";①又据刘复、李家瑞《宋元以来俗字谱》,在《朝野新声太平乐府》、《娇红记》、《薛仁贵跨海征东白袍记》、《目莲记弹词》、《金瓶梅奇书前后部》、《岭南逸史》等元、明、清时代文献中,"段"字均作"叚"。②可见从南北朝至元明清,从石刻史料到文献材料,都能找到"叚"、"段"相通的例子。元人李文仲《字鉴》卷四针对"段"、"叚"不分的现象,专门就这两字做了考辨:"段,徒玩切,《说文》椎物也,从殳,耑省声,与叚字不同(叚音假)。凡锻、碫、腶、椴等谐声者从。——俗作叚。"③

既然"叚"是"段"字的俗体,可见"头叚"与"头段"可以相通。据笔者考证,"头段"确是宋金时代的一个汉语词。在金代文献中,除《大金德运图说》中曾出现四次外,在《大金集礼》一书中也出现过两次:

① 秦公编:《碑别字新编》,文物出版社1985年版,第95页。
② 刘复、李家瑞:《宋元以来俗字谱》,文字改革出版社1957年版,第148页。
③ (元)李文仲:《字鉴》卷4"去声"之二十九"换韵",清康熙刻本,第14页a。

一处见于卷八"皇太子·守国仪"条："五品已上并随驾大小官除授。敕旨：五品已上除授，在此拟定闻奏；应边关头段事理，五品已上文武官循迁，随驾五品已上官假故，犯赃罪罢职，解由到部官。"另一处见于卷三一"命妇"条："大定五年七月十六日敕旨：今后如遇拜天并妃生日，及有头段礼数须合来者，仰三品以上职事官，女直、契丹、渤海命妇，无夫主国夫人，及妃每亲眷等，尽赴宫中，不得推称病患事故，如有不赴者，仰宣徽院闻奏。"从这两段史料的文义来看，"头段"应是"重要"、"紧要"的意思。揆诸源头，"头段"即第一段，在语义上与"头等"相类，故可引申为上述义项。

在宋代文献中同样可以找到使用"头段"一词的语言材料。李若水《忠愍集》卷一《使还上殿札子三道》有这样一段记载："（靖康元年）臣等被命奉使山西，先至皇子军前，馆伴首诘三镇及所欠金银、归朝官、岁币四事。及见皇子，不言岁币，但言先将归朝官、所欠金银来，至头叚（按：此据文渊阁《四库全书》本，《乾坤正气集》和《畿辅丛书》本此处均作"头段"）事尚待寻思。头段事，大事也，意谓三镇。"这段话再清楚不过地诠释了"头段"的词义，值得注意的是，李若水和周辉一样，都特地对"头段"一词加以解释，说明这个词汇主要流行于 12 世纪时的中国北方，似乎并不为宋人所熟悉。

但耐人寻味的是，同样是生活在 12 世纪且身为南人的朱熹，却对"头段"一词相当的熟稔，朱熹《乞拨飞虎军隶湖南安抚司札子》云："当日创置此军，本为弹压湖南盗贼，专隶本路帅司。本路别无头叚（按：此处"叚"亦为"段"字的俗写，下同）军马，唯赖此军以壮声势，而以帅司制御此军。"同书卷五四《答赵机道》云："唯苏黄门作《古史序》，……于义理大纲领处，见得极分明，休得极亲切，虽其下文未能尽善，然只此数句已非近世诸儒所能及矣。……只其资质恬静，无他外慕，故于此大头段处窥测得个影响。"①又《朱子语类》卷一三七《战国汉

---

① 朱熹：《晦庵先生朱文公文集》卷 21《乞拨飞虎军隶湖南安抚司札子》，《四部丛刊初编》影印明嘉靖本，商务印书馆 1922 年版，第 26 页 a。

唐诸子》云："或言性,谓荀卿亦是教人践履。先生曰:'须是有是物而后可践履。今于头段处既错,又如何践履?'"同书卷一一六《训门人(四)》,朱子门人黄义刚在辞别朱熹时说:"此番归去,恐未便得再到侍下。如《语》、《孟》中设有大疑,则无可问处。今欲于此数月拣大头段来请教,不知可否?"由此可见,朱熹及其弟子不管是在书面语或口语中,都频繁使用"头段"一词,对这个词汇一点儿也不感到陌生,这种情形不知当作何解释?好在这一疑点并不影响本书的结论。

综上所述,"头段"一词是宋金时期的汉语词汇,尤为金人所习用,其本义为"第一段",与"头等"相类,可引申为"重要"、"紧要"之意。"叚"是"段"字的俗体,"头叚"与"头段"相通,与出自契丹语的"头下"一词毫不相干。金朝既没有"头下"概念,也没有头下制度。

附文三　《马卫集书》中的契丹语词
"Sh. rghūr（汉人）"

【内容提要】阿拉伯文献《马卫集书》中曾载有一个名为 Sh. rghūl/Sh. rghūr 的民族,亦被时人称作 S·nqū,他们居住在水泊、沼泽之中。Sh. rghūl/Sh. rghūr 即汉民族,该词源自契丹语"汉人"一词的复数形式 ʧiaukūr;S·nqū 为北宋王朝,源自契丹语化的"宋国(*suŋkur)"一词,所谓的水泊、沼泽则是指北宋河北地区的塘泊工程。

一　引　言

在关于辽朝为数不多的中西交通史料中,塞尔柱王朝御医马卫集(Sharaf al-Zamān Ṭāhir Marvazī, 1046—1120 年)撰写的《动物之自然属性》(Tahā'l al-hayawan)无疑具有重要的史料价值。该书原已亡佚,上世纪在印度被发现之后,俄裔英国学者米诺尔斯基(V. Minorsky)旋将该书地理部分关于中国、突厥、印度、埃塞俄比亚及边远诸国诸岛部分汇集成册，并译成英文、详加注释，名曰《马卫集论中国、突厥和印度》（以下简称《马卫集书》）。① 这一译注本随即成为学界通行之本。

《马卫集书》对于契丹中西交通史研究的重要价值在于，该书论中国部分第 19 至 25 节所载均与契丹有关，远远详于其他穆斯林文献，而且其中的大部分内容很可能出自契丹使臣之口。这是因为该书第 22 节载有一封辽圣宗致伽色尼王朝苏丹马赫穆德的国书，此条记载也得到了其它穆斯林文献的印证。伽色尼王朝的加尔迪奇（Abu Sa'id 'Abd al-Hayy ibn Dahhāk Gardizi）在其《历史的装饰》（Zayn al-akhbār）中曾简要记载了契丹使臣与马赫穆德交涉的情形。② 供职于伽色尼王朝宫廷的比鲁尼（Abū al-Rayhān Muhammad ibn Ahmad al-Bīrūnī）在其《珠宝书》（Kitāb al-Jamāhir）一书中谈及自己曾亲口询问契丹使节关于契丹珠宝 khutū 的情况。③ 诸多证据表明契丹使节曾抵达伽色尼王朝，米诺尔斯基指出对于这样一个极为罕见的远东访客，当时的伽色尼王朝应当有一个较为详细的记录。他通过对照比鲁尼与马卫集的著作，认为两者关于契丹的资料来源相同，均应出自契丹使臣的介绍，不过后者的记载要更为详细。④ 如果米氏的观点确中鹄的，那么对于如此重要的"原始"资料，显然还有进一步发掘的必要。笔者试以契丹语文资料切入探讨，力图进一步揭示《马卫集书》的史料价值。

---

① 参见 V. Minorsky, ed. transl. and comm. , *Sharaf Al-Zamān Ṭāhir Marvazī on China*, *The Turks and India*, London: The Royal Asiatic Society, 1942, pp. 1-2；田卫疆：《阿拉伯古籍〈马卫集论中国、突厥、印度〉简介》，《中亚研究》1989 年第 1—2 合期，第 58—62 页；许序雅：《中亚萨曼王朝史研究》，第 11—12 页。

② C. Edmund Bosworth, ed. and transl. , *The Ornament of Histories—The History of the Eastern Islamic Lands AD 650—1041: No. 4: The Persian Text of Abu Sa'id 'Abd Al-Hayy Gardizi*, I. B. Tauris, 2011, p. 97.

③ V. Minorsky, ed. transl. and comm. , *Sharaf Al-Zamān Ṭāhir Marvazī on China*, *The Turks and India*, London: The Royal Asiatic Society, 1942, p. 68. Anya King, *Early Arabic and Persian Sources on the Khitan Liao: The Role of Trade*, paper of Perspectives on the Liao—An International Conference, Yale University, 2010, pp. 4-5.

④ V. Minorsky, ed. transl. and comm. , *Sharaf Al-Zamān Ṭāhir Marvazī on China*, *The Turks and India*, London: The Royal Asiatic Society, 1942, p. 5. 76.

二 《马卫集书》中的 S·nqū

《马卫集书》论中国部分第 19 节载有自喀什葛尔（Kāshghar）前往契丹、回鹘等地的交通路线，其中提到"在中国之外有一名为 Sh. rghūl 的民族，中国人称之为 S·nqū，距契丹有一个月的行程。位于有人居住的大地之极边，地处水泊、沼泽之中。他们就是传闻中的马秦（Mājīn、*Māchīn），亦即印度人所称的大中国（Great China，即 Mahā China）人"[1]。米诺尔斯基认为 S·nqū 就是"宋国"（Sung-kuo），[2] 但他并没有做出任何说明。那么米诺尔斯基的判断是否正确呢？

首先，《马卫集书》谓 S·nqū 就是传闻中的马秦（Mājīn、*Māchīn），亦即印度人所称的大中国（Great China，即 Mahā China）人。学界一般认为马秦（又称摩秦、摩至那、摩支那）指南部中国。《史集》中有一段关于马秦原委的记载，"摩至那即乞台（契丹）人所谓的蛮子"，忻都语（即印度语）和客失米儿语称"乞台地区为至那，摩至那地区为摩诃至那，意即大至那。由于我国（伊朗）与忻都距离近，常有忻都商人来此，故我国也按照忻都居民所用的名称，称之为至那、摩至那，但［后者］原作摩诃至那"。[3]马秦（摩秦）这一称呼应当源自印度人的"摩诃至

---

① V. Minorsky, ed. transl. and comm. , *Sharaf Al-Zamān Ţāhir Marvazī on China*, *The Turks and India*, London：The Royal Asiatic Society, 1942, p18. 译文参见胡锦州、田卫疆译《马卫集论中国》，《中亚研究资料·中亚民族历史译丛（一）》，1985 年增刊，第 172 页；周一良：《新发现十二世纪初阿拉伯人关于中国之记载》，原载《思想与时代》，第 41 期，1947 年 1 月；收入氏著《魏晋南北朝史论集》，第 410 页。又，新近发现的《马卫集书》抄本所载与此大同小异，故本书仅作参照，不再另行引述，详情请见［伊朗］乌苏吉：《〈动物之自然属性〉对"中国"的记载——据新发现的抄本》，王诚译、邱轶皓审校，《西域研究》2016 年第 1 期，第 105 页。

② V. Minorsky, ed. transl. and comm. , *Sharaf Al-Zamān Ţāhir Marvazī on China*, *The Turks and India*, London：The Royal Asiatic Society, 1942, p. 75.

③ ［波斯］拉施特主编：《史集》第 1 卷第 2 分册，余大钧、周建奇译，商务印书馆 1983 年版，第 227、228 页。参见王一丹：《〈史集·中国史〉研究与文本翻译》，昆仑出版社 2006 年版，第 114—116 页。

那（大中国）"，① 在《史集》中显然是指南部中国（蛮子）。11 世纪下半期成书的《突厥语大词典》中曾载有如下一段内容："桃花石。'马秦'国之名。这个国家距秦（契丹）有四个月的路程。秦原来分作三部分：第一，上秦，地处东方，被称之为桃花石；第二，中秦，被称之为契丹；第三，下秦，被称之为巴尔罕，这就是喀什葛尔。但是，现在认为桃花石就是马秦，契丹就是秦"。② 张广达先生认为这段文字中的马秦（摩秦）就是宋朝。③ 巴尔托里德亦指出 "Sin 指北中国，按其统治民族称作契丹，Masin 指南中国"，并倾向于 Masin（马秦）为南宋。④ 不过，若是考虑到《突厥语大词典》成书之时，南宋（1127—1279 年）尚未建立，书中的"马秦"理应指北宋。《马卫集书》的情形与之类似，其成书略晚于《突厥语大词典》，书的作者 Marvazī 卒于 1120 年，故书中"传闻中的马秦"（即 S·nqū）也应指北宋。⑤

其次，根据《马卫集书》的描述，S·nqū 境内布满水泊、沼泽，这与北宋河北地区的地貌极其吻合，而且这一区域恰恰是契丹人最为熟悉的北宋领土。宋朝的河北地区担负着拱卫都城开封的重要作用，辽方无论是军事进攻还是使节出使，皆须经过这一地域。契丹人对于北宋地貌的认知大多源自河北地区，那么河北地区的地理状况究竟如何呢？

宋朝自太宗以来，对辽军事策略由攻转守，宋太宗为防止契丹南

---

① 参见张广达《关于马合木·喀什葛里的〈突厥语词汇〉与见于此书的圆形地图》，原载《中央民族学院学报》1978 年第 2 期，收入氏著《文书、典籍与西域史地》，广西师范大学出版社 2008 年版，第 62 页。

② 麻赫默德·喀什葛里：《突厥语大词典》第 3 卷，校仲彝等译，民族出版社 2002 年版，第 479 页。

③ 《关于马合木·喀什葛里的〈突厥语词汇〉与见于此书的圆形地图》，原载《中央民族学院学报》1978 年第 2 期，收入氏著《文书、典籍与西域史地》，广西师范大学出版社 2008 年版，第 63 页。

④ ［俄］维·维·巴尔托里德：《中亚简史》，耿世民译，中华书局 2005 年版，第 119 页。郑天挺、谭其骧主编的《中国历史大辞典》（上海辞书出版社 2010 年版，第 233 页）亦谓马秦即南宋。

⑤ 马卫集似乎没有意识到"桃花石"就是马秦，所以他在处理相关资料时，将桃花石视为一个区域（国家），将马秦（即北宋）视为一个区域（国家）。笔者认为造成这一误解的原因很有可能是因为契丹使臣在介绍汉人的国家时，并没有使用穆斯林文献中较为常见的突厥语词"汉人"（桃花石），而是使用了契丹语词的"汉人"（Sh.rghūl），从而造成马卫集的误判。

下，利用"河北沿边州军地势低洼、水系密布、湖泊众多的特点，使湖泊通连成片……同时在塘泊之间设置水陆屯田……在河北沿边十州军中，形成了相连成片，东西成线，屈曲九百里，直线距离三百里的水上长城"①。这就是宋朝的塘泊工程，它将河流、湖泊、沟渠、草泽地、水田等勾连成片，用以防范契丹铁骑入侵，是北宋王朝特有的一种国防工程。我们通过杨军先生绘制的"北宋塘泊分布示意图"（见下文）即可清楚、直观地感受到，在辽宋缘边地带，宋方境内的保州、安肃军、雄州、霸州、独流寨、泥沽等广大地域全部处于塘泊、沼泽之中。契丹人出使伽色尼王朝的时间，正处于北宋修建塘泊工程达到顶峰的真宗年间。是故，契丹人在向伽色尼臣僚描述宋朝地理面貌时，说宋朝（S·nqū）境内布满水泊、沼泽（即塘泊）也就不足为奇了。

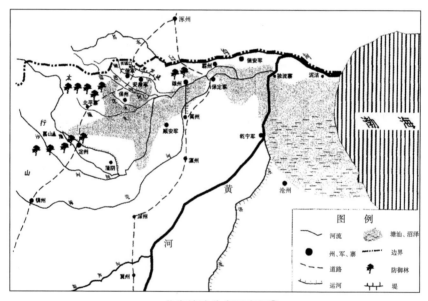

北宋塘泊分布示意图②

① 引自陶玉坤《辽宋关系研究》，博士学位论文，内蒙古大学，2005年，第32页。另请参见民生《北宋河北塘泺的国防与经济作用》，《河北学刊》1985年第5期，第76—80页；高恩泽《北宋时期河北"水长城"考略》，《河北学刊》1983年4期，第150—153页；李克武《关于北宋河北塘泺问题》，《中州学刊》1987年第4期，第120—123页；杨军《北宋时期的河北塘泊》，硕士学位论文，北京大学，1999年。

② 图片采自杨军《北宋时期的河北塘泊》文末所附地图。

最后，从语音方面而言，《马卫集书》中的 S·nqū 很可能来自契丹语化的“宋国”一词。在契丹文中，“国”字有两种书写形式九夾（*kur）和九火（*kui），前者为契丹语化的“国”，一般用于作为政治实体的“国”，后者则属于汉语借词，一般用于封爵王号。[①] 在契丹小字资料中，契丹人在指称北宋建立的国家时，均用仐水 九夾（*suŋkur）一词。契丹使臣在描述作为政治实体的“宋国”时自然会选择契丹语化的*suŋkur，而不是汉语词*suŋkui 或是米诺尔斯基所说的*Sung-kuo。《马卫集书》中的 S·nqū应当由*suŋkur 脱落词尾辅音 r 而来。

以上诸多证据均表明 S·nqū 就是指北宋王朝。[②] 那么与北宋王朝紧密相关的 Sh. rghūl 究竟何指呢？

三　解开 Sh. rghūl 之谜

Sh. rghūl 一词不仅出现在《马卫集书》中，曾与契丹使臣直接交谈过的比鲁尼在其 Jawāhir 一书中将 Sh. rghūl 记作 Sh. rghūr，在 al-Qānūn al-Mas'ūdī（The Mas'udic Canon）一书中则记作 Sh. rghūd。[③] 米诺尔斯基猜测 Sh. rghūl/Sh. rghūr/Sh. rghūd 应当是一个契丹语词，由于彼时的契丹文研究尚处于起步阶段，并没有多少资料和成果可资利用，这一问题在当时只能付诸阙疑。近十余年，随着契丹文字资料日渐丰硕尤其是释读成果的突飞猛进，使得这一谜团最终得以解开。

通过检索契丹语文资料，笔者认为所谓的 Sh. rghūl/Sh. rghūr/Sh. rghūd 对应的就是契丹语中的“汉人”（又译“汉儿”、“汉族”、“汉”，为便于

---

① 参见傅林《契丹语和辽代汉语及其接触研究》，第 228 页。

② 《马卫集书》谓契丹到北宋有一个月行程，这显然不是指两国边界之间的距离。但是由于原书没有说明具体的起讫地点，所以不太容易判断这一说法的确切与否。据《北行日录》《揽辔录》等史籍，可以大致推算出从契丹边境到北宋都城开封大约有二十天的路程，如果加上从契丹皇帝驻坐之地（具体地点依据季节而变动）到契丹边境的时间，一个月的行程也是有可能的。

③ V. Minorsky, ed. transl. and comm., *Sharaf Al-Zamān Ṭāhir Marvazī on China, The Turks and India*, London: The Royal Asiatic Society, 1942, p. 76.

讨论，本书一般统称"汉人"）。契丹小字中"汉人"一词的释读意见，最先由乌拉熙春先生提出，[①] 尽管该词的书写形式繁杂不一，但验之石刻史料，作为"汉人"之义，诸处皆通，并无扞格之处（参见文末所附表格）。目前这一释义已得到绝大多数学者的认可。[②] 就现有的资料而言，契丹小字的"汉人"共有 ⿰（契丹小字）、⿰（契丹小字）、⿰（契丹小字）、⿰（契丹小字）、⿰（契丹小字）、⿰（契丹小字）、⿰（契丹小字）、⿰（契丹小字）、⿰（契丹小字）、⿰（契丹小字）、⿰（契丹小字）、⿰（契丹小字）十二种书写形式。[③] 其中 ⿰ 与 ⿰、⿰ 与 ⿰、⿰ 与 ⿰、⿰ 与 ⿰ 在语音上存在互换关系，相互之间可以通用；⿰（契丹小字）、⿰（契丹小字）、⿰（契丹小字）三词则为"汉人"的属格形式。此外，⿰（契丹小字）、⿰（契丹小字）二词的词尾 ⿰（ui）和 ⿰（i）在读音上虽然不尽相同，但这两个词汇却可以相互转换。如 ⿰（契丹小字）、⿰（契丹小字），均表示"汉字"之义；又 ⿰（契丹小字）⿰ ⿰ 表示第一个（妻子）汉人朝哥夫人，⿰ ⿰ ⿰……⿰（契丹小字）⿰ 表示女眷……汉人邢（氏）。故学界将契丹小字"汉人"的主要书写形式归

---

① 爱新觉罗·乌拉熙春：《辽金史札记》，《辽金史与契丹、女真文》，日本京都：东亚历史文化研究会，2004 年，第 94—95 页；愛新覺羅·烏拉熙春：《契丹文墓誌より見た遼史》，第 322—323 頁。

② Daniel Kane，*The Kitan Language and Script*，Brill Academic Pub，2009，p.189；Wu Yingzhe and Juha Janhunen，*New Materials on the Khitan Small Script：A Critical Edition of Xiao Dilu and Yelü XiangWen*，UK：Global Oriental Press，2010，p.72；即实：《谜田耕耘——契丹小字解读续》，辽宁民族出版社 2012 年版，第 381 页；傅林：《论契丹语中"汉儿（汉人）"的对应词的来源》，辽宁省辽金契丹女真史研究会编《辽金历史与考古》第 4 辑，辽宁教育出版社 2013 年版，第 132—133 页；陈晓伟：《北族政权行朝政治新探》，博士学位论文，北京大学，2014 年，第 95 页；陶金：《契丹大字考证三则》，《中西文化交流学报》第 6 卷第 1 期，2014 年，第 202—203 页；Andrew Shimunek，"A New Decipherment and Linguistic Reconstruction of The Kitan—Chinese Bilingual Inscription of 1134 A. D."，Acta Orientalia Academiae Scientiarum Hung，Volume 67（1），2014，p109.

③ 学界认为契丹文中的 ⿰（契丹小字）、⿰（契丹小字）也是"汉人"之义，二者皆是以族称用作人名，这与契丹人以女真、辖嘎等族名用作契丹人人名一样。然而此二词仅用于人名，暂无直接证据表明二者确为"汉人"之义，故本书暂不收录。

纳为 〔契丹字〕、〔契丹字〕 两种，笔者将其拟音为：*ʧiau-ku-ur（ʧiaukūr）、*ʧ-iau-ku-ui（ʧiaukūi）。①

乌拉熙春认为之所以有这两种不同的书写形式，是由于语音演变过程中词尾的不稳定性所致。② 傅林则认为词尾 〔契丹字〕（*ui）表示属格，〔契丹字〕（*ur）则表示复数。③ 从诸多用例来看，笔者认为傅说可能更近事实。这是因为以 〔契丹字〕 结尾的这一书写形式，其后从不缀以 〔契丹字〕 等属格，可以间接地印证 〔契丹字〕 本身应具有属格意义，故无需后缀属格。而以 〔契丹字〕 结尾者在某些情况下则会后缀属格 〔契丹字〕 或 〔契丹字〕。笔者颇怀疑上文可与 〔契丹字〕 互换的 〔契丹字〕 乃是 〔契丹字〕 的变体，是"汉人"一词的另一种属格形式。至于认为以 〔契丹字〕 结尾者为复数形式，可以从 〔契丹字〕（汉人中之房（玄龄）、杜（如晦）、魏（徵）这一用例中得到证明。

此外，〔契丹字〕 也应当是复数形式，这是因为其词尾 〔契丹字〕 本身具有复数格的性质。④ 从具体的使用语境来看，〔契丹字〕 后面接续的均为契丹语词，并无汉语借词，而 〔契丹字〕 后面既有契丹语词，也有汉语词，显然要更为宽泛一些。

通过上文可以看出契丹小字"汉人"一词的词根应为 〔契丹字〕（*ʧiauku），⑤ 后缀 〔契丹字〕 或 〔契丹字〕 表示属格，后缀 〔契丹字〕 或 〔契丹字〕 表示复数，复数形式后缀

---

① 本书的所有拟音参考了清格尔泰、刘凤翥两位先生的拟音系统。参见清格尔泰《契丹小字释读问题》，第26—29页；刘凤翥《遍访契丹文字话拓碑》，第251—253页。又，乌拉熙春将两词拟音为*ʤiaugur/*ʤiaugui，傅林将两词拟音为*tsiauXur/*tsiauXui 或 *ʧɛuqui/*ʧɛuqur，参见爱新觉罗·乌拉熙春《契丹文墓誌より見た遼史》，第322页；傅林《论契丹语中"汉儿（汉人）"的对应词的来源》，《辽金历史与考古》第4辑，第146页。

② 爱新觉罗·乌拉熙春：《辽金史札记》，《辽金史与契丹、女真文》，第94页。

③ 傅林：《论契丹语中"汉儿（汉人）"的对应词的来源》，《辽金历史与考古》第4辑，第146页。

④ 爱新觉罗·乌拉熙春：《契丹语名词的格与数》，《契丹语言文字研究》，日本京都：东亚历史文化研究会，2004年，第140页。

⑤ 参见傅林《论契丹语中"汉儿（汉人）"的对应词的来源》，《辽金历史与考古》第4辑，第146页。

关或 ᚾ 表示复数的属格。①

行文至此，我们大体可以看出穆斯林文献中的 Sh. rghūl/Sh. rghūr 盖即汉人、汉族之义，该词源于契丹语"汉人"的复数形式 ᚾ（ *ʧiaukūr）。契丹语中存在着 ʧ、ʧ̌、ʃ 不分的现象，② ᚾ 的第一个原字 ᚾ 虽然被构拟为 *ʧ，但是在实际运用中，ʧ、ʧ̌、ʃ 三者并没有非常严格的区分，ᚾ 既可以音译 ʧ，也可以音译为 ʧ̌ 或 ʃ。③ 是故，从记音的角度而言，Sh. rghūl/Sh. rghūr 显然就是指契丹语中的汉人（*ʧiaukūr），其词首省略的语音应当为软元音 au。若是结合上文 S·nqū 即北宋的结论，那么在契丹人心目中能够代表北宋的民族，无疑就是汉族。这也从另一方面印证了 Sh. rghūl/Sh. rghūr 当即"汉人"。

至于比鲁尼在 al-Qānūn al-Masʿūdī 中记录的另一个语音 Sh. rghūd，有可能是传写过程中造成讹误，阿拉伯文字母 r（ر），从字形上很容易和 d（د）混淆。④ 米诺尔斯基则认为应是 Sh. rghūl/Sh. rghūr 的变体，并在注释中称可参照蒙古语的复数词缀 -d、-ūd。⑤ 实际上是暗指 Sh. rghūd 有可能是复数形式。如果这一推测成立的话，与 Sh. rghūd 对应的契丹语词有可能

---

① 关于契丹人为何以 *ʧiaukūr/ *ʧiaukūi 指称"汉人"，学界有着不同的看法。乌拉熙春先生认为该词源自"赵国"，意谓契丹人以宋朝皇帝的姓加上"国"指称"汉人"；傅林先生认为该词的本义为"朝人"，契丹长期以来向大唐等中央王朝朝贡，故称"朝人"；陶金先生则认为该词是突厥语桃花石（Tabɣač）传入契丹并发生音变所致；康丹（Daniel Kane）先生认为该词是由某个地方方言中的"中国"一词转换而来。无论如何，这仍然是一个悬而未决的问题，我们只能俟诸来日了。不过，学界一般认为该词与《元朝秘史》《史集》等书中的"札忽惕""札兀惕"有着语源关系，其中"札忽""札兀"与契丹语"汉人"的词根 ᚾ 语音近似，所指亦应相当，惕则表示复数。相关论述可参见爱新觉罗·乌拉熙春：《辽金史札记》，《辽金史与契丹、女真文》，第95页；愛新覺羅·烏拉熙春：《契丹文墓誌より見た遼史》，第324—325页；傅林《论契丹语中"汉儿（汉人）"的对应词的来源》，《辽金历史与考古》第4辑，第133—148页；陶金《契丹大字考证三则》，《中西文化交流学报》第6卷第1期，2014年，第204页；Daniel Kane, *The Kitan Language and Script*, Brill Academic Pub, 2009, p. 189 note. 13.

② 刘凤翥：《略论契丹语的语系归属及特点》，《大陆杂志》1992年第84卷第5期，第217页。

③ 清格尔泰、刘凤翥、陈乃雄、于宝林、邢复礼：《契丹小字研究》，第78页。

④ 此条意见蒙北京大学党宝海先生赐示，谨致谢意。

⑤ Marvazī on China, The Turks and India, p. 76.

就是上文所说的〔契丹小字〕。不过由于 ✦ 的读音尚有争议，① 所以我们暂时无法确认 Sh. rghūd 这一记音究竟是忠实地记录了契丹语语音还是在传抄过程中造成的讹误。

综上所述，《马卫集书》中关于契丹的记载至少有一部分乃是出自契丹人的描述。该书的 ✽S·nqū 应当源自契丹语化的"宋国"一词，盖指北宋；Sh. rghūl/Sh. rghūr 一词则源自契丹语"汉人"的复数形式。

附录　　　　　　　　契丹小字"汉人"词汇表

词目	用例	汉译	出处	年代
〔契丹小字〕	〔契丹小字用例〕	汉人之丞相	《萧令公墓志》第 14 行	1057
	〔契丹小字用例〕	汉、契丹诗	《萧仲恭墓志》第 7 行	1150
	〔契丹小字用例〕	汉名"王圭"	《郎君行记》第 5 行	1134
	〔契丹小字用例〕	汉名"宗"字	《耶律（韩）迪烈墓志》第 7 行	1101
	〔契丹小字用例〕	汉字	《耶律仁先墓志》第 58 行、《郎君行记》第 5 行	1072、1134
〔契丹小字〕	〔契丹小字用例〕	汉人之国	《兴宗哀册》第 9 行	1055
	〔契丹小字用例〕	第一个（妻子）汉人朝哥夫人	《韩高十墓志》第 4 行	1076
〔契丹小字〕	〔契丹小字用例〕	汉名"弘用"	《耶律弘用墓志》第 9 行	1100

---

① 关于原字 ✦ 的拟音有 ✽t、✽der、✽tur、✽su 等，参见爱新觉罗·乌拉熙春《契丹语名词的格与数》，《契丹语言文字研究》，第 140 页；清格尔泰《契丹小字释读问题》，第 37 页；刘凤翥《遍访契丹文字话拓碑》；Wu Yingzhe and JuhaJanhunen, *New Materials on the Khitan Small Script：A Critical Edition of Xiao Dilu and YelüXiangWen*, UK：Global Oriental Press, p. 260.

续表

词目	用例	汉译	出处	年代
契丹字	契丹字 ...	汉人？	《萧令公墓志》第 16 行	1057
	契丹字 ...	汉人中之房、杜、魏	《耶律仁先墓志》第 16 行	1072
	契丹字 ...	汉人枢密之	《耶律仁先墓志》第 22 行，第 26—27 行	1072
	契丹字 ...	汉官	《耶律迪烈墓志》第 27 行	1092
契丹字	契丹字 ...	汉人之大礼（汉礼）	《许王墓志》第 35 行	1105
	契丹字 ...	汉礼	《梁国王墓志》第 17 行	1107
	契丹字 ...	南面汉人宾服	《耶律奴墓志》第 7 行	1099
契丹字	契丹字 ...	汉人之？	《耶律仁先墓志》第 70 行	1072
契丹字	契丹字 ...	汉人？	《耶律仁先墓志》第 54 行	1072
契丹字	契丹字 ...	南面汉人臣服	《道宗哀册》第 11 行	1101
	契丹字 ...	汉、契丹之疆场	《故耶律氏铭石》第 10 行	1115
	契丹字 ...	契丹、汉字	《萧仲恭墓志》第 7 行	1150
契丹字	契丹字 ...	汉人邢（氏）	《萧太山和永清公主墓志》第 3 行	1095
	契丹字 ...	汉字	《萧太山和永清公主墓志》第 8 行	1095

续表

词目	用例	汉译	出处	年代
〔契丹小字〕	〔契丹小字〕	汉人斡鲁朵都统	《耶律（韩）迪烈墓志》第 20 行	1101
	〔契丹小字〕	汉人宰相	《耶律仁先墓志》第 35 行	1072
	〔契丹小字〕	汉人斡鲁朵都统之	《耶律迪烈墓志》第 21 行	1092
〔契丹小字〕	〔契丹小字〕	契丹、女真、汉人	《博州防御使墓志》第 41 行	1171
〔契丹小字〕	〔契丹小字〕	汉人汗	《博州防御使墓志》第 4 行	1171

参考文献

一 史料文献

（北齐）魏收：《魏书》，中华书局 2017 年修订本。

（唐）李吉甫：《元和郡县图志》，中华书局 1983 年版。

（后晋）刘昫等：《旧唐书》，中华书局 1975 年版。

（宋）欧阳修、宋祁：《新唐书》，中华书局 1975 年版。

（宋）薛居正等：《旧五代史》，中华书局 2016 年修订本。

（宋）欧阳修：《新五代史》，中华书局 2016 年修订本。

（宋）王钦若等编纂：《册府元龟》周勋初等校订，凤凰出版社 2006 年版。

（宋）司马光：《资治通鉴》，中华书局 1956 年版。

（宋）曾公亮等：《武经总要》，明万历二十七年金陵富春堂刻本。

（宋）余靖：《武溪集》，《北京图书馆古籍珍本丛刊》影明成化九年刊本，书目文献出版社 1998 年版。

（宋）张田编：《包拯集》，中华书局 1963 年版。

（宋）洪皓：《松漠记闻》，《丛书集成初编》本。

（宋）确庵、耐庵编，崔文印笺证：《靖康稗史笺证》，中华书局 2010 年版。

（宋）乐史：《太平寰宇记》，中华书局 2007 年版。

（宋）李攸：《宋朝事实》，清武英殿聚珍本。

（宋）徐梦莘：《三朝北盟会编》，上海古籍出版社影印许刻本 1987 年版。

（宋）李焘：《续资治通鉴长编》，上海师范大学古籍研究所、华东师范大学古籍研究所点校，中华书局 2004 年版。

（宋）李焘：《宋板续资治通鉴长编》，中华全国图书馆文献缩微复制中心 1995 年版。

（宋）李焘撰，湖南图书馆编：《续资治通鉴长编（四库全书底本)》，中华书局 2016 年版。

（宋）李心传：《建炎以来系年要录》，胡坤点校，中华书局 2013 年版。

（宋）王称：《东都事略》，清振鹭堂影宋刻本。

（宋）陆游：《南唐书》，李建国校点，傅璇琮、徐海军、徐吉军主编《五代史书汇编》，杭州出版社 2004 年版。

（宋）陈均：《皇朝编年纲目备要》，许沛藻、金圆、顾吉辰、孙菊园点校，中华书局 2006 年版。

（宋）释志盘：《佛祖统纪》，《大正新修大藏经》，台湾新文丰出版公司 1983 年版。

旧题（宋）叶隆礼：《契丹国志》，贾敬颜、林荣贵点校，中华书局 2014 年版。

（元）王恽：《王恽全集汇校》，杨亮、钟彦飞点校，中华书局 2013 年版。

（元）苏天爵编：《元文类》，张金铣校点，安徽大学出版社 2020 年版。

（元）姚燧：《牧庵集》，《景印文渊阁四库全书》，台湾商务印书馆 1986 年版。

（元）马端临：《文献通考》，上海师范大学古籍研究所、华东师范大学古籍研究所点校，中华书局 2011 年版。

（元）脱脱等：《辽史》，中华书局 2017 年修订本。

（元）脱脱等：《宋史》，中华书局 1977 年版。

（元）脱脱等：《金史》，中华书局 1975 年版。

（明）刘基：《大明清类天文分野之书》，《续修四库全书》影印明刻本，上海古籍出版社 2002 年版。

（清）徐松辑：《宋会要辑稿》，刘琳、刁忠民、舒大刚、尹波等校点，上海古籍出版社 2014 年版。

（清）顾祖禹：《读史方舆纪要》，贺次君、施和金点校，中华书局 2005 年版。

（清）朱彝尊：《曝书亭集》，商务印书馆 1935 年版。

（清）钱大昕：《廿二史考异》，方诗铭、周殿杰点校，上海古籍出版社 2004 年版。

（清）赵翼著、王树民校证：《廿二史札记校证》，中华书局 2013 年版。

（清）赵翼：《陔余丛考》，中华书局 1963 年版。

（清）纪昀等：《历代职官表》，上海古籍出版社 1989 年版。

（清）永瑢等：《四库全书总目》，中华书局 1965 年版。

（清）李有棠：《辽史纪事本末》，中华书局 2015 年版。

［朝鲜］郑麟趾：《高丽史》，万历四十一年朝鲜太白山史库钞本。

［日］林罗山、林鹅峰：《本朝通鉴》，东京大槻东阳明治八年刊本。

［波斯］拉施特主编：《史集》第 2 卷，余大钧、周建奇译，商务印书馆 1985 年版。

二 研究论著

（一）专著

中文部分

白钢主编，李锡厚、白滨著：《中国政治制度通史》（修订版）第 7

卷，社会科学文献出版社 2011 年版。

白寿彝总主编、陈振主编：《中国通史》第七卷，上海人民出版社 1999 年版。

蔡美彪：《辽金元史考索》，中华书局 2012 年版。

蔡美彪编：《元代白话碑集录》，科学出版社 1955 年版。

曹流：《〈亡辽录〉辑释与研究》，巴蜀书社 2022 年版。

陈汉章：《辽史索隐》，《二十五史三编》本，岳麓书社 1994 年版。

陈俊达：《辽朝节镇体制研究》，上海三联书店 2021 年版。

陈述：《契丹政治史稿》，人民出版社 1986 年版。

陈述：《辽史补注》，中华书局 2018 年版。

赤峰市人民政府编《赤峰市地名志》，内部印刷，1987 年。

［日］岛田正郎：《大契丹国——辽代社会史研究》，何天明译，内蒙古人民出版社 2007 年版。

［德］傅海波、［英］崔瑞德编：《剑桥中国辽西夏金元史》，史卫民等译，中国社会科学出版社 1998 年版。

傅乐焕：《辽史丛考》，中华书局 1984 年版。

盖之庸：《探寻逝去的王朝——辽耶律羽之墓》，内蒙古大学出版社 2004 年版。

盖之庸：《内蒙古辽代石刻文研究》（增订本），内蒙古大学出版社 2007 年版。

韩茂莉：《草原与田园——辽金时期西辽河流域农牧业与环境》，生活·读书·新知三联书店 2006 年版。

何天明：《辽代政权机构史稿》，内蒙古大学出版社 2004 年版。

即实：《谜林问径——契丹小字解读新程》，辽宁民族出版社 1996 年版。

贾敬颜：《五代宋金元人边疆行记十三种疏证稿》，中华书局 2004 年版。

［日］津田左右吉：《渤海史考》，陈清泉译，商务印书馆 1940 年版。

［韩］金渭显：《契丹的东北政策——契丹与高丽女真关系之研究》，台湾华世出版社 1981 年版。

金毓黻：《渤海国志长编》卷 19《丛考》，辽阳金氏千华山馆 1934 年版。

金毓黻：《静晤室日记》，辽沈书社 1993 年版。

李德辉辑校：《晋唐两宋行记辑校·北狩行录》，辽海出版社 2009 年版。

李锡厚、白滨：《辽金西夏史》，上海人民出版社 2003 年版。

李治安：《行省制度研究》，南开大学出版社 2000 年版。

林鹄：《辽史百官志考订》，中华书局 2015 年版。

林鹄：《南望：辽前期政治史》，生活·读书·新知三联书店 2018 年版。

林荣贵：《辽朝经营与开发北疆》，中国社会科学出版社 1995 年版。

刘凤翥：《遍访契丹文字话拓碑》，华艺出版社 2005 年版。

刘凤翥、唐彩兰、青格勒：《辽上京地区出土的辽代碑刻汇辑》，社会科学文献出版社 2009 年版。

刘凤翥：《契丹文字研究类编》，中华书局 2014 年版。

刘浦江：《松漠之间——辽金契丹女真史研究》，中华书局 2008 年版。

刘浦江、康鹏：《契丹小字词汇索引》，中华书局 2014 年版。

罗新：《黑毡上的北魏皇帝》，海豚出版社 2014 年版。

梅宁华主编：《北京辽金史迹图志》（上、下），北京燕山出版社 2003、2004 年版。

苗润博：《〈辽史〉探源》，中华书局 2020 年版。

［法］闵宣化：《东蒙古辽代旧城探考记》，冯承钧译，中华书局 1956 年版。

清格尔泰、刘凤翥、陈乃雄、于宝林、邢复礼：《契丹小字研究》，中国社会科学出版社 1985 年版。

清格尔泰、吴英喆、吉如何：《契丹小字再研究》，内蒙古大学出版社 2017 年版。

陶建英、李俊义编：《石墨芳华——刘凤翥李春敏收藏辽金碑刻拓本集》，文物出版社 2021 年版。

谭其骧主编：《中国历史地图集》第五、六册《隋·唐·五代十国时期》《宋·辽·金时期》，中国地图出版社 1982 年版。

王承礼主编：《辽金契丹女真史译文集》，吉林文史出版社 1990 年版。

王国维：《王国维遗书》，上海古籍书店 1983 年影印本。

王旭东：《辽代五京地方政务运行研究》，知识产权出版社 2021 年版。

王曾瑜：《辽金军制》，河北大学出版社 2011 年版。

吴廷燮：《辽方镇年表》，《二十五史补编》本，开明书局 1936—1937 年版。

武文君：《辽代部族军研究》，黄山书社 2022 年版。

武玉环：《辽制研究》，吉林大学出版社 2001 年版。

肖爱民：《辽朝政治中心研究》，人民出版社 2014 年版。

向南：《辽代石刻文编》，河北教育出版社 1995 年版。

向南、张国庆、李宇峰：《辽代石刻文续编》，辽宁人民出版社 2010 年版。

杨若薇：《契丹王朝政治军事制度研究》（修订本），社会科学文献出版社 2022 年版。

余蔚：《中国行政区划通史·辽金卷》，复旦大学出版社 2017 年第 2 版。

赵永春辑注：《奉使辽金行程录（增订本）》，商务印书馆 2017 年版。

张修桂、赖青寿：《辽史地理志汇释》，安徽教育出版社 2001 年版。

张正明：《契丹史略》，中华书局 1979 年版。

周振鹤：《中华文化通志》第 4 典《地方行政制度志》，上海人民出版社 1998 年版。

周振鹤:《中国地方行政制度史》，上海人民出版社 2005 年版。

外文部分

愛新覺羅·烏拉熙春:《契丹文墓誌より見た遼史》，日本京都: 松香堂 2006 年版。

愛新覺羅·烏拉熙春:《愛新覺羅烏拉熙春女真契丹学研究》，日本京都: 松香堂 2009 年版。

愛新覺羅·烏拉熙春、吉本道雅:《韓半島から眺めた契丹·女真》，日本京都: 京都大学学术出版会 2011 年版。

島田正郎:《遼代社會史研究》，日本東京: 嚴南堂書店 1978 年版。

高井康典行:《渤海と藩鎮——遼代地方統治の研究》，日本東京: 汲古書院 2016 年版。

箭内亙:《元朝斡耳朵考》，《蒙古史研究》，日本東京: 刀江書店 1930 年版。

津田左右吉:《津田左右吉全集》第 12 册，日本東京: 岩波書店 1964 年版。

C. Edmund Bosworth, ed. and transl. , *The Ornament of Histories—The History of the Eastern Islamic Lands AD 650—1041: The Persian Text of Abū Sa' id 'Abd al-Ḥayy Gardīzī*, I. B. Tauris, 2011.

Daniel Kane, *The Kitan Language and Script*, Brill Academic Pub, 2009.

Franke Herbert, Twitchett Denis Crispin, *The Cambridge History of China. vol. 6: Alien Regimes and Border States*, Cambridge university press, 1994.

Karl August Wittfogel, Feng Chia-Sheng, *History of Chinese Society: Liao 907—1125*, Lancaster Press, 1949.

V. Minorsky, ed. transl. and comm. , *Sharaf Al-Zamān Ṭāhir Marvazī on China, The Turks and India*, London: The Royal Asiatic Society, 1942.

Wu Yingzhe and Juha Janhunen, *New Materials on the Khitan Small Script:*

A Critical Edition of Xiao Dilu and Yelü XiangWen，UK：Global Oriental Press，2010.

博士、硕士学位论文

陈晓伟：《北族政权行朝政治新探》，博士学位论文，北京大学，2014 年。

高宇：《〈契丹国志〉研究》，博士学位论文，北京大学，2012 年。

姜含：《辽代五京建置研究》，硕士学位论文，辽宁大学，2011 年。

康鹏：《辽五京体制研究》，博士学位论文，北京大学，2008 年。

陶玉坤：《辽宋关系研究》，博士学位论文，内蒙古大学，2005 年

王旭东：《辽代五京留守研究》，博士学位论文，吉林大学，2014 年。

杨军：《北宋时期的河北塘泊》，硕士学位论文，北京大学，1999 年。

张宏利：《辽朝部族制度研究——以行政区划的部族为中心》，博士学位论文，吉林大学，2015 年。

张韬：《辽代道级行政区划研究》，博士学位论文，吉林大学，2016 年。

（二）论文

中文部分

安介生：《"山西"源流新探——兼考辽金时期山西路》，《晋阳学刊》1997 年第 2 期。

巴哈提·依加汉：《辽代的拔悉密部落》，《西北民族研究》1992 年第 1 期。

白玉冬：《"可敦墓"考——兼论十一世纪初期契丹与中亚之交通》，《历史研究》2017 年第 4 期。

［日］长泽和俊：《辽对西北路的经营》（上、下），陈俊谋译，《民族译丛》1984 年第 4、5 期。

蔡美彪：《论辽朝的天下兵马大元帅与皇位的继承》，《中国民族史研究》第 4 辑，改革出版社 1992 年版。

蔡美彪:《试说辽耶律氏萧氏之由来》,《历史研究》1993 年第 5 期。

蔡美彪:《辽史外戚表新编》,《社会科学战线》1994 年第 2 期。

蔡美彪:《辽代后族与辽季后妃三案》,《历史研究》1994 年第 2 期。

曹流:《〈亡辽录〉与〈辽史地理志〉所载节镇州比较研究》,《北大史学》第 14 辑,北京大学出版社 2009 年版。

曹显征:《辽中期徙都中京原因管窥》,《昭乌达蒙族师专学报》(汉文哲学社会科学版) 1989 年第 2 期。

陈得芝:《辽代的西北路招讨司》,《元史及北方民族史研究集刊》第 2 期,1978 年 3 月。

陈俊达、孙国军:《〈辽史·地理志〉载节度州考 (上)》,《赤峰学院学报 (汉文哲学社会科学版)》2017 年第 11 期。

陈俊达、孙国军:《〈辽史·地理志〉载节度州考 (下)》,《赤峰学院学报 (汉文哲学社会科学版)》2017 年第 12 期。

陈俊达、杨军:《辽代节镇体制与地方监察》,《江西社会科学》2017 年第 11 期。

陈俊达、杨军:《辽代节镇体制研究》,《古代文明》2018 年第 2 期。

陈俊达、杨军:《辽代节镇建制的发展与演变》,《中央民族大学学报 (哲学社会科学版)》2018 年第 4 期。

陈述:《头下考》(上),《中央研究院历史语言研究所集刊》八本三分,1939 年,中华书局 1987 年影印本。

陈述:《契丹世选考》,《中央研究院历史语言研究所集刊》八本二分,1939 年,中华书局 1987 年影印本。

陈晓伟:《辽朝国号再考释》,《文史》2016 年第 4 辑。

陈晓伟:《捺钵与行国政治中心论——辽初"四楼"问题真相发覆》,《历史研究》2016 年第 6 期。

程妮娜:《金代京、都制度探析》,《社会科学辑刊》2000 年第 3 期。

程妮娜:《辽朝乌古敌烈地区属国、属部研究》,《中国史研究》2007

年第 2 期。

岛田正郎：《辽代北面中央官制的特色与世官制的意义》，《日本学者研究中国史论著选译》第 8 册，中华书局 1992 年版。

邓广铭（署名邝又铭）：《〈辽史·兵卫志〉"御帐亲军"、"大首领部族军"两事目考源辨误》，《北京大学学报》（哲学社会科学版）1956 年第 2 期。

董新林、康鹏、汪盈：《辽太祖纪功碑初步整理与研究》，《隋唐辽宋金元史论丛》第 12 辑，上海古籍出版社 2022 年版。

樊文礼：《辽代的丰州、天德军和西南面招讨司》，《内蒙古大学学报》（哲学社会科学版）1993 年第 3 期。

费国庆：《辽朝的头下州军》，《曲阜师范学院学报》1963 年第 1 期。

冯家昇：《〈辽史〉源流考》，载《冯家昇论著辑粹》，中华书局 1987 年版。

［日］丰田五郎：《〈耶律仁先墓志〉所见的契丹小字官名》，萧爱民译，《北方民族文化新论》，哈尔滨出版社 2001 年版。

冯永谦：《辽史地理志考补——上京道、东京道失载之州军》，《社会科学战线》1998 年第 4 期。

冯永谦：《辽史地理志考补——中京道、南京道、西京道失载之州军》，《北方文物》1998 年第 3 期。

［日］高井康典行：《斡鲁朵与藩镇》，尤李译，张希清编《10—13 世纪中国文化的碰撞与融合》，上海人民出版社 2006 年版。

葛剑雄：《也谈辽后期迁都中京问题——读林荣贵同志〈辽后期迁都中京说驳议〉》，《中华文史论丛》1983 年第 1 辑。

关树东：《辽朝州县制度中的"道""路"问题探研》，《中国史研究》2003 年第 2 期。

韩世明、吉本智慧子：《梁国王墓志铭文初释》，《民族研究》2007 年第 2 期。

韩荫晟：《"小蕃"释义——读史杂谈》，《宁夏社会科学》1987年第1期。

［日］河上洋：《辽五京的外交机能》，高福顺译，《博物馆研究》1997年第4期。

何天明：《辽代西南面招讨司探讨》，《内蒙古社会科学》1990年第6期。

何天明：《辽代五京与道级政区析疑》，《北方文化研究》第6卷，韩国檀国大学北方文化研究所2015年版。

侯仁之：《燕云十六州考》，《禹贡》第6卷第3、4期合刊，1936年10月16日。

胡锦州、田卫疆译：《马卫集论突厥》，《中亚研究资料》1984年第3期。

胡锦州、田卫疆译：《马卫集论中国》，《中亚研究资料·中亚民族历史译丛（一）》，1985年增刊。

黄时鉴：《辽与大食》，（台北）《新史学》第3卷第1期，1992年3月。

贾敬颜：《释"行国"》，《中国蒙古史学会成立大会纪念集刊》，1979年。

贾敬颜：《释"行国"——游牧国家的一些特征》，《历史教学》1980年第1期。

［韩］金渭显：《东丹国变迁考》，《宋史研究论丛》第5辑，河北大学出版社2003年版。

金永田：《韩德威和耶律元佐墓志铭考释》，《文物》1998年第7期。

康鹏：《"头段"考》，《北大史学》第11辑，北京大学出版社2005年版。

康鹏：《辽上京地区州县的统治方式》，《首届辽上京契丹·辽文化学术研讨会论文集》，内蒙古文化出版社2009年版。

康鹏：《东丹国废罢时间新探》，《北方文物》2010年第2期。

康鹏：《辽代"五押"问题新探》，《中国史研究》2010年第1期。

康鹏：《辽朝西北路招讨司再探——兼谈辽朝西北路的防御体系》，《宋史研究论丛》第11辑，河北大学出版社2010年版。

康鹏：《辽代燕云地区的统治方式——以军事职能为中心的考察》，《北方文化研究》2卷1号，（韩国）檀国大学北方文化研究所2011年版。

康鹏：《辽代西南面安抚使司研究》，《隋唐辽宋金元史论丛》第1辑，紫禁城出版社2011年版。

康鹏：《辽代地方要员选任方式浅议》，《隋唐辽宋金元史论丛》第4辑，上海古籍出版社2014年版。

康鹏：《辽帝国的政治抉择——以中京的建立及其与捺钵之关系为例》，《东亚都城和帝陵考古与契丹辽文化国际学术研讨会论文集》，科学出版社2016年版。

康鹏《〈马卫集书〉中的契丹语词"Sh.rghūr（汉人）"》，《西域研究》2016年第3期。

康鹏：《马卫集书中的契丹都城——兼谈辽代的东西交通路线》，《民族研究》2017年第2期。

康鹏：《说"头下"》，《文史》2018年第4辑。

康鹏：《东丹国存亡问题再思考》，《北方文物》2019年第4期。

康鹏：《宋朝所记辽代地方区划简析》，《隋唐辽宋金元史论丛》第11辑，上海古籍出版社2021年版。

康鹏：《辽朝册礼之"都"的变迁》，《首都师范大学学报》（社会科学版）2021年第6期。

李大龙：《游牧行国和王朝藩属的第一次碰撞和重组——多民族国家建构视野下的游牧与农耕族群互动研究》，《中国边疆学》第3辑，2015年。

李大龙：《多民族国家建构视野下的游牧与农耕族群互动——以明代

游牧行国与王朝藩属的对峙为中心》，《云南师范大学学报（哲学社会科学版）》2016 年第 3 期。

李大龙：《多民族国家建构视野下的游牧与农耕族群互动研究——宋金时期游牧行国体制与王朝藩属的第二次对峙和重组》，《暨南学报（哲学社会科学版）》2017 年第 5 期。

李立：《河北缘边安抚使研究》，漆侠主编：《宋史研究论文集——国际宋史研讨会暨中国宋史研究会第九届年会编刊》，河北大学出版社 2002 年版。

李桂芝：《契丹贵族大会钩沉》，《历史研究》1999 年第 6 期。

李锡厚：《论辽朝的政治体制》，《历史研究》1988 年第 3 期。

李锡厚：《辽朝的汉军》，《中国史研究》1989 年第 1 期。

李锡厚：《辽中期以后的捺钵及其与斡鲁朵、中京的关系》，《中国历史博物馆馆刊》1991 年第 15、16 期合刊。

李锡厚：《头下与辽金"二税户"》，《文史》第 38 辑，中华书局 1994 年版。

李锡厚：《关于"头下"研究的两个问题》，《中国史研究》2001 年第 2 期。

李锡厚：《〈剑桥中国史〉（第 6 卷）辽史的基本观点评述》，《宋史研究论丛》第 6 辑，河北大学出版社 2005 年版。

李锡厚：《〈辽史·地理志〉辨误》，《隋唐辽宋金元史论丛》第 4 辑，上海古籍出版社 2014 年版。

李学江：《〈天圣律令〉所反映的西夏政区》，《宁夏社会科学》1998 年第 4 期。

李义：《辽中京产生的原因与作用》，《中国古都研究——中国古都学会 2001 年年会暨赤峰辽王朝故都历史文化研讨会论文集》，第 18 辑，上册，国际华文出版社 2001 年版。

李逸友：《辽代城郭营建制度初探》，《辽金史论集》第 3 辑，书目文献出版社 1987 年版。

李逸友：《〈辽史〉丰州天德军条证误》，《内蒙古文物考古》1995 年第 1 期。

李逸友、李宁：《辽中京为后期首都说的商榷》，《中国古都研究——中国古都学会 2001 年年会暨赤峰辽王朝故都历史文化研讨会论文集》，第 18 辑，上册，国际华文出版社 2001 年版。

林鹄：《耶律阿保机建国方略考——兼论非汉族政权之汉化命题》，《历史研究》2012 年第 4 期。

林鹄：《斡鲁朵横帐补说——兼论辽朝部族制度》，《清华元史》第 2 辑，商务印书馆 2013 年版。

林荣贵：《从房山石经题记看辽朝方州官制的沿革》，《世界宗教研究》1982 年第 4 期。

林荣贵：《辽后期迁都中京说驳议——与谭其骧教授商榷》，《中华文史论丛》1983 年第 1 辑。

林荣贵：《关于辽朝州县设置的两个问题——兼与北京等地区出土的辽碑文参证》，北京辽金城垣博物馆编：《北京辽金文物研究》，北京燕山出版社 2005 年版。

刘凤翥：《契丹小字解读再探》，《考古学报》1983 年第 2 期。

刘凤翥：《辽代的语言和文字〔下〕》，《博物馆研究》1984 年第 3 期。

刘凤翥：《契丹小字解读四探》，《第三十五届世界阿尔泰学会会议记录》，台北联合报国学文献馆 1993 年版。

刘凤翥、金永田：《辽代韩匡嗣与其家人三墓志铭考释》，《中国文化研究所学报》新 9 期，2000 年。

刘凤翥：《辽〈萧兴言墓志〉和〈永宁郡公主墓志〉考释》，《燕京学报》新 14 期，北京大学出版社 2003 年版。

刘凤翥、唐彩兰、高娃：《辽代萧乌卢本等三人的墓志铭考释》，《文史》2004 年第 2 辑。

　　刘凤翥:《契丹大字〈耶律祺墓志铭〉考释》,《内蒙古文物考古》2006 年第 1 期。

　　刘凤翥:《从契丹文字的解读谈辽代契丹语中的双国号——兼论"哈喇契丹"》,《东北史研究》2006 年第 2 期。

　　刘凤翥、唐彩兰、高娃、李建奎:《辽代〈耶律隆祐墓志铭〉和〈耶律贵墓志铭〉考释》,《文史》2006 年第 4 辑。

　　刘国生、王玉亭:《辽"五院"与"五押"问题分析》,《赤峰学院学报》(汉文哲学社会科学版)2006 年第 1 期。

　　刘浦江:《试论辽朝的民族政策》,《辽金史论》,辽宁大学出版社 1999 年版,中华书局 2019 年再版。

　　刘浦江:《辽朝的头下制度与头下军州》,《中国史研究》2000 年第 3 期。

　　刘浦江:《辽朝"横帐"考——兼论契丹部族制度》,《北大史学》第 8 辑,北京大学出版社 2001 年版。

　　刘浦江:《辽朝国号考释》,《历史研究》2001 年第 6 期。

　　刘浦江:《辽代的渤海遗民——以东丹国和定安国为中心》,《文史》2003 年第 1 辑。

　　刘浦江:《德运之争与辽金王朝的正统性问题》,《中国社会科学》2004 年第 2 期。

　　刘浦江:《再论阻卜与鞑靼》,《历史研究》2005 年第 2 期。

　　刘浦江:《辽〈耶律元宁墓志铭〉考释》,《考古》2006 年第 1 期。

　　刘浦江:《契丹开国年代问题——立足于史源学的考察》,《中华文史论丛》2009 年第 4 期。

　　刘浦江:《中华书局点校本〈辽史〉修订前言》,包伟民、刘后滨主编《唐宋历史评论》第 1 辑,社会科学文献出版社 2015 年版。

　　刘谦:《辽宁锦西西孤山出土的辽墓墓志》,《考古通讯》1956 年第

2 期。

卢迎红、周峰：《契丹小字〈耶律迪烈墓志铭〉考释》，《民族语文》
2000 年第 1 期。

马文宽：《辽墓辽塔出土的伊斯兰玻璃——兼谈辽与伊斯兰世界的关
系》，《考古》1994 年第 8 期。

苗润博：《再论所谓阿保机“变家为国”问题》，《辽金历史与考古》
第 7 辑，辽宁教育出版社 2017 年版。

苗润博：《〈说郛〉本王易〈燕北录〉名实问题发覆》，《文史》2017
年第 3 辑。

苗润博：《契丹建国前史发覆——政治体视野下北族王朝的历史记
忆》，《历史研究》2020 年第 3 期。

苗润博：《契丹捺钵制度重审》，《中华文史论丛》2020 年第 1 期。

齐东方：《李家营子出土粟特银器与草原丝绸之路》，《北京大学学报》
1992 年第 2 期。

邱靖嘉《辽道宗“寿隆”年号探源——金代避讳之新证》，《中华文
史论丛》2014 年第 4 期。

任爱君：《辽上京皇城西山坡建筑群落的属性及其功能——从辽太祖
营建西楼与皇都的线索与动机说起》，《北方文物》2010 年第 2 期。

戎天佑：《辽代政治中心之争的回顾与启示》，《中国史研究动态》
2022 年第 4 期。

谭其骧：《辽后期迁都中京考实》，《中华文史论丛》1980 年第 2 辑。

唐彩兰、刘凤翥、康立君：《契丹小字〈韩敌烈墓志铭〉考释》，《民
族语文》2002 年第 6 期。

汤开建《关于弥罗国、弥药、河西党项及唐古诸问题的考辨》，《西北
第二民族学院学报（哲社版)》2000 年第 1 期。

陶金：《契丹文字创制的新思考》，《华西语文学刊》第 13 辑，
2016 年。

田村实造:《徙民政策と州縣制の成立》,《中國征服王朝史の研究》(上),东洋史研究会 1964 年版。

天放:《辽代"西南面五押招讨司"辨》,《东北地方史研究》1991 年第 4 期。

田卫疆:《阿拉伯古籍〈马卫集论中国、突厥、印度〉简介》,《中亚研究》1989 年 1—2 合期。

向南、杨若薇:《辽代经济机构试探》,《文史》第 17 辑,1983 年6 月。

万雄飞:《辽秦国太妃晋国王妃墓志考》,《文物》2005 年第 1 期。

王北辰:《古代居延道路》,《历史研究》1980 年第 3 期。

王弘力:《契丹小字墓志研究》,《民族语文》1986 年第 4 期。

王民信:《辽朝的理财机构——五京诸司使及南面财赋官》,《书目季刊》10 卷 2 期,1976 年 9 月。

王民信:《辽"东京"与"东京道"》,收入杨家骆、赵振绩编《辽史长笺》第 5 册,台湾新文丰出版公司 2006 年版。

王青煜:《耶律宗福墓志浅探》,收入王玉亭主编《辽上京研究论文选》,政协巴林左旗委员会刊行,2006 年。

王颋:《辽的西南面经营及其与西夏的关系》,《元史及北方民族史研究集刊》第 6 期,1982 年 12 月。

王颋:《辽史地理志资料探源》,《大陆杂志》第 83 卷第 6 期,1991 年12 月。

王颋:《松漠记地——〈辽史〉〈地理志〉资料源流及评价》,《鸳泽抟云——中外关系史地研究》,南方出版社 2003 年版。

王银田、解廷琦:《山西大同市辽代军节度使许从赟夫妇壁画墓》,《考古》2005 年第 8 期。

王曾瑜:《试论辽朝军队的征集和编组系统》,《中华文史论丛》1986年第 4 辑。

魏奎阁：《辽史外戚表新补》，《辽宁工程技术大学学报》（社会科学版）2002 年第 1 期。

［伊朗］乌苏吉：《〈动物之自然属性〉对"中国"的记载——据新发现的抄本》，王诚译、邱轶皓审校，《西域研究》2016 年第 1 期。

吴英喆：《契丹小字〈耶律仁先墓志〉补释》，《内蒙古大学学报》2002 年第 5 期。

武玉环：《辽代斡鲁朵探析》，《历史研究》2000 年第 2 期。

夏鼐：《从宣化辽墓的星图论二十八宿和黄道十二宫》，《考古学报》1976 年第 2 期。

肖爱民：《试析辽人意识中的国家政治中心——以辽代的石刻文为中心》，《辽金历史与考古国际学术研讨会论文集》，下册，辽宁教育出版社2012 年版。

徐苹芳：《考古学上所见的中国境内的丝绸之路》，《燕京学报》1期，北京大学出版社 1995 年版。

燕永成：《〈宋朝要录〉考略》，《史学史研究》1998 年第 4 期。

杨浣：《辽代"五押"考释》，《中国史研究》2007 年第 3 期。

杨浣：《论〈辽史〉中的唐古部族》，《民族研究》2005 年第 6 期。

杨军：《"变家为国"：耶律阿保机对契丹部族结构的改造》，《历史研究》2012 年第 3 期。

杨蕤：《历史上的夏辽疆界考》，《内蒙古社会科学（汉文版）》，2003年第 6 期。

杨树藩：《辽金地方政治制度之研究》，《宋史研究集》第 11 辑，台北宋史研究座谈会编，1979 年。

杨雨舒：《辽代东丹国废除问题辨析》，《东北史研究》2004 年第2 期。

姚从吾：《说辽朝契丹人的世选制度》，《"国立"台湾大学文史哲学报》第 6 期，1954 年 12 月，收入杨家骆主编《辽史汇编》（九），台北鼎文书局 1973 年版。

余蔚：《辽代斡鲁朵管理体制研究》，《历史研究》2015 年第 1 期。

袁刚：《唐代的五花判事和六押制度》，《安徽史学》1996 年第 4 期。

张道贵：《辽朝后期首都应是中京大定府》，《光明日报》1980 年 8 月 12 日第 4 版。

张帆：《元朝行省的两个基本特征——读李治安〈行省制度研究〉》，《中国史研究》2002 年第 1 期。

张帆：《金朝路制再探讨——兼论其在元朝的演变》，《燕京学报》新 12 期，北京大学出版社 2002 年版。

张守义：《平泉县马架子发现的辽代墓志》，《文物春秋》2006 年第 3 期。

张修桂、赖青寿：《〈辽史·地理志〉平议》，《历史地理》第 15 辑，1999 年。

钟焓：《辽代东西交通路线的走向——以可敦墓地望研究为中心》，《历史研究》2014 年第 4 期。

周峰：《辽代前期汉人重臣高勋生平发微》，《北方文物》2011 年第 1 期。

周一良：《新发现十二世纪初阿拉伯人关于中国之记载》，原载《思想与时代》，第 41 期，1947 年 1 月；收入氏著《魏晋南北朝史论集》，中华书局 1963 年版。

周振鹤：《中央地方关系史的一个侧面——两千年地方政府层级变迁的分析》（下），《复旦学报》1995 年第 4 期。

外文部分

白玉冬：《十世紀における九姓タタルとシルロード貿易》，《史學雑誌》第 120 編第 10 號，2011 年 10 月。

高井康典行：《オルド（斡魯朵）と藩鎮》，《東洋史研究》第 61 卷第 2 號，2002 年 9 月。

高井康典行：《遼の"燕雲十六州"支配と藩鎮体制——南京道の兵制を中心として》，《早稲田大学大学院文学研究科紀要別册第二一集》（哲学・史学編），1994 年 2 月。

高井康典行：《東丹国と東京道》，《史滴》第 18 號，1996 年 12 月。

津田左右吉：《遼の制度の二重體系》，《津田左右吉全集》第 12 册，岩波书店 1964 年版。

津田左右吉：《遼代烏古敵烈考》，《津田左右吉全集》第 12 册，岩波书店 1964 年版。

松田寿男：《東西交通史における居延について考》，《東方學論集》，第 1 輯，1954 年，第 1—25 頁。

崔益柱：《遼代의宮户》，《歷史學報》第 57 辑，1973 年 3 月。

Takeuchi Yasunori, *Direction Terms in Khitan*, *Acta linguistica Petropolitana*. Vol. XI, part 3, 2015.

В. П. Зайцев, Идентификация киданьского исторического сочинения в составе рукописной книги-кодекса Nova H 176 из коллекции ИВР РАН и сопутствующие проблемы, Acta linguistica Petropolitana：Труды Института лингвистических исследований. Том XI, часть 3. СПб.：Наука, 2015.

后　记

　　我与史学结缘，很像过去的包办婚姻，先结婚，再慢慢培养感情。年少时，稀里糊涂进了历史系。不到二十岁的我，常常愁苦于研究历史有何价值、意义这类问题。在日新月异的现代社会，很多关于史学意义的阐释都难以让我释怀。精神上的困惑，随着年龄和见识的增长，日渐消退。史学的价值和意义多种多样，或资世治国，或明智正身，或陶冶性情，或对谈千载、自娱自乐。于我而言，史学犹如人生，关键在于你赋予它何样的意义。与史学相伴日久，逐渐生出喜爱之情，旧式的婚姻同样可以结出幸福的花朵，一切都是缘分使然吧。

　　我和恩师刘浦江先生结缘，完全出于巧合。大三时，初游燕园，自那之后，未名湖的静谧之美在脑海中久久挥之不去，发愿一定要在北大读书，遂决意考研。当时就读的北师大还没有宋辽金史专业，最初的想法是报考魏晋南北朝方向，便向班主任宁欣老师询问、求助。宁老师推荐我报考北大的刘浦江老师，并告知刘老师的研究方向是辽金史，如果我愿意，可以试着联系一下，随即留下刘老师的通信地址。当时想，宋辽金时代也是一个分裂的时段，应该和魏晋南北朝一样精彩吧。在忐忑中，写了一封挂号信给刘老师。没想到，刘老师很快回信，鼓励之外，列了一串长长的书单，让我按目读书。再后来，我本科论文的题目也由刘老师选定、指导。正式入学以后，才知道宁老师和刘老师是本科同学。那一年，刘老师第一次招生，宁老师知道后，主动为刘老师和我牵线搭桥。我和刘老师的师生缘，萌发于未名湖，玉成于宁老师之手。

进入研究生阶段，很长一段时间困扰于如何步入辽金史的堂奥。刘老师攻势凌厉，几无宋辽金史基础的我，每每难以招架，苦闷异常。好在母亲比较冷静，说万事开头难，劝我安心读书，莫要胡思乱想。如今想来，刘老师应当也苦恼于如何带好学生吧。最初我们上课，由刘老师主讲，先是介绍、点评辽金史的名家，相当于学界的月旦评。然后就是讲解单篇的论文，可惜效果不算太好。再以后，刘老师放弃讲授，改为布置读书、写作任务，随时抽查、讨论。不过，这样的方法仍不十分奏效。经过多年摸索，刘老师最终找到了训练学生的法门，即带领学生共同精研经典史籍。通过一字一句的推敲、研读，学生的文献功底、学术眼光、研究能力都得到了很好的训练。研读《辽史》的时候，我已即将毕业，蒙刘老师不弃，毕业后仍继续参与读书活动，得以常见刘老师，时时亲聆教诲。

从 1999 年刘老师的第一封回信，到 2015 年刘老师遽归道山，我跟随刘老师十六载。在此期间，最令老师费心的就是博士毕业论文的写作。论文最初的选题是刘老师指定的辽代中西交通，经过初步摸索后，觉得难度太大，做中西交通势必要掌握多门外语，我自知没有语言上的天赋，感觉在三四年的博士生涯中很难达标，且相关资料过少，有些得不偿失，遂知难而退。正在为博士论文选题发愁的时候，关树东老师恰好发表了一篇关于辽朝"道""路"问题的文章，钩沉发微，力证辽朝只有财赋性质的路，并不存在"道"一级的行政区。在重点考察燕云地区的情况后，我觉得辽朝应该存在军事性质的"道"，遂以五京为切入点展开博士论文的写作。在博士论文开题之前，我一度想以契丹文字研究辽史，刘老师很快打消了我修改选题的念头，认为此举风险太大。在博士论文写作过程中，刘老师经常半夜打电话，步步追问：你这句话是什么意思，你到底想清楚了没有，你这个观点怎么来的，你的依据是什么，你的逻辑是什么……。文章完稿后，刘老师复又字斟句酌予以修改。在刘老师的督导之下，很多模棱两可的问题得以清晰呈现，很多不成熟的论述也得以完善。

从博士论文写作到书稿最终完成，经历了十多年的时间，书稿修改、增补过半，对于辽朝的认知在琢磨反复中得以不断深入。书稿中的部分篇什曾公开发表，有的文章为了考核，未能精心打磨便匆匆发表，多少留下了一些遗憾。书稿的完成意味着一段新的航程即将开启，期待在未来的研究中，少一些谋食之需，多一些为学之乐。

为了我可以安心写作，妻子包文渊承担了大部分的家务。有一段时间，文渊带着女儿小菀避居常熟，给了我充分的写作自由，正是在那一段时间，我完成了书稿第四、五章的绝大部分。如果没有她的支持，我想我是无论如何都无法完成书稿的写作的。感谢我的岳母丁琴女士，每每在我们需要的时候，抛却老家事务，北上援助。感谢岳父包义生先生长久以来的支持和包容。感谢我早已过世的父亲和母亲。

感谢刘凤翥、邓小南、张希清、李孝聪、韩茂莉、张帆、周峰诸位老师以及匿名审稿专家在我博士论文预答辩、答辩时提出的宝贵意见，让我更为深入地思考、琢磨。

感谢王超、尤李、桂始馨、曹流、高宇、聂文华、乐日乐、邱靖嘉、陈捷、任文彪、陈晓伟、苗润博、赵宇、张良诸位同门或直接、或间接的帮助。

感谢隋唐辽宋金元史研究室以及分室之后（2019 年分为三个研究室）的黄正建、吴丽娱、牛来颖、杨宝玉、江小涛、孟彦弘、沈冬梅、关树东、蔡春娟、葛焕礼、乌云高娃、陈丽萍、张国旺、林鹄、刘子凡、雷博、王博、罗玮、王申、张晓慧、赵洋等老师、同仁。感谢古代史所的诸位师友。

感谢宋德金、李桂芝、李华瑞、刘晓、游彪、雷闻、余蔚、高福顺、董新林、党宝海、李全德、钟焓、苏航诸位老师无私的帮助。

感谢中国社会科学院青年启动基金、国家社会科学基金、中国社会科学院文库的资助以及项目评审、鉴定专家的批评和建议。

感谢卜宪群所长和所学术委员会的各位老师，为书稿出版给予的支持。

感谢责任编辑宋燕鹏先生，如果没有他没完没了地督课、催逼，恐怕这本小书还要拖延很久。感谢书稿的排版人员，书中的契丹文字一定给他们添了不少麻烦。

最后，当然也是最重要的：谨以此书献给我的导师刘浦江先生！

壬寅岁杪，草成于燕京古北口
癸卯初春，改定于北京双花园